ジョン・ミルトン

イングランド国民のための第一弁護論および第二弁護論

新井 明・野呂 有子 訳

聖学院大学出版会

Pro Populo Anglicano Defensio

et

Pro Populo Anglicano Defensio Secunda

目　次

目　次

凡　例

一、本書は *The Works of John Milton*, Vol.VII, および Vol.VIII, ed. Frank Allen Patterson (New York: Columbia University Press, 1932, 1933) 所収の *Pro Populo Anglicano Defensio*, および *Pro Populo Anglicano Defensio Secunda* を底本とする翻訳である。

二、翻訳につけた注は、『イングランド国民のための第一弁護論』については、*Complete Prose Works of John Milton*, Vol. IV, ed. Don M. Wolfe (New Haven: Yale University Press, 1966) 所収の *A Defence of the People of England* に William J. Grace がつけた詳細な脚注と、Martin Dzelzainis, ed., *John Milton Political Writings*, (Cambridge: Cambridge University Press, 1991) 所収の *A Defence of the People of England* に Dzelzainis がつけた脚注に負うところが多い。

また、『イングランド国民のための第二弁護論』については、*Complete Prose Works of John Milton*, Vol. IV, ed. Don M. Wolfe (New Haven: Yale University Press, 1966) 所収の *A Second Defence of the English People* に Donald A. Roberts がつけた詳細な脚注と、Merritt Y. Hughes, ed., *Complete Poems and Major Prose* (New York: The Odyssey Press, 1957) の脚注に負うところが多い。

三、聖書からの引用を邦訳するばあいは、『聖書　新改訳』（日本聖書刊行会）を用いた。人名、地名、病名、祭儀名なども、原則としてこれに倣った。

四、本書に用いた記号は原則として、次のごとくである。

（　）原文にある括弧

〈　〉擬人法の名詞に用いる

〔　〕訳者の付け加えたもの

五、固有名詞表記は、原則として、できるだけ原語の発音を尊重したが、煩瑣を避けるために慣例に従った場合もある。

六、ミルトンが当該政治論文を弁論形式で執筆し、語り言葉の口調を採用していることから、訳でもその口調を生かした。

Pro Populo Anglicano Defensio

イングランド国民のための第一弁護論

イングランド国民のための第一弁護論

序言

サルマシウスの『チャールズ一世弁護論[1]』は多弁にして内実なし、と多くの人びとから考えられておりますが、わたくしが『イングランド国民のための第一弁護論[2]』を書くにあたっては、サルマシウスの轍を踏まぬようにと、また、饒舌家、弁護者失格などと烙印を押されぬようにと祈るものであります。しかしながら、普通の問題を論じる場合であっても、論者が先を急ぐあまり、論じる問題の重さに釣り合う、相応の序言を省略するなどということはあってはならないのであります。それゆえ、わたくしもまた、最重要のこの問題を論ずるにあたっては、序言をおろそかにせぬよう、また序言に拘泥しすぎぬよう注意しながら、主たる二つの目標を達成したきものと考えるのであります。すなわち、いと気高く永遠に記憶されるべきこの大義を全力を尽くして弁護すること、そして論敵に見うけられる空語・冗語のたぐいをわたくし自身は回避しえたと評価されることであります。

わたくしがこれから論じますことは、断じて、小さな卑しい問題ではないのであります。絶大な権力を握る一人の国王が、法を犯し、信仰を迫害し、暴政を行ない、ついには、自分が奴隷として扱ってきた国民と戦って敗北を喫し、監視下におかれても言動にいささかの反省の色もなく、王国の最高裁判所〔じつは特別法廷〕より極刑を宣告され、彼自身の宮殿の門前で首をはねられたのであります。[3]

さらに、わたくしは次のことをぜひとも説明したいと存じます。（このことは人びとの心から迷信というくびきを除去するのに大いに役立つことと信じます。）つまり、国王を裁き、死刑を執行させた法とはいかなるものであったか、とくにイングランドの法とはいかなるものであったか、ということであります。

そして、わたくしはわが同胞たる国民――全世界の諸国民の称賛を受けるにふさわしい、いと雄々しき、正しき人びと――を内外の中傷者たちの悪意この上なき罵詈雑言から、とくに他の者のお先棒かつぎの、あの誇大妄想の詭弁家〔サルマシウス〕の誹謗から、弁護してみせるつもりであります。

なぜなら、イングランド国民は、高きに鎮座まします国王の威光をものともせずに、古来より長らえてきた迷信のくびきをふるいおとし、国王（というよりも、かつて国王であり、人の中にあって自分だけは刑罰を逃れうるという、神授の権利を持っていると言ってはばからぬ敵）をおのが法の網にからめとり、正義の裁きの場で恐れおののかせたのでありますが、そのときにイングランド国民の身体から発せられた燦然たる輝きに匹敵するものはありえないからであります。[4] 最後に、イングランド国民は、国王が他のだれにでも科したであろう刑罰を、罪ある国王の身に科するにあたって、いささかのひるみも示すことはなかったからであります。

しかし、この行為があたかもイングランド国民の手でなされたかのごとくに公言してよいものでありましょうか。行為自体が、いわば高らかに声をあげて、神の遍在を証言しているではありませんか。神は人には計り知れぬ知恵を示されて、人としての矩（のり）を超えて高あがりする高慢で不法の国王どもを打ち倒すのを常としておいでではありませんか。そしてしばしば、彼らを王家もろとも完膚なきまでに打ち砕くのであります。神のこの明らかな思し召しがあればこそ、われわれはほとんど奪われかけていた、かの安寧と自由とを願うようにと、思いがけず勇気づけられたのであります。われわれは神の導きに従ったのであります。そして、神の足跡を尊びつつ、神の導きにより明るく照らされ、指し示され、啓示された道を踏みしめてきたのであります。

かりに、わたくしが自分の、いわば努力と能力にのみ頼ろうとするなら、こうした偉大な出来事すべてを、それにふさわしいやり方で扱い、世界中のあらゆる人びと、あらゆる時代がたぶん目を通すことになる記録を作成することは、望むだけ無駄でありましょう。いかに高尚で立派な論述といえども、これほどの重荷に耐ええましょうか？　とくに、名高い人物や国家の行ないについて書くのに際立った手並みを見せる者が、何世紀かを通じてほとんど一人も見い出せないというときに。死すべき人間によってではなく、明らかに全能の神ご自身のなし遂げられた、これらの驚嘆すべき偉大な行ないに、自分の言葉や文体がふさわしいと信じるものがおりましょうか？

わが国の指導者の方がたがわたくしにこの勤めに取りかかるようにと命じられ、方がたが神の導きのもとで見事になし遂げた行ないにたいして、何か嫉妬に満ちた中傷の矢が放たれても、それを撃退すべき砦を築くことを望んでおられるのであります。わたくしのこの勤めは、指導者の方がたの勤めに次いで重要なものであり、戦用(いくさ)の剣(つるぎ)や武具が役立たず、別の武器が必要とされる勤めでもあります。また、指導者の方がたのお望みによって、わが国の気高き解放者たちの勤め――この羨望の的たる勤め――に取りかかるべく、わたくしが他の方がたをさしおいて選ばれたことは、こよなき光栄と存じます。（というのも、じじつわたくしは若いころから、いと高き行為(わざ)をなし遂げぬまでも、それを寿(ことほ)ぐようにという切なるうながしを受けつづけてきました。）が、やはり、これほどの励ましを受けているにもかかわらず、わたくしが意気阻喪(そそう)し、天を仰いで助けを求めているのも事実であります。

わたくしは、すべての賜物(たまもの)を与えてくださる全能の神を呼びまつります。われわれを自由へと導き、戦場で国王の驕慢と暴君の激情を打ち砕き、忘れがたき刑罰によってとどめをさした名高き人びとに勝利と義がつき従ったように、また近頃、国王が、いわば死者の中からよみがえり、遺著〔『王の像』〕の中で新たな狡猾さと見かけ倒しの議論によってイングランド国民を引きつけたときに、わたくしが一人で彼を圧倒し片付けたように[5]、願わくは、今回もこの野蛮な詭弁家〔サルマシウス〕のでっち上げの嘘八百をわたくしがうまく論駁できるようにと祈るものであります。

サルマシウスは異国人であり、本人がいくら否定しようとも、一介の文法教師[6]に過ぎません。それなのに、その職業の報酬に飽き足らず、むしろ大それたおせっかい焼きとなることを好み、わざわざ統治に、しかも他国の統治に干渉してくれます。これほど偉大な仕事にふさわしい節度も知性も、その他の優れた資質をも示さず、ただ高慢と文法教師としての習得知識をお披瀝（ひれき）くださるだけでありますのに。一応はラテン語で書かれている彼のこの論文が、かりにイングランドで英語で出版されたとすれば、わざわざ応酬するほどの価値があるとは、だれも考えなかったであろうと確信いたします。それはずっと以前に何度も論駁された陳腐な議論として軽蔑する者もいるでしょうし、また、人によっては——王党派でさえもが——汚らわしいほどの専制であり、奴隷の中で最下層の者でさえも我慢できない、と一蹴したことでありましょう。

しかしながら、彼のこの誇大妄想的な書物が、わが国の出来事について何も知らない外国人の間に流布している今、わが国の実情を誤解している人びとを教え諭すことが必要ですし、中傷に血道を上げているサルマシウスを、彼が他人を扱ったと同様に扱う必要があります。わたくしたちがなぜ、みな沈黙して、かくも長きにわたり攻撃もせず、彼を勝ち誇るがままにさせておいたのか、と疑問に思う方がたもありましょう[7]。他の人びとはさておくとして、わたくし自身について申し上げるなら、執筆に十分な余暇と体力が与えられていたなら、これほど正しい大義を弁護するための言葉や議論を見い出すことは、時間のかかる労苦に満ちた仕事とは決してならなかったと断言することができるのであります。ただ、この仕事には、間断ない研究と執筆が必要とされるにもかかわらず、今のわたくしの不安定な健康状態では、[8]間をおいて、一度に一時間仕事することも禁じられているのであります。

ですから、たとえわが国を守った気高き同胞たち――その不朽の行為が今や全世界に響きわたる同胞たち――を称賛するにふさわしき先触れとはならないまでも、せめて同胞たちの正しさを証明し、それをこのうんざりする衒学者の高慢と、愚かにも学者ぶったご講話から弁護することなど、わたくしにとって大した仕事ではないと思いたきものであります。

かりに、〈隷従〉が雄弁であるのに、〈自由〉が寡黙だとしたら、また、暴君に弁護者がいるのに、暴君を征服する側に弁護者がいないとしたら、〈自然〉も〈法〉も正当な活動の場を与えられていないことになってしまうでありましょう。かりに神の賜物たる、われわれの理性そのものが議論に長けていないために、人びとを弁護することも、解放することも、(自然の許容範囲で)互いを平等とすることもできずに、たった一人の専制君主のもとで人びとが粉砕され、殲滅されてしまうとしたら、これはなんと由々しきことでありましょうか。

それでは、奸計、虚偽、無知、野蛮は敵側に回し、味方には光、真理、理性、そして人類の大いなる時代すべてにかんする希望に満ちた教義を擁しているという堅き信仰に高められた心をもって、いと高貴なるこの大義を取り扱うといたしましょう。

それでは、すでに序言には十分言葉を尽くしました。そしてわれわれはあら捜し屋を相手にしなければならないのですから、あれほど気取った書物の題名が何を言おうとしているのか、まず検討するといたしましょう。

『国王チャールズ一世弁護――チャールズ二世のために』[9]。息子のために親を弁護するとは厚顔にも大仕事に着手したものだ。自分で起こした裁判にそなたが敗訴するとしたら、それこそ不思議というもの。

だが、サルマシウスどのよ、別の所で偽名を使ったように、匿名の陰に身を潜めても、今、わたくしは別の法廷、別の裁判官の前へとそなたを召喚する。たぶん、そこではそなたが作文練習の修練を積む際に、やみくもに渇望した歓呼の声や喝采の叫びを聞くことはないだろうが。

いったいなぜ、この国王弁護論がその息子たる国王のために執筆されたのでありましょうか？　弁護人自身が「国王の費用で」と白状しておりますから、拷問にかける必要はありません。

それではサルマシウスどのよ、そなたは大金を受け取って、雇われて論文を執筆したというわけだ。そうなると、そなたの判断では、究極の国王であった父王チャールズを極貧の国王たる息子チャールズの前で（無報酬で）弁護するのは気が進まなかったというのか。老獪な悪党め、そなたは物笑いの種になりたくないばかりにその書を「国王」弁護論と呼んだのだ。なぜなら、売却後、その弁護論はもはやそなたの所有物ではなく、まさしく国王の所有物となるのだから。じつにヤコブス金貨百枚[10]で買収されたというが、極貧にあえぐ国王からの褒美としてはなかなか大した金額ではないか。わたくしは周知の事実について語っている。だれがそなたの家に金貨を運搬したか、だれが玉飾り付きの金袋を持っていったか、わたくしは知っている。そなたが貪欲な両手を伸ばし、贈り物とともに派遣された、国王の礼拝堂つき司祭[11]を抱くふりをして、じつは贈り物それ自体を抱くのをだれが見たか、わたくしは知っている。そして、そなたがただ一度支払いを受けたとき、じつに国庫全体が国外へ流出したのであった。

しかし、例の男がこちらへやってまいります。楽屋の戸がきしり、役者が舞台へと大股で登場するのであります。

気をつけろ、静かに。あの宦官が何を欲しがっているか見ろ。

何者か知らぬが、その近づく足取りは、ことさらに悲劇の調子を帯びている。[12]

そなたは言う。「［われわれは］恐ろしい知らせを耳にしたものだ。心の痛手はさらにひどい。イングランド人の間で国王その人にたいしてなされた殺人、神聖を冒瀆する者どもの邪悪な陰謀による殺人についての、身の毛もよだつ知らせを受けた[13]」。確かに、その身の毛もよだつ知らせは、あのペテロが抜き放った剣より、はるかに長かったに違いないのであります。[14] さもなければ、それほど離れた所にいて傷つけられるとは、うさぎの耳によく似た耳[15]であったに違いありません。なぜなら、あの知らせは他ならぬ、最も愚鈍の耳をこそ悩ませるはずだったからです。われわれが仇敵を――平民、貴族、国王の別を問わず――死刑にするからと言って、そなたたちがどんな害を蒙る（こうむ）というのか？　そなたたちのだれが傷つけられるというのか？

サルマシウスどのよ、自分に関わりのないことから手を引くがよい。なぜなら、わたくしは実際、そなたにかんする「身の毛もよだつ知らせ」を送る用意があるからだ。そして、この知らせが作文練習、修養に余念なく励むすべての文法教師とあら捜し屋の耳に一層「恐ろしい痛手」を与えないとしたら、かえって不思議としよう。この知らせはオランダでサルマシウスがアリスタルコスの名を騙り（かたり）、忌むべき粗野な言葉づかいによって犯した尊属殺人にかんするものである。[16]

偉大なる批評家よ、そなたは国王の費用で国王弁護論執筆のために雇われ、葬式に雇われた泣き女の見かけ倒しの空虚な泣き声さながらの、胸の悪くなる序言を書き、共感を勝ち得たのは愚者のみという結果に終わった。その上、読者は最初の一文で、粗野な言葉づかいの段落を読み終わらぬうちに失笑することになったのである。「国王その人にたいして」とあるべきところを、*in persona regis*（「国王の仮面をつけて」）とするとは何であるか。今までラテン語でかかる言い回しがされたことがあろうか。[17]

それも、もし国王に変装し、イングランドで殺人を犯した偽フィリッポのごとき人物について語っているのなら、話しも分かろうというものである[18]。それなら、そなたは自分で考える以上に、はるかに真実について語ったことになるからである。というのも暴君とは、芝居に登場する国王同様、亡霊もしくは仮面に過ぎないのであり、真正の国王ではないからである。しかしながら、そなたの論文のいたるところでお目にかかる、この類いの下等な言い間違いを罰している暇はわたくしにはないのであるから、文法学校の同輩諸先生がたに引き渡すとしよう。たっぷり嘲りの笞を受けるがよかろう。

さらに悪質にもそなたは、いと高貴なるわが国の為政者の方がたが国王に下した判決を、神を恐れぬ輩の忌むべき陰謀だと述べ立てているのである。堕落したやくざ者め！　先頃まで最強の王国であり、今や、コモン・ウエルスとなっていっそう国力を増強させた国家が下した判決と刑の執行を、よくもこのように言えたものだ。いかなる国王といえど、今にいたるも為政者の行為にたいしてこれほどひどい濡れ衣を着せたものはない。ゆえに、かつてのオランダの解放者の正統な流れを汲むオランダ最高評議会が、全世界の国民の自由を破滅させるそなたのこの暴政弁護論を闇に葬るようにと宣告したのは正義に適ったことであった。著者はすべての自由国家から——とくにコモン・ウェルスにたいする忘恩の輩、不届きにも敵意を抱く輩を、国民を犠牲にしてまで保護している国家から——閉め出され、追放されてしかるべきである[19]。

なぜなら、この男は、イングランドのコモン・ウェルスのみならず、オランダのコモン・ウェルスの土台と大義をも攻撃しているからであります。実際、彼はこの二つのコモン・ウェルスを一撃のもとに揺るがし転覆させようとしているのであり、われわれの名を穢すふりをして、じつは偉大な自由の闘志の称号に泥を塗るのであります。

さて、オランダ連邦共和国のいと名高き議会の議員諸氏よ、とくとお考えいただきたい。この王権固執者にこの国王弁護論を執筆させたのはだれであったか、最近あなたがたの国で王者づらをし始めたのはだれだったか。オランダ国中にいかなる謀議と襲撃と騒乱が引き起こされたか。あの無分別な若者[20]がまことによい神慮の潮時に死んでくれたからこそ、〈自由〉は息を吹き返すことができたのでありますが、さもなければ今ごろ事態はどのようになっていたことでありましょうか。隷属と新たな支配者がのさばり出してきたことでありましょう。さらにあなたがたが長年の労苦と闘争のすえに勝ち取った自由がお国で消滅していたかもしれぬということを考えていただきたい。

しかし、われらがサルマシウスは大言壮語を止めず、奇異な悲劇を創作するのであります。「この恐ろしい知らせ」――とは、サルマシウスの殺人的に破格な(ライセンス)[21]ラテン語法についての知らせに違いないのでありますが――「を聞く人びとは、まるで雷(いかずち)に打たれたかのごとく、突然の恐怖に髪は逆立ち、声は喉に張りついてしまう」。雷に打たれて髪が逆立つとは、自然科学者には初耳でありましょう。だが、臆病で野卑な精神の持ち主が何か偉大な行為の知らせを受けただけで雷に打たれ、自分が生来の馬鹿者であったと証(あか)するのは周知の事実であります。

「涙を押さえることができなかったものもいる」とは、少女か女官、またはそれ以上に女々しい人びとのことでありましょうし、その中にはサルマシウス自身も入っているのでありますが、彼は新奇な変身によりサルマキス[22]となり、灯火で苦心惨憺(さんたん)絞り出した偽りの涙の泉で、雄々しい人びとから力を抜き取ろうとするのであります。それゆえ、わたくしは以下のことのなきようにと警告を発します。

邪悪なサルマキスが毒の水で男の力を抜き、
流れの魔力で彼の男を取り消して立ち去らせる。[23]

「もっと勇敢な輩は」——とは、サルマシウスは勇敢で生気に満ちた人物について、礼儀に適った言葉づかいで語ることすらできないのでしょうか——「怒りに燃えるあまり、殆ど自制することができなかったほどだ」。そうした狂人どもなど、われわれに関わりはないし、かくのごとき脅し文句を、われわれは自制することのできる真の勇気を振るって追放し敗走させるのであります。

「そうした悪事の犯人を呪詛せぬものは一人もいなかった」。しかしながら、たった今の話ではその声は喉に張りついていたはず。そして、そなたがわれわれの追放者たちのことを言っているなら、願わくは、永久に張りついたままであるように！　彼らの口が呪詛と脅し文句で満ちていることは承知しておるのであるから。しかしそれも、あらゆる善良な人びとが忌むこそすれ、恐れることなどほとんどないのである。それ以外の人びとにかんしては、とくに自由な国民の中に生れながらに奴隷根性が染み付いていて、国王処刑の知らせを聞いてわれわれを非難し告発する者がいるとは信じがたい。それどころか、正しき人びとすべてが、この事件を正義であると言い、かくも高く輝く正義の範例を与えたもう神に、また、他の国々の支配者にたいしてかくも有益な戒めを与えたもう神に、感謝の祈りを捧げたはずである。

さらに、「こころ不和にして残忍なるもの(24)」でありながら、何か奇妙に悲惨な虐殺を嘆く輩、および、歴史に国王が登場して以来、他に抜きん出て女々しく駄洒落好きの弁護者サルマシウスには気のすむまで嘆いていただくことにしよう。卒業したての若僧でも、どこの修道院から選んだ修道士でも、この国王弁護者よりは雄弁に、そしてもう少しまともなラテン語で国王の破滅について熱弁をふるったであろうに。

このようにわたくしが全巻にわたりこの男の片言の雑言を追跡していくとすれば、実際わたくしは愚鈍と言われましょう。しかしこの男は傲慢と自惚れで途方もなく膨張しておりますから、彼が自著の粗野で野蛮な構成という盾の陰に隠れたり、テレンティウスの兵士のごとく隊列の陰に身を潜めてさえいなければ、それも楽しい仕事となったかもしれないのでありますが[25]。確かに狡猾と言えましょう。この上なく精力溢れる論敵といえど、かくのごとくいちいち詳細に詮索していれば、最後まで論駁せぬうちにうんざりして死んでしまうことでありましょうから。

ここでわたくしは少なくとも幕開きに相応しい実例をまず挙げて、賢明なる読者諸氏に、このサルマシウスという人物を味見していただこうと切に願っております。この一ページほどの前菜（オードブル）を試食すれば、主人（あるじ）サルマシウスが他の山海の珍味でどれほど素晴らしい歓待をしてくれる意図であるか、ご理解いただけることでしょう。そしてまた、書物全体に何と子供じみた戯れ言（ざれごと）が山積しているかもご理解いただけることでありましょう。この男は、それが最も不似合いな所、つまり巻頭において執拗なまでにやってのけたのであります。これからはずっと、店頭の鯖（さば）の包装紙にのみふさわしい、駄弁を弄するこの話し手をわたくしは喜んで無視するといたしましょう[26]。

しかしながら、イングランドの国情にかんする限り、この厚顔な一人の小人の虚偽よりも、議会の権威にもとづいて公文書化され公布された文書のほうが、心正しく賢明な諸外国の方がたすべてにとって、はるかに重要なのは論をまたないのであります。この男ときたら、イングランドから追放された輩、つまりイングランドの敵どもに雇われ、その口述するところ、中傷の言を臆面なく、真っ赤な嘘をかき混ぜて記録するのであります。

彼がことの真偽や聖・不聖の区別なく、何でも文章化し、いささかも良心の呵責を感じていないことを天下に明らかにするためには、他ならぬサルマシウス本人を召喚する必要があります。その著書『教皇首位権反駁論』において彼は次のように述べているのであります。

> 教会が監督制度を廃止し、長老による使徒的な制度に戻るべき重大な理由がある[27]。監督制度からはか

つて恐れられた分派よりはるかにひどい害悪が教会内にもたらされた。その源より教会中に蔓延した病弊は、悲惨な暴政により教会全体をむしばみ、国王や君主をも征服した（一九六ページ）。その首長たる教皇のみを廃止するよりも教権制度（ヒエラルキー）全体を廃止する方が、教会にとって益するところははるかに大きいであろう。……監督制度と教皇権が廃止されれば大いに利点がある。監督制度を廃止すれば、それを主たる基盤とする教皇権も崩壊するであろう。……すでに教皇権を廃止した諸王国においては、監督制度が廃止されるべき特別の事情がある。

彼は次のようにも言うのであります。

それらの国でなぜ監督制度が廃止されぬままであるのか理解できない。この点にかんして不完全な宗教改革は配慮が欠けているように思われる。教皇権を廃止しながら監督制度を温存させる必要性や可能性を支持するいかなる理由・根拠も見当たらない。

四年前にこう書き、同主旨のことをくどくどと書きながら、今、彼は虚栄に走り、厚顔にもイングランド議会が上院から主教たちを追放するのみならず、完全廃止を決議したと言って、勿体ぶって告発するのであります(28)。いやはや、彼は今、まったく同じ監督制度を先に引用した書物の中で詳述したと同一の証拠と論法を使って支持、推奨するのであります。一千もの分派と異端という悪疫がイングランドに蔓延するのを防ぐために主教たちの存在は今、何としても必要不可欠だというのであります。なんたる変節！　そなたは宗教に関わることまで、然り、あえて言えば教会を裏切ってまで厚顔無恥な変節を繰り返すのであるか？

そなたは教会の神聖な法令をあれほど声高に支持したが、それはさらに酷(ひど)く罵倒・嘲笑して、ご都合次第で廃止するためだったのか？　議会が他国の教会を範例としてわが国の教会を改革しようと熱望し、監督制度撤廃を決議したとき、国王が最初それを否認し、次に主としてそれを理由に開戦し、戦況不利にして廃位を迫られたことは周知の事実である。さあ、行って国王の弁護者だと誇るがよい。国王の立場を強弁するために、かつて自分が支持した教会の大義に今や公然と反逆し襲撃する者よ！　教会はそなたに最も重い譴責(けんせき)の烙印を押すであろう。

しかしながら、わが国のコモン・ウェルスの政体にかんして言えば、流浪の三文文士のそなたが、もう少しましな整理の仕方もあったろうに、駄弁の詰まった文箱や旅行鞄を放って、そなたとは関係ない一国の情勢に出しゃばった口を差し挟むからには、この問題にかんして手短に答弁するとしよう。そなたにというよりも、むしろ、そなたよりはまともな方がたに。

わが国の統治形態は、その状況下で分派の存在しうる形態であります。最高に望ましい形態ではなく、邪悪な市民たちの頑迷な闘争も存在しうる形態であります。しかしながら、ある国家が分派に懊悩(おう)し、武力で自己を防衛し、正しく高潔な派だけを尊重し、それ以外は平民・貴族を問わず除外し締め出すなら、それはまったく正義に適っているし、たとえ苦しい体験から学んだ結果、国王や貴族たちを拒絶したとしても、それでもやはり正義に適うのであります。

サルマシウスどのよ、そなたは「最高会議(スプリーム・カウンシル)とその議長」を攻撃するが、それはただ自分の愚鈍さを開陳する行為でしかない。そなたが夢想する会議は最高(スプリーム)〔の議決機関〕ではなく、議会(パーラメント)の権威により一定期間召集されるものであり、議員の内の四〇名から成り、だれでも投票で選出された者が議長になるのであるから。[29]　このように、わが国では上院(セネト)たる議会が必要に応じてその中から数名を指名し、どこでも集合し、いわば小型の上院を開催する権限を与えることが習わしとなっている。しばしば最重要の問題が、より迅速かつ内密に処理されるべく彼らに引渡され、委託される。それらは海軍・陸軍・財政の運営管理、さらに平時と戦時のあらゆる仕事である。これは呼称が会議(カウンシル)か否かを問わず、呼称が新しくとも実質的には古(いにしえ)より存続しており、これなしにはいかなる国家も立ちゆかないのである。

国王処刑とわが国の政体変革についてあのように罵詈雑言(ばりぞうごん)を浴びせ、毒液を散布するのは止めるがよい。(30) わたくしはこれからそなたと一騎討ちして、いかにそなたが悪あがきしようとも、いかなる法と正義と判断によってこれら政体変革がなされたのかを一章ごとに証明していく所存である。それでもなお、そなたが「いかなる法で? いかなる正義によって?」と食い下がるなら、「国家の安全のために存するのは正義と公正であると主張する神と自然の法によって」と回答しよう。(31) これは古(いにしえ)の賢者がそなたのごとき人びとに与えた回答である。そなたはわれわれが、長年執行してきた法律を廃棄したと非難するが、それが良法だったか悪法だったかには触れていない。——もし、触れていてもだれもそなたの話には耳を貸しはしないだろうが——なぜなら、「オルスよ、われらが国法がそなたに何の関わりがあるか」ということになるから。(32) われらが国法がもっと多くの法律を廃棄し、もっと多くの似非(えせ)法律家どもを廃棄していたらよかったとわたくしは思う。そうすれば、国法はキリスト教と国民のために、より多く寄与したであろうに。そなたは「土の子、マニウスども、氏素性も知れぬ、どこの馬の骨とも分からぬ者が、これらのことは自分たちの裁量に任されていると考えた」と激怒する。(33) そなたは聖書のみならず、かの詩人の教えをも思い出すべきであった。(34)

神には、いと低き者を高きところへ
上げて、隠された真実を

明るみに出す力が備えられてある。

そして次のことも、しかと聞くがよい。そなたが「卑賤の出」と呼ぶ者の内、ある者は高貴の出自ということでは、そなたの国のいかなる種族の人びとにもひけを取ることはないし、また、ある者は自分の腕一本で叩き上げた男であり、勤勉と徳により真の高貴に至る道をたどり、人類の最貴の人びとに匹敵するのだ。むしろ、そなたの誇る貴族こそが「土の子」と呼ばれ――それが自分たちの土地なら――故国で精出して働いてしかるべきなのである。その方が駄ボラを売り歩く、故国も価値もないわら人形さながらのそなたのごとく、異郷で飢えて、雇い主の財布と気まぐれの奴隷となるよりはずっとましのはず。そなたは唯一のたしなみたる、高報酬を得て外国人の前で戯言をまくしたてるという才能があればこそ、放浪暮しを止め、血縁者の保護観察下に置かれずに済んでいるのだ。

そなたは、わが国の為政者たちが「あらゆる教派のクズのごときもの」まで認めると言って非難する。だが、なぜ認めてはいけないのか？　彼らを信者の集会から追放する、しないを決めるのは教会の役目である。ただ、彼らが少なくとも自国の世俗法を破らぬ限り為政者は彼らを国外追放に処すべきではない。人はまず初めに、暴力や不正の脅威から保護され、安全に、そして自由に生きるため寄り集まって国家を造った。そして敬虔と信仰を保持して生きるため教会を造ったのである。国家は法律を、教会は教理を持つのであり、この二つはまったく別個のものである。[35]全キリスト教国で長い間、絶えず戦争が引き起こされてきたのも、まさに為政者と教会が互いの権力を混同しているからなのである。

とくにこの理由のために、われわれはローマ・カトリック制度に我慢がならない。それは教会というよりも、むしろ宗教を隠れ蓑にした教皇による専制政治に他ならず、世俗権力という略奪品で着飾っているものの、それはキリスト教本来の教えに逆らって暴力的に着服してきたものである。そなた一人だけが夢想・捏造する「独立派」はイングランドには存在したことはない。ただ、存在するとすれば、個別教会に優位するいかなる集会や教会会議も頑として認めず、〔もしそのようなものがあれば〕それこそまさに教権制度の横枝、いや根幹であるから根絶すべきであると、そなた同様に感じている人びとがいるだけである。このためこの方がたは無知蒙昧の輩から独立派と呼ばれているのだ。

最後に、そなたがすべての国王や支配者たちを煽動してわれわれにたいする憎悪をかき立てようとするばかりか、残酷至極の戦争を起こさせようと企んでいるのも十分承知している。昔まったく異なる動機から、ミトリダテス王がすべての国王を煽動してローマ人に敵対させようと企んで、これと良く似た誹謗中傷をまき散らしたことがあった。(36) つまり、ローマ人はすべての王国を滅亡させ、邪魔するものは神であれ人であれ容赦せず、最初から何事も武力によって強奪してきたのであり、まさに盗賊の一団、王権にとって不倶戴天の敵というわけである。かくのごとくミトリダテスはアルサケス王に書簡を出したのであった。

しかし、教室で片言の修辞学を講義していたそなたが、まだ少年の国王を唆し、攻撃合図の雄叫びで奮起させることができると考えるとは、思い上がりにもほどがある。その声は虚偽にけがれ、かすれているので、たとえラッパを吹き鳴らしても、ホメロスのネズミをさえ煽動してカエルと戦わせることはできなかったであろう。(37) とすれば、そなたのごとき卑劣漢が弱々しく吠え立ててみても、諸国王を奮起させ、われわれに宣戦布告させることなどできようはずもなく、恐れることなどないのである。そなたはわれわれのことを〔冗談に違いあるまいが〕国王たちの首をボール代わりに蹴ったり、王冠を〔クロッケーの〕弓形小門に見立てて遊んだり、王笏〔の先に首をつけ、それ〕を道化師の持つ棒のようにぞんざいに扱っていると作り話をしている。しかし、そのような子供騙しの作りごとで国王や支配者たちを戦争に駆り立てることができると考えているなら、かかるお粗末なそなたの頭こそ、道化棒の先につけるのが至当である。

次にそなたは、国家諸国すべてに呼びかけるのだが、そなたの言葉に注意を払う者はおるまい。さらにそなたは、国王側の証人としてあの極悪・野蛮なアイルランドのクズどもを召喚するが、この行為自体、そなたの邪悪さと愚鈍――他に抜きん出たそなたの不信心、厚顔無恥、狂気――を証(あかし)する。いやはや、多くの罪なき市民の血に染まった汚れた同盟に、国王さえもがたじろいだ――あるいは、たじろぐふりをした――のに、その呪われた国民の援助と忠誠を平気で要求するとは、恐れ入った。その背信行為と残忍性を隠蔽するため国王は八方手を尽くし払拭しようとしたものなのに、そなたときたら――二本足の獣の中で最低のものよ――神をも人をも畏れず、衆人監視の中で何の躊躇もせず、その残忍性を採用するとは！　それもよかろう。国王弁護のために、アイルランドの連中の援護射撃を頼みとし、精々武装するがよかろう(38)。

最初にそなたは、キケロやデモステネス(39)から雄弁の賞品すべてを掠奪していると疑われないように、十分用心するのである。なぜならそなたは、「雄弁な演説家のように論を進める必要はない」と言っているから。不可能なことをする必要がないと悟っているだけ、そなたは賢明だ。事実、そなたと面識のある者で、そなたが演説家の役目を遂行できると思うものがいるだろうか。そなたは切磋琢磨や、明瞭さ、雅趣などが要求されるものは何一つ創作することはないし、できるはずもないのである。むしろ、クリスピヌス(40)、または、かの似非ギリシア学者のツェツェス(41)の再来よろしく、質よりも量にのみ関心があるのだ。良質のものを執筆したくとも、そなたには力量不足であるから。

「本件は全世界の人びとが臨席し、いわば裁きの座に坐しているところで裁かれることになるだろう」とそなたは言う。それこそこちらの望むところである。できればそなたのような短慮未熟の者でなく、成熟し分別をわきまえた相手と論争したいものだ。そなたの熱弁は笞を振り回すアイアスさながら、惨澹たる結果に終わることになる。[42]「この者どもの不正、不信仰、背信行為、残忍性をわたくしは天地万象に声高に知らしめる所存。犯罪の首謀者たちを子々孫々にまで伝承し、完膚なきまでに糾弾する所存」とそなたは言う。

なんと華麗な文体であることか。怠惰で愚鈍、喧しく大言壮語するそなたは、優れた作家の文章を切り張り、改竄するしか能がないのに、何か生命（いのち）のこもったものを創り出すことができるなどと本気で思い込んでいるのであろうか。

わたくしの言葉に間違いはない。次の世代はそなたをひっ捕え、がらくたのような駄作もろとも忘却の淵へ投げ込むことであろう。とはいえ、この国王弁護論も、わたくしの答弁からいくばくかの生命力を引き出して、長いあいだ読まれることなく冬眠した後、再読されることがあるかもしれないが。

偉大なオランダ連邦共和国にたいし、わたくしはこのサルマシウスの書物を宝蔵から放出するよう勧告申し上げます。これはまったく宝などではないのであります。風に任せてどこへなりと飛ばしてしまえばよいのであります。

しかしわたくしが、この書物がいかに戯言と無知と虚偽に満ちているか万人に証しすることができれば、この書物はその流布につれ、それだけ厳しく禁書扱いされることになりましょう。それでは「犯罪者たちを完膚なきまでに糾弾する」そのお手並みをとくと拝見することにいたしましょう。

第一章

空論を大げさにまくしたてるサルマシウスよ、そなたは大ブリテン帝国の国王チャールズ一世が信仰の擁護者でありおん身はその国王の擁護者だということを吹聴しているのでありますから、国王もそなたも同様に、その「信仰の擁護者」、「国王の擁護者」なる称号にふさわしいと、わたくしは認めることにいたしましょう。なぜかといえば、国王は信仰を、そなたは国王を擁護しすぎて、じっさい自分の訴訟をだいなしにしてしまったようです。わたくしはこの点を、これからずっとさまざまな箇所で、そしてとくに第一章で論証するつもりであります。

序言の一二ページでそなたはつぎのように言いました。「あまりに正しく善なる大義には、修辞的な粉飾は必要ない、ただ有り体(てい)を語れば、それで国王を擁護することになるからである」。そなたは、有り体に説明すると約束しながら、この章のどこを見ても、有り体を明確に述べてはいないし、あさはかな修辞的粉飾をひけらかすのを差し控えたようすもなく、つまりそなた自身の見解に従えば、国王の大義は正しくもなければ善でもないというわけであります。

しかしながら、だれの同意も得られぬこと、すなわち、ご自分に修辞的な叙述能力があるなどと誤解されては困るのであります。語り手としては、そなたは演説家、歴史家、もしくはきわめて卑しい代弁士の役割すらも務めあげることはできないからであります。そのかわり、そなたは市(いち)から市へと渡り歩く行商人よろしく、掛け声だけでひとをあおっておきながら、前日の約束の話をするつもりは毛頭なく、大言壮語の染料や嘘のつまった薬びんをできるだけ多くの読者たちに売りつけようとする。というのも「その出来事について話そうとすると幾多の新型の化け物にとり囲まれて驚きとまどい、どこから説明を始め、どう続け、どうまとめたものか途方にくれるからである」。

これがそなたの言うところの「有り体」の話というものなのか。そなたがなにに窮しているのかわたくしには説明できる。第一に、そなたは自分でこしらえた化け物じみた嘘が、あまりにも多いので驚きとまどうわけだ。つぎに、そなたのからっぽの頭(おつむ)が、あまりに多くのささいなたわごとで「とり囲まれている」というよりも、むしろ頭のほうがぐるぐる回っていて「筋道だてて」話をすることができないし、いままでもできたためしはないというわけだ。

「前代未聞のこの犯罪がいかに忌まわしいものであるかを説明するのはなかなか難しいことだが、そんな中でこの語句だけは難なく心に浮かんでくる。これをたえず反復しなければならない。」それは「かつて太陽もこれほど邪悪な行為を目撃したことはなかった」ということだとそなたは言う。

わが良き師よ、太陽はベルナルドゥス[1]が見逃した多くのことを目撃してきたのであります。が、その太陽をいくたびとなく迎えいれるがよろしかろう。というのは、われわれの罪を暴くためでなく、そなたの弁護論にたいする世間の風あたりは冷たいので、暖かさがぜひ必要であろうから。「国王は太陽の創造とともにこの世にあった」とそなたは言う。ダマスィプス[2]よ、男神女神からそなたに夏至の日の温暖が恵まれるように。そなたの足には血がかよわず、太陽(ポイボス)の暖が欠けては詩脚に火をつけることもできないのであります。

じっさい、父権と王権の区別もつかないとは、まったくの暗闇のなかにいまします。国王を国父[3]と呼びさえすれば、その暗喩には説得性があるので、父親にかんして認めうる権利はなんであれ、そのまま国王にたいしても適応しうると、わたくしが認めざるをえなくなるとでも思っているのであろうか。父親と国王とはきわめて異質のものであります。われわれは父親から生まれたのであって、国王から生まれたのではありません。むしろ、われわれのほうが国王を創り出したのであります。(4) 国民に父親を与えたのは〈自然〉でありますが、国王を与えたのは国民自身なのであります。したがって、国王のために国民が存在するのではなく、国民のために国王が存在するわけであります。われわれは父親が残酷で厳格であっても我慢しますし、国王がそうであってもやはり我慢いたします。しかし、われわれは父親といえども専制的であれば容赦しません。父親が息子を殺せば極刑に処されます。であれば、息子たる国民を国王が滅ぼしてしまったとすれば、国王もまた、公正この上なき同じ法に従うべきではないのでありましょうか。とくに、父親が父親たることをやめるということはありえませんが、国王のほうは父親たることも国王たることも簡単にやめられるのですから、なおさらであります。

つぎに、「この行為の質」を考慮しなければならないと、わが国の事情に疎い異国者のそなたが言う以上は、今度はわたくしはイングランドの証人としてお答えいたそう。われわれが「イングランドから除去した」国王というのは、「善良」でも、「公正」でも、「慈悲ぶかく」もなければ、「神を畏れ」ず、「義務に忠実で」なく、「平和を愛する」こともなかったので、国王というよりはむしろ、十年来の国賊であり、国王どころか国の破壊者であったわけであります。

「かかる行為が以前になされたことはあった」とそなたは認める。否定することはできないから。「しかし、新教徒たちが新教徒の国王にたいして、かかる行為をなしたことは一度もなかった」と言いなさる。だが、教皇にあてた書簡のなかで、教皇を「いと聖なる父」(5) と称え、正統の信徒たちにたいするよりもカトリック教徒にたいしていつも好意的であったものを新教徒と呼べようか。この男がなにものであったかはともかくといたしまして、すくなくともステュアート家においてさえも新教徒によって廃位された最初の人間でなかったことはたしかであります。その祖母にあたるメアリ[6]は新教徒たちの手で退位せられ、追放され、そして遂に打ち首にされたではありませんか。そのとき、スコットランドの新教徒たちでさえも、なにも苦情を申し立てたりはしなかったのであります。じっさいのところ、彼らも手を貸したといってよいのであります。新教徒の国王はいままでほとんどいなかったわけでありますから、ひとりもこのように死刑に処せられたものはいなかったというのも無理からぬことです。しかし、邪悪な国王や専制君主を廃し、その罰に応じて罰するのが法にかなっていることは教会改革の先導者であった秀れた神学者の方がたの見解でもありますから、それを否定できるというなら、おやりいただきたい。

そなたは、大勢の国王が「刺殺」されたり、「毒殺」されたり、「幽閉」されたり、「絞首刑」にされたりして、不慮の死を遂げたことは認めなさるが、国王が裁判にかけられ、「助命の嘆願をさせられ、死刑を宣告され、斬首された」ことは、そなたにとって悲惨この上なく、いわば奇態な事例となるようであります。

愚鈍この上なき方よ、どのような罪を犯したにせよ、犯人を出廷させ、自己弁護の機会を与え、有罪ときまったら、改悛もしくは覚悟するための時間を与えたあとで処刑するほうが、捕らえたとたん裁判にもかけずに、いわば屠殺するよりも、ずっと温情にあふれ、公正で、どこの法治国家の法にもかなったことだといえないであろうか。罪人にどちらかを選択させたとしたら、裁判にかけられることを望まぬものがいるであろうか。さらに、国王が国民を罰するのに、このほうが寛大だと考えるなら、国民が国王を罰するときにもやはりこのほうが寛大だと考えられて然るべきでありますし、国王自身の意にもかなうことでありましょう。そなたは、国王を密かに証人もおらぬところで殺害させることによって、かくのごとき良き範例のもたらす利益を歴史から抹殺してしまうか、この栄光ある行ないの責をおう人びとが日の光をさけてでもいるかのごとく、彼らの側には法も正義も味方していないかのごとく見せかけようという魂胆なのでありましょう。

この行為が、貴族間の対立抗争、兵士もしくは平民の反乱、憎悪、恐怖、権力欲、無分別な衝動などによるのではなく、長い熟慮と理性を重ねたすえのものであったといって、そなたは事件を誇張する。弁護人から文法教師への変わり身の上手なことよ。それ自体は意味をもたぬ、いわば偶発的形態にもとづいて、そなたは悪口を言うわけだが、行為自体が非難と称賛のどちらに価するのかは明らかにしなかったのである。そなたに反駁することがいかに容易いことであるか見ておくがよかろう。

その行為が公正で気高いものだったとすれば、それを遂行した人びとは、義のためだけで遂行した、激情に支配されずに遂行した、ということでいっそう称えられてしかるべきでありますし、つらく骨の折れることだったとしても、無分別な衝動に駆られることなく、熟慮と理性を重ねたということでやはり称えられるべきでありましょう。

これは神のうながしによりなされた行為だと、わたくしは確信いたします。思い起こせば、予想もしなかった熱意と絆とで多くの国民により編成された全軍団が王国のあらゆる地域から声を一つにして、諸悪の根源である国王を罰せよ、と叫んだのでありますから。[7]

為政者と国民のどちらが考慮されるかはさておくとしても、いままでにこれほど気高い心で、また敵がいみじくも指摘するように、これほど穏やかな心で、この上なき名高き行為、古代の際だって英雄的な時代にさえふさわしき行為がなされたことは、一度もなかったというのはたしかであります。この行為がなされたことによって、法と裁判――この二つを、以後万人が衡平法上で[8]〔権利を〕回復いたしたのでありますが――のみならず、この注目すべき判断が下されたのち、〈正義〉は気高いものとされました。そして、〈正義〉はいまだかってなかったほど誉れ高く尊くなったのであります。

さて、われわれは第一章の三ページの終りまで我慢を重ねて読み進んできましたが、約束の「有り体の話」にはまだお目にかかっておりません。この男は、「国民を苦しめながら統治するものを廃することは法にかなっている」というわれわれの論理を嘆かわしく思い、「この論理に従えば、一千もの点で彼ら自身の国王よりも秀れた国王をもっていたとしても、その命を奪いとったことであろう」といいます。いやはや、このご仁の論の鋭さを見てください。

サルマシウスよ、お答え願いたいものだ。その論法でいけば、一千の点においてわれわれ自身の国王より秀れたものでさえも「国民を苦しめながら統治するもの」であるということになり、そなたが弁護している国王は「国民を苦しめながら統治するもの」よりも一千の点で劣っている、つまりすべての専制君主のなかで最悪のものであるということにならないのかどうか。諸国の王たちよ、かくも弁舌さわやかな弁護者をもったあなたがたに神のご加護があらんことを。

さて、サルマシウスの話が始まります。「彼らイングランド人はさまざまな種類の拷問具を使って国王を苦しめた。」どんな種類の道具を使ったのか、言いたまえ。「国王を獄(ひとや)から獄へと移した」――かつての暴君は、いまや戦犯となったのでありますからしごく法にかなったことであります。「たびたび護衛をかえて」――彼らが変節するのを防ぐためであります。「ときには自由を、ときには契約に立った王権回復をも約束した」――そうすると、われわれが前まえから国王をなきものにする腹であったとか、「すきあらば」廃位を狙っていたなどということは事実無根だと明らかになったではありませんか。われわれは、ずっと以前から国王にいくつかのことがらを要請してまいりました。もう少しで国王に鎮圧されそうだったときにであります。と申すのも、それが拒絶されれば、イングランド国民にはいかなる自由も安全も期待できなかったでありましょう。まさに同じことがらを、国王が捕虜になったときに、われわれは辞を低くして嘆願いたしました。一度や二度でなく、何度となく。(9)だがそのつど拒絶されたのであります。国王がわれわれと協調する見込みが失われて初めて、これより以後は国王に講和条約を示してはならないという、かの名高き法案が議会を通過したのであります。[10] つまり、われわれは国王が暴君になり始めたからではなく、救いようがなくなったからこそ、これを見放したのであります。

しかしながら、その後で、某議員たちは新たに画策し、[11] 機に乗じて、今いちど国王に講和の申し入れをしようという動議を提出しました。彼らは愚劣にも、キケロ[12]その他すべての賢人の反対を押し切ってアントニウス[13]に使者を送ることを決議した古代ローマの元老院議員たちの轍を踏んだのであります。そして、ローマ人を奴隷状態に陥れたが、われらイングランド人には自由を保証してくださった全能の神の思し召しがなかったとしたら、その末路もまた同じになったことでありましょう。

なぜなら、和平を確立し真の解決に到る申し入れを、国王はことごとく拒絶しているというのに、彼らときたら国王から満足な回答が得られたと決議したのでありますから。その結果、議員のうちでも健全な人びとは、自分たちのみならずコモン・ウェルスまでもが裏切られたと知って、勇猛果敢にして国家に変らぬ忠誠を誓う軍隊の援助を求めました。このことから、(申し上げるのもためらわれますが) わが国の軍隊[14]は議会よりも秀れた判断を下し、議決によって破滅の危機に瀕したコモン・ウェルスを武力によって救ったということが明らかであります。

さて、サルマシウスはくだくだしく「嘆かわしい出来事」について述べたててくれますが、あまりに芸のないそのやり方は哀れみを起こさせるというよりも、むしろそのおそまつさを哀れまずにはいられないという代物でありますす。彼は「国王が前代未聞のやり方で斬首されたこと」を嘆きます。――国王が斬首されたなどということは一度もなかったと、すでに何度もくり返して言っているのにであります。たわけものよ、比較の対象とすべき行ないが存在しないというのにそのやり方を比較しようというのか。

「国王は略奪者、暗殺者、父親殺し、反逆者、暴君だとして処刑された」とサルマシウスは言います。これが国王を弁護することになるであろうか。否(いな)、むしろわれわれよりもはるかに厳しい判決を国王に下しているといえよう。とつぜんにそなたをひきこんでわれわれの判決に同意させたものはなにか。サルマシウスは「覆面(ペルソナ)の執行人が国王の首を切った」と嘆いております。われわれはこのご仁をどう扱えばよいのでありましょうか。先には「国王の仮面(ペルソナ)が殺害されたこと」を嘆き、今度は執行人が覆面(ペルソナ)をしていたと嘆いております[15]。

この男のうそや戯言(たわごと)にいちいちつきあっていては、こちらの身がもちません。彼は、「雑兵どもが国王を打ちすえ足蹴(あしげ)にした」とか「その死体を二束三文で見世物にした」などという話を捏造(ねつぞう)しております。こうしたたぐいの話はこのだぼら吹きの学者どのの愚かさと意気地(いくじ)のなさをさらけ出すことにこそなれ、ただひとりの読者の共感をも得られるものではありません。息子のチャールズは父親の悲運を嘆くにあたっては、この嘆かわしい、というよりも噴飯ものの弁士、味気なく気の抜けた、その涙までも塩のきいていない弁士[16]などではなく、そのへんの路傍(みちばた)で群衆にむかって悲しげな俗謡を歌ってみせる大道野師(やし)でも雇っていれば、はるかにその目的に沿う結果になったことでありましょうに。

サルマシウスの話は終りました。さて、つぎにはなにをしようというのかよくわかりません。話が泥で濁っていて流れの通りがわるい。いま怒ったかと思えば、もう居眠りをしているという具合で、一度聞いただけでうんざりするようなことを十回も繰り返すという以外にはなんの芸もないのであります。まったくのところ、片言(かたこと)の即興詩人が片足で立ちながら語呂合わせしたたわごとのほうが、まだしも出版する価値があったのに、としかいいようがありません。こんなものにはまじめに答えるだけの価値はないのであります。

教会内の専制君主であり宗教の敵である主教と手を切らず、〔神の〕教会との交戦を選んだ国王を、サルマシウスは「宗教の擁護者」として称えておる。開(あ)いた口がふさがらない。おのれ自身があの不浄な慣習と儀式の奴隷でありながら、「信仰の清さ」を守るなどということがどうしてできようか。さらに、オランダ連邦共和国さえもが禁じた「冒瀆的な集会を開く許可（ライセンス）を公（おおやけ）に得た」とおん身の言う、わが国の「教派」の異端的行ないの数かずをご指摘ねがいたきものであります。それにしても、罵詈雑言（ばりぞうごん）をあびせ続けるという最悪の逸脱（ライセンス）を自らに許可するそなたほどに冒瀆的なものはいなかろうと思う。

「その君主を取り去ることほど国家にたいして致命的な打撃を与えることはありえなかった」とや？　骨の髄まで奴隷根性のしみこんだお方よ、君主を取り去らねば共和国（コモン・ウェルス）を破壊することになる。君主が所属するのは、共和国（コモン・ウェルス）ではなく私有財産（プライベト・ウェルス）〔制度〕なのだ。[17]「そして、彼らはこの行為を嫌（いと）う牧師たちをあらゆる不正な手段（てだて）を使って迫害している」。この男の言う「牧師たち」の正体について手短に述べておこう。彼らこそ口頭、また文書で、武装蜂起して国王と戦うことを説き勧め、デボラ[18]がメロズを呪（のろ）ったように、武器も金も人も出さずこの戦に非協力的であったものたちを呪いつづけ、敵は一国王などにあらず、サウル[19]やアハブ[20]を凌ぐ専制君主にしてネロ[21]以上の暴君なり、と会衆に説きつづけた、まさに張本人なのであります。そして、彼らが兼職者とか不在地主と罵倒（ばとう）した主教や司祭たちが一掃されるや否や、入れ代わりに自分たちがうま味この上なき聖職禄を二つも三つもわが物にしようと殺到したのであるから、この恥知らずの羊飼いども[22]が本来の務めをばなおざりにし、すばらしき聖職禄にみずから羊のごとくに群がり集まったことはだれの目にも明らかである。彼らは貞潔も信仰心もかなぐり捨てて、貪欲をむき出しにして突き進み、ついには自分たちが少し前に司祭に焼き付けたと同じ屈辱という燃えさかる炭火を〔真実の（まこと）〕教会の面前でおのが首（こうべ）の上に積むということになった。[23]その貪欲さは飽くことを知らず、野望はとどまるところを知らず、平和を嫌い、争乱を引き起こすことに慣れ、かつて国王に背（そむ）いたように、現在の政府に背き、治安妨害をしきりに説き勧める。いま彼らは、この正しき国王が残酷に殺害されたと言うが、少し前にはまさに同一人物の頭（かしら）に、あらゆる呪詛（じゅそ）のことばを積み上げて、神のみ心によることとして、議会に引き渡し、国王としての権力をすべて剥奪（はくだつ）し、聖戦において打ち砕いたのであった。また、彼らは分派が根絶されていないといって嘆きおる。しかし、分派の根絶を為政者に要求するなど愚にもつかぬこと。為政者たちは、教会にとって最悪の二つの異端、すなわち〈貪欲〉と〈野望〉とを聖職者自身の階級から、なんとしても取り除くことができなかったのでありますから。彼らが罵倒するわれわれの教派は目立たぬものであるが、彼らの教派は悪名をとどろかせ、神の教会にとって危険きわまりなし。その邪教の始祖は魔術師シモン(24)とデイオトレフェス(25)でありました。しかしながら、このものたちが邪悪であるからといって迫害するようなことは、われわれはいたしません。日々、国家を転覆せんと謀るものにたいしても寛容すぎるほどであります。

宿なしのフランスのお方よ、そなたが歯をむきだして流暢な弁をふるうところによると、「イングランド人は特産のマスティフ犬(26)以上にどう猛、残酷で、正当な王位継承者にも、その末子にも、ボヘミアの女王(27)にも一顧だにしない」ことがお気に召さぬようだが、それにたいしてはわたくしではなく、そなたご自身〔の書いたもの〕が答えてくれよう。「君主制から別の形に政体が変革される場合には、いかなる種類の継承も、新政体の監督者らのあいだで認められることはない」(『教皇首位権反駁論』〔一二七ページ〕)。そなたは「一国の少数者によって三王国全土における」大変革が引き起こされた、と言いなさる。かりにそれが真実だとすれば、その少数者というのは、男性が女性を統治するがごとく、残りのもの全体を統治するにふさわしい力量を備えているといえよう。「彼らは不遜にも、この王国のむかしながらの政体を多数者による独裁制に変えることに着手した」とそなたは言われる。その行為はまさに正しい好都合のことであった。そなたは彼らを非難すれば、かならず自分が道徳においてだけでなく統語法においても汚らわしい野蛮人であり、文法違反者であることを暴露してしまいなさる。(28)文法学者の面汚しめ! 「イングランド人がこのしみを洗い落とすことは決してできまい」ですと! 否、そなたのほうこそあらゆる文法学者にとってしみであり汚れでこそあれ、イングランド国民の名声と不滅の栄光を汚すことなど決してできるはずもなかったのであります。というのも、イングランド国民はいまだかつて記録されたこともないほどの偉大な決意をもって、武装した敵と戦って打ち勝っただけでなく、烏合の衆の迷信的な謬見（びゅうけん）という内なる敵とも戦って打ち勝ち、さらにあまねく子孫のために解放者なる名を獲得したのであります。他の国家では英雄の特質たる雅量によってのみ可能だと考えられる企てに、国民的規模であえて取り組み、なしとげてきたのであります。

このような場合、「新教徒（プロテスタント）や初代キリスト教徒たち」がどのような行動をとったか、または、とったであろうか、ということについては、その行動の正当性を論じるときに話すことにいたそう。そして、そのさいには、世界中のおしゃべりとバットゥス[29]を束にしてもかなわぬそなたの冗舌ぶりの二の舞いを演じぬよう気をつけるつもりである。われわれを弁護するために、「イエズス会士」になんと返事をしたものか[30]、とおん身は思案するが、そんなことは大きなお世話というものよ。背教者め、おのれの行為を恥じよ。教会はそなたを恥じている。つい先頃までは、教皇と主教とを声高に激しく攻撃しておきながら[31]、いまでは主教の太鼓持ちにおさまっておるのだから。

そなたは「新教徒（プロテスタント）のなかにも専制君主を廃することは法にかなっていると主張してきた人びとがいる」と認めながら、「彼らはイエズス会士よりもはるかに悪質だ」という理由で、その名をあげない。わたくしは彼らの名をあげよう。その人びととはだれあろう、ルター、ツウィングリ、カルヴァン、ブーツァー、パレウス、その他多くの人びと[32]にほかならない。「とはいえ、彼らはなにをもって専制君主とするかは博識賢明の人びとに委ねたのである。しかるに、なんであろうか、この連中は。彼らは博識賢明の徒だっただろうか。高貴にして高潔をもって知られたのであろうか」とそなたは言いおる。

隷従のくびきの重みが骨身にこたえた国民は、専制君主の処遇についてなにも外国人や文法教師のご教授を仰がなくとも、りっぱにやってのけるくらいに博識賢明にして高貴であるといえましょう。この人物〔チャールズ一世〕が専制君主であったことは、イングランドとスコットランドの両議会が明快この上ない言動に訴えて、両国民のほとんどすべてが同意したのであります。もっとも、その後両国民は、主教たちの権謀策略のために二つの党派に分断されてしまいましたが。

この世の最強の君主たちにたいして神の定めを遂行する人びとのなかには、福音の光にあずかる人びとと同様に、「博識賢明な人、権力のある人、高貴な人はほとんどいない」ことが神のみ心にかなうとしたらどうであろうか。「神は博識賢明の人、権力のある人、高貴な人をはずかしめるために、博識賢明でもなく、権力もなく、高貴でもない人びとを選んでおられるのであろう。これは、神のみ前でだれも驕り高ぶらせないためである」(33)。

では、このように吠えかかるそなたはなにものだというのか。博識だと？ そなたが？ 見受けるところ、秀れた著作物を見識をもって熟読吟味することも享受することもなく、ラテン語の慣用句集や辞書、用語解のページをめくって老年になるまでの歳月を過ごしてきたそなたが。そなたのしゃべることときたら、古写本だのさまざまな選集だの、引用の混乱だの筆写上の誤まりだのと、枝葉末節のことばかり。細かいことをごちゃごちゃとほじくり出して、実質的な学問の醍醐味はまったくご存知ないということを露呈しておる。賢明だと？ そなたが？ つまらぬことを取り上げて乞食のするがごとき口論に明け暮れておるそなたが。天文学にも医学にもまったく無知でありながら、その道の信頼されてしかるべき天文学者や医学者をいつも罵っておるそなたが。かりにだれかがそなたの校訂した写本を一字一句でも矯正したり補充したりして、そなたのご名声に傷をつけようものなら、その人物を追放しようとやっきになるだろうに。それでもそなたは皆が自分を文法教師と呼ぶからといって怒って歯をむき出しておる。そなたは、そのお粗末な著書のなかで、先頃までチャールズ一世のお気に入りであった礼拝堂づき牧師のハモンド博士をごろつき呼ばわりしておる(34)。それも、彼がおん身を文法教師と呼んだからだ。もし、国王もお抱え牧師の判断に同意したということが耳に入っておったなら、そなたはほかならぬ国王にも同じ悪態をついて、この国王弁護論をひっこめたに違いあるまい。

そなたがぬけぬけと、「学識もなく、卑しく、邪悪な狂人ども」と呼ぶイングランド国民のひとりであるわたくしが、どれほどそなたを軽蔑し嘲笑しておるかを心にとめておきたまえ。イングランド全体がそなたのごとき虫けら同然のものに公(おおやけ)の注意を払うなどということは、国家自体の品位をはなはだしくおとしめることになろう。そなたは、上方、下方、あらゆる方向にぐるぐると鎌首をもたげ、くねくねと動きまわるが[35]、しょせん文法教師にすぎない。そうとも、そなたはまるでミダス王[36]よりも愚かな願いをどこかの邪神かなにかにでもかけたかのようだ。そなたが手を触れたものはすべて文法になるという願いを。ただし、そなたが文法違反を犯しているときは別として。

それゆえ、そなたが非難するところの「最下層の平民の出」であっても、（わが国の秀れた人びとについては、その偉大な行ないによって、彼らの英知、有徳、高貴さは証(あかし)されているので、そなたと比較することによって彼らを辱めるつもりはありません）――つまり、最下層の平民の出であっても、人は国王のために生まれたのではなく、神と故国のために生まれたのだというこの大原則を自分自身のものとしてさえいれば、だれであってもそなたなどよりは、はるかに博識で英知にあふれた正しい人物であり、あらゆる点で有用であると評価されてしかるべきであります。と申すのも、そういった人物は学(がく)はなくとも悟るべきことは悟っているのでありますが、そなたのほうは学はあっても悟るということがない。そなたはこれほど多くの言語に通じており、これほど多くの書物のページをひもとき、これほど多くを書きながら、それでいて畜生同然なのであります。

第二章

サルマシウスは、その論文の第一章の結びで、「あることについて全員の見解の一致をみるとき、それは真実である」ということは議論の余地がないと主張しました。この議論は「事実」に照らしてみればまったくの虚偽でありますが、これからわたくしは国王の権利という法的な問題を論じながら、それにもとづいて反駁していくことにいたしましょう。

彼は国王を定義して（「非限定的」であると自らいうことが、「定義」とよべるならばの話でありますが）「王国において至上の権利を有し、神にのみ服従し、望むがままに行動することが許されており、法の拘束を受けない人物」としています。しかし、わたくしはわたくし自身の理論と証拠のみならず、彼自身の理論と証拠を援用して、その逆であることを証明してみせましょう。つまり、「国王は法の拘束を受けず、望むがままに行動し、万人を裁き、なにによっても裁かれない」などという権利、ないしは権力を国王にたいして認めた国家や国民は、いまだかつて文明社会には存在いたしませんでした。（というのも、未開の地をくまなく捜す必要などないわけでありますから。）また、ただひとりサルマシウス以外には、いかなる国家の一員といえども、専制君主の大それた悪行を国王の権利だとして認めるような、生まれながらに奴隷根性のしみついたものも存在しなかったと確信いたします。わが国切っての熱烈な王党派でさえも、こうした卑しい見解を嫌悪したのでありますし、初期のいくつかの論文を見れば、サルマシウス自身が、賄賂(わいろ)を受け取るまえには、この問題にかんしてはかなり違った見解をもっていたことが明らかなのであります。

精神と本性の両面においてこれほどまで奴隷根性のしみついた書物が、自由国家の自由人によって、ましてや、いと気高きオランダ共和国の、名にし負う〔ライデン〕大学で書かれたはずはなく、むしろどこかの強制労働所か奴隷売買のせり台で書かれたものと思われます。かりに国王が望むことはなんでも国王の権限だとして許されるなら（かの忌むべきカラカラ帝さえも、義母ユリアに近親姦を迫られたさい、そう吹きこまれたものの、最初はさすがにためらったほどであります[1]）、世に専制君主などというものは過去にも現在にも一人もいないということになるのであります。

たとえ神と人との法をことごとく破ったとしても、それは国王の権利によっているのであるから、彼は依然として国王であり無罪であるというわけであります。なぜなら、この無罪たる人物がいかなる悪事を犯したというのでしょうか。彼はただ臣下にたいしておのが権利を行使したに過ぎぬではありませんか。国王が臣下にたいしていかに恐ろしく、残酷で、狂暴な仕打ちをしたところで、それは国王の権限を越えているなどという諫言(かんげん)や抗議は通用しないことになるではありませんか。

サルマシウスよ、「国王の法は、国民の法、いやむしろ自然の法に由来する」などと断ずるとは、そなたは獣(けだもの)なのか。人と呼べるはずはない。そなたは全人類にたいし余りに不公平で非人間的だ。そなたは神の姿をかたどって創られた全人類をさげすみ引き倒すことに励み、迷信、瀆神(とくしん)、怠惰あるいは裏切りによって諸国民に課せられた暴虐(ぼうぎゃく)無残な支配者たちが、こともあろうに柔和と哀れみに満ちたわれらの母なる〈自然〉の手によって用意され、あてがわれたなどと主張するとは。この冒瀆的な教えによって支配者たちがいっそう暴虐をつのらせるのを許したそなたは、彼らをそそのかして全人類を踏みつけさせ、将来はさらに手ひどく踏みにじらせようとしおる。そればかりか、自然の法、国王の法、さらには国民法によって彼らを武装させ国民に対峙させようとしおる。これが愚劣と冒瀆のきわみでなくてなんであろうか。

まこと、いにしえのディオニュシオス(2)とは逆に、文法教師をやめて専制君主になるのがそなたには似つかわしい。それも勝手きままに悪事を働く国王としての自由を得るためにではなく、無残な死に方をする自由を得るためぞ。そうするために、カプリ島に幽閉された皇帝ティベリウス(3)のごとく(みずからの頭に破滅を呼びこみつつ)おのれが破滅してゆくのを日々感じとることであろう。

さて、そなたの言うところの国王の権利についてもう少し綿密に検討していくといたそう。「このように東洋でも西洋でも判断されていた」とそなたは言う。権威者たるアリストテレスの『政治学』〔第三巻一四章〕やキケロの演説『属領について』〔第一〇巻〕のなかのことばを引き合いに出して、アジアの諸国民は簡単に服従して隷属してしまうものであり、ユダヤ人とシリア人は生まれながらに奴隷の資質をもっている、などとお答えするまでもあるまい。じつのところ、知恵と雅量に富む人物だけが自由を望み、かつ享受することができるのでありますが、その数はごくわずかであります。かたや、大多数の人びとは公正な支配者――公正というところに注意していただきたい――のほうをむしろ望むものであります。不正で耐えがたい支配者についていえば、そんなものに我慢せよと命じるほどに神が全人類にたいして悪意をいだかれたことはありませんでしたし、これほど残酷な法を自分たち、そして子孫たちに自ら望んで課すほどに、国民が思慮に欠け、絶望的な状態に陥ったこともなかったのであります。

おん身はまず「伝道の書における、あの英知の誉高き国王(4)のことば」を引き合いに出しなさる。ですから、われわれも神の法に訴えることにいたそう。かの国王のことばについては、のちほど検討することにいたそう。そのほうが彼の考えをよく理解することができよう。「申命記」一七章〔一四節〕の神のみことばに耳を傾けよう。

「あなたの神、主があなたに与えようとしておられる地にはいって行って、あなたが『まわりのすべての国ぐにと同じく、わたくしも自分の上に王をたてたい』と言うなら」。この一節をすべての人が熟慮してくれたならば、とねがう。というのもこの箇所で、全国家ならびに全国民が自分たちの望む統治形態を自由に選び、また統治形態を望みどおりの形に変える権限をもっている、ということを神ご自身が証言しておられるからであります。この権限を神はユダヤ人にたいしては明確に保証され、その他の国家にたいしても否認してはおられないのであります。

しかも、われわれ人類のおかれた状況においては、君主政体よりもむしろ共和政体のほうがより完成度が高く、ご自身の選ばれた民に有効であると、神はみそなわしておられます。神ご自身は共和政体を設置したのでありまして、君主政体のほうはずっと後になって執拗に請願されて不本意ながら認可されたのであります。神はまた、ひとりの人間が統治する形態と複数の人間が統治する形態のどちらを選ぶかについて、その選択権は国民の側にあるのだということを明らかにするために、その君主政体が正しいと仮定した上で、ひとりの君主を直ちに望むならば、将来の国王にたいする法を定めて、それによって、「自分のために馬や妻や金銀をふやすこと」を国王に禁じたのであります。これは、国王といえども法を離れては、他のなんぴとにも権利を行使することはできない、また自分自身にかんしてもいかなる決定もできない、ということを国王に理解させるためでありました。ですから、国王は自分自身の手で「律法の教えすべて」を書き写して、それが済んだら、「国王の心が自分の同胞の上に高ぶることのないように〔これらの律法を〕守り行なう」ようにと命じました。このことから、国民と同様に国王も法律を守らねばならないということは明らかであります。

ユダヤ法の秀れた解釈者であり、ユダヤの政治に精通し、うそつきのラビを千人たばねたよりも秀れたヨセフスも『ユダヤ古代誌』第四巻〔二二三〕でまさに同趣旨のことを書いております。「貴族政治は最善の統治形態である。それゆえ、他の形態を望むべきではない。統治者に神をいただけばそれで十分だ。しかしもし、国王をもちたいという要求をおさえることができなければ、国王をして彼自身の知恵よりもむしろ神と法に従わせしめよ。そしてもし、国王がなんじらに不当に干渉するなら、その権限を抑制せしめよ」。これはヨセフスが申命記のこの一節について述べている部分の一部であります。また、ヨセフスと同時代人であり、確固たる権威であるユダヤ人フィロン(5)はモーセ法に精通しており、その全般にわたって詳細な注釈をつけました。彼は著書のなかで支配者の設置にかんして律法のこの章を解釈し、国王が法の拘束を受けないというのは敵が法の拘束を受けないというのも同然である、と述べております。「国民を侵害し破滅させるために巨大な権力をふるうものは国王ではなく敵と呼ばれて然るべきである。彼らの行ないは和解の余地のない敵の行ないだからだ。然り。統治すると見せかけて不正を働く輩は、公然たる敵よりも始末が悪い。公然たる敵なら撃退もできようが、ああいった輩の悪辣(あくらつ)さをあばくのは至難の業(わざ)である」と彼は言うのであります。それでは、あばかれたからには敵として扱ってなんの支障がありえようか。『律法の寓意』第二巻(6)において、彼は「国王と専制君主とは相反するものである」とし、その少しあとで「国王は命令するだけでなく服従もする」と言っているのであります。

「まさにそのとおり。国王はだれにもまして法を遵守すべきである。だが、もし遵守しなければ、いかなる法により国王を罰すべきであるか?」とおっしゃる方があるかもしれない。お答えいたそう。他のものすべてを罰するのと同じ法によってであります。例外は認められません。聖職者はおろか最下位の為政者についてさえも、彼らを罰する法規はないのであります。明確な罰則規定がないわけでありますから、彼らはどのような罪を犯そうともみな免罪を要求する確固たる権利と論拠がある、ということになるわけです。が、しかしいまだかつてかかる要求をしたものはおりませんし、これからもかかることを根拠に免罪が認められるとは考えられますまい。これまでは、国王は法に従うべきであり、自分の同胞の上に驕り高ぶるべきではないということを、神ご自身の法にもとづいて考察してまいりました。

さて、つぎは「伝道の書」がなにか別の教義を説いているのかどうか、ということを検討することにいたそう。第八章一節その他にはつぎのようなことばがあります。「わたくしは言う。王の命令を守れ。神の誓約と同様に。王の前からあわてて退出するな。悪事に荷担するな。王は望むままをなんでもするから。王のことばには権威がある。だれが彼に『なんということをなさいますか』と言えようか」。この箇所では、かの伝道者は最高法院（サンヘドリン）や元老院にではなく、私人としての市民[7]に命令しているのであると、つとに知られております。伝道者は「王の命令を守れ。神の誓約と同様に」と命じております。しかし、そのかわりに国王のほうでも神の法と国法に従って誓約するというのでなければ、だれが国王に誓約をするというのでありましょうか。

ですから、「ヨシュア記」一章一七節でルベン人とガド人はヨシュアに従うことを約束して、「わたくしたちは、モーセに聞き従ったように、あなたに聞き従います。ただ、あなたの神、主が、モーセとともにおられたように、あなたとともにおられますように」と言っているのであります。ここには〔服従の〕条件が明らかにされております。さらに九章〔一七節〕の伝道者のことばに耳を傾けていただきたい。「知恵あるものの静かなことばは、愚かなもののあいだの支配者の叫びよりはよく聞かれる」。

そして彼はなにを戒めているのでありましょうか。「悪事に荷担するな。王は自分の望むままをなんでもするから。」たしかに国王は悪事をやめない悪人にたいしてはそういたします。国王は法の権威で武装し、寛大も苛酷も思いのままに使いわけることができるからであります。この箇所にはなんら専制君主的な響きはなく、善良なる市民が恐れるようなこともなにもないのであります。

「王のことばには権威がある。だれが彼に『なんということをなさいますか』と言えようか」。しかし、「第一サムエル記」一三章〔一三節〕を読むと、国王にむかって「なんということをなさったのですか」と言ったばかりか、「なんとも愚かなことをなさったものだ」とまで言った人物〔サムエル〕が存在したことがわかるのであります。

「しかしサムエルは特別である」と〔サルマシウスよ〕そなたは言うかもしれぬ。それにたいしてはわたくしはそなた自身の〔著書のなかの〕やや先のほう、四九ページのことばを使って答えることにいたそう。「サウルやダビデにはなにか特別なところがあっただろうか」とそなたは言っておるではないか。わたくしも「サムエルになにか特別なところがあっただろうか」と問おう。彼は預言者だった、とそなたは答えよう。それなら、今日でも、彼の範例に従うものはみな預言者である。なぜなら、神のみ心が「はた目にも明らか」であるか、「当人の内に植えつけられ」ているかはともかく、彼らは神のみ心に従って行動するからである。このことはそなた自身が五〇ページで認めていることである。すなわち、伝道者はこの箇所で市民が国王と争うことの愚を戒めているのだと言えよう。なぜなら、富めるものや権力者と争うことすら危険きわまりないのであるから。だが、だからどうだというのであるか。貴族も他のすべての為政者たちも全国民も、国王がご乱心あそばすときにあえて口を開かざるべし、というのであるか。善良なる市民を殲滅せんと企てる、愚かで邪悪で狂暴なものに抵抗すべからず、というのであるか。神聖にして人間的なものを不意に襲って灰塵に帰そうとする謀略に反対すべからず、というのであるか。われわれが抵抗しなければ、「法の拘束を受けないのであるから、なにをしようと法にかなっている」という理由で、国王が略奪し、放火し、虐殺し、王国全土を灰塵に帰してしまうというときに。ああ、おん身はカッパドキアの奴隷売買のせり台に立つ騎士[8]そのものである！ そして、かりにそなたがおめおめと自由な国民の仲間入りをしようなどとすれば、あらゆる自由国家の国民は、そなたを怪異として最果の地に投げ出し追放するか、万一そなたを逃がせばそのかわりに自分が、愚鈍きわまりなき国王のもとで臼を碾くと厳かに誓約をした上で、そなたを奴隷志願者として碾臼に繋ぐべきである。そなたにたいしてはどれほどことばを尽くしても、残酷にすぎるとか、愚かすぎるということはありえないからである。

さて、先をおつづけいただきたい。「イスラエルの民が国王を与えよと神に願ったとき、彼らはその統治形態を享受していた他のすべての国家と同じ法にのっとって国王に統治されることを望んだ。しかも東洋の諸国王は至上の法と無制限の権力を持っていたのであり、これはウェルギリウスの証言するところでもある――

エジプトも、強大なリディアも、パルティアの軍勢も
メディアの流れ、ヒュダスピス河も
あれほどまで国王をあがめはしない[9]」

とそなたは言う。

第一に、イスラエルの民がいかなる種類の国王を望んだか、などということがわれわれになんのかかわりがあろうか。とくに神ご自身の法ではなく異教徒の先例に従って国王を望んだということだけではなく、そもそも国王を望んだことを神がお怒りになられたわけであるから。

第二に、サムエルの息子たち――彼らは法に制約されていたわけであるが――の統治にさえ耐えられず、ただ彼らの貪欲さから逃れたいがために国王を望んだイスラエルの民が、法の制約を受けない不正な国王を望んだなどとは信じがたいことである。

最後に、そなたが〔さきに〕ウェルギリウスから引用した部分は、東洋の国王が「絶対権力」をもって支配したことを証明するものではない。と申すのも、ウェルギリウスの〔記述によれば〕蜂(はち)はエジプト人やメディア人があがめる以上に自分たちの王をあがめるが、それでもなお、

のであって、まったく法の制約を受けない王のもとで、ではないからである。

だが、わたくしはそなたにたいしてはつゆほどの悪意も抱いてなどおらぬ、ということをご理解いただきたい。ほとんどの人はそなたを暗愚と決めつけるであろうが、わたくしはそなたがただ暗愚の仮面をつけていたにすぎぬと証明してみせよう。そなたの著書『教皇首位権反駁論』のなかで、トリエント総会議[11]の何人かの神学者は教皇の首位権を証明するのに蜂を範例として使ったとそなたは言っておる。しかも、同様に邪悪な意図をもってそなたもこの蜂の例を引用したとは！ それゆえ、そなたが心正しきものであったときの〔論敵にたいする〕答弁をそっくりそのまま、いまや暗愚となり果てたそなたに返上して、そなた自身の手で暗愚の仮面をひきはがしていただくとしよう。「蜂(はち)の統治形態は共和制(コモン・ウエルス)であり、博物学者もそう言っている。王はいるが害を及ぼさない。それは専制君主というよりもむしろ指導者といえよう。臣下の蜂を突いたりこづきまわしたり、殺したりすることはない。」それなら、蜂がその王をあがめるのもなんの不思議もない。まことに、このような蜂どもに接触してしまったのはお気の毒さま。トリエントの三本針の蜂[12]のせいで、そなたが針をもたぬ雄蜂(のらくらもの)であることが明らかになってしまったではないか。

ところで、政治学に造詣の深いアリストテレスはアジアの君主政体は野蛮ではあるが、「法に従っている」と『政治学』第三巻〔一四〕で認めております。そして、五種類の君主政体をあげ、そのうちの四種は法に従っており、国民の承認を得ておりますが、それでもアリストテレスはそれらを専制的であるとしているのでありましす。なぜなら、国民的同意を得ているとはいうものの、〔君主に〕きわめて大きな権力が委ねられたからであります。だが、スパルタ王国はこの上もなく理想的な王国だと思われるが、それは国王に権力が集中していないからである、とアリストテレスは言っております。五番目の君主政体を彼は「独裁政治」と呼んでおります。そして彼はこの統治形態にのみ、[13]（そなたが全国王に帰せられるとする）勝手気ままに支配する権限があると説きます。だがアリストテレスはこのような統治形態がいつ、どこに存在したかは述べておりませんし、ただそれが不条理で不正で極端に専制的であることを明らかにするためにのみ言及したように思われます。

イスラエルの民が王を望んだとき、サムエルは民を思いとどまらせようと、「国王の権限[14]」について詳細に説いたと、そなたは言った。だが、サムエルはどこからその考えを得たのでありましょうか。神の法からでありましょうか。否、すでに見てきたように、神の法はそれとはまったく異なった種類の国王の権限について明らかにしたのでありました。では、神がサムエルの口をとおして御自ら語ったのでありましょうか。しかし、神は王の権限をお認めにならず、それを非難し、邪悪だとなされたのでありました。ですから、預言者サムエルは神により定められた王の権限を説いたわけではなく、王の傲慢と支配欲に蹂躪されて腐敗した統治の一形態を説いたのであります。王の義務ではなく野望について述べ、以前にイスラエルの民に、祭司職にあったエリの息子たちの流儀を示したのと同様、王の流儀を示したのであります。そなたが三三ページでヘブライ語でもまた文法違反を犯して、「ミシュパート[15]」という語を使って。「第一サムエル記」一二章一三節にあるように、「民〔のささげ物〕にかかわる祭司のならわし」は瀆神の、忌むべき、暴君的な流儀であり、これは法にかなっているとはとうてい言えない、不正な代物でありました。

初代教父たちもまた、この節を同様に説明してきたのであります。わたくしにしてみれば、そのうちの一人を引用すれば、多数の意見を代表するものとして、じゅうぶん事足りましょう。それは、スルピキウス・セウェルス[16]でありまして、ヒエロニムス[17]の同時代人にして友人、アウグスティヌスの意見によれば、英知と博学の人物です。セウェルスはその著書『年代記』において、サムエルはその民に、王の独裁と権力者の傲慢を説明しているのだと述べております。さて独裁と傲慢は、たしかに国王の権限ではないのであります。サルスティウス[18]によれば、自由を保持し国民の福利を促進するために国王に認められていた合法的な権限と権威とが一転して独裁と傲慢になり果てたのでありました。

　これこそが、正統派の神学者と法学者全員の、この節にたいする解釈であり、そなた〔サルマシウス〕がシカルド[19]からすでに学んでとうぜんご存知とは思いますが、ほとんどのユダヤの律法学者たちも同様の解釈をしたのでありました。そして、この節が王の絶対権力を扱っている、と考えたユダヤの律法学者はいまだかつてひとりもおりません。そなた自身は著書の一〇六ページ、第五章で「アレクサンドリアのクレメンス[20]だけでなく、他のだれもがこの点において間違いを犯しており」、正しいのは自分だけだと言っていなさる。なんたる破廉恥、なんたる愚鈍よ！　あらゆる注釈者、とくに正統派を敵に回して、神ご自身があれほどまでに弾劾しておられる国王のやり方を国王の権限であると強弁し、法の美名のもとに擁護しようとは！　しかもその権限の内実たるや、強奪と不正と暴虐と残忍さに他ならないことは、そなたも認めておるのでありますから。

　同胞にたいし、強奪・略奪・乱暴・狼藉の限りをつくすことが認められるほどの「超法規的権限」を付与された国王がいままでにいたでありましょうか。ローマの学者たちはほんとうに、そなたが言うように、「超法規的権限をもって、かくのごとき乱行に及んだ国王がいた」と主張しているのでありましょうか。サルスティウスの著作〔『カティリナ戦記』第四巻七章〕のなかで、護民官ガイウス・メンミウスは、貴族の傲岸不遜ぶりと、罪を犯しても罰せられないことをはげしく非難して、「罰を受けずにしたい放題ができるのが国王だ」と述べました。そなたはこれがお気に召して、これ幸いとばかりにお使いなさったわけだが、ほんの少しのあいだでも（眠りこまずに）目をあいてさえいたら、これがまったく役立たずの代物だとお気づきになったことであろうに。メンミウスはこの箇所で王権を擁護したのでありましょうか。いや、むしろ貴族が罪も受けずに圧制をほしいままにするにまかせ、その父祖たちが〔人民に〕固有の法（＝権利）を行使して国王もろとも国外に追放したはずの国王の流儀を甘受している一般大衆の怠慢をこそ非難しているのではないでしょうか。そなたはキケロ（の書物）に助言を求めるべきであったものを。そうすれば、サルスティウスと、それにサムエル（のことば）を、さらに正しく理解する方法を学べたでありましょうに。その著書『ガイウス・ラビリウスのための弁護論』〔一一・二九〕においてキケロはこう言っております。「国王どもの流儀をわれわれはみな承知している。彼らはこう命ずる。『予のことばにこころして従え』と。」そして、同じ箇所でキケロは、詩人たちからも類似の部分を引用しておりますが、そこでは「国王の権限」ではなく「流儀」を指しています。さらに、娯楽のためだけでなく、〔危険を〕避け、身を護る術を学ぶためにもよく読んで注意すべきであるとキケロは断言しているのであります。実は専制君主に敵対しているのに、専制君主の権限を擁護していると思いこんで引用したサルスティウスが、そなたをどんなひどい目にあわせてくれたかがおわかりであろう。いいですか、よく聞いていただきたい。国王の権限とやらの土台は揺らいでおり、溺れるものが藁をもつかむがごとくに証拠や範例にすがって起死回生をはかろうとすれば、逆に滅亡に拍車をかけることになるのであります。よけいな悪あがきをせずにいれば滅亡を遅らせることもできたでありましょうに。

「法的権限を極度にまで拡大解釈すれば、極度の不法に到達する」[21]ということばを用いて、「このことばは国王の場合に極めて適切である。国王がその権限を極度にまで行使すれば、王の権限だとしているふるまいになってしまうからである」とそなたは言う。これが権限だとは恐れ入ったものであります。いまやそなたはせっぱつまって、極度の不法だと白状する以外には、国王のふるまいを弁護するてだてがつかないではないか。これこそがまさに法的権限を極度まで拡大解釈するということであります。人が、法律条文の形式に拘泥し、字義にのみこだわり、正義をかえりみずにいるとき、また成文法をはなはだしく狡猾に悪意をもって解釈するときに起こることであり、先のことばもそういった事態に由来すると、キケロも言っております。しかし、すべての法は正義の泉から湧き出ているのでありますから、「国王が不法で強欲で専制的で極悪非道であっても、それは国王の権限〔として容認されること〕であり、かの預言者〔サムエル〕がその民に説いたのはこのことなのだ」というなら、そなたは必然的に瀆神の輩(やから)ということになるのであります。なぜなら、成文法にもせよ、不文法にもせよ、法が不法になるはずがありましょうか?

他の人びとについては法は不法ならずと認めておきながら、国王については断固として否認するなどということをそなたが思いつかぬよう、わたくしはそなたに異議を唱える証人を喚問いたします。その人物はおそらく国王でありますが、そなたの言うような王権は彼自身にとっても神にとっても忌まわしいものだと主張する人物であります。「詩篇」九四篇〔二〇節〕に、「法を口実にして悪事をたくらむ不法の王座など、神よ、あなたとなんのかかわりがありましょう」。ですから、国王たちのよこしまで邪悪な行ないが王権であるなどと神が教えておられるかのごとくに見せかけて、神をはなはだしく不法に冒瀆(ぼうとく)するのはやめていただこう。他ならぬ神ご自身が、邪悪な国王たちは王権を口実に害毒をまきちらしているという理由で、ご自分が国王たちと結びつけて考えられることはいっさい忌避しておられるからであります。また、神の預言者〔サムエル〕に無実の罪を着せるのもやめていただきたい。と申すのも、〔聖書の〕あの箇所でサムエルが王権を擁護していると考えることによって、そなたは正真正銘のサムエルをわれわれの前に出廷させたのではなく、かの霊媒女[22]のしたように、命なき幻影を呼び出したからであります。とはいえ、地獄から呼び出されたかのサムエル〔の幻影〕といえども、そなたの言う王権とやらが、じつは破目をはずした暴政であると認めぬほどのうそつきではあるまいとわたくしは確信しておりますが。

われわれは〔国王の〕権限が瀆神とみなされるということは分かっているのでありますし、そなた自身も「王権という名目で勝手きままにふるまうのは最悪の国王だった」と認めておるではないか。そなたが人類を滅亡させるために導入したこの王権とやらが、神の承認を得ていないものであることを、われわれは証明してまいりました。それどころか、後で明らかにするように、これはじつは悪魔のお墨付を得たものなのであります。

「王権が神の承認を得ている以上、〔国王は〕どんなことでも好き勝手にできるものだ[23]」とそなたは言い、この王権の発案者はキケロであると主張しなさる。そなたの援用する文献について述べるのはわたくしの大いなる喜びとするところであります。というのも、そなたは自分で喚問した証人によって自滅するのが常だからでありま す。それでは、キケロの『ピリッピカ・第八[24]』に耳を傾けていただきたい。「専政の廃止が目的ならば、いかなる戦争も名分がたつ。たとえ支配者が残酷でないとしても、専政は最悪の制度である。その気になればいくらでも残酷になれるからである」。すなわち、支配者がそのような権力をもっているということです。なぜなら、王権について語っているのだとしたら、キケロの論理は矛盾しているし、戦争の大義名分を不当なものにしてしまったことになるからであります。すなわち、そなたが説明しているものの正体は王権などではなくて、国王の不法と専横と暴政そのものなのであります。国王の超法規的逸脱（ライセンス）から個人的逸脱に話をおしひろげてそなたは言う、「人は個人的にうそをついたり恩知らずであったりする自由（ライセンス）があります」。だから国王も、というわけだ。しかし、それがどうしたというのか。だから国王どもが勝手きままに略奪し、殺害し、姦淫する自由があり、法的に罰せられることはない、というのか。国民を殺害し、収奪し、奴隷化するのが国王であれ、強盗であれ、外敵であれ、悪事のゆゆしさにとってなんの違いがあるというのか？　どちらもが同様に人間社会にとっての敵であり疫病（ペスト）であるのだから、両方とも同一の法によって撃退し成敗されてしかるべきである。ましてや国王はいっそう公正に裁かれてしかるべきである。なぜなら、国王はわれわれ国民からこのように多くの特権と栄誉を委任されたにもかかわらず、しかも公共の福利を保障すると誓約しておきながら、その誓約を破るからだ。

そなたはとうとう、「モーセは、王に選ばれたものがそれに従って統治するように律法を定めた。とはいえ、それはサムエルが言及したあの〔王の〕権限とは異なるものである」と認めなさる。これは、そなたが先に主張していたこととは二重の意味で矛盾するといえよう。なぜなら、国王はいかなる法によっても制約されない、とそなたは先に主張したではないか。しかるに、いま「律法に」制約されると言う。さらに、そなたはモーセ法とサムエルの法を相反するものだと言うが、これは笑止千万。

しかし、「あなたがたは王の奴隷となる」と、かの預言者〔サムエル〕は言います[25]。彼らが奴隷だったことをわたくしは否定するものではありませんが、それは王の〔正当な〕権限によるのではなく、むしろ多くの王の不法な権限乱用によるものだといえましょう。なぜなら、この預言者はその民に、かたくなに王を与えよと請い求めることは、けっきょく民自身を罰することになるのだと、警告したのでありまして、それはなにも王の権限などによるのではなく、民自身の当然の報いによるのであります。しかしながら、かりに国王が法に従わずに勝手放題にふるまうとしたら、彼はとうてい統治者とはいえない存在になり、国民はもっとも卑しい奴隷よりもさらに卑しい存在になり下がってしまうことでありましょう。なぜなら、異国生まれの奴隷ですらも、不法にふるまう主人からおのが身を守るために神の法をとりでとしたというのに、国民すべてが、それも自由な国民が、暴力と労苦と略奪から身を守るための法もしくはとりでをこの地上で見いだすことはないというのでありましょうか。エジプトの王に隷従していたかの民が解放されたのは、ただその兄弟である別の王にひきわたされ、より重いくびきにつながれて王が望むときに踏み砕かれるためにすぎなかったとでも言うおつもりなのか。

このようなことは神の法に照らしても、理性に照らしても、すじ道のとおらぬことでありますから、かの預言者は王の権限ではなく流儀について語ったのであり、それもすべての王の流儀ではなく、ただたんにほとんどの王の流儀について語ったにすぎないのだということは、だれにも疑う余地はありません。

それから、そなたはユダヤの律法学者に言及し、そのうちの二人を引用なさるが、これもまえと同様のみじめな結果に終っているのであります。なぜなら、律法学者のラビ・ヨセが王権論を含んでいると語った、王にかんする章とは、「申命記」中のものであり、「サムエル記」中のものではないことが明らかだからであります。[26] そして、ラビ・ユダは、そなたへの反駁となりますが、「サムエル記」のあの箇所はただ、かの民に恐れの気持をおこさせるためのものにすぎないのだと明言しましたし、これはまったく異議のないところであります。なぜなら、それが皮肉で正義と呼ばれるのでないなら、その実体が明らかに不法なのに正義と名づけられ、正義だと教えられるなどということは、もっとも有害なことだからであります。これについては〔「第一サムエル記」八章〕一八節が適切であります。「そして、その日になって、あなたがたが、自分たちに選んだ王ゆえに、助けを求めて叫んでも、その日、主はあなたがたに答えてくださらない。」これこそ、神のみ心にそむいてかたくなに王の出現を請い求めた民を待ちうけていた罰だったのであります。

しかしながら、この〔サムエルの〕ことばは、民が祈りを捧げたり、他のてだてをつくしたりするのを禁ずるものではありません。なぜなら、もしも国民が国王に反旗をひるがえして、神に助けを求めて叫ぶ自由があるなら、疑いもなく、彼らは国王の暴政から逃れるために、他のあらゆる気高き手段に訴える自由があるはずだからであります。じじつ、なにか災に押しつぶされかけているものが、ただ助けを求めて叫ぶだけで他の務めをすべておろそかにして、怠惰な祈りに耽るというようなことがあるはずがないからであります。

しかし、真相がいかなるものであるにせよ、一体全体、これがわれわれ〔イングランド〕国民の権利や国王の権限になんのかかわりがありましょうか。われわれは神のみ意志にそむいて国王を求めたわけではありませんし、また神の許しを得て国王を与えられたわけでもありません。いやむしろ、イングランド国民は神の命令や禁止とはかかわりのないところで、国民の権利を行使してイングランドの統治制度をうちたてたといえましょう。それゆえに、国王を廃位させたということがわれわれの徳をいっそう増し、ほまれをいっそう名高くさせることにならないはずはありません。なぜなら、イスラエルの民が王を求めたことがじつに罪だったのでありますから。事実そのものが語っております。われわれが国王をいただいていたとき、われわれは国王に反旗をひるがえして神に祈りを捧げ、神は祈りを聞きとどけ、われわれを解放してくださいました。しかるに、王をもたぬ、かのイスラエルの民がかたくなに神に王を与えよと請い求めたとき、神は彼らに奴隷になれと命じられたのでありますます。そして、彼らがもとの統治形態に戻ったのは、バビロニア捕囚[27]から解放されて、ユダヤに戻った後のことだったのであります。

つぎに、そなたはタルムード[28]にかんしてご講話を始めるが、このくわだてもやはり失敗に終ることになるのであります。国王は裁かれることはないのだと証明したいがために、そなたはユダヤの「最高法院(サンヘドリン)文書[29]」から「王は裁くことも裁かれることもない」という一節を引用してみせますが、これはかの民の求めたこととは矛盾しております。なぜなら、彼らはまさに自分たちを裁いてほしくて国王を求めたからであります。そなたは、バビロニア捕囚後に統治した王について〔の記述として〕この引用文を理解すべきだと言い抜けようとするが、しょせんむだなこと。それにたいして、ご覧なさい、マイモニデス[30]が異議を唱えております。彼は「イスラエルの王とユダヤの王を区別して、ダビデ〔王〕の子孫である王たちは裁きもし、裁かれもした」が、イスラエルの王たちはそうではなかった、と言っております。そなたは自分自身に反駁していることになるではありませんか。自分自身に、そして〔味方のはずの〕律法学者たちに反駁し、わたくしの申し立てを弁護しているではありませんか。

このことは「イスラエルの初代の王たちにはあてはまらなかった」。というのも〔「第一サムエル記」八章〕、一七節に「あなたがたは王の奴隷となる」とあるからだ、とそなたは言います。しかし、それは明らかに因習によるのであって、法によってのことではないのであります。また、かりに法によるのであったとしたら、それは王を請い求めた罰としてなのであります。彼らは、とくにこの王とか、あの王とかいうのではなく、全体的にほとんどの王の統治下でその罰を受けたわけでありまして、そのようなことはわれわれの問題とはなんらかかわりはないわけであります。まったく、そなたに反駁などする必要はない。なぜなら、そなた自身が自分にたいして、たえず反駁するのだから。そなたはわたくしの代弁者として、まずアリストブロス[31]が、つぎにアレクサンドロスの名を冠せられるヤンナイオスが、法の守護者にして解釈者たる最高法院（サンヘドリン）から、かの王権を授与されることなく、むしろ最高法院（セネト）の意向にさからって、なしくずし的に王権を掠（かす）め取ったのだと言います。この王権簒奪（さんだつ）者どものご機嫌をとりむすぶために、最高法院（サンヘドリン）の指導者たちを「〔大天使〕ガブリエルが打ち殺した」というとんだ作り話がでっち上げられそうであります。しかし、そうなると、そなたの議論の主たる拠（よ）りどころとなっているらしい「王が裁かれることはない」というこの偉大なる国王の権限とやらは、そなた自身の白状するところによれば、たわいのないうわさ話、もしくはそれ以上にたちの悪い、律法学者のつくり話にもとづいていたことになるというわけであります。

しかし、ヘブライの国王たちは「裁かれることもありえたし、笞打ちの刑に処せられることさえもありえた」とシカルド[32]は律法学者たちの文書（もんじょ）から詳細に明示しました。そして、この問題にかんしてはシカルドにあらゆる恩恵をこうむっているにもかかわらず、そなたは彼にむかって吠えたてるのだから、恥知らずにもほどがあるというものだ。それどころか、王サウル自身がどちらかひとりは死ななければならないと考えて、息子ヨナタンとともにくじをひき、自分自身の下した裁決に従おうとしたと聖書に記されてあります[33]。同様に王アザルヤも祭司たちから、らい病者として裁かれ神の宮から追放されたとき、民のひとりとしてそれに従い王位から退いたのであります。[34]しかしもし、王アザルヤが、王は法によって制約されることはないという、かの王の権限とやらをふりかざして、神の宮を去り、王位を退き、離れて住むことを拒絶したとしたら、ユダヤの民と祭司たちは神の宮が汚され、律法がやぶられ、民全体がらい病感染の危険にさらされるのを黙って許しておいたと、そなたはお考えになるのであるか。それでは、法がらい病の王にたいしては効力をもちながら、暴君にたいしてはなんら効力をもたないというのであるか。民が王の病に感染することを法が警戒して、それを防ぐてだてを備えているというのに、瀆神の、不法で残虐な国王が、国民を略奪し、苦しませ、殺害し、国全体を破滅させるという、はるかに深刻な事態にあって、法的救済措置がまったくないのに、それで結構、などと考えるほどに人が狂ったり馬鹿になったりするものであろうか。

それから、「国王が法廷に召喚され死刑を宣告されるなどということは、どこからも先例の引きようがありえない」とそなたは言います。これにたいしては、シカルドの答えがまことに適切であります。なぜなら、そなた〔サルマシウス〕の論法でいけば、「ローマ皇帝は選帝侯の前に召喚されることはなかった。それゆえ、選帝侯パラティン伯が皇帝に出廷日を定めて召喚したとしても、皇帝は弁明のため出廷する必要はない」ということになってしまうのであります。しかしながら、カルル四世の黄金勅令からは、[35]彼がそのような法的手続きに自分も従い、後継者たちにも従わせたということが明らかであります。国民が堕落した状態にあるときは、ひじょうに多くの市民が、富や寵愛によって私的に、最悪の罪をさえ免罪されるとなると、国王が放縦のかぎりをきわめるということは、なんらあやしむには足らぬことであります。しかしながら、「責任を負わない」状態、すなわち、だれにも依存せず、だれにも弁明する必要がない、などということは——そなたは、それこそが王権に特有のものなり、と説明しおるが——アリストテレスが『政治学』第四巻一〇章[36]で、とくに専制的であり、自由国家においては許すべからざること、と言っているのであります。国王は、自分の行ないの弁明をしないからといって、法的にとがめられることはない、と述べるために、そなたは、もっとも残酷な独裁者であり、ローマ共和国の破壊者でもあるマルクス・アントニウス[37]を典拠としてひきあいに出しますが、まことにもってこいの人物を出してきたものであります。しかしながら、アントニウスは、パルティア人を撃退すべく進軍したとき、殺人罪の申し開きをするようにと、ヘロデ王を喚問したのでありました。そして、ヘロデ王が黄金でアントニウスを買収しなかったとしたら、アントニウスは王をさえも罰したことだろうと考えられているのであります[38]。要するに、王権を承認したアントニウスと、国王を弁護するそなたとは、ひとつ穴のむじなだったというわけだ！

しかしそれも、理由（ゆえ）なきことではない、とそなたは言う。「なぜなら国王は、ほかならぬ神の承認によって、その権威を得ているからだ」と。それでは、その国王とはだれであるのか、わたくしに告げよ。わたくしは、そのような国王が存在したとは認めない。初めの実例として、かの民が神のみ心にそむいて王を求めなかったならば、サウルはけっして、国王にはならなかったことでありましょう。そしてサウルは、ミッパで王たるの宣言をいたしましたが、ついでギルガルで民に王に選ばれるまでは、ほとんど一私人として生活し、父親の牛の群れを追っていたのでありました。また、ダビデはどうだったでしょうか。神により油をそそがれましたが、ついでヘブロンでユダ族により、さらにユダヤの民すべてにより、油をそそがれたのではなかったでしょうか。それにもかかわらず、ダビデは、契約が結ばれるまで待ったではありませんか。（「第二サムエル記」五章〔三節〕、「第一歴代志」一一章〔三節〕）。しかしながら、契約というものは国王を拘束し、制約を加えるものであります。そなたは、ソロモンが「主の設けられた王座にあって、すべての人びとに気に入られた」（「第一歴代志」二九章〔二三節〕）と言うが、それなら民に気に入られるということは、重要なことだったわけであります。エホダヤはヨアシュを王と定めましたが、そのときにまた、王と民とのあいだに契約を結んだのであります（「第二列王記」一一章）。これらの王たちが、ダビデの他の子孫と同様に、神と民の両方によって任命されたのであるということをわたくしは認めますが、それ以外のいかなる国家においても国王はみな、ひとえに国民が任命したのであることを、断言いたします。最大のことも最小のこともみな、神により創られ任命されると世に言われておりますが、これ以外のいかなる理由で、国王は神により任命されたなどと言えるのか、是非ともうかがっておきたいものであります。

ダビデの王座が「エホバの王座」と呼ばれているのは、ごく特殊なことなのであり、ただ他のあらゆるものが、エホバのものであるという意味あいでのみ、他の国王の王座は「エホバの王座」であると言えるのであります。そなたはこのことを、同じ章〔「第一歴代志」二九章〕の一一節―一二節で学ぶべきでありましたものを。「天と地のすべてのものはあなたのものです。ああ、主よ、王国はあなたのものです。富も栄光も権力も権能もあなたから出ています。」「王国はあなたのもの」ということばがひんぱんにくりかえされるのは、なにも王をおごり高ぶらせるためではないのであります。王が自分を、神であるかのごとくに錯覚することがあっても、それでもなおその上には、「〔いと高き〕神がおわすのだということ、そして、王がいまあるのも、すべて神のおかげなのだということを、警告するためなのであります。このことから、王は「神とともにあり、その出自は主神ゼウスを元とする」という、エッセネ派[39]や、かの詩人たち〔ソロモンとホメロス〕の教えを、たやすく理解することができましょう。【というのも、自分自身が王であるソロモンは、位の低い為政者、すなわち士師さえも、同じ神からの出であると言っていますし（「箴言」八章一五、一六節）、ホメロスも『イリアス』〔一・二三八―二三九〕において、「ゼウス神から与えられた法を護る裁き手……」は、同じゼウス神からの出自であると言っているからであります。[40]】それゆえに、神の、この遍在的権限は、国民の権利を無効にするものではありません。ですから、神の承認を受けていない、他のすべての国王は、その権威を国民にのみ負うているということになるではありませんか。したがって、国王は国民に弁明する義務があるのであります。

烏合（うごう）の衆は、国王にへつらうのを常とするものでありますが、このことは国王たち自身が――ホメロスのサルペドン(41)のような名君たちも、また、暴君たちも、どちらもが――承知していたことであります。「グラウコスよ、いったいなぜ、われら二人がリュキアの国で、他の人びとにぬきん出て栄誉を与えられているのであるか。なぜ、人みながわれらを神のごとくにあがめるのであるか」とサルペドンは問い、自分自身で答えを出しておるのであります。「なぜなら、われらの力量（ちから）の輝きが、他のものにたちまさっているからだ。さあ、しっかりと立って合戦にくわわろうではないか。リュキア勢のだれもが、われわれを臆病者よとよばわらぬように。」このサルペドンのことばには、王位というものは国民により授与されるのであること、そして、国王の戦時の行ないは、国民にたいして弁明されるべきものであることが、暗示されております。これとは対照的に、邪悪な国王どもは、国民の心に恐怖を刻印しようともくろんで、神こそが王権を授与するのだと、公的には宣言するのであります。だが、彼らが私的にあがめたてまつっている神とは、他ならぬ運命（フォルトゥナ）の女神なのであります。そのことはホラティウスの有名な詩が明言するところであります。

猛（たけ）きダキア人も彷徨（さまよい）のスキタイ人も
蛮族の王の母たちも紫の衣の暴君どもも
御身を恐れてうち震えつつ願う。
仮借（かしゃく）なき御身の踵（かかと）が、そびえたつ円柱を
踏み砕くことのなきように、群れなす国民（くにたみ）が
遅れをとるものを叱咤（しった）しつつ武器をとり、
皇帝の権力（ちから）を挫（くじ）くことのなきようにと。

〔『頌詩』一・三四、九―一七〕

それゆえ、こんにち国王が統治するのは、神の承認を得ているからであるとするなら、国民が法的自由を主張することも、やはり神の承認を得ているからであると言えましょう。なぜなら、万物は神を源とし、神の承認を得ているからであります。

国王は神の承認を得て統治するのであり、かつ国王は、神により王座から追い落とされるものであると、聖書は証言しております。とはいえ、この二つの事はどちらも、神よりも、むしろ国民によってなされる場合がはるかに多いものだということを、われわれは知っているのであります。それならば、国民の権利は、まさに国王の権利――その内実はさておき――と同様、神授のものであるということになります。神の明白な承認を受けずに、国民が国王を選出した場合はいつでも、まさにその国民の権利によって、国王を廃位させることができるのであります。たしかに、暴君を即位させるよりも廃位させるほうが、はるかに神にふさわしき行ないと言えるのであります。そして、罪なき国民を弾圧する国王などよりも、法なき国王を廃位させる国民のほうが、はるかに神の覚えはめでたいのであります。

そればかりか、民は神の承認をえて、邪悪な王どもを裁くのであります。なぜなら、「詩篇」第一四九篇〔八―九節〕において、自分たちの王であるキリストを称賛する聖徒たちが、異教徒の王（そのすべてを福音書は暴君と呼んでいるのでありますが、）を「鎖で縛り……書きしるされたさばきを彼らのあいだで行なう」とき、神は聖徒たちに栄誉（ほまれ）を賜わっておいでなのであります。書きしるされたさばきにも、いかなる法にも拘束されないと、驕り高ぶるものどもをさえ、聖徒たちは裁くのであります。国王などというものは、たいがいは人のうちでも臆病きわまりなきものであるのに、神の覚えがいとめでたく、全世界の命運が国王のあごと支配とにかかっているのだとか、国王の影響のもと、もしくは国王のおんために、神の似姿をもつ人類全体が、理性をもたぬ、すこぶる低劣な獣のごとくに見なされ、扱われてしかるべきであるなどと信ずるほどに、人を愚かにさせたり、冒瀆的にさせたりすることは、断じてあってはならないのであります。

さていまや、そなたはいそいそと、マルクス・アウレリウス(42)を暴君の擁護者として、われわれの前に召喚しなさる。だが、彼のことはそっとしておいたほうが、そなたのためにはよかったであろうものを。ただ神のみが暴君たちの裁き主だと、彼が言ったかどうか、わたくしは知らない。だが、独裁制をめぐってそなたが引用している、クシフィリヌス(43)はたしかに、「独裁制にかんしては、ただ神のみが裁く権限をもっている」と言っております。とはいえ、わたくしは、その文脈においてアウタロキーなる語が、君主政体と同義であるとは承服できないし、それに先行する箇所を読めば読むほど、承服しにくくなるのであります。じじつ読者はだれでも、この異質な、唐突に接ぎ木された見解が、どうしてこの箇所にふさわしいのか、どんな意味があるのかと、驚きあやしむことでありましょう。とくに、マルクス・アウレリウスは最良のローマ皇帝でありましたし、カピトリヌス(44)の報告するところでは、在位中はその国家がいまだ自由共和国であるかのごとくに、国民を尊重して扱ったのでありますから、当時の国民の権利が卓絶したものであったことは、疑う余地がないのであります。当の皇帝が『自省録』第一章で、トラセアス、ヘルウィディウス、カトー、ディオ〔カッシウス〕、ブルトゥス(45)をはじめ、暴君を成敗した方がたすべて、もしくはその栄誉にあずからんと志すものを尊敬していること、そして衡平の法によって統治され、国民すべてが義と正義を受益する、コモン・ウェルスの構想を練っていると語っているのであります。そして、第四章では、自分ではなく法こそが統治者なのだと述べております。あらゆるものが議会と国民のものであることをアウレリウスは熟知していたので、「われわれには自分の所有物などなにもない、われわれの住み家さえ、そなたたち〔議会と国民〕のものだ」と言ったとクシフィリヌスが伝えているのであります。つまり、マルクス・アウレリウスは、王権を口実に国民の権利を侵害するようなことは、ほとんどなかったのであります。死の床にあって、マルクス・アウレリウスは自分の息子を、後継者たるに値するのなら、という条件をつけてローマ市民に推薦しておりますが、つまりそれは、そなたが独裁制(アウタロキー)と呼ぶ、あの想像の産物であるところの、絶対的統治権などという代物を、あたかも神ご自身の手から授与されたかのごとくに主張するがごときまねは、彼はしなかった、ということに他ならないのであります。そなたはなおも、「ギリシアおよびローマの歴史をとおして見れば、〔独裁制(アウタロキー)の〕先例は数多い」と言いつのるが、そんなものはどこにも見あたらない。さらに、「ユダヤ史をとおしても数多い」と言うが、それでも、「ユダヤ人は多くの場合、王権には不満だった」とつけ加えているのは、まだしもである。じつのところ、前にも見てきたように、そしてこれからもおいおいおわかりになるだろうが、ギリシア人もローマ人も暴君にはきわめて不満だったのであり、それはユダヤ人も同様のこと。「国王による統治の法」をサムエルが記したと、「第一サムエル記」一〇章〔二五節〕にある、その書物が現存していたら、明らかになったことであろうに。ヘブライの学者たちの伝えるところでは、王たちは法のとがめを受けずに、専政をほしいままにせんとして、その書を破棄し、焼却したのでありました。

さて、まわりを見まわして、そなたがなにか獲物をつかまえることができるかどうか、とくと見るがよい。あげくのはてに、そなたは「詩篇」一七篇〔二節〕のダビデ王の「わたくしのための裁きが御前(みまえ)から出ますように」ということばを無理矢理ねじ曲げて、「であるから、バルナキモニ(46)が『神のみが国王を裁く』と言うのである」と言う。しかしながら、ダビデがこのことばを書きしるしたのは、サウルの迫害を受けていたときであり、すでに神より聖別された身でありながら、ヨナタンの裁きにさえ従っていたときである可能性が、非常に高いのであります。このことは「第一サムエル記」第二〇章〔八節〕で、「もし、わたくしにとががあれば、あなたがわたくしを殺してください」とダビデは言い、その後に、無実の罪をきせられたものならだれもがするように、主の裁きを求めて「公正に御目(おんめ)が注がれますように。あなたはわたくしの心を調べられました」と言う、そのことばからも明らかであります。一体全体、これが国王にたいする裁きや裁判と、どんな関係があるというのか。たしかに、王権というものは虚偽を土台にして築かれているのだということを明らかにする人びとこそが、王権を揺るがし根こぎにするのであります。

おつぎには、われらが宮廷人諸子の十八番であるあの使い古しの議論の登場であります。「あなたに、ただあなたに、わたくしは罪を犯しました」〔「詩篇」第五一篇六節(47)〕。ダビデ王が苦い後悔と自責の涙にくれ、荒布をまとい灰をかぶってうち伏し、心を低くして神の慈悲を請い願っているときだというのに、自分には奴隷の権利すらもつ値うちはないと考えているときだというのに、あたかも彼が王権についてなにか考えるところがあって語っているかのごときであります。同胞たる、神の民すべてが、自分とくらべて下賤きわまりないために、彼らを殺害し、犯し、略奪してもなんら罪咎とはなりえないと、ダビデ王が信じていたとでもいうのでありましょうか。いと聖らなる国王がそれほどまで驕慢に膨れ上がり、おのれや同胞にたいして忌むべきほどに無知であることの決してなきように。したがって、「ただあなたに罪を犯しました」とあるのは、「とくにあなたに……」と解釈すべきであることが明らかであります。しかしながら、かの詩篇作者〔ダビデ王〕のことばと思想は感情的な高ぶりの中で発されたものでありますから、法解釈に適用するには難がありますし、すべきではありません。

だが、「ダビデ王は裁きの場にひき出されることはなかったし、最高法院の前で助命の嘆願をすることもなかった」とそなたは言う。まさに然り。と申すのも、内密になされたために、そののち何年もの間ほとんどだれにも知られていなかった彼の行ない（最高法院ではそのたぐいのことは内密なのであるから）が明るみに出されるはずはないではないか。それは「あなたは隠れて、それをした」という「第二サムエル記」一二章〔一二節〕のことばに明らかである。さらに最高法院が私人としての市民を罰するのに手ぬるいとしたらどうであろうか。それをもってして私人は罰しえないと結論してよいのであろうか。ダビデ王が罰されなかった理由は明らかである。五節に「そんなことをした男は死刑だ」とあるとおり、彼は自分自身に宣告を下したのでありました。これにたいし、かの預言者はすぐさま「あなたがその男です」と答えました。つまり、預言者の目には、ダビデ王は死刑にされるべき身とうつったのであります。しかしながら、神は御力(みちから)を働かせ特別の慈悲をダビデ王にかけられて、犯した罪と自分自身に下した死刑の宣告から彼を解き放ち、一三節にあるように「あなたは死なない」とおおせになられたのであります。

つぎにそなたは、どこかの「血に飢えた」弁護人(48)にとびかかり、その熱弁に反駁しようとやっきになっていなさる。まあ、その点はこの方にまかせておくといたしましょう。わたくしの仕事は手早く片(かた)をつけることでありますから。とは申せ、見過ごすことのできぬ点もいくつかあり、とくにそなたの驚くべき不一致にはおそれいるのであります。三〇ページではそなたは「イスラエルの民は不正で乱暴で略奪を好む国王、最悪の国王を請い求めないではない」と言っておきながら、四二ページでは、かの弁護人が「イスラエルの民は暴君を請い求めた」と主張するからといって非難し(49)、そして「彼らになじんだ、邪悪な士師(さばきつかさ)に我慢するよりもむしろ、最悪の国王の残酷さを選ぶという、小難を避けて大難に陥(おちい)るようなまねをあえてしたのだろうか」と憤然としてたずねていなさる。そなたは先刻、ヘブライの民は士師よりもむしろ暴君を好んだのだと言ったではないか。それなのにこんどは暴君よりもむしろ士師を好んだのだと言うのか。「彼らがいちばん望まなかったのが暴君である」とそなたは言う。かの弁護人はそなた自身の著書を引用して答えることであろう。と申すのも、そなたに従えば全国王が王権によって暴君となってしまうからである。

おつぎはまったく異議なし。「当時は至上権は国民のものであった。彼らは士師を拒み、国王を選んだのであるから(50)」。わたくしがあとでくり返してほしいとそなたにおたのみするときに、いまのことばをお忘れなきように。そなたは「神は暴君としての国王を怒りをこめてイスラエルの民に与えたもうたのであり、それは彼らにたいする罰としてであった」ということを否定し、これは、「彼ら自身の利益と福利のためであった」と言う。しかし、これはなんなく反駁できましょう。かの国王の権限が災いでなかったというのなら、なぜ、——たぶん王権それ自体が災いだというのではなくて、かの預言者がここで警告しているように、おおかたの場合、王権は驕慢と専制に変質してしまうものだからでありましょうが——イスラエルの民は、みずから選んだ国王に逆(さから)って、声をあげたのでありましょうか。これでもまだ承服しかねるというのであれば、おのれ自身のことばと署名を承認して赤面するしか手はなかろう。『教皇首位権反駁論』において、そなたはつぎのように言っておるではないか。

> 神を国王として認めないという、彼らの罪をお怒りになって、神は彼らに国王を与えたもうたのである。同様にして神は教会をも、神にたいする純なる礼拝をも、捨てて省(かえり)みなかった罰として、ひとりの死すべき人間を頭(かしら)とする、王政よりもさらにたちの悪い、教皇制度に引き渡されたのであった[51]。

それゆえ、そなたの比較が真実(まこと)なら、神は罰として、悪(あ)しき制度としてイスラエルの民に国王を与えたか、それとも、ほうびとして、良き制度として教会に教皇を与えたか、どちらかであるということになってしまうではないか。これほど馬鹿げた知恵のないご仁にお目にかかったことはない。かくも重大なものごとについて、かくも軽がるしく断言し、かくも簡単に前言を取り消すような男の言うことは、いかにささいなことであっても、信用できるはずはないのであります。

二九ページで「洋の東西をとわずあらゆる国家において、国王は超法規的存在であると判断されていた」と言うその舌の根のかわくひまもあらばこそ、四三ページでは「東洋では国王はみな、合法的に定められ、法を遵守した。エジプトの国王(パロ)でさえも事の大小にかかわらず法に拘束されていた」とそなたは言う。「国王というものはすべて超法規的存在である。法律は作成するが、それに従うことはない」と証明するつもりだと、この章の出だしでそなた自身が約束しておるのに、であります。わたくしとしてはそなたを大目にみてさしあげよう。と申すのもそなたのほうが発狂しておるか、われわれの味方をしておるかの、どちらかなのであろうから。そなたのしていること、それはけっして国王の弁護などではない。国王を攻撃し揶揄していることにほかならないのだ。さもなくば、カトゥルスの詩句(52)を逆手にとってそなたに進呈するのがふさわしかろう。なぜなら、詩人として最良のものがだれであるにもせよ、弁護人として最悪なのはそなただからである。かの弁護人〔ジョン・クック〕を「撃沈させてしまった」とそなたの言うその愚かしさがむしろ、おん身を盲目にしてしまったのでないとすれば、そなたがみずから好んで鈍な獣(けだもの)になりさがってしまったのだと思い知らせてさしあげることにいたそう。

そなたは、「あらゆる国家の国王といえども法律の拘束をうけてきたことはきた」と認めているではないか。そしてつづけて、「だが、判決をうけたり、斬首刑に処せられる恐れはなかった」と言うが、聖書もしくは信頼するにたる権威ある書を用いて、それが事実だと証明することは、できなかったというわけだ。

よいか、そなたのために手短に説明してさしあげよう。法に拘束されないもののために市民法を制定するなどということは愚かしくも馬鹿げたことであります。また、あるひとりの人間がいかなる罪を犯しても罰は免除されるとしておきながら、他の人びとはことごとく罰されるなどということにいたりましては、これは、法は例外を認めず、という大原則を愚弄(ぐろう)する、まさに不法の極(きわ)みであると言ってよいのであります。賢明な立法者なら、こうした誤ちを二つながら犯すことはありませんし、いわんや神が犯すはずはないのであります。そなたは、「ラビたちのなかには『ユダヤの父祖は、神以外にはいかなる王をも承認すべきではなかったのに承認してしまった。その罰として国王が与えられたのである』と認めているものもいる」と、自ら進んで告白するしまつであるが、それはそなたが、この章で証明しようともくろんだことは結局、ヘブライの古文書（こもんじょ）からはどうしても証明できなかったということをただ明らかにしたにすぎないのであります。そしてわたくしはそのラビたちとまったく同意見なのであります。

他に抜きんでて秀れている人物でなければ、国王たるにはふさわしからず、またその価値もないのであります。多くの同等に秀れた器量のものがいる場合は――ほとんどの国家においては、じつに多くの、秀れた人びとがおるのでありますが――等しく、交代に統治すべきである、とわたくしは考えるものであります。ただ、ひとりの同等の器量のもの、もしくは（よくあることですが）劣ったもの、または（たいていの場合がそうなのでありますが）愚かものに、他のすべての人びとが奴隷としてつかえるなどということは、この上なくふさわしからざることであります。これに異を唱えるものはおりますまい。キリストが王家の出であるからといって、なにも「王政を奨励する」ことにはなりません。それはキリストの祖先であるからといって、最悪の国王を奨励することにならないのと同様なのであります。「救世主（メシア）は王である。」このことをわれわれは承認し、喜び、主のとく来たりたまわらんことを祈りまつります。御子（みこ）は国王たるにふさわしい方であり、御子のような方はこの世には二人とはおられず、そのあとに続くものもいないからであります。けれども、その時がくるまでは、国王たるにふさわしからず、その価値もない人物に王権が委ねられることによって――ほとんどの場合それが実状でありますが――人類に益よりもむしろ害がもたらされてきたのだと考えてまちがいはないのであります。だからといって、すべての国王が暴君であるというわけではありません。ですが、わたくしが頑迷であるなどという印象をもたれぬように、そなたに調子を合わせて、すべての国王は暴君であると、仮定することにいたしましょう。せいぜいこれを利用なさるがよかろう。「このことから、つぎの二つの結論が導き出される。すなわち、われわれは神ご自身をも暴君たちの王と呼ばねばならない。そして、最大の暴君とすら、呼ばねばならない」とそなたは言う。最初の結論が（前提と脈絡のない）不合理な推論だとしても、そなたの書物の全篇を通じてほとんどいつも結論づけられることがある。すなわち、そなたは聖書のみならず自分自身のことばにいつも矛盾する、ということである。なぜならその直前の段落でそなたは、「万物の王にして創造主（つくりぬし）であられる唯一の神がおわします」と言っているではないか。けれども、神は暴君と悪魔をもつくり、そなたの判断によれば、彼らの王にもなられたというわけか。第二の結論をわれわれは唾棄する。そして、そなたの冒瀆の口が動かなくなるようにと願う。そなたはその口で、神を執拗に、暴君の王にして主、最大の暴君と呼び続けておるのであるから。

そなたはさらに、モーセは「至上権をもった王」であったと主張するが、これもまた国王の大義を擁護するのにはほとんど役には立っておらぬ。たしかにモーセはそうであったかもしれぬ。そして、モーセのごとく「事件を神のところに持っていく」（「出エジプト記」一八章一九節）ことのできるような人物であればだれでもそうであったことでありましょう。だが、神の良き友とすらいえるモーセでさえも神の民にたいして自分の思うままにふるまうことはできなかったのであります。モーセはなんと言っているでしょうか。「民は、神のみ心を求めてわたくしのところに来るのです」（「出エジプト記」一八章一五節）。つまり、モーセの命令をきくためではないのであります。〔モーセのしゅうと〕エテロが続けてこう言っております。「あなたは民にかわって神の前にいなさい。そして、彼らに神のおきてを与えなさい」（同章一九—二〇節）。モーセはふたたびこう言っております。「わたくしは、わたくしの神、主がわたくしに命じられたとおりに、定めとおきてとをあなたがたに教えた」（「申命記」四章五節）。このためにこそモーセは、「民数記」一二章〔七節〕で「神の全家をつうじて忠実なるもの」と呼ばれるのであります。したがって、この当時はエホバの神が民の国王だったのでありまして、モーセはたんに、国王であるエホバの神の仲介者であったにすぎないのであります。それゆえ、なんの権威もなしに、かの至上権——モーセがもっていたといっても、それは至上のものなどではなく、神が顕在されるあいだだけ委任された、仲介者としての権限にすぎぬもの——を神の手から人の手へ移そうなどとは、そなた、瀆神と罰当たりにもほどがある。モーセが至上権をもった国王であったと言いつのり、瀆神のきわみに達したそなたではあるが、『教皇首位権反駁論』の二三〇ページでは、「モーセは七〇名の長老とともに民を統治したのであり、支配者というよりも、むしろ民の筆頭に立つものであった」と言っていたではないか。それでは、かりにモーセが王だったとして（たしかにそうであったわけだが）、最良の王であり、かつ、そなたが言いはるように至上の王権をもっていたとして、それでもなお、そなたの言うように国民の支配者でも単独の統治者でもなかったとするなら、必然的な帰結として、至上権を与えられた国王といえども、その至上権を発動しても国民の支配者にはなることはなく、またなるべきでもないということになり、ましてや好き勝手に統治するなど、もってのほかということになるのであります。

そなたは鉄面皮にも、「聖なる地にはいって行ったなら、すみやかに王をたてるように」（「申命記」一七章〔一四節〕）という神の命令にかんしてうそをついておる。狐のごとく老獪なそなたは、「そのときあなたが『わたくしも自分の上に王をたてたい』というなら」という、すぐ前のことばをとばしてしまっているのだ。そなたが四二ページで言ったことば、「当時は至上権は国民のものであった」ということばを思い出していただくときがまいったわけであります。

さて、今いちど自分が瀆神の輩であるのか気狂いであるのかを、そなた自身にお決めねがうことにいたそう。「神は長い間、その民にとって王政こそが最適の統治形態であると決断しておられたのであるから、つぎの話はどうしたらこの神のご決断とうまくかみ合うであろうか。かの預言者〔サムエル〕は王政に反対した、そして、神もまた王政を喜ばぬかのごとくに預言者にたいしてふるまったというが」とそなたは言う。このご仁、自分で罠にからめとられて身動きがとれなくなっているのがわかったのであります。この男がかの預言者にたいしては、とほうもない悪意をいだき、神にたいしては、とほうもない冒瀆をはたらくことによって、罠から抜け出そうとやっきになっているさまを、とくとごらんください。「ここでわれわれは、当時、かの民を裁いていたのが他ならぬサムエルの息子たちであったということ、その腐敗した裁き方をイスラエルの民は容認しなかったということ、そしてサムエルは、自分の息子たちを民が退けるのを望まなかったということを考慮しなければならない。つまり神はこの預言者を喜ばせるために、民の望みは神のみ心にそぐわないと言って、口裏を合わせたのである」とはよくも言ったものよ。この恥知らずめ、有り体に申してみよ。つまり、サムエルがイスラエルの民を丸めこもうとしたというのであるか。その上、神がサムエルを丸めこもうとしたというのであるか！　こうなると、「狂乱し、」「常軌を逸している」のはあの弁護人〔ジョン・クック〕ではなく、そなたのほうだということになるではないか。そなたは国王にごまをするあまり、神への畏れの気持ちまでも捨て去ってしまったのである。そなたには、サムエルが故国の安寧と栄誉よりも、おのが息子の野望と貪欲を優先させるような人物に見えるのであるか。その民が正義と救済を求めているときに、狡猾にも彼らを欺き、真実ではなく虚偽を教えるような人物に見えるのであるか。そなたには、神がかくも卑しきことでえこひいきをしたり、神の民に偽りのふるまいをしたりするとでも思えるのか。というわけで、かの預言者がその民に説明したものは、王権ではなかったということになるか、または神も預言者も証したごとく、王権とは邪悪で、厄介で、暴力的で、無益で、国家にとっては高くつくものであるということになるか、さもなくば、（ほのめかすことすら許しがたいことでありますが、）神と預言者とがぐるになって民を欺こうとしたということになるか、この三つのうちのいずれかであるということになるわけであります。

　神はいたるところで、民が王を与えよと願ったことが、いたく不快であると証しておられるのであります。〔「第一サムエル記」八章〕七節では「彼らはあなた〔サムエル〕を退けたのではなく、彼らを治めているこのわたくしを退けたのであるから。……彼らのしたことといえば、わたくしを捨てて、ほかの神がみに仕えたことだった」とおっしゃっておられるのであります。自分を神のごとくにあがめたてまつるように、と要求する国王を望むということは、一種の偶像崇拝であると神は考えておられるのであります。じじつ、神とあらゆる法とを卑しめて地上の統治者をあがめるものは、理性をもたぬ邪神をあがめているのとなんらかわることはなく、おのれも理性を失った、感覚の麻痺した獣なのであります。ですから、「第一サムエル記」一〇章一九節で、「あなたがたはきょう、すべてのわざわいと苦しみからあなたがたを救ってくださる、あなたがたの神を退けて『いや、わたくしたちの上に王をたててください』と言った」とサムエルは言い、一二章一二節では、「あなたがたの神、主があなたがたの王であるのに、」あなたがたは王をもとめたと言い、一七節では、「あなたがたは王を求めて、主のみ心を大いにそこなったことを悟り、心に留めなさい」と言ったのであります。ホセアもまた、「ホセア書」一三章一〇―一一節で軽蔑をこめて王について語っております。「あなたを救うあなたの王は、すべての町のうち、いまどこにいるのか。あなたの士師たちは。あなたがかつて『わたくしに王と首長たちを与えよ』と言ったものたちは。わたくしは怒ってあなたに王を与えた。」かの英雄ギデオン、王などよりもはるかに偉大なギデオンもまた、こう言ったのであります。「わたくしはあなたがたを治めません。また、わたくしの息子もあなたがたを治めません。主があなたがたを治められます」（「士師記」八章（二三節））。人ではなく、神だけが人を治める、ということをギデオンは教えていると言っても、過言ではありますまい。それゆえ、ヨセフスは、かのエジプト人のアピオンへの『反駁論』において、神のみが統治するユダヤのコモン・ウェルスを神政制と呼んでいるのであります(53)。つけくわえておけば、このアピオンという男、そなたと同様、文法教師にして神を冒瀆するものであります。さて、「イザヤ書」二六章一三節で、かの民は正気にかえったとき、神のほかに統治者をもってしまったことは災であったと嘆いたのでありました。これらすべては、神が怒りをこめて、イスラエルの民に王を与えたことを証するものであります。

かの暴君アビメレクにかんするそなたの説明にはだれもが失笑を禁じえますまい。アビメレクが、ひとりの女の投げた碾臼と、道具持ちの若者の剣とによって殺されたとき、「神はアビメレクが……行なった悪を、彼に報いられた」と聖書にあります〔「士師記」九章五三―五四節〕。「この話は神のみが、国王を裁き罰を下すということの強力この上なき証左である」とそなたは言いなさる。この議論が有効であるなら、さよう、神は暴君、悪党、非合法の略奪者の、唯一の裁き主にして懲罰者である、ということにもなりましょう。だれであるにせよ、不正な手段で王位を簒奪したものが民にたいし至上の王権を行使するとしても、罰は免除されてしまうとはどういうことでありましょうか。為政者たちの手から自己防衛の武器はすべり落ち、民があえて不平の声をあげることすらも、もはや許されないとは、どういうことでありましょうか。強力な略奪者がアビメレクのようにして戦死しても、神のみが略奪者どもを罰するのだ、と言わなければいけないというのであるか。その男が合法的に罰せられ、執行者の手で死刑に処せられたばあい、神がその罪に報いたとは言えないというのであるか。そなたは、ユダヤの士師たちが裁判にかけられたというような記録は、読んだこともないと言うが、四七ページでそなたみずからすすんで認めておるように、「貴族制においては、君主といえども法を犯せば裁判にかけることができたし、かけられねばならなかった」のである。それならば、王制において暴君が裁判にかけられるのに、なんの不都合があろうか。なぜなら、神はアビメレクの犯した悪事に報いたではないか。かの女も道具持ちの側近もまた、自分たちに王権をふるったアビメレクに報いたというだけのことである。それならば、為政者たちが暴君の悪事に報いたとしても、それは、神の剣で報いたということになるではないか。アビメレクの死にかんするこの「強力この上なき」議論をすませると、このご仁は、また例のごとく、罵詈雑言をわめきちらし始めるのでありまする。この男の議論とは、「汚物と泥」をはきちらすことにほかならず、肝心かなめのことは、証明してみせると約束したものの、聖書からも、律法学者たちの書物からも、つゆほども証明してはいないのであります。国王が超法規的存在であること、死すべき人のなかにあって、なぜ国王だけが、罪を犯しても罰されるべきでないのかを、まったく明らかにしてはいないのであります。それどころか、このご仁、自分の提出した証拠という罠に足をとられ、さんざん骨折ったあげく、反対陣営の見解が、至高の真実であることを論証するありさまであります。まともな議論では成功する見込みがほとんどないので、彼はこの上なく忌むべき言いがかりをつけて、われわれにたいする憎悪をかきたてようとするのであります。すなわち、この上なく徳高く罪なき国王を、われわれが残酷に殺害したというのであります。

「ソロモンといえども、チャールズ一世以上の名君だったと言えようか」とサルマシウスは言います。なかにはぬけぬけと、チャールズ一世の父、ジェイムズをソロモンと比較し、ジェイムズの家系をよしとした人物がいたことをわたくしは認めます。ソロモンはダビデの息子であり、ダビデはもともとは、サウルおかかえの楽士(がくし)でありました。ジェイムズはダーンリ伯の息子であり、ブカナン(54)によれば、ダーンリ伯は楽士のダビデ〔英語読みではデービッド〕が夜にメアリ女王の寝室でドアの鍵に手をかけているところを捕え、その場で殺害したのでありました。このような理由でジェイムズ王の家系は名高く、彼は第二のソロモンと呼ばれたのであります。とはいえ、彼がメアリ女王の楽士ダビデの息子であったのかどうかは、ブカナンの話には明らかにされておらず、読者の判断を待つものでありますが。

そなたがどうしてチャールズとソロモンを比較するなどという気になってしまったのか、わたくしにはいまもってわからないのであります。そなたがそれほどまでに賞めそやしているチャールズとは、頑迷で、貪欲で、残忍で、神を畏れる善良な人びとすべてにたいしてすさまじい専制をほしいままにし、戦をしかけ、放火し、略奪し、なんにんもの哀れな家臣を殺害した、まさにその人物なのであります。こうした行ないは、当の息子のチャールズ〔のちのチャールズ二世〕が、いまこうしているあいだにも、スコットランド国民の面前[55]でざんげ台に座って、罪を告白し嘆き、そなたの言う主権とやらを放棄すると宣言しているほどなのであります。

しかし、そなたはよほど比較がお好みのようであるから、チャールズをソロモンと比較してみることにいたそうではないか。ソロモンの「治世はその兄の」処刑とともに始まったが、その処刑はまったく妥当なものでありました。チャールズの治世は、その父親の埋葬とともに始まりました。わたくしは、その父親の「殺害[56]」とまでは申しませんが、毒殺のあらゆる徴候が死体には現われておったのであり、バッキンガム公に嫌疑がかけられたのでありました。しかるにチャールズは、自分の父である国王を殺害したものを議会で無罪放免にしてしまっただけでなく、議会による調査をうやむやにするために、議会を解散してしまったのであります[57]。ソロモンは「重税をかけて民を苦しめた」かもしれませんが、その金は、神殿と公共建築物をたてるのに費やしたのであります。かたやチャールズは、放蕩と遊興に費やしたのであります。ソロモンは多くの妻たちにそそのかされて、偶然崇拝に陥りましたが、チャールズはたったひとりの妻〔ヘンリエッタ・マライア〕にそそのかされて、でありました。そしてソロモン自身は、偶像崇拝に陥りはしましたが、ほかの人びとをもまきぞえにした、とは書かれていません。しかしチャールズは、腐敗した教会権力の、しごくうま味のある恩賞だけではなく、国王の勅令と教会法までも動員して、人びとに祭壇をたてること――新教徒ならだれもが断じて容認しがたいことであります――や、祭壇の上の壁面に描かれた十字架にひれ伏すことを強要したのでありました。さて、「ソロモンは」かくのごとき行ないをしても「その民によって死刑に処せられることはなかった」わけでありますが、そのことをもってただちに、死刑に処せられなくて当然であると、断ずるわけにはまいりません。それには、かの民がそれは得策ではない、と考えるだけの理由があったのでありましょうから。しかしそれからまもなく、一〇の部族がソロモンの息子〔レハブアム〕を追放したとき[58]、イスラエルの民は、国民の権利のなんたるかを、言動において明らかにしたのでありました。そして、レハブアムがすみやかに退位しなかったとしたら、かの民がただ自分たちを迫害するしか能のない王を石つぶてで打ち殺したとしても無理からぬことだったのではないでしょうか。

第三章

さて、モーセの時代の王たちは、神の命令によってかの民を拘束したのとまったく同じ法に従っていたこと、聖書のなかには例外はまったく認められないこと、そしてこれらの王たちが「咎めを受けずにしたい放題をすることができた」とか、「民は罰されずにすんだ」とか、「神は、王たちの罪は神ご自身の法廷で裁くこととされた」などというのは、なんの根拠もない、非理性的な、まっかなうそであることをじゅうぶんに議論し、証明してきたわけでありますが、これからは、律法が命じてもおらず、むしろ禁じていることを、福音が唱道しているかどうかを見てゆくことにいたしましょう。われわれが自由であることを神が高らかに宣言なされたものが福音でありますが、その福音が、国王たちや暴君たちの手に、われわれを奴隷としてひき渡そうとしているのかどうかを、見てゆくことにいたしましょう。あるていどまでの隷従を支持している古い律法でさえもが、その放縦な専制支配から神の民を解放してきたことはすでに見てきたとおりでありますのに。

そなたの最初の議論は、人のかたちをとったキリストを基盤としておりますが、キリストが、臣従するものの姿のみならず奴隷の姿にも身をやつされたこと、そのおかげでわれわれが自由の人となれたことは、だれもがみな知るところであります。ここで申します自由とは、内的自由だけではなく市民的自由をも含めたものとしてご理解いただきたい。かりにキリストの降誕が暴君の座をいっそう強固なものとし、キリスト教徒すべてを暴君の残酷な支配下に投げ入れることになる、などとしたら、キリストの降誕を預言する聖母マリアのことば――「主は心の思いの高ぶっているものを追い散らし、権力あるものを王位から引き降ろされます。低いものを高く引き上げます」[1]――は、なんと異様にひびくことでありましょうか。

キリストご自身が、暴君どもの支配下に、人として生まれ、奴隷となり、受難という代価を支払って、われわれに真実の自由を買い与えてくださったのであります。キリストは、われわれが必要に迫られて、忍耐強く奴隷として仕えることを禁じておいでにはなりませんが、それと同じ精神で、われわれが真実の心をもって自由を得ようと務めることを、禁じてはおいでにならず、むしろそうせよ、と大いに励ましてくださっているのであります。だからこそ、パウロは「第一コリント書」七章〔二一―二三節〕において、福音的自由のみならず市民的自由をも承認して、「奴隷の状態で召されたのなら、それを気にしてはいけません。しかし、もし自由の身になれるなら、むしろ自由になりなさい。……あなたがたは、代価をもって買われたのです。人間の奴隷となってはいけません」と言っているのであります。ですから、キリストの範例にならって奴隷に身をおとせ、とわれわれに説き勧めても、それは無駄なことであります。キリストは、ご自身が奴隷に身をやつすという代価を支払って、われわれのために、市民的自由をも含めて、確固たる自由の礎を築いてくださったのでありますから。たしかに、キリストはわれわれの代わりに奴隷の姿に身をやつされたわけでありますが、われらの解放者としての精神は変わることなく持ちつづけておられたのであります。それゆえ、これからわたくしが証してさしあげるが、王権にかんするキリストのみ教えは、そなたの教えてくれるものとは、まったく似ても似つかぬものであります。そなたときたら、自由な国家にありながら、国王の権限ではなく暴君の権限についてご高説を垂れるという、コモン・ウェルスにあっては新奇なるお務めに着手なさる。そして、専制が国家にふりかかった場合には、世襲か、征服か、巡り合わせによるかはさておき、その国家は政治的必要ばかりでなく宗教上の要請によって、隷従に甘んじるべしと言いはるのであります。

さてわたくしは、いつものようにそなた自身の提出した証拠を使って、そなたに反駁することができるというわけであります。「マタイ福音書」一七章〔二四―二七節〕で、ガリラヤの徴税吏たちがペテロから二ドラクマを取り立てようとしたとき、キリストはペテロにたずねてこう言っておいでであります。「世の王たちはだれから税や貢（みつぎ）を取り立てますか。自分の子どもたちからですか。それともほかの人たちからですか。」そして、ペテロが「ほかの人たちからです」と答えると、キリストはこう言われました。「では子どもたちは自由です。〔支払う義務はありません。〕しかし、彼らにつまずきを与えないために、彼らにわたくしとあなたの分（ぶん）として納めなさい。」この個所にかんして、キリストとその弟子が支払う二ドラクマは、〔最終的には〕だれの収益となるのかということについて、多くの注釈者たちが頭を悩ませております。神の宮の祭司だという注釈者もあれば、〔ローマ〕皇帝だという注釈者もありますが、わたくしは、宮の収益を着服していたヘロデこそ、その人だと考えております。ヨセフス[2]は、ヘロデとその息子たちがきびしく取り立て、のちにアグリッパ[3]が廃止した、さまざまな税金について言及しているのであります。問題となっている税金それじたいは、たいした額ではありませんが、他の多くの税と合わせれば、苛酷な重荷となったのでありました。ここでキリストの語っておられる二ドラクマもたしかに重荷となっていたにちがいありません。そして、このときより以前、ユダヤが共和制（コモン・ウェルス）であったときには、貧しい市民は税は払わずにすんでいたのであります。すなわち、キリストはヘロデの統治下にあって、ヘロデの不正を譴責（けんせき）する好機をとらえたというわけであります。なぜかといえば、他の世の国王たちで、いやしくも国父と呼ばれようと望むものは、自分の臣下たる子どもたちからではなく、「ほかの人たち」から、とくに被征服民族つまり市民たちから重税を取り立てるのを習わしとしたものだったからであります。しかるにヘロデは、それとはまったく反対に、「ほかの人たち」からではなく自分の子どもたちを〔重税によって〕苦しめたのでありました。しかしながら、ここで言われている「子どもたち」が国王自身の臣下である市民たちをさすのか、アウグスティヌスのいうように神の子どもたち、(4) つまり信仰深きものたち、キリスト教徒全体をさすのか、ということはさておくとして、これだけは疑いようもないということがあります。それはつまり、ペテロがともかくも「子ども」であり、したがって自由の身であったとすれば、われわれもまた、キリストの権威によって、市民としてもキリスト教徒としても自由であるということであります。そしてそれゆえ、自分自身の子どもであり、自由の民であるものから苛酷な重税を取り立てるなどというのは、王権とは言えない、ということであります。

じじつキリストご自身が、税を支払う義務があったからではなく、一私人として徴税吏をつまずかせることによってめんどうを引き起こすことのなきように、と配慮したために、税を支払ったのだと証しておられるのであります。というのもキリストは、まったく違った義務と職務をこの世におけるその生涯でなさることになっているのだと、じゅうぶん承知しておられたからであります。であればキリストは、王権をもってしても自由な人びとに重税を課すことはできない、と表明されているわけでありますから、ましてや自分の臣下たち、そしてとくにキリスト教徒たちから略奪し、強奪し、彼らを殺害し、苦しめることは王権であるはずがないと、いっそう強く表明されていることになるではありませんか。また、他のときにもキリストは王権については同様の趣旨のことを言っておられるようでありますから、キリストは暴君の権限乱用と国王の権限とを同一視してはいなかったのではないか、と考えるようになった人びともいたのであります。ですから、パリサイ人がキリストをことばの罠にかけようと企み、王権にかんする質問によってキリストの心を探ろうとしたときに、「あなたはだれをもはばからず、どんな地位の人をも気にとめない方だ」と言ったのは根拠のないことではなかったのであります。そしてまた、そのような質問をされてキリストがお怒りになられたのも、いわれのないことではなかったのであります。「マタイ福音書」二二章〔一五―二二節〕をごらんあれ。かりにだれかが、狡猾(たくみ)にそなたのところにしのび寄ってきて、そなたをことばの罠(わな)にかけようとする。そのものが専制君主の治下にあって王権についてたずね、後でその言質(げんち)を逆手(さかて)にとってそなたを陥れようとするならば、それでもそなたは憤(いきどお)らずにおられようか。このことから、王権にかんするキリストの考えは、世の国王の好みとは一致しないものだ、ということが明らかでありましょう。同様の趣旨のことが、質問者を教え諭すというよりもむしろ、退ける意図だったと思われるキリストの答えから容易に推断することができるのであります。キリストは納入金にする貨幣についてたずねておられます。「これはだれの肖像ですか」。「カエサル〔ここでは皇帝の総称〕のです」。「それなら、カエサルのものはカエサルに返しなさい。そして、神のものは神に返しなさい」。それならば、国民のものは国民に返すべきであることがだれの目にも明らかであります。「ローマ書」一三章〔七節〕で、「返すべきものはだれにでも返しなさい」とパウロは言います。それならば、カエサルにすべてを返すことはない！ われわれの自由はカエサルのものではなく、生まれながらにして神より賜わった贈り物なのであります。カエサルから与えられもしなかった自由をみすみすカエサルにひき渡すがごときは、愚劣この上なき所業(しわざ)であり、そもそもの人の創造にかんがみて、至極(しごく)不似合な所業であります。人の顔(かんばせ)と容貌(ようぼう)とを眼を凝らして見つめ、どなたの似姿(イマゴ)がそこに見い出されるかと問えば、だれもが即座に「神の似姿」と答えるにちがいありません。それゆえ、われわれは神ご自身のものであり、真実の意味で自由であり、ただ神からだけ賜わった存在なのでありますから、たんなる人にすぎず、ましてや、不法で不信心で暴君であるカエサルなどに、自分自身を奴隷として売り渡すなどということをわれわれがすれば、必ずそれは邪悪この上なき瀆神の所業となるのであります。

　しかしながら、キリストはなにがカエサルのものであり、なにが神のものであるかは、未決のままになさったのでありました。というのも、その金がもし、ふつう神に捧げられる二ドラクマと同じものであったら、――後にウェスパシアヌス[5]の治下でまさにそういった事件が起こったわけでありますが――キリストはその論争に決着をつけるどころか、ますます紛糾させることになるところだったからであります。なぜなら、同一の捧げものを、同時に神とカエサルとに捧げるのは不可能なのでありますから。だがキリストはたしかに、なにがカエサルのものであるか明らかにしている、すなわちカエサルの肖像の刻まれたその貨幣である〔とそなたは言うかもしれない〕。だが、こんなことがカエサルなり、そなたなりに、びた一文でも価値のあることなのだろうか。というのも、キリストは一デナリのみがカエサルのものであると認めておいて、他のすべてについての正当な権利はわれわれのものであると認めてくださったのではないのか。それとも、カエサルの刻印のある貨幣はすべてカエサルのものであると認めて、われわれの持ち物のほとんどすべてをカエサルに引き渡してしまい、ご自分とペテロの分として、二ドラクマをわずか二枚、国王に納めたことすらも、本当は支払う義務などないとおっしゃったのに、そのみことばと矛盾することになるとでもいうのでありましょうか。

最後に、そなたの議論は根拠が薄弱である。通貨に為政者の肖像が刻印されているのは、なにもそれが為政者のものであることを示すためにはあらず。それが混ざりものがないことを示すとともに、偽造を防ぐためである。かりに刻印が王権にかんしてそれほどの効力を発揮するとなれば、国王どもはその名をこぞってわれわれの財産に刻印し、すべてを没収できることになるではないか[6]。それともそなたの言うように、われわれの財産はすでに国王どもの財産だというのであれば、かの貨幣がカエサルのものであるというのも、なにもその名なり肖像なりが刻印されているからではない。肖像などなくとも、以前からそれは王権によってカエサルのものである、ということになるではないか。であるから、この箇所から明らかなことは、キリストは、こんな手のこんだ怪しげなやり方で、国王なりカエサルなりにたいするわれわれの義務を、教え諭そうとされているのではなく、むしろ偽善者パリサイ人どもの邪悪な意図を糾弾しておられる、ということであります。さあ、申してみよ、ヘロデがキリストを待ち伏せして謀殺しようとしているとパリサイ人が告げたとき、キリストは専制君主にむけて、卑劣な、小心な答えをなさったかどうか。「行ってあの狐にこう言いなさい[7]」とおっしゃって、国王が一市民を待ち伏せて謀殺するなどのごときは、王の権利ではなく狐の権利だとほのめかしておいでであろうが。

それでもなおそなたは、「キリストは暴君のもとで死刑に処せられることにあまんじられた」と言いつのる。暴君のもとでではなくて、いったいどこでそれが可能だというのか。「キリストは暴君のもとで死刑に処せられた」のであり、そうすることによって、王権のもつ不正この上なき側面を、白日のもとにさらす証人となられたのである。真実、おん身の詭弁の狡猾なことよ。キリストは御みずから奴隷となられたが、それはわれわれを自由の人とするためであって、奴隷の身におとしめるためではなかったのであります。そして、そのような姿に身をやつされてはいても、それはあくまでも正義と善のためだったのであり、いささかも王権に屈することはなかったのでありました。

さて、このことにかんしてキリストがどのように教え諭されているかを見てゆくことにいたそう。

ゼベダイの息子たち[8]は愚かにも、キリストのみ国がほどなく地上にうち築かれると思いこみ、そこで高い地位を与えよ、と求めたが、キリストは彼らを叱責なされた。それは、為政者の法と世俗権力にかんして、いかなる仕組みのものが彼らのあいだに築かれてしかるべきだとキリストが考えておられるのかを、全キリスト教徒に悟らせるためでありました。「あなたがたも知っているとおり、異邦人の支配者たちは、彼らを支配し、偉い人たちは彼らの上に権力をふるいます。あなたがたのあいだではそうではありません。あなたがたのあいだで偉くなりたいと思うものは、みなに仕えるものになりなさい。あなたがたのあいだで人の先に立ちたいと思うものは、あなたがたのしもべになりなさい[9]」。

このキリストのみことばがそなたの申し開きの助けとなるとか、こんな議論でわれわれが、国王たちをあらゆるものの主人として認めるなどと思いこむとは、そなた血迷うたか。

願わくは戦場で戦う敵がみな、このサルマシウスのごときものどもであるように。われわれは武装した敵であっても、みごとに討ち果たしてみせよう。が、そなたのごとく武装もせずに、味方の陣営と思いこんで、敵の陣営〔つまり、われわれの陣営〕にめくらめっぽうにつっこんでくるものを討ち果たすはいともたやすきことよ。と申すのも、そなたはおめでたくも、自分の陳述の有力この上なき論拠として、自分の足場を根本から崩してしまうものを持ち出してくるのが常だからであります。

「イスラエルの民は『他のすべての民のような』王を神に求めた」ですと。神はさまざまなことばを用いて彼らに思いとどまらせようとなされた。それについてはキリストがここで、「あなたがたも知っているとおり、異邦人の支配者たちは彼らを支配します[10]」と概括されておるではないか。それでもなおイスラエルの民が王を求めてやまなかったから神は彼らに王をお与えになったのである。だがそれも、「怒りをこめて」だということをお忘れなきように。そしてキリストは、キリスト教国の国民が、異教徒たちと同様に、自分たちを支配する国王を望んだりすることのなきようにと警告を与えて、「だが、あなたがたのあいだではそうあってはなりません」と言っておられるのであります。これ以上に明らかなことがありえましょうか。すなわち、「あなたがたのあいだでは、『保護者(エウエルゲテス)』[11]つまり『慈悲深き者(ベニファクター)』などというまことしやかな称号で呼ばれながら、驕り高ぶった国王が支配することはあってはなりません。そのかわり、あなたがたのあいだで偉くなりたいと思うものは、(国王以上に偉いものがおりましょうか?)みなに仕えるものになりなさい。あなたがたのあいだで人の先に立ちたいと思うものは、あなたがたのしもべになりなさい」とキリストは、言っておられるわけであります。ですから、そなたが攻撃するかの弁護者〔ジョン・クック〕が、「良き為政者ならだれもがそうであるように、キリスト教国の国王は国民に仕えるものである」と言ったのは誤りではなく、キリスト〔のこのみことば〕を典拠としていたのでありました。であるならば、キリスト教徒のあいだに国王は存在しないということになるか、それとも全キリスト教徒にしもべとして仕える者がいるということになるか、どちらかであります。なぜなら、支配者であると同時にキリスト教徒たらんとすることは、明らかに望めないことだからであります。

あるていどまでは奴隷状態を容認した律法の制定者であるモーセですらも、驕り高ぶって民を支配することなど決してしなかったのであります。むしろ彼らの重荷を背負い、「うばが乳飲み子を抱きかかえるように、彼らをその胸に抱いた」（「民数記」一一章〔一二節〕）のでありました。ところで、うばとはしもべに他(ほか)ならないのであります。プラトンもまた、「為政者は主人ではなく、国民のしもべにして助力者と呼ばれるべきであり、国民はしもべではなく為政者の扶養者と呼ばれるべきである。国民は食料をさし出し納税することによって、国王を扶養しているではないか[12]」と言ったのであります。そして、アリストテレスは為政者を「法の番人にしてしもべ」と呼び[13]、プラトンは「法のしもべにして奴隷」と呼んだのであります。たしかに、使徒〔パウロ〕は為政者を「神のしもべ[14]」と呼んでおりますが、これとても、法も為政者も国民のために存在するのだということを考えれば、為政者が法と国民のしもべたることをなんら妨げるものではないのであります。

しかしながら、これは「イングランドの狂犬どもの見解」であると、そなたは吠えつづける。そなたのごとき雑種犬が、なりふりかまわず吠えたてたりしなかったら、イングランド国民が犬だなどとわたくしは夢想だにしなかったであろうに。おお主よ、たすけたまえ！　聖なるおおかみ(サン・ループ)の地主の、聖なる狼(おおかみ)が「犬どもが狂った」とわめきちらしております[15]。聖ジェルマンが[16]——その同僚はかのトロワの聖ループその人だったのであるが——自分自身の権威によって、われらが不貞の国王フォルティゲルン[17]を廃位せしめたのである[18]。その聖ループは、サン・ループの地主どころか、どこかの飢えたごろつき狼の親分にすぎぬそなたのごときものをマルティアリスの蝮の主人[19]にもおとる卑しきものとして軽蔑するにちがいない。まこと、そなたは吠えたてる雌狼(リュキスカ)[20]をも自宅に飼っておる。そなたは狼の飼主であるが、この雌狼はみじめなそなたを支配し、そなたの爵位が低いとぐちを言い、金切り声を上げてそなたに逆らいおる。そなたが国王の専横を他人におしつけたくなるのも無理はない。そなたの家では女房の専横に奴隷のごとくに従うことに慣れっこになっておるのだから。そなたが狼の親分なのか、雌狼がそなたの主人なのか、はたまたそなた自身が狼なのか、それとも狼男なのかはともかくとして、そなたがイングランドの猟犬の獲物となるは必定。だが、いまは狼狩などしているときではないのでありますから、森を立ち去り、王の道にひき返すといたそう。

そなたはつい先ごろ、教会における首位いっさいを否認する論文を書いたというのに、いまや「使徒たちの首位なるもの」と「ペテロ」を呼びおる。おのれ自身の拠って立つ基盤がことほどさようにぐらついておる小人のいうことなど、だれが信じるというのか。ペテロがなんと言っておるか思いおこしてみよ。「人のたてたすべての制度に、主のゆえに従いなさい。それが主権者である王であっても、また、悪を行なうものを罰し、善を行なうものをほめるように王から遣わされた総督であっても、服従しなさい。というのは、善を行なって、愚かな人びとの無知の発言を封じることは、神のみ心だからです[21]」。

ペテロはこのことばをたんに私人としての市民にあててのみ書いているのではありません。小アジアのほとんど全域に散りぢりに放浪する異国人――しかも親切にもてなしてもらえるということ以外には逗留地においてなんの権限ももたぬ人びと――にもあてて書いているのであります。〔それなのに、〕異国に散りぢりになっている異国人に適用されることが、本国に自由人として高貴の家柄に生まれた人びと、本国人の集会、地方議会、国会にも同様に適用されてしかるべきだなどと、そなたは考えていなさるのか。それともかの国では、〔たんなる〕私人としての市民に適用されることが、同様に国会議員や為政者――彼らなしには国王も存在しえないもの――にも適用されてしかるべきだとでもお考えになるのであるか。だが、百歩ゆずってこの書簡は異国人や私人としての市民にではなく、まさにローマの議会にあてて書かれている、と仮定しよう。それでもどうということはない。なぜなら、なにか正当な理由があって下された命令が、理をはきちがえてまで、人を拘束することなどできるものではなく、また、すべきでもないからであります。「従いなさい」ということばのもともとの意味を考えれば、「下位にある」とか「合法的に従属している」ということであります。アリストテレスが言うように「秩序こそ法」なのであります[22]。ではなぜ、「神のゆえに従いなさい」とあるのでしょうか。それは国王も総督もともに悪を行なうものを罰し、善を行なうものをほめるようにと、神により任命されているからであります。「というのは、それが神のみ心だからです」。ということはすなわち、われわれはここに定義されているような人物〔統治者〕に従うべきだということであります。なぜならその他の人物〔統治者〕についてはここではなにも言及されていないからであります。この命令がどれほど理に適ったものであるかは、明らかであります。そして、〔「第一ペテロ書」二章〕一六節でペテロは「自由な人として」とつけ加えております。つまり、奴隷として〔従え〕、とは言っておりません。それでは、このペテロのことばとはまったく逆に、善を行なうものに残酷な拷問と破滅をもたらし、悪を行なうものをとがめもせず、ほめそやし、恩賞を与える統治者がいるとしたら、いかがなものでありましょうか。このような統治者に、われわれみなが、――私人としての市民のみならず、貴族たちが、為政者すべてが、さらに議員さえもが――永久に従属しなければならないというのでありましょうか。この命令は人の統治にかんしてのものではなかったでしょうか。自分たちにとって善にして健全なる統治形態をつくり出すことのできる人間が、自分たちにとって災いであり、かつ破滅的な統治形態を廃棄することができないとは、いったいどうしたことでありましょうか。

だが、人びとが従うようにと命じられた国王とはだれあろう、当時のローマの暴君ネロであった。だから、われわれもまた暴君に従わなくてはならぬ、とそなたは言いなさる。しかしながら、当時ローマを治めていたのがネロであったか、クラウディウス[23]であったかは、いささか議論の余地の残るところであります。その上、ここで国王への服従を命じられた人びとというのは、異国に散りぢりに居留する私人としての市民たる異国人なのでありまして、執政官や高位の行政官、ローマの元老院の議員ではなかったのであります。

さてわれわれは、パウロについて論じるといたそう。（と申すのも、そなた、われわれが国王にたいして行使することは禁じておきながら、おん身みずからは、かの権利を使徒たちに適用してはばからぬからである。その権利を行使してそなたは、いまペテロに首位権を与えたかと見るや、もうそれを剥奪しているのである。）パウロは「ローマ書」一三章〔一節〕でつぎのように書いたのであります。「人はみな、上にたつ権威に従うべきです。神によらない権威はなく、存在している権威はすべて、神によって立てられたものです」。

パウロはローマ人にあててこう書いたのであって、ペテロが、散在する異国人にあてて書いたのとはわけが違うということは、わたくしも認めましょう。だが、そのローマ人の大半は私人としての市民であり、一般大衆だった、ということもまた事実なのであります。

そしてそれでもなお、パウロの手紙は、国家全体の統治の理念、起源、そして目的をすぐれて明らかに指し示しているといえましょう。そしてまたわれわれが、服従するさいに拠って立つべき基盤は、真実と理性とに支えられたものであり、隷従などとは似ても似つかぬものであることを、いっそう明確に明示しているのであります。「人はみな」——とは人間はだれでも、ということでありますが——「従うべきです」とパウロは言います。クリュソストモスはこの章に示された使徒〔パウロ〕の意図について、納得のゆく解釈を与えておるのであります。「パウロがここで明らかにしていることは、通常の統治形態をくつがえすためにではなく、その基盤をいっそう堅牢なものとするために、キリストはその法をお作りになった、ということである[24]」。ということはすなわち、パウロは断じて、ネロやネロのごとき暴君に、法とか罰のおよばぬ権限を与えて、たったひとりの人間が万人を思いのままに圧制するなどという、この上なく忌まわしい政体を強化しようなどという意図はなかった、ということであります。

クリュソストモスはまた、「パウロはまた、不必要にして不毛の戦いを避けようというつもりであった」と言います。それならばこそ、その存在自体が国家の不倶戴天（ふぐたいてん）の敵、この上もなく危険な敵である暴君に挑んだ戦いを、非難するはずはないのであります。さらに、「使徒たちは通常の法規をくつがえすためにはありとあらゆる言動を行なう反逆者であり、革命論者であった、というのが当時の一般的な風評だった。パウロはそのような中傷をふりまくものたちの口を封じたのだ」と。(25) となると、使徒たちは、そなたのごとき「暴君弁護論」を述べたはずはないのであります。むしろ、使徒たちの言動は暴君に疑惑をおこさせるものであり、暴君のまえで弁護され釈明される必要があったのだ、ということになるではありませんか。クリュソストモスが使徒〔パウロ〕の言わんとするところを明らかにしているのは、すでに見たとおりであります。それでは、パウロのことばをごらんください。「人はみな、上に立つ権威に従うべきです」とあります。しかしながら、パウロはこれを厳命しているわけではないのであります。なぜなら、彼は全国家の法と制度を廃止して、ただひとりの人間が思いのままに絶対的権力をふるうことを認めるつもりなど、さらさらなかったからであります。たしかに、最良の皇帝たちはみな、法と議会（セネト）の権威が、みずからの権威にはるかにたちまさっている、と認めていたのであります。すなわち、蛮族の治める国以外のあらゆる国家においては、こんにちにいたるまで、法こそがなににもまして聖なるものだったわけであります。かくして、ヘロドトスの『歴史』(26) において、ピンダロス(27) が法こそ万物を治める王であると言い、オルフェウスは讃歌のなかで、法を死すべき人間のみならず、不滅の神がみの王と呼んで祝福するのであります。

わたしは、天（あま）がける法を
神がみと人びととを統（す）べる聖（きよ）らなるものと呼ぶ[28]。

そして、法のみが生きとし生けるものの運命を定めるのだという、その理（ことわり）を明らかにするのであります。プラトンも『法律[29]』において、国家においては法こそが最大の権力をもつべきであると言い、『書簡集[30]』においては、人が法を蹂躙（じゅうりん）する暴君としてあるのではなく、法こそが民の統治者であり、国王であるような統治形態を推賞しておるのであります。これはまた、『政治学』においてアリストテレス[31]が、『法律』においてキケロが示した、為政者が民に優越するのと同様に、法は為政者に優越する、という見解であります。このように、際（きわ）だった賢者たちと、際だってすぐれた統治形態をもつ国家とが、法こそが最高にして究極の権威だと証明しておりますし、福音の教えも、理性や国家の法と抵触するわけではないのであります。ですから、国家の法に従って統治する為政者と、法そのものとに心から従順な人物こそ、本当の意味で、上に立つ権威に従っている、といえるのであります。

そしてパウロは、国民のみならず国王もまた、けっして超法規的存在ではないのであるから、法にたいして従順でなければならない、と命じているのであります。「なぜなら、神によらない権威はないからです。」すなわち、神によらなければ、国家も成立せず、民を統べる法的根拠も存在しない、ということであります。さよう、われわれの知っている最古の法も、かつてはその創造主（つくりぬし）として神を拠りどころとしておりました。キケロが『ピリッピカ・第一一[32]』で言っているように、「法は正しき理性にほかならず、神意より出て、正しきことを定め、悪しきことを禁ずる」のであります。それゆえ、為政者を任命することも、神を拠（よ）りどころとしておりますし、為政者の統治を仲介（なかだち）として、人類が法のもとで〔安らかに〕生きていけるようにというのが、その目的なのであります。しかし、統治形態の選定権、および、為政者の選出権はまちがいなく、自由国家の国民に属するのであります。であればこそペテロは、国王と統治者とを「人のたてた制度」とか、人の創造したものと呼ぶわけであります。[33] そしてまた、「ホセア書」八章〔四節〕に「彼らは王をたてた。だが、わたくしによってではない。彼らは君主をたてた。だが、わたくしは知らなかった」とあるわけであります。さまざまな方法で神ご自身に神意を問うことのできた、このヘブライの国家（リパブリック）においてのみ、王を任命するさいに、神意を問うことが法により定められておりました。それ以外の国民であるわれわれはみな、そのような命令はうけなかったのであります。

ときには、統治形態そのものが――それが不健全である場合、――または、権威ある座についている人びとが、神を拠りどころとするのではなく、人を拠りどころとし、悪魔を拠りどころとしていることがあります。かくして、「ルカ福音書」四章〔六節〕で、悪魔は「いっさいの権力をあなたさまにさしあげましょう。それはわたくしに任されているので、わたくしがこれと思う方にさしあげるのです」と言うわけであります。それゆえ悪魔は、「この世の君主」と呼ばれるのです。また、「ヨハネ黙示録」一三章〔二節〕において、「竜はこのけものに、自分の力と位と大きな権力とを与えた」のであります。こうしてみれば、パウロのことばは、権威すべてを意味すると解釈するべきではなく、そのあとに説明されている、法に適（かな）った権威を意味するのだと、理解されてしかるべきであります。そしていかなる場合にも、時の権威を手中に治めている人物ではなく、権威そのものを意味するのだと理解されてしかるべきであります。こういうわけで、クリュソストモスは明快に言うのであります。「いかがなものか。それでは、統治者はみな神に任命されると言えようか。わたくしはそうは思わない。使徒〔パウロ〕は具体的にはひとりの統治者にも言及していないではないか。パウロは統治の座そのものについて語っているのである。パウロは、神のおられないところには統治者も存在しない、というのではなく、統治の権威それ自体がありえない、と言っているわけだ[34]」。さらに続けて、「神によらない権威などありえない」と言っております。それゆえ、「存在している権威はすべて神が命令し秩序だてたものである」と使徒が言うとき、それは法に適(かな)った権威をさしていると、理解されてしかるべきであります。というのも、邪悪で不正なものは秩序だてられたものではないのでありますから、それが神の命令により秩序だてられるなどということはありえないのであります。すなわちこれは、秩序と無秩序を並置させることになり、矛盾であります。

「存在している権威すべて」ということばを、そなたは「いま現在、存在している権威すべて」と解釈しなさる。そのほうが、当時の皇帝だとそなたが仮定しておるネロに、ローマ人が服従すべきであるとペテロが主張している、と証明するのには都合がよかろう。そなたの論に大賛成いたすとしよう。だがそうなると、われらがイングランドのコモン・ウェルスを、いかに悪しきものだと考えようと、イングランド国民はこの統治形態に服従しなければならない、とそなたのほうも同意せざるをえないというわけだ。なぜなら、それは「いま現在、存在している権威」であり、「神により定められた」ものであり、〔その意味では〕いにしえのネロの権威と同様のものであるのだから。ネロは、ほかならぬティベリウスと同様[35]、「母親の陰謀によって不正に権威を」横領したのであるから、合法的〔な王位継承の手続き〕に〔従って〕権威を得たのだなどとは、いくらそなたでも言えぬはずである。というわけで、そなたはいよいよもって、無節操、変節漢であるということになる。なにしろ、ローマ人が当時の権威に従順であったことは是(ぜ)としておきながら、イングランド国民がいま現在の権威に従順であることは認めない、と言いはるのであるから。

　まことに、価値もなきそなた、そのそなたにいつも異議を唱えるこれまた価値もなきそなた自身、このふたつほどにまっこうから対立するものもこの世のなかにはめずらしい。だが、あわれなご仁よ、そなたになにができるというのか。そなたの鋭き論法は国王〔チャールズ一世〕を破滅させてしまったことにお気づきにはならぬか。かく申すわたくしは、これからそなた自身の議論をかりて、イングランドの統治形態が神より賜ったものであること、それゆえコモン・ウェルスの内に住むすべてのイングランド国民はそれに従わねばならないということを、そなたに認めさせる所存であります。それでは、〔聖書〕注釈者がたは全員ご静粛（せいしゅく）に！　このサルマシウスによる、「ローマ書」の最新の修正版には、どうぞ手はおふれにならぬように。この男は、問題の箇所は「存在している権威」ではなく、「いま現在、存在している権威」と読むべきであることを発見してくれました。それも、当時の支配者だったと想定される暴君ネロに、すべてのものが従うべきであった、と証明するためにであります。

しかし、善き師よ、あなたさまの絢爛（けんらん）たる文章も色あせてまいりました[36]。そして、ほんの少しまえに国王を破滅させたのとまったく同じように、こんどは華麗な注釈をだいなしにしてしまったのであります。ネロの治世に書かれたとそなたの言うパウロの書簡は、じつは、正しき統治者であり、清廉の人であったクラウディウスの治世に書かれたものでありまして、そのことは、確実な証拠にもとづいて学者たちが証明しているところであります。ネロですらも五年間は秀れた統治をいたしました。でありますから、ネロに従うようにと、パウロがローマ人に命じたのであるから、国民は暴君に従順であるべきだ、などというのは、陳腐であると同時に偽りでもある、使い古しの議論であります。このようなものは、どこかのうたりんのこざかしいうそであることが明らかであります。

権威に、すなわち合法的な権威に逆らうものは、なんぴとといえども、神の命令に逆らうことになるのであります。この法則は、法と議会（セネト）とに逆らう国王にも適用されるのであります。だが、不法な権威に抵抗するもの、もしくは合法的な権威の破壊者にして転覆者たるものに抵抗するものは、神の命令に逆らうことになるのでありましょうか。もし、そなたが正気であったなら、よもやそのような愚問に「しかり」と答えることはなかったであろうと、わたくしは確信いたします。問題箇所のつぎの節を見れば、使徒〔パウロ〕が合法的な権威について語っているのだということは一目瞭然(りょうぜん)であります。パウロが定義までしてこのことを明らかにしているのは、この権威を行使する為政者とはだれをさすのかとか、なぜ従えとわれわれに命じているのか、といったことにかんして、ひとが道にふみまよって、愚かな妄想の袋小路に入りこむことのなきようにと、配慮してのことなのであります。「支配者を恐ろしいと思うのは、良い行ないをするときではなく、悪を行なうときです。……善を行ないなさい。そうすれば支配者からほめられます。それは彼があなたに益を与えるための神のしもべだからです。……彼は悪を行なう人には怒りをもってむくいるからです」〔ローマ書一三章三―四節〕。神をも畏れぬ不敬の輩ならいざ知らず、さもなければこのような権威や為政者に、みずから進んで従うことを拒むものはおりますまい。それもただ、つまずきの石である「怒り」、すなわち罰が恐ろしいからというだけでなく、「良心のため」〔一三章五節〕というのでありますから。

為政者もなく、市民的統治もないところには、コモン・ウェルスも、人間社会も、生活の営みもありえません。しかしまた、いかなる権威、いかなる為政者といえども、この命令に従わぬものはどちらも、神に立てられたとは、とうてい言えないのであります。それゆえ、そのような権威や為政者のどちらにもわれわれは従う必要もなければ、従えと命じられるすじあいもない。ましてや、選びとる英知をもってして抵抗したとて、なんらやましいところはないのであります。と申すのも、そのような場合、われわれが戦う相手というのは、ここにかくも鮮やかに述べられている権威や為政者ではなく、略奪者であり、暴君であり、公共の敵なのでありますから。それにもかかわらず、ただ権力を手にしているから、ただわれわれを罰するために神により立てられたかのごとくふるまって見せるから、というだけで為政者と名がつくなら、悪魔だとても為政者として通用することになりましょうぞ。

ひとつのものには正しき定義はひとつしかありえない、ということはたしかであります。ですから、ここでパウロが為政者の定義をしているとすれば――じじつ、パウロは細心の注意をはらって明確な定義をしているわけでありますが――いったん定義するのに使用したその語句をまた使って、為政者とはまっこうから対立する語である暴君を定義するなどということは、ありうるはずがないのであります。となれば結論はおのずと明らかであります。パウロは自身が書きしるし、定義づけしたような為政者にのみ従え、とわれわれに望んでいるのでありまして、為政者とは似ても似つかぬ暴君に従うことなど望んではいないのであります。「同じ理由で、あなたがたはみつぎを納めるのです」〔一三章七節〕と言って、パウロは理由づけをしております。それで、クリュソストモスもつぎのように言うわけであります。「われわれが国王に税を納めるのはなぜか。われわれを守るために見張りをしてくれるものにたいし、警護料を支払うようなものではないだろうか。われわれが初めから、そのような監視はわれわれのためになるのだと承知しているのでなかったなら、その男にはびた一文も支払いはしなかったであろう」[37]。ですから、わたくしも前言をふたたびくりかえすといたしましょう。すなわち、ただやみくもに服従が要求されるのではなく、正当な理由があってのことなのであります。正当な理由こそが、われわれが服従するさいに、拠ってたつべき規範となるのであります。正当な理由があるのに服従しようとしないなら、われわれは反逆の徒となりましょうが、正当な理由もないのに服従するというなら、われわれはひきょう者、奴隷ということになりましょうぞ。

「しかしながら」とそなたは言う。「イングランド国民は自由の民などとはとうてい呼べない。なぜなら彼らは瀆神の悪党であるから」。わたくしとしましては、フランス国民が専制君主の支配下にあるからといって、その欠陥をことさらあげつらう気持は毛頭ありませんし、またイングランド国民の欠陥を割引きして大目に見る気持もないのであります。しかし、これだけは言っておくつもりであります。つまり、イングランド国民が罪の味をおぼえたのは、いわばエジプトでイスラエルの民が罪の味をおぼえたのにも似て[38]、専制支配のもとで起こったのだと。さらに、彼らときたら荒野にあって、神の直接の支配のもとにあってさえ、すみやかにその悪癖を捨てさることができずにいるのであります。しかし、われわれイングランド国民のほとんどはきわめて有望でありまして、――真実をひたむきに追い求める、きわめて秀れた敬虔な人びとを賞め称えることは、いまはいたしませんが――その数たるや、そなたが他国のいずこにせよ、多くてせいぜいこのくらいと考える人数に、いささかもひけをとることはないのであります。しかし、「重き軛がイングランド国民に背負わされている」とそなたは言う。ではその軛は、他の同胞者たる市民全員に軛を背負わせようとたくらんだものたちに背負わされているのだとしたら、いかがなものであろうか。鎮圧されるべくして鎮圧されたものたちに背負わされているのだとしたら。それ以外のイングランド国民はといえば、内乱のために国庫がからになってしまったいま、自分自身の費用で自分たちの自由を保持することに異議なしとする人びとばかりである、と確信いたしております。

さて、このご仁、またもやお得意の、些事にこだわるユダヤの律法博士たちのお説にとりかかるのであります。そして、国王は法によって拘束されることはない、と言っておきながら、律法博士たちの権威にもとづいて、「国王が王権を制限されるままにしておくなら、不敬罪に問われることもある」と証明しようとするにいたるのであります。そうなると、国王というものは法に拘束されると同時に拘束されず、有罪であると同時に無罪である、ということになってしまうのであります。サルマシウスがかくも自分自身に矛盾するのは、まるで、〈不和の女神〉は、この男の双子の妹ででもあるのか、と思われるほどであります。

〔さてサルマシウスよ、〕そなたは神が多くの王国を、ネブカデネザルに隷従させるべく与えたではないか、と言う。さよう、一時的にはたしかにそうであった、とわたくしも認めることにいたそう（「エレミヤ書」二七章七節）。しかし、神がイングランド国民をつかのまにもせよ、チャールズ・ステュアートに奴隷として下げ渡した、と見せかけることができるというのなら、してみるがよい。神がそれをお許しになったということは認めてもよかろう。だが、神がイングランド国民を下げ渡してしまいになった、などという話は聞いたこともない。それに、暴君が国民に力でまさっているときに、神か国民を奴隷としてさげわたしたというのなら、国民のほうが暴君にたちまさっているときに、なぜ、神が国民を自由の人として解放するということがあってはならない、というのであるか。暴君が暴政を神の摂理だと言いぬけることは許されても、われわれが手にした自由を神のおかげだというのは許されない、というのであるか。

国家に災いが起これば、それは神が下されたのであります（「アモス書」三章〔六節〕）。飢饉と疫病と騒乱と公共の敵。これらのうちのひとつでも、国家が全力をかたむけて撃退しようとはしない、などというものがありましょうや。できるものならかならずや、撃退しようとするはずであります。たとえそれが、神から下されたとわかっていても、天にまします神ご自身がしてはならぬと禁じるのでなければ、かならずや。であるならば、国家の力が暴君にたちまさっているなら、国家が暴君を追放したからとてなんの不都合があるというのか。国家の福利につながる、国民全体による善政よりも、国家の害毒となる、たったひとりの男による暴政のほうが、神意に適(かな)っているなどと、なぜ考えなくてはならないのであるか。これほどまでに不合理で不健全な教条は、自由人として生まれた人びとの集(つど)うあらゆる会合、あらゆる国家から追放することにしようではありませんか。かかる教条は国民生活全体に壊滅的な打撃を与えるとともに、たったひとりかふたりの暴君を喜ばせるために、人類全体を四つ足の獣(けだもの)の地位にまで、おとしめるものでもあります。と申すのも、暴君というものは、ひとたび超法規的な存在にまで高あがりすれば、その支配権をふるって人を牛馬のごとくに扱うでありましょうから。

そなたの愚かしき両刀論法——そこでお忙しく立ち回るために、そなたは「主権者の権力とは国民の権力を意味する」という主張の根拠として、だれやらの権威をでっち上げていなさるが——には今回はふれずにおくといたそう。だがわたくし自身としては、いささかのためらいもなく、為政者の権威はすべて国民により与えられたものである、と主張しよう。それでこそキケロは、『フラックスのための弁護論』〔七・一五〕においてかくのごとくに述べるわけであります。「いと賢明にして敬虔なるわれらの父祖なる人びとは、大衆が命じたことであれ、国民が命じたことであれ、すべてその意に従って定められるか、また禁じられるかすることを望んだ」。またルキウス・クラッスス[39]は偉大な演説家であり、当時の元老院の統領でもありましたが、その所信を市民に表明しつづけたのでありました。「諸君ら全員のほかには、なんぴとといえどもわれわれに命令させてはならないのであります。われわれが従うことができ、従わねばならぬ相手とは、諸君らをおいてはないであります」。なぜなら、国民を統治したのは元老院でありますが、国民を指導し、統治する権限を元老院に与えたのは、ほかならぬ国民自身だからであります。こういうわけで、当時の書物を読んでゆきますと、主権はしばしば、国王よりもむしろローマ市民にある、とされていることに、われわれは気づくのであります。そしてキケロもまた、『プランキウスのための弁護論』〔四・一一〕において、「自由なる国民、とくに全国家の国民たちの長にして支配者たるこの国民に必須の条件とは、選挙によって望むままに、だれにでも権限を与えたり、とり上げたりすることができるということである。国民の望みを中庸の精神をもって受け入れねばならないのはわれわれのほうだ。職を失ってもかまわないのなら、国民の命令に従う必要はないが、職に執着するのなら、たえず国民に懇願しなければならない」。いくたもの国王を支配したローマの元老院議会がみずからを国民のしもべであると認めているというときに、わたくしが国王を国民のしもべと呼んだからとて、なんのさしさわりがあるというのか。そなたはたぶん、国王法[40]により国民の権利がアウグストゥス〔帝〕やその後継者たちの手に委譲されるまえの民主政体でなら、なるほど統治者は国民のしもべであった、と言うことであろう。ならばティベリウスを見るがよい。じじつそなたの言うとおり、この男は「さまざまの点において暴君であった」。しかしながらスエトニウス[41]によれば、ティベリウスは国王法の制定されたあとでさえも、「主」と呼ばれたときに、このような呼び方は恥辱となるからと言って、この称号を禁じたとされておるではないか。よろしいか。そなたのごひいきの皇帝自身が「主」と呼ばれることを恥辱と考えた、と言うのであります。元老院議会においてつぎのように述べた人物こそティベリウスであります。「わたくしは諸君を前にして、また別のところでも同じように言ってきたのであるが、またここでも言うことにいたそう。諸君らにこれほどに絶大な、また超法規的な権力をお認めいただいたからには、わたくしも善良かつ有用な君主たるべくつとめ、忠誠を誓わねばなるまい。元老院はもとより、全市民の大多数にもしばしば、そしてときにはひとりひとりの個人にさえも、従順たらんとつとめる所存である。このように申したからとて、けっして悔いたりはしまい。過去においてもいま現在も、諸君こそ善良にして公正、惜しみなき援助を与えてくれるわが主人である」。ティベリウスは偽善にたけていたので、これはみな見せかけにすぎない、とそなたは言うかもしれないが、それもむだなことであります。と申すのも、あるべき姿とは異なった状態に見せかけたい、と望むものがありましょうか。それゆえ、円形劇場において市民に信を問うことは、タキトゥス[42]が述べておりますように、ネロだけではなく、他の皇帝たちすべてのならわしであったわけであります。このことについてはクラウディアヌスが『ホノリウスの第六執政時代』において、つぎのように称えております[43]。

聖なる、神秘の権威がいまここに、
国民（くにたみ）のまえに姿をあらわす――
みよ、そは国民に誉（ほまれ）を与えつつ、自らもいかほど誉（ほまれ）を与えられていることか――
国民（くにたみ）に答える皇帝の報償がいかに大きいものであることか、
円形劇場（コロセウム）の桟敷（さじき）に居並ぶ群衆にむかい、
紫の衣（ころも）をまとった皇帝がふかぶかと腰をかがめてあいさつする。

と、熱狂した群衆はどっと歓呼の声をあげ、
どよめきは円形劇場（コロセウム）の低き谷間から
高き空へとこだまする。

代々のローマ皇帝がこれほどまで国民に礼をつくすことによって、王権が法制化されてもなお、総体としての国民が自分に優越しているということを、皇帝が表明していたということに他なりますまい。

最初ににらんだとおり、やはりそなたは、健全な著者の書いたものを注意深く研究するよりも、辞書をめくっては愚にもつかぬ、ささいなことをほじくり返して、骨折って出版することに血道を上げておったというわけだ。古典の素養がつゆほどもないために、偉大な哲学者たちの見解と、未来への遠望がきく政治家たちのことばとによって、完全に周知のものとなっている問題が、たんなる「気のふれた狂信者ども」の、珍奇な悪夢にすぎぬ、とそなたは思いこむのであります。そなたが軽蔑しおる、「いかけやのマーティンなり、皮職人のウィリアムなり」のもとへ出かけ、くらやみの道中を旅するそなたの道づれとも、案内役ともなさることが、おん身のためというもの。もっともじつはこのものたちは、そなたを教え諭し、そなたの愚にもつかぬ謎（なぞ）——専制政治において国王が従僕（しもべ）だとするなら、民主政治においては国民が従僕だということになるのだろうか。国民全体がそうなるのか。もしくはその一部か」——に答えるだけの英知をもっていることがおわかりになろう。そして彼らがそなたにたいし、オイディプス王の役をつとめたとなれば、こんどはそなたがスフィンクス[44]にならってさっさと身投げでもして、悪魔のところへでも行っていただきたきもの。さもなくばそなたの愚かしき謎とは、いつまでたってもおさらばができぬ。

そなたは言う。「使徒〔パウロ〕が王と言うとき、それは『民』をさしているのだと、解釈すべきなのであろ

うか」。なるほどパウロは、王のために祈るようにと、われわれに言いましたが（「第一テモテ書」二章二節）、すぐ前の第一節において、民のために祈るようにと言っておるのであります。しかし、王のなかにも民のなかにも、われわれが祈ることを禁じられている種類の人びとがいるのであります。人に祈ってもらうほどのねうちもない人物を、法にのっとって罰したからといって、なにがいけないというのでありましょうか。パウロがこの書簡を書いたときは、最悪の国王が統治していたのだ、とそなたは反駁するかもしれない。しかしながらそれは誤りでありまして、それについてはルイ・カペル(45)が、この書簡もまたクラウディウス帝の治世に書かれたものであることを、見事な議論をもちいて明らかにしているのでありまして、反駁の余地はないのであります。パウロがネロについて語るときには、国王とは呼ばずに、猛だけしい獣という意味をこめて、「獅子」と呼んでいるのでありまして、パウロは自分がその口から助け出されたことを喜んでいるのであります（「第二テモテ書」四章一七節）。獣のためにではなく、国王のために祈ることこそ、われわれの務めなのでありまして、そうすれば「われわれは、平安と安寧に満ちた人生を、神を敬いつつ、気高く歩んでゆくことができるでありましょう」。ここで注意していただきたいことは、国王などというものよりも、むしろ、平和、安寧、敬神、気高さのほうに重きがおかれるべきだということであります。敵もしくは暴君の支配下で「不安と災い」に満ちた、恥ずべき、奴隷のごとき、堕落した人生を送るぐらいなら、同様に「不安と災い」に満ちてはいても、自分たち自身と子孫とを、敵もしくは暴君の手から守るために、戦多き、気高き人生を歩むことのほうを、むしろ国民は選ぶことでありましょう。リウィウス(46)のことばに耳をかたむけてみるがよい。サビヌム人はどちらの状態をも経験したのでありますが、それでもなお、奴隷として平和を享受するよりも、自由人として戦うほうがまだましであると考えて、〔ローマに〕反旗をひるがえした、とリウィウスは言っておるのであります。

そなた自身のことばにも耳をかたむけてみるがよかろう。と申すのもわたくしは、そなたをなん度も証人として喚問しておるが、それはなにもそなたが重要参考人だから、というわけではない。そなたがいかにひどく二枚舌を使い、いかにひどく矛盾に満ち、いかにひどく金で買われて、国王の奴隷になりさがっているかを、万人の前に明らかにするためである。そなた自分で言っておるではないか。「暴君のごとくに命令を下すことになれた、ひとりの専制支配者のもとではかならずや生ずる、悲惨さと破滅に甘んずるぐらいなら、貴族政治にはしばしばつきものである、秀れた指導者間の競合の産物たる論争のほうが、まだ我慢できる。これに異議を唱えるものがあろうか。ローマ市民はいくども、争乱を経験したが、それでもなお、皇帝たちに軛をかけられることの耐えがたさを嫌って、共和政を選んだのである。騒乱を避けようとして、専制支配を選んだ国民が、〔騒乱という〕小難を避けたいと望んだばかりに、〔専制支配という〕大難を背負いこんでしまったということを、体験をとおして知ったとき、その国民は〔専制〕以前の統治形態に戻りたいと、痛切に望むものである」と。そなた自身のこれらのことばと、これに類するものは、そなたがワロ・メッサリヌスという偽名をもちいて出版した、『監督制と長老制』の四一二ページにのっておるではないか。そなたはこの論文を、イエズス会士、ドニ・ペトー(47)にたいする反駁論として書いたわけであるが、そなたのほうこそペトーいじょうのイエズス会的詭弁家であり、ああいった連中のなかで最悪といえよう。

われわれはすでに、こういった問題にたいして、聖書がいかなる見解を示しているかを考察してきたのであるから、もっと注意深く考察すべきであったなどと悔やむ必要はない。と申すのも、初代の教父たちがこの問題についていかなる見解を示しているかを知るために、ぼう大な量の書物をすべて調べる必要は、いまはまったくないのであるから。かりに教父たちが、聖書に書かれていないようなことをつけ加えているとすれば、そんなものは断固拒否するのが道理というもの。いかに権威が認められていようとも、である。そなたがイレナエウス(48)から引用している、「国王は神の命令により、いま治めている国民にふさわしきものとして定められている」ということばは、明らかに聖書〔の教え〕に反するものである。国民を統べるには国王よりも士師のほうがはるかにふさわしいということを、神ご自身が明言なさったわけでありますが、それでもなお、この〔統治形態の〕問題を全面的に民の意志と決断とに委ねたのであります。そうすることによって、民が望むのであれば、自分たちにふさわしい統治形態である貴族政治をすてて、のぞましくない形態である、国王による専制支配を選んでもかまわない、という神のはからいだったわけであります。それにもまして、しばしば善良なる国王が悪しき民に与えられたり、逆に悪しき国王が善良なる国民に与えられたりするものであることを、われわれは〔聖書から〕教わって知っているのであります。それゆえ、いかなる統治形態が国民にとって最もふさわしく、有益であるかを見きわめるのは、英知に秀でた人びとにこそ委ねられてしかるべきであります。なぜならば、当然のことでありますが、ひとつの統治形態が全国家の国民に同じようにふさわしいということもなければ、同一の国家にあってさえも、ひとつの統治形態が全時代をつうじてふさわしいということもないのであります。あるときはこちらの形態が、またあるときは別の形態のほうがふさわしいかもしれないのでありまして、それはそのときの国民の勇気と勤勉とが勢いさかんであるか、おとろえているかによるのであります[49]。そして、どの統治形態を望むかという選択の権利を国民から剥奪するものは、まさに、市民的自由の根幹を国民から剥奪することになるのであります。

つぎにそなたは殉教者ユスティノス[50]のことばを引用して、最良の皇帝であったアントニヌス・ピウス帝[51]一門への服従を示すものとしておるが、あれほどに卓越し、穏健な統治者であれば、服従しないほうがおかしいというもの。「当時のキリスト教徒とくらべたら、こんにちのわれわれキリスト教徒は立場がはるかに劣っているといえよう。当時のキリスト教徒は異教徒の国王に支配されることにさえ耐えたのである」とそなたは言う。当然でありますか。彼らは私人としての市民にすぎず、勢力もこんにちにくらべるとずっと劣っていたのでありますから。「だがこんにちでは、カトリック教徒の国民は、プロテスタントの国王の支配に耐えようとはせず、プロテスタントの国民もカトリック教徒の国王に耐えようとはしないのである。」ご自分がカトリック教徒であるのか、プロテスタントであるのかを明らかにしないのは賢明というもの。そのうえ、寛容でもあられる。と申すのも、そなたこちらが頼みもしないのに、この問題にかんしてはキリスト教徒全員が同意しており、そなたひとりだけが、この上もなきほどにいけずうずうしく、神をも畏れず、反対しているのであること、そしてそなたが称賛する〔初代〕教父たちの意向にもまったく背いているのだということを、自分から認めておられるのであるから。かの教父たちはキリスト教徒を弁護する書を、異教徒の国王たちにあてて書きつづけたのでありますが、かたやそなたはキリスト教徒とプロテスタントに逆らってまで、最悪のカトリック教徒の国王弁護の書を書いているのであります。

つぎにそなたはアテナゴラス[52]とテルトゥリアヌス[53]からいろいろと引用してみせるが、これもまったくむだなこと。すでに使徒たち自身が、そなたなどよりもずっとはっきりと、わかりやすく説明していることを、またもくだくだしく蒸しかえしておるにすぎぬ。そのうえ国王を主と考えている点では、テルトゥリアヌスはそなたと同意見であるなどと言いおって、とんでもないことであります。そなたが無知であったか、狡猾にも無知のふりをしておったか、どちらかであろうが。かの『護教論』において、テルトゥリアヌスは勇敢にもキリスト教徒として異教徒の国王にむかって、皇帝が主と呼ばれるのは不当だと述べているのを見るがよい。「アウグストゥスはローマ帝国の創建者でありながら、主と呼ばれようという望みさえ、もたなかったのである。主とは神の称号だからである。もちろんわたくしはかの皇帝を主と呼びもしよう。だがそれは、神の座を皇帝にあけわたしてしまって主と呼ぶよう強制されないことが前提となる。わたくしは皇帝の奴隷ではない。わたくしの主はただ神だけだからである」とテルトゥリアヌスは言っておるではないか。また同じ箇所で「国父をどうして主と呼べようか」

とも言っている。それでは、テルトゥリアヌスのことで、せいぜい心を楽しませるがよかろう。しかしながらテルトゥリアヌスのことは、そっとしておくのが賢明であったものを。そなたはテルトゥリアヌスがドミティアヌス帝[54]を殺害したものを大反逆者と呼んでいる、と指摘しなさる。テルトゥリアヌスはこの点においてはまちがっていないのであります。ドミティアヌス帝は妻と奴隷たちの計略によって、パルテニウスと、公金横領罪を問われたステファヌスの手で殺害されたのでありますから。しかしながらかつての元老院とローマ市民とが、ネロを国家の敵として裁き、捉えて処刑したときのように、もしも当時の元老院とローマ市民とが父祖たちの流儀にのっとって、ドミティアヌスを罰していたのなら、テルトゥリアヌスはそのような人びとをも大反逆者と呼んだかどうか、とくとお考えあれ。まことにこのような人びとを、大反逆者と呼ぶようなものこそ、絞首刑の罪に値いするのでありまして、それは、そなたも同罪なのであります。

オリゲネス[55]にたいしては、イレナエウスへの返答がそのままあてはまることになりましょう。アタナシウスは、この世の国王を（神ではなく）人が判決を下す裁判所に召喚することは瀆神の行為なり、と言いますが[56]、こんなことをアタナシウスに吹きこんだのはなにものでありましょうか。と申すのもわたくしは、このアタナシウスのことばのなかに神の声を聞くことはできないからであります。わたくしはアタナシウスよりもむしろ、自分たちにそのような例外を認めようとはしない、かの統治者たちと国王に信をおくものであります。

つぎにそなたはアンブロシウスを召喚しなさる。アンブロシウスは、「わたくしはあなたに、ただあなたに、罪を犯しました」というダビデのことばに、〔皇帝に〕おもねた解釈、もしくは無知まるだしの解釈を与えているのですが[57]、これをひっさげてアンブロシウスは登場するのであります。なにしろこの人物は、前執政官にして〔聖職者としては見習いの〕公教要理受講者であったものが、一瞬にして司教に転じるという、かわり身の早さを見せてくれたわけでありますから〔無知なのも無理からぬことであります〕。自分以外のすべての人びとが皇帝の従僕となることこそ、アンブロシウスの望みでありました。そうなれば皇帝を自分の従僕とすることができる、というわけだからであります。なんという傲慢さ、ローマ教皇いじょうの尊大さをもって、アンブロシウスはミラノに来たテオドシウス皇帝をあしらったことか[58]。テッサロニカの市民虐殺の咎ありと皇帝に宣告を下したことか。皇帝が教会に入ることまかりならぬと宣言したことか。また、聖書の教えにかんして、なんたる無知蒙昧ぶりをさらけ出していることか。これらのことはみな周知のことであります。皇帝が足もとにひれふしているというのに、アンブロシウスは教会から門前ばらいをくわせた。そしてついに国王がふたたび礼拝を許され、供えものをして祭壇に立っていたときに、アンブロシウスは国王を押し戻して、つぎのごとくに言った。「陛下、このなかに立ち入ることは聖職者だけに許されております。それ以外のものが触れることは許されてはおりません。」これが福音を教え広めるもの、もしくは律法を説く大祭司のことばといえるのでありましょうか。それでもこの男、おおかたの聖職者のよく使う手でありますが、皇帝を自分以外の人びとすべての主人とすることによって、自分が皇帝の支配者となることをもくろんだのであります。こういうわけで、アンブロシウスはテオドシウスにつぎのように言って、自分の奴隷であるかのごとくあしらったのであります。「あなたは同胞にして奴隷の支配者であります。そしてすべての人びとの上には、ただ唯一の主にして王にして創造主なる方がおいでなのです」と[59]。まったくおみごとと言うほかはない。司教たちの悪だくみと追従によって隠されてきた真実が、ひとりの男〔アンブロシウス〕のかんしゃく――もう少し穏やかな言い方をすれば、無知ゆえの（見当ちがいの）熱意――によって明るみに出されてしまったというわけであります。

アンブロシウスの無学ぶりをそなた自身の無知もしくは異端ぶりで上塗りするかのように、そなたは六八ページで、「古き契約のもとでは、ダビデが神にたいしてのみ罪を犯したと告白した時代にも、キリストの血によって罪はあがなわれえた」ということを雄弁に否定してみせる。正統派の教義では、この世の始まりより、屠られたかの小羊〔キリスト〕の血によってのみ、どのような罪もあがなわれたのだ、ということになっているのであります。そなたについて言えることは、そなたが信奉する新奇なる異端の提唱者がだれであるかは皆目わからない、ということであります。が、かの至高き神学者〔神〕を信奉する人物が、ダビデの臣下のだれであっても、「わたくしはただあなたに、罪を犯しました」と神に告白したとするなら、それはダビデと同等の正当性をもって認められたであろうと述べるとき、そなたがどれほど非難しようとも、その人物は真実をふみあやまってはいない、とわたくしは確信するものであります。

つぎにそなたはアウグスティヌス[60]を見せものにし、ヒッポの聖職者たちのあやしげな一団をぞろぞろと出してみせるのであります。だが、そなたがアウグスティヌスから引用してきたものは、われわれになんの痛痒も感じさせはしない。神が時代情勢を変化させ、一方では王国を建て、もう一方では王国を滅亡させるものであるという、預言者ダニエルの見解[61]に、われわれが同意するのは当然であります。もっとも神が、人を仲介としていることはもちろんでありますが。ですから、チャールズ一世に王国を与えたのは神だけであるというなら、王国を取りあげ、高貴の士と国民とに与えたもうたのも、やはり神であるということになるのであります。かりにそなたが、〔神が与えたのだからという〕その理由でわれわれはチャールズ一世に臣下としての礼をつくすべきであった、だがそれを怠ったというのであれば、こんどはそなた、わが国の現在の〔共和政体の〕為政者たちにたいして、臣下としての礼がつくされるべきである、と言わねばなるまいぞ。というのも、「国民が罪を犯したその罰として」神が邪悪な国王たちに与えた権力を、神はまたわが国の為政者の方がたにも与えたもうたのだ、ということをそなた自身が認めておることになるではないか。そしてまた、そなた自身のご高説にしたがえば、わが国の為政者も同様に神により任命されたのであるから、神をのぞいてはだれによってもその職をとかれることはありえない、ということになるのであります。

かくしてそなたはまたいつものごとく、〔論の〕ほこ先を自分自身にむけ、自分自身を殺害しようとくわだてることになるのであります。当然のむくいといえよう。と申すのも、そなたは破廉恥な悪党になり下がり、分別もなく、狂気にとりつかれてしまったので、そなたがあれほどに言をつくして、指一本も触れられるべきではないと証明したはずの国王たちというのは、戦いにおいて臣下全員に追撃されてしかるべきであると、そなた自身が主張するしまつだからであります。総督のゲダルヤを殺害したイシュマエルをヒエロニムスは大反逆者と呼んだ[62]、とそなたは言うが、それは理にかなったことであります。なぜなら、なんら正当な理由もなく、イシュマエルはユダヤの統治者にして善良なる人物を殺害したのでありますから。そのヒエロニムスが「伝道の書」について論じながら、「王の命令を守れ[63]」というソロモンの警告はパウロの教えに一致していると言っておりますが、この箇所にかんしては同時代の注釈者よりは穏やかな解釈をしているという点でヒエロニムスは称賛されてしかるべきでありましょう。

そなたは「学者たちの見解を調査するためにアウグスティヌスよりも後の時代にまで下ってくるつもりはない」と言う。しかしながら、沈黙を守ることができず、かんたんにうそをついてしまうということを皆に明らかにするためであろうか、――これでもまだそなたに支持者がいるとしての話であるが――そなたはたったの一文ほど書いただけで、舌の根のかわく暇もあらばこそ、すぐにセビリアのイシドルス[64]、トゥールのグレゴリウス[64]、フライジングのオットー[64]へと、中世の野蛮さのなかへ闇雲に突っ走るのであります。われわれがこのものたちをどれほど軽く考えているかを、そなたが知ってさえいたならば、そのわけもわからぬ法廷証言などを引きあいに出すために、うそなどつかずともすんだであろうに。

この男〔サルマシウス〕がなぜ、現代にまで敢えて下ってこようとはしないのか、なぜこっそりと隠れ、とつぜん退場してしまうのか、その理由を知りたいと思う方はおられませんか。お答えいたそう。プロテスタントの教会には偉大な神学者がおおぜいいるのでありますが、それと同様、おおぜいの厳しい反論者がいて、この男を迎え撃たんとしていることを、自分でよく知っているのであります。ためしにこのご仁にやらせてごらんになるがよろしい。そうすれば、どれほど力みあがいてみたところで、ひとたびわたくしがルター、ツウィングリ、カルヴァン、ブーツァー、ピエトロ・マルティレ〔・ベルミーリ〕、パレウス[65]を召集し、陣容を整えれば、このご仁などひとたまりもなく撃ち負かされてしまうことが、すぐにも明らかとなるでありましょう。よいか〔サルマシウスよ、〕わたくしはライデンからそなたの同僚を召喚し、そなたに異議を申したてていただくことも辞さぬつもりである。かの学舎、栄光ある共和政、古より〈自由〉の住まうところ、人文学のまさに源泉たる流れ、それですらもそなたのねたみ深い奴隷根性と生まれながらの獣性という錆を洗い落とすことはできなかったというわけだ。そなたは自分を弁護するものとしてその名を利用することのできるものが正統派の神学者のなかには見あたらず、プロテスタントの支持をことごとく失ってしまったと見るや、恥も外聞もなく、ソルボンヌ大学に避難する。しかも、ソルボンヌといえば教皇主義の牙城であり、正統派の教えにおいては歯牙にもかけられない存在であるということはじゅうじゅう承知したうえでのことであります。このように冒瀆的な暴政擁護者はソルボンヌ大学の腹の中に飲みこまれる[66]がままにしておくのがよろしかろう。「一国の国民全体といえどもこの上なく怠惰で臆病な国王一人ほどのねうちもない」などとほざくほどに、ねうちのない奴隷などわれわれは用はないのであります。

すべての自由国家と自由な信仰、すべての正統派が容認し、わがものとしている教えを教皇の発案であると言いくるめることによって、自分は重荷をのがれ楽になろうとしても、それはむだであります。教えといえば、教皇と司教たちとが弱体で勢力もなかったときに、そなたの説く唾棄すべき教え[67]を教皇がまず発案したということは、なるほど事実であります。そして、その教えを説きつつ、しだいに巨万の富と権力を手中におさめ、暴君のなかでも最悪のものへとなりさがったのであります。しかしながら、教皇は暴君たちをしっかりと自分に結びつけたのであります。というのも、教皇は諸国民にたいし――彼らの精神を教皇は長いあいだ迷信という軛をつけて支配してきたのでありますが――教皇自身が国王たちの忠誠の誓約を（無効であるとして）破棄するのでなければ、最悪の国王をさえ廃位することは不法であると説得したのであります。だがそなたは、正統派の注釈者たちを避けて、注釈者たちのあいだでよく知られ一般的に容認されている見解の発案者こそ教皇その人であると言いつのって、ねたみのあまり〈真実〉を殺害せんものとたくらむのであります。

そなた、このたくらみをなんとか果たそうと、狡しくたちまわったわけだが、すんでのところで、化けの皮がはがれるところであった。つまり、そなたの正体はカトリック教徒でもプロテスタントでもなく、野蛮きわまる暴君を天より下された救世主のごとくにあがめたてまつる、蛮族に毛のはえたていどの、かのエドム人、ヘロデ王の一味(68)にすぎぬのであります。そなたは、自分の議論は四世紀までの教父たちの教えに――それのみが真に福音的でキリスト教的だと見なしうるとそなたの言う教えに――一致していることを証明してきたと言いなさる。〔賢明なる読者諸子よ、〕いまや、この男がほんとうに恥知らずであることがおわかりかと存じます。キリストや使徒たちが教えようともせず証明しようともしなかったことを、教父たちがどれほど多く言ったり書いたりしていることであるか。全プロテスタントが教父たちに同意しかねるとする点がいかに多いことであるか。まあ、ともかくも、教父たちを根拠としてそなたが証明したとかいうことを拝見するといたそう。「邪悪な国王といえども神により任命されているのであるということ」。なるほど、あらゆる災いが神により備えられ、定められたのであるという意味であれば、それもよしとしよう。だがだからといって、邪悪な国王が「神をおいては審き手をもたぬ、超法規的存在であり、成文法や不文法、自然法によっても神の法によっても、臣下の手で、もしくは臣下の前に引き出されて裁かれることはありえない」というのは、いかがなものであるか。裁いてならぬことがどうしてあろうか。まさしく、国王を裁くことを禁ずる法も、国王だけを例外とすることを認めた法も存在しないのであります。理性と正義と道義すべてが、罪人をわけへだてなく罰せよと命ずるのであります。そなたは、国王断罪を禁ずる成文法や不文法、自然法であれ神の法であれ、なにひとつ証拠として提出しておらぬではないか。それならば、どうして国王を裁くことに不都合が生じようか。「なぜならば、邪悪ではあっても、彼らは神により任命されたからである」だと。そなたをなんと呼んだらよいものか、悪党か、あほうか、はたまた、でくのぼうと呼ぶべきか。この上なく破壊的で害毒をふりまく教えをぬけぬけと広めようとするとは悪党にちがいないが、この上なく愚かしき議論をよりどころとしている点ではあほうにちがいあるまい。「イザヤ書」の五四章〔一六節〕で神はこう言われたのであります。「それをこわしてしまう破壊者を創造したのもわたしである」。それゆえ、ここに言われる破壊者は超法規的存在だということになります。そなた、これをよく研究して心ゆくまで歪曲するがよろしかろう。そうしたところで、結論はどちらにしても同じだということがおわかりになるであろう。

教皇が神に任命されると言うことがあっても、それは暴君が神に任命されると言うに等しいことであり、（わたくしがすでに、そなた自身の論にもとづいて明らかにしたように）教皇が与えられたのは教会を罰するがためなのであります。そのうえになお、そなたは『監督制と長老制』の四一二ページにおいて、「教皇は高上（あが）りして、首位権を耐えがたいほど横暴にふりかざすにいたり、もはや暴政となんら変わりはないのであるから、教皇も司教もともに廃止されるべきであり、そこには任命されたときいじょうの合法性が認められるのである」と言っているのであります。そなたは、教皇と司教とは、怒りをこめて神が任命なさったのではあるが、暴君となりはてたからには教会から追放されてしかるべきであると言っているのであります。それでいながらそなたは、暴君は神が怒りをこめて任命なさったのであるから、国家（コモン・ウェルス）から追放することはまかりならんと言いつのるのであります。不条理、自己矛盾もここにきわまれりといえるのであります。教皇の領域といえば人びとの良心だけであり、それすらもその意に反しては犯すことはできないわけでありますから、じっさいには暴政のふるいようもないのに、教皇は耐えがたいほどの暴君であるから追放すべきであるとそなたは声高に言いはなつのであります。そしてその一方で、われわれの生命と全財産を手中にしているじっさいの暴君については、その支持があってこそ教皇も教会において暴君としてふるまうことができるというのに、国家においてはどうあっても、がまんしなければならない相手だと言いはるのであります。こうしてそなたの申したてを比較参照してみると、真実(まこと)を述べようと、うそいつわりを述べようと、そなたが無知で幼稚なおしゃべりにすぎぬことはもはや明白であります。よって、そなたの気まぐれ、無節操、無知、無思慮、無防備は、以後、天下に紛(まぎ)れもなき事実として映ることでありましょう。

そなたは自分の立場を弁明するためにつぎのような理由をつけ加えなさる。「事物(ものごと)は〔秩序を失い、〕上下さかさまにひっくり返ってしまったかのように見える」。そうした変化があるならば、それは良き方向へむかっていると申せましょう。なぜかといえば、われわれがひとたび最悪の状態に陥ったなら、もはや変わりようがないというのであれば、人類の滅亡という事態にいたることでありましょうから。変化は良き方向へ向かっていると、わたくしは申し上げているのであります。なぜなら、国王の権力は逆転して国民のもとへと戻っていくことでありましょう。そして、そもそも国王の権力とは国民の意志と推挙とから生まれてきたのであり、国民のひとり〔つまり国王〕に委嘱されたのであります。加害者たる国王から被害者たる国民へと権力が移ってゆくことはこの上なく公正な出来事であるといえましょう。なぜなら、全国民を見わたしても、両者を裁くにふさわしき第三者となる資格をもつものは存在しえないからであります。ましてや異国人〔たるそなた〕の裁きを容認するものはおりません。人はみな等しく法の拘束を受けているのでありまして、これ以上に衡平なことはありえないのであります。そうであれば、生身（うつしみ）の人間が神のごとき存在になることはありえません。人びとのうちにかくのごとき存在をうち立てるものはだれであろうと、国家と教会とにたいして冒瀆的な罪を犯すことになるのであります。

　ここでふたたびわたくしは、そなた自身の武器を逆手にとってそなたにつきつけることにいたそう。「生身のひとりの人間がキリストの座を占めると信ずることは異端のきわみである」とそなたは言っておるではないか。「なぜなら、この考え方には反キリスト教徒であるしるしがふたつ見えるのであります。それは、霊的にけっして誤りを犯さないという点と現世において全能であるという点であります」（『教皇首位権反駁論』一七一ページ）。では、国王ならけっして誤りを犯さないというのであるか。そうでなければ全能であると言えるはずがないではないか。かりに誤りを犯さないというのであれば、教皇が霊的生活におよぼす以上の害毒を、国王が市民的生活におよぼすことはないなどと、どうして言えるのであるか。神はほんとうに市民的生活にまったく関与なさらないというのであろうか。関与なさらないというのなら、たしかに神はわれわれ自身が関与するのを禁じたりはなさらないはずであります。また、関与なさるというのであれば、教会において行なわれたのと同様の改革が、国家においても行なわれることを望んでおられるはずであります。ことに、霊的領域においても現世的領域においてもただひとりの人間が誤りを犯さず全能であるとする考え方こそが諸悪の根源であることが明らかにされてきたわけでありますから。教会は残酷きわまりない暴君に耐えるべきではないとしながら、国家はそれに耐えるべしなどというような〔一方的な〕忍耐を現世において神が強要なさることはないのであります。それどころか神はまったく逆のことを命じておられるのであります。すなわち、神は教会にたいしては忍耐と高潔さと祈りと福音の教えだけしか身を守るための武器として残しておかれなかったのでありますが、国家と全為政者の手には、忍耐ではなく法と剣とを握らせて、不正と暴力から身を守れと命じておられるのであります。

かくて、この男の上下さかさま、前後転倒した妄想はおのずと明らかになり、驚嘆と嘲笑のまととなるのであります。この男、教会にあっては正真正銘の暴君殺害者であり、第二のヘルウィディウスともトラセア(69)とも言えるのでありますが、国家にあっては暴君すべてにお追従をふりまく奴隷であり親衛隊なのであります。かりにこのサルマシウスの見解が認められるとすれば、反逆者と呼ばれるのは国王を廃したわれわれだけではすまないはずであります。プロテスタントはだれもが国王たちの望みにさからって教皇の首位権を廃したわけですから、みな反逆者ということになってしまうのであります。ところで、この男が自分のはった論陣の網にひっかかりのびてしまってからすでに時がだいぶたっております。この男、降参してもいない敵の手に自分のほうから武器弾薬をせっせと調達してくれて、反駁したり嘲笑したりするのに絶好のきっかけを作ってくれるという性（さが）の持ち主なのであります。この男が自分から背中をさし出して笞打ってくれと懇願（こんがん）するそのしつこさには、だれもがへきえきすることでありましょう。

第四章

サルマシウスよ、そなたはこの『チャールズ一世弁護論』によって国王たちから大いに寵愛をうけ、気に入られ、世の君主と支配者すべてがそなたに恩義を感じているはずだと考えていることでありましょう。が、国王たちがそなたのお追従ではなく真実をもとにして、おのが利益や便宜をはかりにかけることがあるとするなら、国王たちはとりわけそなたを憎悪し、追放し、遠ざけておくべきなのであります。と申すのも、王権をはかりしれないほどもち上げ超法規的なものとすることによって、そなたは諸国民たちにあまねく自分たちが奴隷状態にあることは疑いようもない事実であると認識させ、自由人だとかつては夢想していたのが、いまはいっこくも早くそのような昏睡状態から目覚めなくてはいけないのだとあおりたてる結果になってしまうからであります。

つまり、そなたは諸国民が気づいていなかったこと、自分たちは国王の奴隷なのであるということを諸国民に気づかせてしまったというわけであります。かくてそなたが、国王のもつ無制限の権力というものは国民の忍従によって成り立つのではなく、そもそも王権に内在する生得的な権利のゆえに認められるのであると力説すればするほど、国民は国王による支配をいっそう耐えがたいものと認識することになるでありましょう。それゆえ、そなたとその弁護論は当座は諸国民を納得させようと、させまいと、それは別として、後の世にあってはかならずや、全国王にとって災いと破滅と呪いのもととなるにちがいないのであります。

なぜなら、かりにそなたが王権とは無制限の権力のことであると言って国民を説得しても、国民はもはや専制政体に耐えることを放棄するでありましょうし、またかりに説得できないとすれば、このうえもなく不法な権力を、あたかも合法的な権力ででもあるかのごとくに横領している国王たちに、国民が我慢するなどということはないはずだからであります。

この点にかんしてはまだ態度を表明していない国王たちが、もしわたくしのことばに耳を傾けて自分たちが法に拘束されることを受け入れるならば、国王たちはいま現在手にしている不安定で脆弱で暴力的で疑惑と恐怖に満ちみちた政権のかわりに、安定した平和で永続的な政権を手に入れることになるでありましょう。かりにわたくしが提案者だからということで、国王自身にとっても王国にとってもこの上なき滋養となる勧告を国王たちが軽んずるようなことがあるとするなら、この考え[1]のそもそもの提唱者はわたくしなどではなく、いにしえのいと賢き国王であるということを国王たちに知っていただくことにいたそう。古くからの王家の血すじをひく、スパルタ国王のリュクルゴス[2]は、アルゴスやメッセーネ[3]を支配していた親族たちが法をまげて暴政をしいたために、おのが身も国家もともに破壊してしまうのをつぶさに見たのであります。それを教訓としてリュクルゴスは自分自身の国家の安全を願い、自分の家系ができる限り存続して政権を保持することを願って、政権の協力者として元老院議会を発足させ、民選長官（エポロス）に権限を与え、国王でありながらもその監督に従ったのであります。リュクルゴスはこうしておのが王国の支柱づくりをしたのであります。こうしてリュクルゴスが長期的にみてきわめて安定した王国を子孫に伝えたということであります。またテオポンポス[4]はリュクルゴス亡きあと一世紀以上たってスパルタを治め、自らを抑えて、五人監督官の権限を自分自身の権限に優先させ、そうすることによって王国の礎をかため、いっそう強大な、永続的な形態にして子孫に伝えたことを誇った、と評する人びともいるくらいです。それはともかくとしましてもここにはたしかに、こんにち国王の座にある人びとがその気にさえなれば手本とするにふさわしき、卑しからざる範例が、助言として信頼してまちがいのない、たぐいまれなる権威があると申しあげよう。すなわち、超法規的な存在であるただひとりの人に万人が従属するなどということは、いかなる法によっても命じられたことはなかったし、また命じられるはずもないのである。なぜならすべての法をくつがえすような法が、法であるはずはないからであります。

さて、〈法〉がそなたをすべての法の破壊者にして大反逆者であるとして退去を命ずるとみるやそなたは、範例の助けをかりて巻きかえしをはかろうとして第四章にとりかかるのであります。それでは、われわれもその範例を審議するといたしましょう。と申すのも、範例というものはしばしば法が沈黙し、ただほのめかすにとどめていることを明示するものだからであります。

われわれはまず、ユダヤの民に範例を求めることにいたしましょう。彼らこそ神のみ心をもっともよく理解していたと考えられるからであります。そしてそれから、そなたにならって「キリスト教徒の時代へと下っていく」ことにいたそう。とはいえ、われわれはそなたよりもいにしえの時代を出発点とすることにいたそう。そしてその時代とは、イスラエルの民がそれまで従属していた王たちの圧制をはねのけ、隷従のくびきを自分たちの首からはらい落としたときなのであります。モアブの王エグロンはイスラエルの民を征服し[5]、エリコの町の、彼らのただ中に王座をおいたのであります。エグロンは瀆神の輩などではなく、神の名を耳にすると王座から立ちあがったほどであります。イスラエルの民はエグロンに一八年間つかえ、敵というよりもむしろ彼ら自身の王としてみつぎものを捧げたのでありました。しかしながら、エグロンを王として公にみつぎものを捧げているそのさなかに、策略をもちいて、エグロンを敵として殺害したのであります。まことにエグロンを殺害したエフデは「神の命令に従った」のであると考えられております。このような行ないにたいしてこれ以上の賛辞がありえましょうか。と申すのも、不正で疑惑に満ちた欺瞞の行為・残酷な行為ではなく、誉(ほまれ)高き気高き行為に人を導きうながすのが神の常だからであります。しかしながら聖書のどこにもエフデが神からはっきりと命令されたとは書いてありません。〔ただ〕「イスラエルの民は主に叫び求めた」(6)〔とあるだけであります〕。そしてまた、われわれ〔イングランド国民〕も主に叫び求めたのであります。モアブ人エグロンがイスラエルの同居人となった。つまり敵のなかから王たるものが出たのであります。その王がこんどは敵となり、王の座を去った。そうなれば、彼らはもはや国王にはあらず。なぜならば、国家にとっての敵が同時に国民であるはずはないからであります。元老院(セネト)によって敵であると宣告されたあとは、アントニウス(7)はもはや執政官とはみなされず、ネロも皇帝とはみなされなかったのであります。このことはアントニウスにかんしましては、キケロが『ピリッピカ・第四』(8)においてはっきりと述べているところであります。「アントニウスが執政官であるとするなら、ブルトゥス(9)はわれわれの敵である。ブルトゥスが共和国家(リパブリック)の保護者だとするなら、アントニウスは敵である。この男を執政官であると認めるのは盗賊ぐらいのものである。」同様の正当性をふんまえて、わたくしも申しあげよう。暴君を国王と考えるのは国家の敵ぐらいのものであると。エグロンは外国人であったとか、われわれの敵は自国民であったとかいうことは、このさいまったく問題にならないのであります。なぜならどちらもが敵であり、暴君だったわけでありますから。その内のひとりをエフデが成敗したことが法に適っているというのであれば、もうひとりのほう〔チャールズ一世〕をわれわれが処刑したのも法に適っていたのであります。

いやそればかりか、かの英雄サムソンさえもが、「士師記」第一五章〔一一節〕で同国人から「あなたはペリシテ人がわれわれの支配者であることを知らないのか」と詰問されながらも、自分の支配者にたったひとりで戦(たたかい)を挑んだではありませんか。そして、神のうながしによるものであるか、自分自身の勇気によるものであるかはさておき、祖国に君臨する暴君をひとりといわず束(たば)にして一撃のもとに撃ち倒したのであります。そして、サムソンはまず神に助けを求めて祈ったのでありまして、(10)したがって彼は、祖国に君臨し支配する暴君たちを殺すことは瀆神の行為ではなく、敬虔な行為であると考えていたわけであります。しかも同国人のほとんどが、隷従を拒否してはいなかったというときにであります。

王にして預言者であったダビデ[11]は、「主に油そそがれ」聖別されたサウルを殺すことは反対であったと言ってよいかもしれない。だがダビデがしなかったことはわれわれもしてはならないということはないのであります。ダビデは私人として拒んだのであります。だからといって国務会議や議会（セネト）や全国民がただちにダビデにならわなくてはならないということはないのであります。ダビデは敵の寝こみをおそって殺すことを好まなかったというだけの話であります。だからといって、為政者も法にもとづいて罪人を罰することを拒めというのでありましょうか。ダビデは王を殺すことを好まなかった。だから議会（セネト）も暴君を罰することはひかえるであろうというわけであるか。ダビデは神により油そそがれ王として承認された者を殺害することをためらった。だから油をそそがれて王と承認した者を国民たち自身が処刑することをためらうべきであるというのか。それもとりわけ、長いあいだ公共の敵としてふるまっていたためにおのれ自身の民の血に全身が染まってしまい、（神の手により聖別されたのか民の手により聖別されたのかはともかくとして）聖油そのものが流れおちてしまっているような者を。

神が預言者の手をとおして聖別なされたか、または「イザヤ書」四四章〔二八節〕にあるキュロス[12]のようになにか特別の務めのために名指しされた王こそ、まこと主に油そそがれし者であるとわたくしは認めるものであります。それ以外は国民か軍隊か、もしくは自分自身の属する党派によってのみ（油そそがれ）承認されたのである、というのがわたくしの見解であります。だが、あらゆる王は神により油そそがれ、王として承認されたのであるとか、だから彼らは超法規的存在であるとか、いかなる悪事をはたらいても罰せられるべきではない、などということをわたくしに認めさせようとしても、それはむだであります。ダビデが自分自身といくにんかの私人にたいし、主より「油そそがれし者」に刃をむけることを禁じたからとて、それがなんだというのか。神ご自身が油をそそいだ者、すなわち神の民にふれることを、「詩篇」一〇五篇〔一四―一五節〕で神は王たちに禁じたではないか。つまり神は王に油をそそぐことよりもむしろ、民に油をそそぐことを好んだのであります。それゆえ、たとえ敬虔な信徒であっても法を破ったとすれば、それを罰したからとて合法でないはずがありましょうか。

ソロモン王は油をそそがれた祭司アビアタル[13]を死刑にしようとしたではありませんか。そして免罪したその理由も、アビアタルが神により油をそそがれた者であるからというのではなく、父〔ダビデ〕の古くからの友人だったからであります。それならば、たいがいは為政者の長でもあった大祭司が宗教的にも政治的にも神により聖別されていても、それでも死罪を免れられないというのなら、たんに国民により政治的に聖別されたというだけで暴君が死罪を免れられるはずはないではないか。これにたいしてそなたは言う。「サウルもまた暴君であり、死罪に値いしたではないか」と。そのとおり。だが、だからといってダビデが民にも委任されず為政者の命令も受けずに、王であるサウルを場所もわきまえずに殺害しても当然であるとか、それがふさわしいとかいうことにはならないのであります。だがサウルが暴君であったことにまちがいはありますまいな？　そなたが請けあってくれることをわたくしとしては切望するわけであります。そしてたしかにそなたは請けあっているのであります。〔この『チャールズ一世弁護論』の〕前のほう、第二章の三二ページでは「サウルは暴君ではなく、善良な王であり、神に選ばれた者であった」と言い放ったにもかかわらずに。

どんなけちなぺてん師も偽証者も公衆の面前で烙印を押されているのに、そなたが同じ屈辱を受けずに逃れるとは、いったいどうしたことでありましょうか。彼らのあくどさなど、この最重要の問題にかんするそなたの論の進め方や書き方にくらべたら、はるかにたちのよい、偽りの少ない者でありますのに。つまり、そなたのご都合しだいで、サウルは善良な王だったということにもなれば、とつぜん善良などころか暴君に変身するというわけであります。〔そなたの支離滅裂な議論であれば〕なにも不思議はない。と申すのも、恥もなく暴君の権力にへつらうのあまり、そなたはただ善良な国王すべてを暴君にしたててしまうからである。

そして、ここでは問題とならないさまざまな理由で、義父でもあるかの王〔サウル〕を殺そうとはしなかったダビデでさえもちゅうちょせず、自分の身を守るために兵を集め、サウルの統治する市や町を攻撃し包囲したのでありました。そしてもしも、住民が自分にたいし悪意をもっていることを〔神により〕知らされていなかったならば、ダビデはケイラの町に軍隊を駐屯させてサウルの攻撃の備えとしたことでありましょう。[14] かりにサウルがその町を包囲し、町の城壁にはしごをかけて、攻撃の一番手をつとめたとしたら、ダビデはすぐさま武器を捨てて降伏し、自分につき従ってきた者たちすべてを油そそがれし〔サウル〕王に売り渡しただろうなどとそなたは考えるのであるか。わたくしはそうは思わない。ダビデはわれわれ〔イングランド国民〕がなしたと同じことをしたはずであります。なぜなら、ダビデは窮地に追いこまれて祖国の敵であるペリシテ人を援助することを申し出るという、われわれでさえわれらの暴君にたいしてはけっして取らなかったであろうと思われる戦略を取って、サウルと戦ったからであります。

そなたのうそ八百にはこちらのほうが赤面し、うんざりとしてしまうのであります。そなたはまたもうそを重ねて、「味方よりもむしろ敵を許す」というのがイングランド国民の主義なのであり、「国王は味方であったがために許しがたい存在だったのだ」と言いつのりおる。なんと恥知らずなうそつきめ、そなたがでっちあげるまでは、そのようなたわごとを耳にした者があろうか。だがわれわれはこのことについては見逃してやるとしよう。と申すのも、この程度のことはこの章ではまだまだ序の口であり、あとにはおきまりの、あのたなざらしの修辞的語法で厚化粧したたわごとがひかえているからであります。

安ものの香水がぷんぷん匂う化粧品屋の引き出しから、そなたがこの代物をおおあわてでひっかついでくるのもこれで五度目というわけだが、そなたはこの本の終りまでにはこれを十回ほどひっかついでご登場におよぶのであります。

その代物とは例の、イングランド国民は「マスティフ犬以上にどう猛である」というやつであります。われわれがマスティフ犬以上にどう猛であるなどと言ってみたところで、しょせんそなたの敵ではない。なにしろそなたはどんな狂犬よりもがつがつと意地汚く、そなたの胃袋ときたら、とてつもなく頑丈で、なんども自分で吐き出したキャベツのところへ、あきもせず戻っておいでになるではないか。

そなたは、「偽ってサウルを殺したと見せかけたアマレク人の若者にダビデは死刑を宣告したではないか」と言う(15)。しかしこの場合と、いまわれわれが問題にしている件とは、人物にも行ないにもなんら共通項はないのであります。死の瀬戸際で苦悶する王にとどめを刺したと、みずから言う若者にダビデがなぜ、このようなむごい仕打ちをしたかということになりますが(16)、わたくしの考えるところでは答はただひとつ。ダビデはどう見てもペリシテ人の軍に下り、合流したわけでありますから、〔サウルにたいしては〕謀叛の意図などまったくなかったのだということを、それだけ熱心に表明しようとしただけのことなのであります。まさにこれと同じことをドミティアヌスは、ネロが自殺するのを手伝ったエパフロディトゥスに行ない、死刑に処したわけですが、そのためにあらゆる人びとから非難されているのであります(17)。

そなたの厚顔無知ぶりをしめすおつぎの例となりますのは、サウルを「主に油そそがれし者」と呼ぶだけではあきたらず、「主にキリストとされし者」とまで呼んでいるということであります(18)。さきほどまで暴君とか、「悪霊にとりつかれた者」とか呼んでいたにもかかわらずに、であります。そなたはキリストの御名を卑しいものと考えておればこそ、いと聖らなる御名を「悪霊にとりつかれた」暴君などに冠しても平然としていられるのであります。

いまやわたくしは、人民の権威が王の権威に優越することを証する範例に到達いたしました。これを見てもそうと分からぬ者は、あきめくらと断ぜざるをえないのであります。ソロモンが死んだとき、民はダビデの子、レハブアムを王とするためにシケムに集まりました(19)。レハブアム自身も王の候補者としてそこへ行ったのでありました。すなわち、王国の継承権を主張しているとか、自由の民を父親の遺産である牛馬のごとくに見なしているなどと〔民に〕思われてはいけないからであります。民はレハブアムの王権を認めるにあたっての条件を出しているのであります。レハブアムは三日間の猶予を求めます。相談を受けた長老たちは、王権についてはただ、民の意向を受け入れ、民と協調せよと説得するのであります。なぜなら、レハブアムを王と認めるも認めぬも、その選択権は民にあるからであります。つぎにレハブアムが自分とともに育った若者たちに相談すると、彼らはあたかもサルマシウスという名のあぶにでもさされて気がふれたかのごとくになり、王権について吹きこみ、民をむちとさそりで脅せとけしかけるのであります。レハブアムは若者たちにけしかけられたとおりに民に答えます。全イスラエルは王が「民の願いを聞き入れない」のを見てとるとすぐさま、公然と、恐れげもなく、自分たちが自由の民であることと、そして王の選択権は民にあることを証して言うのであります。「ダビデの家には、われわれの受け継ぐ分が、少しでもあろうか。イスラエルよ、自分の天幕に帰れ！　ダビデよ、自分のことは自分で見よ。」王〔となったレハブアム〕がアドラムをつかわすと、民は彼を石で打ち殺したのでありますが、かりに王がすぐさま逃亡しなかったなら、おそらくいつでも王自身をも同じ目にあわせて、〔後世への〕範例としたことでありましょう。王はイスラエルを制圧するために大軍団を召集するのでありますが、神がこれを禁じて、「上って行ってはいけない。あなたがたの兄弟であるイスラエル人と戦ってはならない。こうなるようにしむけたのはわたしだ」と言ったのであります。

これから言うことをしかと肝に命じておくがよかろう。かつて民は王を請い求めた。神はこのことを喜ばれなかったのでありますが、民の権利に干渉することは望まなかったのであります。そしていま民がレハブアムの統治をはねつけると、神は選択権が民にあることを承認されただけではなく、そのために民に戦を挑もうとした王をおしとどめておいでになるではありませんか。そして、王にそむいた人びとは謀叛人と呼ばれるべきではなく、同志であると神は教えておられるのであります。

どうした、おじけづいたか。そなたは言っておるではないか。あらゆる国王は神の承認を得ているから、国民はたとえ暴君であっても抵抗すべきではないのだと。そなたにお答えいたそう。よいか、国民の会合や集会、選挙、行為と努力、国民の決議もまた神の承認を得ているのであります。このことは聖書のこの箇所で神ご自身が証していることなのであります。ゆえに、そなた自身の論法にしたがえば、国王もまた、神ご自身の権威にさからって国民に抵抗すべきではないのであります。なぜなら、現在の国王が神の承認を得ており、それゆえ国民の服従を要求する権利があるというなら、たしかに現在の自由な国民の集会もまた同じように神の承認を得ているわけであり、国王に要求を受け入れさせる権利も、国王を廃位する権利も国民にはあるわけであります。そしてこれを理由に国王が国民に戦をしかけることは、レハブアムの場合と同様、なんら正当性は認められないのであります。

それではなぜイスラエルの民はソロモンにそむき、反乱をおこさなかったのかと、そなたは問う。民が暴君にたいして反乱をおこしても、とがめられることはなかったということが明らかになったというのに、かくのごとき愚問を発するのはそなた以外にはあるまい。ソロモンがある種の悪徳[20]に手を染めたのはまちがいのないことであるが、それをもってしてただちにソロモンが、暴君になりさがったとは言いがたいのであります。と申すのも多くの優れた徳と、国にたいする奉仕的活動によりその埋め合わせをしたからであります。だが、ソロモンが暴君であったと仮定してみることにいたそう。それでも、諸般の事情により国民が国王を廃位しようとはしない、もしくは、したくてもできないということはよくあることでありますから、可能なときには廃位したのだという事実をもってしてよしとするものであります。「ヤロブアムの行ないはつねに非難され、その変節ぶり[21]は忌み嫌われ、追随者たちは謀反人とみなされた」とそなたは言う。わたくしはヤロブアムの変節にたいする非難のことばに接するのであるが、それはヤロブアムの敵たるレハブアムの側からの非難ではなく神への真実（まこと）の祈りの立場からの非難なのである。[22]じっさいのところ、ヤロブアムの追随者たちはしばしば邪悪であるといわれてはおりますが、けっして「謀反人」だとはいわれなかったと記憶しておるのであります。

「正義と法に背く行ないからは、いかなる権利も生じ得ない」とそなたは言う。ならばお答え願おう。そなたの言う王権についてはいかがなことになるのであるか。かくしてそなたは、たえず自分自身に反駁するのであります。「姦淫や殺人、盗みなどが、罰せられることもないまま日常茶飯事のごとく行なわれているではないか」とそなたは言うが、ねぼけておいでではあるまいな。そなたはいま、ご自分で提示した、暴君がなぜこうもしばしば罰を免れるのかという質問に答えているところなのであります。「先（さき）にのべた王たちは反逆者だったわけだが、それでも預言者は民をそそのかして王から離反させようとはしなかったのである」とそなたは言うが、それではなぜ、邪悪な、にせ預言者であるそなたが、イングランド国民をそそのかして、いま現在の為政者たちから離反させようとするのであるか。そなたは彼らを反逆者であると考えているではないか。「イングランドのこの盗賊一味は、なにか天からの声にうながされてこれほどにも冒瀆的な、不敬の企てにのり出したと言ってはばからないのである」とそなたは言うが、いやしくもイングランド国民がそのようなたわごとを主張するはずはなく、これはそなたのでっちあげた数あるうそや妄想のひとつにすぎないのであります。

だが、わたくしは矢つぎばやに範例をあびせることによって、そなたをかたづけてしまう所存である。大都市であったリブナ[23]は、ヨラム王が神をすててかえりみなかったがためにヨラム王に背いたのでありました。すなわち反逆したのはリブナの町ではなく王のほうだったわけでありまして、リブナの町は反逆の烙印をおされるべきではなく、理由を考えてみれば、むしろ是認されてしかるべきだと思われるのであります。「こういったたぐいの反乱は範例とみなすべきではない」とそなたは言うが、それではなぜ、この章では徹頭徹尾、範例をもってしてわれわれと戦う所存であるなどと大言壮語してみせたのであるか。じっさいにそなたのできることといったら、範例をあげることではなく、せいぜい否定してみせるというだけのことであり、そんなものは証拠としてはなんの効力もないのであります。それでいながら、われわれが確実で内実のある範例を証拠として提出すると、そのようなものは範例として使うべきではないというのであるか。かくのごとき〔おそまつな〕議論ではそなた、いやじで演壇からひきずりおろされるのは必定（ひつじょう）。そなたが範例を武器としてわれわれに挑戦したから、われわれは範例を提出したまでのこと。さてそれでは、そなたのお手並拝見とゆこう。とみるや、そなた逃げ腰になって、逃げ道をさがしておるというありさまであります。それではわたくしはそなたを捨てておいて、先へ進むといたそう。

イエフは預言者[24]の命令に従って王ヨラム[25]を殺したのであります。それればかりか、イエフは自分にとっては正当な王であるアハズヤ[26]までも殺させたのであります。神は暴君が臣下によって殺されるのを是認することはなかったというのであれば、それが邪悪なことであり、悪しき範例となるというのなら、なぜ神ご自身がそのようなことを命じられたのでありましょうか？　神が命じられたからには、それは法に適った、推称に値いする、栄誉ある行ないだったのであります。暴君成敗が正しく、法に適っているのは、神がそう命じられたからだというのではなく、それが正しく、法に適っていればこそ、神がそう命じられたのであります。

またもや、大祭司ヨヤダ[27]はいささかもちゅうちょせずアタルヤを廃位させ殺させたのでありますが、アタルヤは七年間王位について支配していたわけであります。[28]アタルヤは権限もないのに支配権を強奪したのだと、そなたは言うかもしれない。ならばティベリウス[29]だとて、アタルヤの時代よりずっと後になって、「自分のものでもない統治権」を強奪したではないか。しかるにそなたは、キリストの教えに従えば、ティベリウスやその種の暴君には服従するのが当然であると、前のほうで言っていたのであります。不正に王権を簒奪した者を殺すことは正しいが、この上なく邪悪に王権を乱用する者を殺すのはまちがっているという議論は、明らかにばかげておるのであります。アタルヤは女であったから、法にのっとってみれば、支配する権利がなかったのであるとそなたは言う。「〔神は〕あなたがたのうえに」女王ではなく、「王をたてさせよう」〔と言ったのだから、とそなたは言う〕。しからばわたくしはこう言おう。「〔神は〕あなたがたのうえに」暴君ではなく、「王をたてさせよう」と言われたのである。と申すのも、国王と暴君とでは雲泥の差があるのであって、男と女の差などとはとうてい比較にもならないからであります。

臆病者で偶像崇拝者の王、アマツヤ[30]は数人の陰謀家によって殺害されたというのではなく、むしろ首長たちと民とによって殺されたと見るべきであるように思われるのであります。なぜなら、アマツヤはエルサレムから逃亡したとき味方につく者はなく、はるかラキシュまで追跡されたわけであります。「アマツヤが神に背く」行状におよんだ後に、アマツヤを成敗しようという会議が開かれたことは、聖書の語るところであります[31]。そして聖書には、息子のアザルヤが父親の殺害にかんしてなにか詮議をしたとは書かれていないのであります。するとそなたは、またもやラビの古文書から多くのつまらぬたわごとを引用して、ユダヤの王は最高法院（サンヘドリン）に優越したのだと証明しようとするのであります。だがそなたは、ゼデキヤ王自身のことばを考えに入れてはおらぬのであります（「エレミヤ書」三八章〔五節〕）。「王はあなたがたに逆らってはなにもできない。」すなわちこれは、王自身が首長たちに呼びかけて、自分が最高法院に劣った存在であると認めているのに他ならないわけであります。「おそらく、王は暴動の恐れがあったので、彼らの言うことを認めたのであろう」とそなたは言う。

だが、そなたがこの上なく「強力に」主張することでさえ、つゆほどの値打ちもないというのに、「おそらく」などと言ってみたところでなにほどのことがあろうか。そなたほどに移り気で、一貫性がなく、信用できぬ者があろうか。いったいわれわれはそなたが形を変え、色を変え、自分自身に矛盾し、たったいま言ったばかりのことを取り消すところに、なんど立ち合うことになるのであろうか。

そなたはまたもチャールズ一世とユダヤの名君たちとを比較してみせるのであります。まず初めにダビデの名をあげて、軽蔑すべき者だというのであります。「ダビデを考えてみよ。彼は姦淫の罪と殺人の罪を同時に犯したではないか。チャールズにはまったくそのようなことはなかった。その息子のソロモンを考えてみよ。一般には賢者と呼ばれているが……」とそなたは言う。かくのごとく汚らわしき愚か者の悪党に、偉大にして信仰あつき有徳の士が、しかも王であった者がごろつき呼ばわりされるのを聞いて、憤りをおぼえぬ者がありましょうか。よくもまあ、ぬけぬけと、国王チャールズとダビデを比較する気になるものだ。迷信にまどわされ、キリスト教の教えについては未熟者と、この上なく信仰ぶかき預言者でもある王とを比較するとは。愚鈍な者と、最賢の者とを、臆病者と勇者とを、罪人と聖徒とを比較するとは。そなたが、かのバッキンガム公[32]と結託した悪名高き者を、貞潔と節制の人として称(たた)えるのには、まったく恐れ入るのであります。劇場で人前もはばからず、みだらにもご婦人がたに接吻したり、腰を抱いたり、言うのもはばかられることですが、処女や既婚婦人の胸をもて遊んだりする人物が、人目のないところでこっそりといかなる所業に及んでいるかをさぐったとて、なんになりましょうや。そなたにご忠告申し上げよう。にせプルタルコスどのよ、これ以後はそのような愚かしき比較はおやめなされ[33]。さもなくばわたくしのほうとしても、黙って見過ごしておきたいチャールズの所業を、いやでもいちいち数えあげねばならなくなるのであります。

神ご自身が、あたかも民の眼前においでになるかのごとくに、みことばのとおりにユダヤの共和国(コモン・ウェルス)を統治なさっていた時代に、暴君たちにたいしてかの民がいかなる態度で臨んだか、なにをなしたか、またそれはいかなる法によってであったかは、以上で明らかであります。これに続く時代はいかなる場合にも父祖たちの規範と理性をよりどころとして行動したわけでありますから、それ自体の権威によってわれわれを導くというわけではなく、ただ彼らを模倣することによってわれわれにたいする支持を強固にするのであります。こういうわけで、バビロニア捕囚のあとに、神が統治形態にかんしてなんら新しい命令を下されなかったときに、王家の血筋はたえてはいなかったのに、民はむかしながらの王政以前のモーセ的な統治形態に戻ったのであります。彼らは、マッカバイオス家[34]の大祭司たちの指揮のもとで、それまで従属していたシリア王、アンティオコス〔四世〕と長官たちに反抗したのでありますが、それはアンティオコス王が不法な要求をしたからでありました[35]。民は武力にうったえて本来の自由を取り戻し、以後は、この上なくふさわしいと見なされる人物であっても、首位権は民により委託される、という形を取ることになったのであります。しかし、ユダス・マッカバイオスの兄弟であるシモンの息子、ヒルカノス[36]がダビデの墓を暴き、傭兵をやとい、大祭司の権威に一種の王権的要素を加えはじめ、息子のアリストブロス[37]にいたっては、王位は自分のものであると主張する最初の人物となりはててしまうわけであります。アリストブロスが暴君であったのに、民がなんの反抗もしなかったというのも不思議はありません。彼はわずか一年しか支配しなかったからであります。重病に倒れ、おのが罪を悔いながら、アリストブロスはただ死ぬことだけを願い、息をひき取ったのでありました。つぎなる支配者はその兄弟のアレクサンドロス〔・ヤンナイオス[38]〕でありました。この男は暴君であったのに「反抗する者はだれもいなかったではないか」とそなたは言う。やれやれ、ヨセフス[39]が行方不明になり、そなたのヨシプス[40]だけが残されていたのであれば、そなたのうそも露見するおそれはまったくなかったであろうものを。そのヨシプスから、そなたは役にもたたぬパリサイ人の格言を引用しているのであります。

真相はつぎのごときものであります。アレクサンドロスは戦時にも平時にも悪政を行なったのであります。そして、ピシディアとキリキアの傭兵の大軍団に護衛されていながら、アレクサンドロスは民を制することができなかったのであります。この男をその職務にふさわしくないと考えた民は、犠牲を捧げているアレクサンドロスに襲いかかり、もう少しでしゅろとシトロンの枝で窒息させてしまうところでありました。(41) この後六年間、ほとんど民全体がこの男と戦争し、ユダヤの民が何千人も殺されたのでありますが、和平を望んだアレクサンドロスが民の望みを問うたところ、民すべてが声をひとつにしてこの男の死を望むと答え、その死後もこの男を許すことはないと答えたのであります。

そなたにとってはきわめて不都合なこの史実をどんなことをしても避けようと、そなたはこのうえもなく見苦しきうそを、パリサイ人のつまらぬ警句で隠蔽しようとしおる。この範例的な史実にはまったく手をふれずにおくか、もしくは事実を有り体に語るかのどちらかにすべきであったものを。それともそなたはこそこそと闇に乗じる盗人のごとく、大義よりもうそに重きをおく人物であったのか。アレクサンドロスが十字架につけよと命じた八百名のパリサイ人でさえ、アレクサンドロスに抵抗して武器を手にとった人びとのなかにいたのでありました。そしてその他の人びとは王が破れて自分たちの手中におちたなら、かならず死刑に処すべしと声をひとつにして誓ったのでありました。夫アレクサンドロス亡きあとは妻のアレクサンドラ(42)が、かつてのアタルヤのごとく王位を奪ったのでありますが、この女には王位継承権はなかったわけであります。それについてはそなた自身が認めているように、ユダヤ律法が女性の君臨を許さなかったからであります。ひとつには異国人の傭兵の軍隊をもっていたために、またひとつにはパリサイ人の支持を得ていたこともあって、いわば武力とひいきすじの取り立てによって、アレクサンドラは王位につき、パリサイ人が実権を握るという合意のもとに、この女は王位を奪ったのであります。

まったくこれと同じことがわが国でも起こったのでありまして、スコットランドの長老派は、自分たちが実権を握ることを条件として、[43]チャールズに王の称号を与えたのであります。アレクサンドラの死〔前六七〕後、息子のヒルカノス〔二世〕とアリストブロス〔二世〕[44]は王国の継承をめぐって争い、より活動的で、ひろく支持をとりつけていたアリストブロスは兄を王国から追放したのであります。それからしばらくして、ポンペイウス[45]はミトリダテス〔六世〕[46]と戦ってこれを打ち破り、帰途シリアに立ちよったおり、ユダヤの民はポンペイウスこそこの上なく公正に自分たちの自由について判定する人物であると考えた。そこで民の代表として使者を送り、かの兄弟のどちらも王とは認めないことを宣言し、一人のために民が奴隷となっていることを訴えたのであります。すると、ポンペイウスはアリストブロスから王位を取り上げ、ヒルカノスには大祭司の地位と、父祖のならわしにより正当と認められてきた首位権を与えたのであります。これ以後、ヒルカノスは大祭司にして支配者（エトナルク）と呼ばれました。[47]ヘロデ大王の息子、アルケラオス[48]の治世に、ユダヤの民はふたたび、五〇名の使節団をアウグストゥス帝[49]のもとに送り、故ヘロデとアルケラオスの悪政を告発しました。そして民の側の権威にもとづく限りでは、アルケラオスを廃位すると宣言し、帝にたいしては、ユダヤの民が王なしでやってゆくことを許可してほしいと請願したのであります。アウグストゥス帝はこの請願に動かされて、アルケラオスを王ではなく、たんに支配者（エトナルク）としたのでありますが、その治世の一〇年めにまたもや、かの民は帝のもとへ使節を送り、この支配者（エトナルク）を暴政のかどで告発したのであります。帝は寛大にも民の訴えに耳を貸し、アルケラオスをローマへ召喚し、有罪判決を下したのち、ウィーンに追放したのであります。

それではそなたにお答えいただこう。王を告訴し、有罪の判決を下し、罰することを望んだかの民は、かりに自分たちにそれだけの力があったならば、また自分たち自身に選択権があったなら、それこそ自分たちの手で王に有罪判決を下し、死刑に処すことのほうを望んだのではなかったでありましょうか。そなたは、民と高位の人びとが武器をとって、属領を食い物にするような、残酷なローマの総督たちに抵抗したことを否定はしておりませんが、その理由として、お定まりの、いとも珍奇な理由を述べたてるのであります。「彼らは隷従のくびきにまだなれていなかったのだ。」さもあろう、アレクサンドロスやヘロデやその息子たちの統治下では。しかし、カリグラやペトロニウスには民は「戦争をしかけ」ようとはしなかった[50]、とそなたは言う。まったく彼らは賢明でありました。したくてもできなかったからであります。そなた、民自身のことばに耳をかしてはいかがなものか。「不可能ゆえ戦争は望まぬ[51]」。民みずからが無力のゆえにできないと告白しているものを、信仰のゆえだと言いつくろうつもりなのであるか、おぬし偽善者め！

　おつぎにそなたは大そうなお骨折をして、われわれが国王のために祈るべきであると、教父たちの書き物から証明しようとするが、以前と同じく、居眠りしながらのやっつけ仕事となっているのであります。名君のために祈るべきであることは論をまちません。いや、暗君だとて望みがあるあいだは、そのために祈ることは当然であります。泥棒や敵のためにも祈るべきでありますが、彼らがわれわれの国土を荒らし、われわれを討ち滅ぼすようにと祈るのではなく、彼らが正気に戻るようにと祈るわけであります。われわれは泥棒と敵の両者のために祈りますが、だからといって一方を法によって、もう一方を武力によって罰するからといってなにがいけないのでありましょうか。

　そなたの言う「エジプト式の礼拝」にはわたくしはなんら価値を認めませんが、「コンモドゥスが父親のあとを継ぐように」と祈った、とそなたの言う祭司にかんしましては、彼は祈ったというよりもむしろ、ローマ帝国に世にも恐ろしい呪いをかけたと考えられるのであります[52]。

　そなたはつぎのように言う。「われわれは国王の権威と尊厳を保持すると、聖なる会議でいちどならず誓ったが、その誓いを破ったのである」。この問題にかんしましては、そなたの論ずるところをじっくりと聞いたうえで、相見（あいまみ）えるといたそう。

そなたはまたもや教父たちの注釈へとあと戻りをするが、それについては手短に申し渡すことをしかとお聞きあれ。教父たちがなにを言おうとも、それが聖書の権威、もしくは、なにかじゅうぶんに正当性のある道理にもとづくものでないなら、他のだれかありきたりの人間の言ったことと同様、わたくしにとってはなんら考慮するには値いしないものなのであります。そなたはまずテルトゥリアヌス[53]を引用するが、その著作は正統とは言えず、まちがいだらけの悪名高き人物であります。ですから、かりにテルトゥリアヌスの見解がそなたと同じだったとしても、証拠としての価値はないのであります。しかし、彼はなんと言っているのでありましょうか。彼は騒乱や反乱を非難するのであります。われわれとて同じであります。だがこう申したからといって、われわれは王権だけを例外として、人民の権限と特権すべて、議会（セネト）の決議すべて、為政者の権能すべてを侵害するようなことはいたしません。教父たちは烏合の衆の狂気によって性急にもくろまれた暴動について言っているのでありまして、為政者や上院（セネト）や下院（パーラメント）が国民を召集して、合法的に武器をとらせ、暴君にたちむかわせることについて話しているのではないのであります。

かくてそなたの引用するアンブロシウスの登場となるわけであります。「抵抗するのではなく、嘆き悲しむことこそ聖職者の身を守る術（すべ）である。たったひとりであれ、少人数でまとまってであれ、『わたくしはあなたの法律を好みません』と皇帝にむかってあえて言う者があろうか。このようなことを言うことは聖職者にも許されてはいない。ましてや平信徒には」。アンブロシウスがだれについて話しているかは明白であります。すなわち、聖職者たちと私人としての平信徒についてでありまして、為政者についてではないのであります。それにしても、アンブロシウスがかくも臆病で前後転倒した理屈をこねながらも、まさに市民法にかんして平信徒と聖職者とのあいだで行なわれることになる論争の到来を予告していることはそなたもお分かりになるでありましょう。

だがそなたは、初代キリスト教徒たちを範例とすることによってわれわれに反駁し、追いつめたと考えているのであろうが、――つまり初代キリスト教徒はいかに悩まされてもそれでも「皇帝に刃向かって武装決起することは決してしなかった」と言いたいのであろうが――わたくしはつぎのことを明らかにするつもりであります。第一に、おおかたの場合、キリスト教徒たちは〔反抗しようにも〕反抗できなかったのであり、第二に、反抗できるときには、反抗したのであり、第三に、たとえ彼らが反抗できるときにも、反抗しなかったのだとしても、彼らはその他の点においても、非常に重要な問題を考えるさいに人生や行動においてわれわれが範とするに足るべき人びとではなかった、ということであります。

まず第一に、周知のようにローマ共和制（リパブリック）が終りを告げたとき、帝国において全権は皇帝ただひとりの手中に落ちたのでありました。全軍隊は皇帝ただひとりに雇われることになったのでありました。その結果、元老院議会（セネト）が一丸となって、もしくは全騎士階級や全民衆が革命を熱望したとしても、じっさいには大虐殺のうきめにあってしまったでありましょうから、奪われた自由を回復したくともなす術（すべ）はなかったのであります。なぜなら、たとえ皇帝をひとりくらい殺したとしても、帝国はいぜんとして存続したでありましょうから。そのようなときに、たとえ数は多くとも、散在する非武装の民衆、しかもそのほとんどが最下層に属するキリスト教徒たちが、なにができたというのでありましょうか。そのうちのなんにんが、軍団ひとつでも難なく指揮下におくことができたというのでありましょうか。多くの偉大な将軍たちが自分自身の死を賭（と）して、よく訓練された熟練兵の部隊を破滅させて、それでも徒労となった試みを、小人のごとき大衆がなし遂（と）げることが期待できたというのでありましょうか。キリスト生誕より三百年ほどたち、コンスタンティヌス帝の治世の二〇年ほど前にはディオクレティアヌス[54]が皇帝でありましたが、そのときにはテーベの軍団だけがキリスト教徒でありました。そのためにこの軍団は、ガリアのオクトドゥールム[55]で他の軍隊により圧殺されたのであります。キリスト教徒たちは「カッシウスともアルビヌスともニゲルとも[56]」共謀しなかったとそなたは言う。ところがテルトゥリアヌスは、彼らが異教徒のために流血さわぎを起こさなかったことを称讃に値いするとしているのではないでありましょうか。それで、キリスト教徒たちが皇帝の支配下からは自由になれなかったことが明らかになるわけであります。異教徒の皇帝が統治するかぎり、異教徒と共謀してもなんの益にもならなかったことでありましょうから。

しかしながら、後にはキリスト教徒たちは暴君に戦を挑み、武力によっておのが身を守り、皇帝たちの瀆神の行ないをしばしば罰しもしたことを、わたくしはこれから明らかにする所存であります。筆頭にのぼりますのはコンスタンティヌス帝でありまして、キリスト教に改宗した後、彼は同じく皇帝であり、帝国東部のキリスト教徒を迫害したリキニウス[57]に戦を挑み、これを打ち破ったのであります。この行ないによりコンスタンティヌスは、ひとりの為政者が別の為政者を罰することもありうる、と明らかにしたのであります。と申すのも、彼は臣民擁護のために、自分と同等の権力をもって帝国を支配していたリキニウスを死刑に処したのでありまして、神が罰をお下しになるのをただ手をこまぬいて待っていたわけではないのであります。そしてかりにコンスタンティヌスのほうがおのが権威をかさに着て同じように国民を迫害したとしたら、リキニウスとても、やはり同じようにコンスタンティヌスを死刑に処したことでありましょう。

つまりこの問題は神から人へと委ねられているわけでありますから、コンスタンティヌスがリキニウスに立ちむかったごとく、イングランドの議会(セネト)もチャールズに立ちむかったのだと言えるのではないでありましょうか。コンスタンティヌスは兵士たちによって皇帝の位につけられたのでありますが、わが国の議会(セネト)は法によって国王と同等の、いや、それに優位するものとして制定されたのであります。

ビザンティウムの人びとは武力をもって、アリウス派[58]の皇帝コンスタンティウス[59]に抵抗したのであります。正統派の司教パウルス[60]を教会から追放するために、ヘルモゲネス[61]が兵士たちとともに遣わされたとき、人びとはへルモゲネスを攻撃し、打ち破り、彼が逃げこんだ建物を焼き払い、火傷と戦傷をおわせて殺害したのであります。コンスタンスは、司教管区をパウルスとアタナシウスに返さないなら戦をしかけると言って、兄のコンスタンティウスを脅したのであります。[62] お分かりであろう、〔サルマシウスよ、〕司教職があやうくなったとき、そなたの言う聖き教父どのたちはためらうことなく〔国王の〕兄弟をそそのかして、両者のあいだに戦争を起こさせ、また国王たちに刃むかわせたのであります。この後まもなく、キリスト教徒の兵士たちが望ましい人物を皇帝にしようとしたとき、コンスタンティヌス〔大帝〕の息子コンスタンスの統治は腐敗し傲慢なものだったためにこれを殺害し、帝国をマグネンティウス[63]に渡したのであります。ユリアヌス[64]がまだ背教者ではなく、信仰深く活力に満ちていたころ、げんに自分たちの皇帝であったコンスタンティウス〔二世〕が反対しているにもかかわらず、ユリアヌスを皇帝として推戴した人びとが軍隊のなかにおりましたが、こうした人びとは、そなたが範例として見習えと、われわれにしきりにすすめるキリスト教徒たちのなかにいたのではなかったでありましょうか。国民の前で読んだ書簡のなかで、コンスタンティウスが彼らの行ないを厳しく叱責すると、彼らは声高に声をひとつにしてこう言い放ったのであります。自分たちは、統治者や兵士たちや共和国の権威に従い、指示どおりに動いたにすぎないのだ、と。まさに同じ人びとがコンスタンティウスに宣戦を布告し、総力をあげて彼を廃位させ、殺害しようとしたわけであります。

名高きキリスト教徒であった、アンティオキアの人びとはどうだったでありましょうか。ユリアヌスが背教者となったとき、彼らは勇敢にもユリアヌスに立ち向かい、罵詈雑言をあびせかけ、皇帝のその長いひげで縄をなってはどうかと言ってからかったものでありますが、彼らは背教したユリアヌスの許しを神に祈った、と言ってもさしつかえないのではありますまいか。彼らはユリアヌス死去の知らせを聞いて、神に感謝の祈りを捧げ、祝宴をもよおし、喜びを公に示したのでありますが、では、彼らはユリアヌスの健康と長寿を神に祈ったと、そなたは考えるのであるか。どうしてそんなことが言えようか。

いや、じっさいユリアヌスは自分自身の軍隊のキリスト教徒の兵士に殺害されたのだといわれているのではなかったか。教会史家であるソゾメノスはこれを否定することはしない。事実がそのとおりであるなら、ユリアヌスを殺害した人物は称讃されてしかるべきである、と言っているのであります。ソゾメノスはこう言います。「ユリアヌス自身の兵士のひとりがそうしたことを胸に期したからとてなんら驚くにはあたらない。なぜなら、今日（こんにち）にいたるまでギリシア人のみならず全人類が、死を賭して全人類の自由のために暴君を成敗する人物を賞（ほ）め称（たた）えるのがならわしとなっているのであるから。それゆえ、神と信仰の大義のために勇猛果敢に戦った、かの兵士を性急（やみくも）に非難すべきではないのである。[65]」以上が同時代の歴史家であり、善良にして信仰あつきソゾメノスのことばであります。これによって、当時の善良な人びとがこの件にかんして一般にどのように考えていたかを、われわれは容易に理解することができると言えましょう。

アンブロシウス自身も、皇帝ウァレンティニアヌス二世[66]によりミラノ退去を命じられたとき、命令を拒否し、武装した人びとで身辺を固め、武力によっておのが身と教会堂とを皇帝の長官たちから守ったのでありました。かくて、アンブロシウスは自分自身の教えに反して、あえて皇帝の最高権威に反抗したというわけであります。また、コンスタンティノポリスではいちどならず、クリュソストモス[67]を追放したことによって皇帝アルカディウス[68]は反乱の危機にみまわれたのであります。わたくしはこれまで手短に、初代のキリスト教徒たちが暴君にたいしてどのように対処してきたかを明らかにしてまいりました。すなわち、兵士たちだけではなく国民も、さらに教父たちでさえもが皇帝に抵抗し、戦いをしかけ、戦いをあおってきたことをアウグスティヌスの時代まで下って——これより時代を下ることはそなたのお望みではないから——明らかにしてきたのであります。

その妻と密通したために貴族のマクシムスに殺害された、プラキディアの息子ウァレンティニアヌス〔三世[69]〕

についてはわたくしはなにも言いますまい。また、兵士たちを罷免し、過度に国庫を浪費したために、ローマの元老院議会（セネト）より即刻、権力の座を追われた皇帝アウィトゥス[70]についてもここではなにも言いますまい。これらの出来事はアウグスティヌスの死後わずか数年にして起こったことであります。

これを贈り物としてそなたに献上しよう。こうしたことがらについてわたくしがなにも言わなかった、と思いなさるがよかろう。だが、百歩ゆずって、初代のキリスト教徒たちがいかなる場合にも国王に従い、暴君に刃向かうような行ないをすることもなければ、そのようなことを望みもしなかったと仮定することにいたそう。それでもなお、われわれは彼らを権威づけの拠（よ）りどころとすべきではないし、そこに範例を求めることは安全とは言えないということをこれから明らかにしてゆく所存であります。コンスタンティヌスの治世よりはるか以前から、大多数のキリスト教徒たちは宗教的にも道徳的にも初期の純粋さと清さを大部分、失（な）くしてしまっていたのでありました。さらにコンスタンティヌスが教会を際限もなく肥え太らせ、教会が〈栄誉栄達〉、〈支配権〉、〈世俗権力〉にうつつをぬかし始めるにいたりましては、すべてが一挙に破滅の淵へところがり落ちていったのであります。まず初めには、〈ぜいたく〉と〈怠惰〉とが、つぎには、あらゆる〈誤謬（ごびゅう）〉と〈悪徳〉が群らがって、まるで牢獄からぬけだしてきたかのごとく、教会に移住してきたのであります。かくて〈嫉妬〉と〈憎悪〉と〈紛争〉がいたるところにあふれ、ついには信仰という、かのこのうえもなき恩寵のきずなでひとつに結ばれていた同胞たちは不倶戴天の敵どうしのごとくにいがみ合うようになったのであります。もはや恥もなければ聖職者としての義務感もありませんでした。軍隊の兵士たちや司令官たちは好き勝手に新たな皇帝をたて、名君、暗君の区別なくこれを殺害したのであります。兵士たちがとつぜん王位につけたウェトラニオ[71]、マクシムス[72]、エウゲニウス[73]、さらに、この上なき名君であったグラティアヌス[74]、けっして暗君などではなかったヴァレンティニアヌス二世[75]は兵士たちにより殺害されたのでありますが、わざわざ、これらの皇帝たちの名を出すまでもなかったかもしれません。これこそがまさしく、兵士や将校たち、そしてその追随者たちの実態だったわけでありますが、それにもかかわらずそなたは、この時代のキリスト教徒たちこそ福音的精神のきわみにあり、手本とするにふさわしいのだと言ってはばからないのであります。

それならば当時の聖職者たちについて少しばかり話してさしあげるといたそう。司祭や司教、ときにはわれらが敬愛する教父たちまでもが――みな教会員の指導者でありますが――あたかも暴君が権力を手に入れるがごとくに、司教の管轄権を手に入れたいがために戦ったのでありました。市中のいたるところで、教会のなかで、そして祭壇の前であってさえも、聖職者も平信徒も入り乱れ、剣を手にして戦ったのであります。たがいに殺し合い、ときには両陣営ともに大打撃を受けました。たぶんそなたも、アンブロシウスの時代のダマススとウルシヌスの教皇争い[76]のことはご記憶にありましょう。〔また、〕ビザンティウムやアンティオキアでおこった反乱、とくにアレクサンドリアでキュリロス[77]の指導により引き起こされた反乱についてはくだくだしくは述べますまい。それにつけてもそなたはこのキュリロスを忍従の擁護者として称えていたことが思い出されるのであります。この町の戦いではテオドシウス一世[78]の司令官オレステスはあやうく聖職者たちに殺されるところだったのであります。

そなたの厚かましさと怠惰・軽率にはだれもが驚きあきれることでありましょう。「アウグスティヌスの時代まで、またそれ以後も、民間人、司令官、もしくはその共謀者たちの集団により、国王殺害や反乱が計画されたという歴史上の記録はまったくない」とそなたは言う。しかしわたくしがそなたに名指(なざ)してさしあげた人物は、この上なく名高き歴史書から引用したものばかりなのであります。暗君のみならず名君をもその手で殺害した民間人や貴族たち、自分たち自身の皇帝に刃向かって戦ったキリスト教徒の全軍団も、そのなかにいた多くの司教たちも、みなそうなのであります。そなたは数人の教父たちを召喚して、彼らが国王に忍従することを多言を弄(ろう)

して奨励し、そのことを誇りとしていると言うのであります。それにたいしてわたくしは、当の教父やまた別の教父たちを召喚して、彼らが弁舌同様多くの行動によって、法的なことがらにおいてさえも忍従を拒否し、皇帝から身を守るために武力に訴えたこと、また強力に抵抗して皇帝の司令官を負傷させた者もいること、さらには司教管轄権を手に入れようと相争って反乱をおこした者もいるということを明らかにしてまいったわけであります。それならば、司教管轄権を手に入れんものとキリスト教徒どうしが戦い、民間人どうしが戦うことは神慮に適っているが、われわれが自由のために、妻子のために、生命を守るために暴君と交戦することは神慮にはずれた行ないだというのでありましょうか。そのようなことを教父が言うとしても、だれが聞く耳をもつでありましょうか。

そなたはアウグスティヌスを召喚して、彼は「主人が奴隷にたいしてもっている権利は、国王が臣民にたいしてもっている権限と」まったく同じものであると主張していると言う。お答えいたそう。たとえなにかそのようなことをアウグスティヌスが主張したとされていても同じことであると。【それはキリストも使徒たちもけっして言わなかったことなのである。しかしながらアウグスティヌスは、（聖書の権威を拠りどころとしてさえいなければ[79]）明らかにあやまった主張を、聖書の権威だけをたてにして支持しているのである。さらにアウグスティヌスがそう言っているからといって、わたくしのかかげる大義をなんら損うことはないのであります。なぜなら、奴隷にたいする主人の権利についてアウグスティヌスは『神の国』第一九巻一四章でつぎのように言っているのであります。「信仰を友として生きる心正しき人の家にあっては、支配していると見える人物がじつは、支配されていると見える人びとにつかえているのである。」したがって、かりにアウグスティヌスが「奴隷にたいする主人の権利」にかんしてそなたの主張どおりのことを言っているとすれば、そして自己矛盾がないとすれば、国王——とくに善き国王——でさえも支配すると見えて、じつは仕えているのだと、述べていることになるのであります。ところでアウグスティヌスは、臣下にたいする悪しき国王の権限は被害者にたいするおいはぎのそれとまったく同じであると、『神の国』第四巻四章で、たしかに主張しているのであります。「もしも王国に正義が不在なら、王国は大盗賊どもの巣窟となんの変わりがあろうか。なぜなら、盗賊どもの巣窟だとて小王国と言えるではないか」。とくと、比べてみるがよい。アウグスティヌスからの引用と、そなたおとくいの、したい放題ができるという、かの国王の大権とを。なんとなればそれは画家や詩人の権利ではなく、盗賊の権利と同等にして同一だというのであります。[80]】

サルマシウスの弁護論の第四章の残り、三、四ページほどには、わたくしがこれまでに反駁してまいりましたことから、だれにもすぐにそれと見抜ける、うそ八百と、いくどとなくくり返されたあくびとに満ち溢れております。教皇にたいしてはそなたは的はずれに抗議しておりますが、声がかれるまでお好きなだけわめきたてていただこう。しかしながらそなたが、「キリスト教徒ならばだれもが名君、暴君の区別なく国王に服従したのであり、ついには教皇の権力が国王の権力に優越するものとして認められ始め、国王の臣民たちは忠誠の誓いから解放されるにいたったのである」と、くだくだしく強弁して、無知なる者をとりこもうとたくらむのにたいしては、わたくしは「アウグスティヌスの時代以前も以後も」そのようなことはまったくの偽りであったと、多くの実例をもちいてじゅうぶんに証明しつくしたところであります。

また、「教皇ザカリアス[81]がフランス国民を国王にたいする忠誠の誓いから解放した」というそなたの最後の供述も、史実からは、ほど遠いものであります。[82]フランシス・オトマン[83]はきわめてしばしば引用されるフランス人の法学者でありますが、『フランコ・ガリア』[84]の第一三章において、シルデリク[85]が廃され、その王国がピピン[86]にゆずり渡されたのは、教皇〔ザカリアス〕の権威によるものではないと述べているのであります。さらにオトマンはフランク王国の最古の年代記をもとにして、この出来事全体はいにしえよりそなわる固有の権威にもとづいて、大国民会議において取り行なわれたのだということを証明しているのであります。その上、フランク王国の年代記と教皇ザカリアス自身とによって、フランス国民がかの誓約から解放される必要などまったくなかったことが明らかであります。オトマンだけでなく、きわめて著名なフランスの歴史学者であるジラール[87]によれば、フランク王国の記録が伝えるところはつぎのようなものであったわけであります。すなわち、古代のフランク人たちはそもそもの初めより、自分たちの裁量で国王を選出したり廃位させたりする権限を保持していたということ。さらに自分たちが承認した国王にたいして国民としての義務と本分とを果たすという誓約をすることがならわしとなっていたわけでありますが、それは国王のほうでもその義務と本分とを果たすという誓約を同時に行なうことが条件づけられていたのであるということであります。それゆえ国王が、委嘱を受けた国家統治に失敗して、国王の側がまず誓約を破るならば、なにも教皇の介入を待つことなどないのであります。国王自らが誓約を破って、国民を誓約から解放してしまったのであります。最後に教皇ザカリアス自らが、フランク国民にあてた書簡において——そなたもこれを引用しておる——〔誓約を破棄する〕権威は国民のものであって自分のものではないと認めているのであります。それをそなたときたら教皇が自分のものだと主張していると言いおる。しかし、教皇自身のことばに明らかなように、「もし国民の承認を得て統治する君主は国民によって罰せらるべきであり、もし国民が国王を選出し、廃位する権限があるならば」、あとになってフランク国民が、なにかの誓約によっていにしえより伝えられた〔国民〕固有の権利をそこなうことを望んだりするとは考えられないのであります。ましてや、名君には服従し栄誉を与え、暴君は廃するという、彼らの父祖たちが享受してきた特権をわざわざ手放すことを望んだりするとは、とうてい考えられないのであります。さらに、名君にのみ与えられる服従を、彼らが暴君にも与えようとしたとは考えられません。国民が忠誠の誓約に拘束されていても、国王が暴君に豹変（ひょうへん）したり、怠惰・臆病のゆえに腐敗堕落したならば、〔国王の側の契約破棄という〕事実そのものが、〈正義〉

そのものが、そして〈自然法〉そのものが、国民を〔誓約といういましめから〕解放するのであります。ですから、教皇自身の見解が示すとおり、教皇が解放する余地などまったくないのであります。

第五章

サルマシウスよ、わたくしはいま現在、また、いまにいたるもずっと、神の法とはまさしく自然の法そのものであるという見解をもっているのであります。それゆえ、国王にかんしていかなることを神の法が命じてきたか、また、神の民はユダヤ教徒もキリスト教徒もともに、いかなることをならわしとしてきたかを明らかにしてまいったわけでありますが、それは同時に、いかなることが自然の法にきわめてよく合致するのかを明らかにするこころみでもありました。しかしそなたは、われわれに「反駁するには、いま自然法によるのがもっとも有効である」と考えておられるのだから、わたくしとしましても、以前にはそこまで述べる必要もあるまいと考えていたことを、述べる必要があると認めるのにやぶさかではないのであります。それゆえこの第五章におきましては、暴君を罰することはこのうえもなく自然法に適っているということを証明して、そなたを論破する所存であります。

そしてわたくしがもし、暴君を処罰することは自然法に適っているのだということを証明できなければ、わたくしは即座に、暴君は〔自然法と〕同様に、神の法によっても処罰は免除されているのであると認めることに同意いたすつもりであります。わたくしは自然と、そして、市民生活の起源についてここで長ながと論じるつもりはありません。この主題についてはすでに、ギリシアとローマの多くの学識豊かな人びとが詳しく論じているところでありますから。わたくしの主眼はふたつあります。ひとつはできうる限り手短に論じること。もうひとつは、わたくしとしてはこのような手間は、できれば喜んで省きたいところでありますから、わたくしの代理人としてそなたをたて、そなたご自身に自分を論破していただき、拠ってたつ基盤を粉砕していただくということであります。

それゆえわたくしは、そなたの言う基本原則にまず着手し、そこを議論全体の足場としてゆくつもりであります。そなたはつぎのように言う。「自然法とは万人の精神に植えつけられた理性（ラティオ）をさすのであり、その目的とするところは、人間が社会生活を営むさいの、全人類の福利である。その理性が統治者を定めないなら、それは公共の福利を保全することはできない。なぜなら、統治されるべき国民が存在するからである。」その意味するところは、すなわち強者が弱者をしいたげることのなきように、そして、相互の安全と防衛とによって結束してきた人びとが、不正と暴力とにより結束を断ち切られ、野蛮な生活に逆戻りすることを余儀なくさせられることのなきように、ということであります。思うにこれが、そなたの言いたいことの趣旨であろう。とはいえ、そなたのほうがくだくだしい言い方をしておるが。そなたは言う。

> ひとつに結束した人びとのうちから、卓絶した知恵と勇気を備えた人びとを選び出し、それらの人びとが武力もしくは説得によりこころ頑（かたく）なるものどもをその本分へとたち戻らせることが、ぜひとも必要だったのである。しばしば卓絶した〈知恵〉と〈勇気〉を備えた、ただひとりの人物がこの務めを遂行することができたやもしれぬ。またあるときには、複数の人びとが協議し、知恵を出しあってこの務めにあたることもあったであろう。しかし、人が自分ひとりですべてを予見し、監督することは不可能であるから、他の人びとと協議し、他の人びととともに統治することが必要である。それゆ

え、主権がひとりの人物に委ねられているのか、全国民のもとにあるのかはともかくとして、じっさいには複数の人びとが統治にかかわることになる。なぜなら、全国民が同時に統治することは不可能であるし、ひとりの人物がすべてを統治することも不可能だからである。

また、これより後のほうでも、そなたはつぎのように言っている。

統治形態それ自体は、多数統治、少数統治、単独統治のいずれもが、等しく自然に適っている。なぜなら、統治形態というものは、ただひとりの人間が、他の人びとと協議することなく専制的に支配することを禁じた、まさに自然法の大原則にもとづいているからである。

わたくしとしましては、アリストテレスの『政治学』第三巻より、同趣旨の部分を引用することもできたわけでありますが、むしろわたくしは、そなた自身の『チャールズ一世弁護論』から引用することにさせていただきました。なぜなら、〔そうすることによって、〕プロメテウスがゼウスから火を盗んだがごとく、そなたがアリストテレスから引用部分を剽窃したこと、それも専制君主を転覆させ、おん身みずからを破滅させる結果になったことが、いっそう明白になるからであります。自然の法をどれほど拡大解釈して定義しようとしてみたところで、そなたの言うところの王権の拠りどころを見出すことはできまい。まったくその痕跡すらも見出すことはできまい。「自然の法は、最適のものを統治の座に配することによって、国民全体の福利を尊重する」とそなたは言っているではないか。それならば、ただひとりの専制君主の福利を尊重するのではないはずである。それゆえ、国王は国民のためにこそ存在するのであり、したがって、国民は国王に優先し、優越するのであります。国民のほうが優先し、優越するというのなら、国民よりも下位にある国王が、上位にある国民を圧政のもとにおき、隷従させる拠りどころとする王権などというものは存在するはずがないのであります。国王には不正を犯す権利はないのでありますから、国民の権利が自然にてらして〔本来的に〕至高のものなのであります。それゆえつぎのことが結論づけられるのであります。すなわち、人びとはそもそもの初めに、国王を選び出すよりも以前に、たがいを守るために知恵と力を結集したのでありますが、それはまさに〔自然の〕権利にもとづいてのことでありました。さらに、人びとはその権利にもとづいて、全人類に共通の安寧と平和と自由を保持するために、単数もしくは複数の人物を任命して、その他の人びとを統治させたのであります。そしてまさにその権利にもとづいて、人びとは、知恵と勇気を備えていたために統治者として任命した人物、もしくはその他の人物たちが、怠惰、臆病、愚鈍、邪悪に堕して国家（リパブリック）に悪政を施（ほどこ）すなら、そのような統治者を制限したり罷免（ひめん）したりすることができるのであります。なぜなら、〈自然〉は、過去も現在もいつもかわらず、独裁者もしくは少数者の支配権などにではなく、全人類の安寧に重きをおいてきたのでありますから、独裁者もしくは少数者の支配権がどうなろうと関知しないのであります。[1]

さてそれでは、国民はいかなる人物を統治者として選び出すのか、という問題にはいるといたそう。そなたは言う。「卓絶した知恵と勇気を備えた人びとである」。すなわち、自然〔の法〕にてらして、統治の座にこの上なくふさわしき人びとであるように見うけられるのであります。「卓絶した知恵と勇気は」かくも重大な務めを「遂行することができる」というのでありますから。そうなると、自然〔の法〕にてらしてみれば、その務めを世襲にすることはありえず、また、自然〔の法〕にてらしてみれば、卓絶した知恵と勇気を備えているのでなければ、いかなる人物も国王になることはできないわけであります。それ以外の国王はすべて、自然〔の法〕に逆（さか）らって、暴力や派閥（はばつ）によって王座についたのであり、むしろ、奴隷の身分こそよくお似合いの連中だったのであります。なぜなら、〈自然〉はこの上なく知恵深き人物にその他の愚鈍の人びとを支配する権利を与えるものなのでありまして、邪悪な人物に善良なる人びとを支配する権利を与えたり、愚鈍のものに知恵深き人びとを支配する権利を与えたりはしないからであります。それゆえ、愚鈍のものから支配権を剥奪する人物はだれであっても〈自然〉と完全に一体となって行動するものなのであります。なんのために〈自然〉が、この上なく知恵深き人物を国王に任命するのかにかんしては、そなた自身のことばに耳をかたむけるがよろしかろう。すなわち、自然もしくは法に逆らっている「こころ頑ななるものどもをその本分へとたち戻らせる」ためにであります。だが、自分自身の本分をないがしろにするものや、知りもしないもの、もしくは、本分にもとる行ないをするものが、他人をその本分へとたち戻らせることなどどうしてできようか。

公的な、また政治的なことがらにおいて、〈自然〉の与えてくれた最賢の慣例を破り、無視し、ないがしろにせよ、とわれわれに命じるような、そんな自然の命令があるというなら、いまここに提示するがよい。しかしながら〈自然〉は、あざむかれて目的を見失うどころか、人知のおよびもつかぬ、自然にかかわることがらにおいて、いと賢き、偉大なる、驚異のわざを示すのをつねとしているのであります。ささいな罪を犯したものは罰するとしながら、あらゆる悪事を働く国王と君主とを免罪にし、それのみならず、国王と君主とが恥さらしこの上なき罪を犯していても、神の次に座すものとしてあがめられるべきであるとする〈自然〉なり、自然の裁きなりが存在するというなら、それを見せてみよ。

「統治形態それ自体は、多数統治、少数統治、単独統治のいずれもが、等しく自然に適っている」とそなたは認めている。それならば、自然〔の法〕にてらしてみれば貴族や平民の為政者よりも国王のほうがずっと神のみ心に適っている〔聖別されている〕などとはけっして言えないのであります。それゆえ、そなたも認めているように、貴族や平民の為政者が罪を犯せば罰せられるものであり、またそれが当然なわけでありますから〔他の為政者と等しく〕善政を目的として任命されている国王にも、まさに同様のこと〔――罪を犯せば罰せられてしかるべきであるということ――〕をそなたは認めるべきなのであります。そなた自身が言っておるではないか。自然の法は「だれであれ、ただひとりの人間が、他の人びとと協議することなく専制的に支配することを禁じた」と。それなら、ましてや〈自然〉が、専制君主に、すなわちただひとりの人間に、他の人びとすべてをその専制支配のもとに隷属させるようなことを許可するはずはないのであります。そなたは、国王の政権に協力者たちを参画させ、「その人びとの手に〔国家の〕統治を委ねる」ことによって、協力者たち、すなわち国王と同等の人びとを国王に与えているわけであります。そしてそなたは、協力者たちに国王を罰する権利を与え、また国王を廃する権利を与えているのであります。

かくてお定まりのごとく、そなたは王権を拡張するどころか、じつは自然〔の法〕にもとづいて王権を規定し、破壊しているわけであります。そなたを弁護者としたことは、国王たちにとっては不運きわまりなきことであった、とわたくしは信じるものであります。幸うすき、哀れなやくざめ！　なんと濃い霧がそなたのおつむのまわりにはただよっていることであるか。その霧にまどわされて、そなたは自己欺瞞の道へふみこみ、能もないのに骨折ったあげく、これまで仮面(2)をつけてひた隠しにしていた、おのれの邪悪さと愚かしさを白日のもとにさらけ出すこととなったのである。おのれを国王に身売りして、その代償に恥辱を得、自分自身を笑いものの奴隷にしたてあげたのだ。なんの科があって神の怒りがおん身にふりかかったのであろうか。衆人環視のなかにそなたを引きずり出し、かくのごとき忌むべき申し立てを、いとももののしく、この上なき厚かましさと愚かしさとを武器に弁護させるとは。しかも、そなたは弁護者のはずが、無知ゆえに意に反して反駁者となってしまうというわけであります。そなたはいまや、これ以上に無惨な姿はおがみたくともおがめまいというほどに、撃ち負かされ、尾羽うち枯らしてしまっておるので、それだけにそなたを救出するにはそなた自身の愚鈍と狂気にすがるほかはないというところまで追いつめられているのであります。と申すのもそなたは、弁護そのものがおそまつで愚かしいために、あわよくば暴君の大義を弁護せんとする野望もむなしく、あらゆる人びとが以前にもまして暴君を唾棄し、忌み嫌うようにしむけてしまったからであります。かくてそなたは、暴君たちが悪事を働きながら罰もうけずに支配し続けるという超法規的逸脱を正当化しようと血道をあげたのが裏目にでて、逆に暴君の敵対者を召集してしまうという結果になったわけであります。

さてそれでは、そなた自身の自己矛盾へと話を戻すことにいたそう。自然〔の法〕にもとづいて暴政を確立せんとたくらむほどの悪におちいったそなたが、まず、専制政体を他の統治形態よりも優れたものとして称讃するのは理屈に合っていると言えよう。だが例のごとく、そなたはなにか言い出せば必ず前言に矛盾することになるのであります。「統治形態それ自体は、多数統治、少数統治、専制統治のいずれもが、等しく自然に適っている」と、今しがた述べたばかりなのに、すぐさま「専制政体は三つの統治形態のうちでもっとも自然に適っている」とそなたは言う。そなた自身が少し前に「自然の法は……ただひとりの人間が……専制的に……支配することを禁じた」と言ったその舌の根のかわくひまもあらばこそであります。おのれ自身の愚かしさという匕首で全専制君主の喉笛のみならず専制政体そのものの、喉笛をかき切ってしまったそなたが、だれであれお好みの人物を暴君殺害の罪で糾弾するがよかろう。しかしいまは、専制政体と多数者による政体のどちらがじっさいには優れているかという問題を論じるときではありません。じじつ、多くの優れた人びとが専制政体を称賛してきたのでありますが、それは、ただひとりの統治者が万人より選りすぐりの、統治者に最適の人物である場合にのみ限ってのことなのであります。それ以外の場合には、専制政体はいともかんたんに崩れ落ちて暴政となってしまうのであります。

「専制政体は唯一の神を範例として型どられたもの」であると言うそなたのことばにかんしておたずねしよう。

じっさいのところ、この地上において神にも似た権力をもつのにふさわしき人物といえば、まさしくそれは善性と知性において他のものにはるかにたちまさり、神にさえ似た人物であるということになるのではないか。そしてそのような人物といえば、わたくしの信ずるところではただひとり、われわれがその再臨を待ち望む、神の御子（みこ）にほかならないのであります。そなたがまたしても家庭と王国とをこじつけて比較して、家父長[3]からの類推で国王の役割を説明していることについては、つぎのようにお答えいたそう。父親が家族全員を生み出し、扶養するのであるから、父親が家政において支配権をもつのは当然であります。だが、国王についてはさにあらず。まったく逆であります。おつぎにそなたは、われわれがその模倣をするようにと、集団生活を営む動物、とくに「鳥」を提示するのでありますが、なんとその仲間として「蜂」が含まれておるのです。大博物学者さまとしてのそなたの権威によれば、蜂は鳥の一種だというわけであります。「蜂には王がいる。」例のトリエント蜂[4]のことですな。おぼえておられるかな。そして王以外の他のすべての蜂は、そなたの証言によれば「共和国をもっている」のであります。だが、いたずらに蜂の巣をつついたりせず、そっとしておくがよかろう。蜂は詩神（ムーサイ）の庇護のもとにあり[5]、そなたのごとき虫けらを忌み嫌っているのであるから、手ひどく仕返しされるのがおちである。「うずらは母うずらに従う[6]」。ご自身の手で、せっせとご自分のオトリを捕獲することになるとも知らず、そうやって罠をしかけておくがよかろう。われわれのほうはだんじてかくのごときおそまつな鳥盗人（とりぬすっと）に捕獲されはしないのであります。

　おつぎにそなたがもち出してきたのは、われわれにではなく、そなた自身にかかわりのあることぞ。「フランス（ガルス）のおんどり（ガルス）はおんどり（ガルス）とめんどりの両方を支配する」とそなたは言う。だがその真偽やいかん。そなた自身がフランス（ガルス）人であり、おんどり（ガルス）にたいそうよく似ており、しかもそなた自身のめんどりただ一羽にさえ手を焼いて、めんどりのほうがそなたをつつきまわして支配しておるという話だが。それなら、フランス（ガルス）のおんどり（ガルス）が多くのめんどりの王だというなら、そなた自身のめんどりの奴隷となっておるそなたはおんどり（ガルス）ではなく、さしずめ糞尿をたれ流し放題のフランス人（ガルス）というところ(7)。こと書物にかんしては、たしかにそなたほどに糞尿の山のごとき駄作を書きちらしたものはほかにはおらぬ。そしてそなたが糞尿の山でつげる閧（とき）の声のすさまじさは聞くものすべての耳を聾（ろう）するほどであります。まさにこの点においてのみ、そなたと真実のおんどり（ガルス）とは似ておるといえる。もしもそなたが、この糞尿の山をくまなくくちばしでつつきまわして、宝石をひとつでもわたくしにさし出すことができたなら、ごほうびにからす麦をたんと食わせてやると約束しよう。だがからす麦をやろうとしてもそなたにはむだであった。と申すのも『イソップ物語』に登場する正直なふつうのおんどりとはちがって、そなたはからす麦などは食わず、プラウトゥスのやくざなおんどり同様(8)、そのつめで黄金をほじくり出して、むさぼるからであります。だがその成果たるやまったく異なっているのでありまして、そなたは百枚ものチャールズの金貨をそのつめでほじくり出したのであります。そしてプラウトゥスのあさましきおんどりはエウクリオの杖でうち殺されたわけでありますが、そなたこそいっそうその罰を受けるにふさわしかったというわけであります。

しかしさきへ進むといたそう。「全人類の利益と安寧のためにも、いちど統治の座に任命されたものはだれであれ、その座に保持されるべきである」。統治者をその座に保持することによって他のものすべての平和が維持されるかぎりは、いまだかつてこのことばに異議を唱えるものがあったでありましょうか。そして、あるひとりの人物の身の保全をはかることによって、他のすべての人びとが破滅するなどということは、この上もなく自然〔の法〕に反するということはだれの目にも明らかでありましょう。それでもそなたは、「暴君を廃するためにひき起こされる騒乱による害悪よりは、暴政により国家にもたらされる害悪のほうがまだしも損失は少ないのであるから、暴君であろうと、いや、最悪の君主であろうと」、あらゆる犠牲をはらっても保持するのが望ましい、おいはぎ、身代金としてさし出すがよい、と〈自然〉がわたくしに警告するからといって、そなたは自然〔の法〕にもとづくおいはぎの権限を制定するとでもいうのではあるまいな。〈自然〉は、ときには暴君の暴走に、ときには時代や環境に服従するようにと国民に命ずるものであります。そなたは、国民がやむをえず忍従したという事実をとらえ、これを拠りどころとして、自然〔の法〕にもとづく暴君の権限を制定するとでもいうのではあるまいな。自分たち自身の身の保全をはかるようにと願って〈自然〉が国民に与えてくれたまさにその権利を、国民を破滅させるために〈自然〉が暴君に与えた権利だなどと、よもやそなた強弁しようというのではあるまいな。〈自然〉はわれわれにふたつの災いのうち軽いほうを選べと教えているのであります。そして、忍耐しなければならないあいだは忍耐せよと。そなたは以下のように強弁しようというのではあるまいな。つまり、それこそが自然〔の法〕にもとづく暴君の権限、すなわち、悪事を犯しても処罰されずにすむという権限の拠りどころである。というのも、暴君のもたらす災いは、ときとしては軽いものだからであるなどと。

思いおこしてみるがよい。イエズス会士にたいする反駁論において、監督制度にかんしてそなた自身がなんと言っておったかを。わたくしは第三章でそれをすでに引用したのであるが、さきほどのそなたのことばとはまったく矛盾するものである。そなたは監督制度にかんしてこう言っていたではないか。「たったひとりの暴君の専制支配のもとで必ずや生ずる悲惨さと破滅に比べれば、秀れた指導者間の、また国民間の騒乱、論争、不和のほうがはるかに軽い災いである。これに異議を唱えるものがあろうか」[9]。このときには、さしものそなたも真実を語っていたのであります。なぜなら、まだ血迷うてはおらず、チャールズの金貨に目がくらんではいなかったのであり、黄金熱という王の病[10]にとりつかれてはいなかったからであります。そなたが別の人間であったなら、これでそなたもおのが二枚舌に恥じ入らざるをえまい、と言いたいところである。だがそなたは赤面する（ブラッシュ）〔顔から火がでる〕まえに自爆（バースト）してしまうのであります。そして黄金に麻痺して、恥などというものはとうのむかしになくしてしまったというわけであります。

よもやお忘れではないと思うが、ローマの共和制がこの上なき繁栄と栄光とを享受したのは国王を追放したあとのことでありました。またオランダ連邦共和国は、勝利への長き戦いにおいてスペインの国王を駆逐し、ついに勇気と栄光とによって自由を手にしたということも、お忘れになるはずはあるまい。そしていまや、かの共和国は身銭を切ってそなたを文法を振りまわす腰抜けざむらいとして扶養しているのであります。願わくは、オランダの若人（わこうど）らが二枚舌の詭弁家のそなたのご薫陶（くんとう）よろしく、父祖たちの獲得した栄光（はえ）ある自由の相続人となる道を捨てて、スペインへの隷従というあと戻りを選択するほどに愚かになることのなきように！　かくのごとき害毒となる教えは最果（さいはて）のシベリアの凍結した海のかなたに運びさるがいい。そしてそなた自身もそこで悪魔に食われてしまうがいい！

そなたは最後の例として、暴君チャールズを捕虜とし、救いがたいと判明したのちこれを断罪に処したイングランド国民をとりあげるのであります。そして「王政のもとで幸福と贅沢に酔いしれていた島国を内乱によって不具にした」と言う。まったくのところ贅沢によっておのれ自身を見失い、隷従をすんなりと受け入れ、法はなきに等しく、宗教は奴隷として売買される、というところまで堕ちていたのであります。この奴隷状態から、イングランド国民はイングランドを解放したのであります。シンプリキオスの注釈付きでエピクテトスの(11)『提要』を編集したこのご仁、きわめつけの禁欲主義者（ストイック）であるはずのこのサルマシウスをごらんあれ！　「贅沢に酔いしれていた島国」が幸福だなどとはよくも言えたものだ。かくのごとき教えはだんじてゼノンの柱廊（ストア）(12)から出てきたものではない。だが、そんなことはそなたにとってはどうでもよいことであった。国王はやりたい放題をする自由があるという教えを広めようとするそなたのこと。聖なる狼の親王よ、そなたが新奇な学舎よろしく、雌狼の穴倉から[13]お好みのままにいかに珍奇な哲学を広めようとて、それはそなたの自由。なんの不思議もなかったのであります。だがいまはふたたび仮面をかぶるがよかろう。

「いかなる王の支配下にあっても、これほど多くの血が流され、これほど多くの家庭が破壊されたことはなかった」とそなたは言う。だがこれらすべてはチャールズが責めを負うべきであり、イングランド国民が責めを負うべきことではない。チャールズはまず初めに、われわれを攻撃すべくアイルランドの軍隊を召集し、そして勅書まで出して、アイルランドが一丸となってわれわれを撃破するようにと命じたのであります。これによってアルスターの地域だけでも、およそ二〇万人[14]のイングランド人が殺害されたのでありまして、あとはおして知るべしであります。まだイングランド国民や為政者たちが国家を敵の手から守るために一兵士をさえ徴集していないというときに、チャールズは二軍団を召集し、イングランド議会とロンドン市を破壊しようと企てたのみならず、他のいくたもの戦争行為を犯すにおよんだのであります。

公共の敵に対峙することもなく、おのが身の安逸をはかり、財産と血と生命を守れ、と人に命ずるがごとき、いかなる教え、法、宗教があるというのでありましょうか。そのさいに、敵が、外敵か内敵か、などということが問題になるのでありましょうか。どちらもが同様に国家にたいし、この上もなき災いと破滅とをもたらすのでありますから。イスラエルの全部族は、かのレビ人の妻のうけた無法の行為にむくいるには、多大な流血もやむをえない、とみたのでありました。[15]彼らは流血を恐れて、安全を保ち、内乱――この上なくすさまじいものでありましたが――を避け、ひとりのあわれな女を死においやった罪をとがめもせずに放置しておくべきだと考えたでしょうか。かりに〈自然〉がわれわれに、極悪の国王の支配にも耐えよ、多くの市民の安全を危険にさらしてまで、われわれの自由を奪回することはない、と教えるとすればたしかに、〈自然〉はまたわれわれに――国王の支配はわれわれが耐えるべき唯一のものだとそなたは言うが——貴族政治や寡頭政治（オリガキー）にも耐えるように、そしてときには盗賊の一団や反乱をおこした奴隷たちにも耐えるようにと、教えていると言えるはずであります。自然法の教えるところが、そのようなものでなかったならば、ローマの執政官であったフルウィウス〔・フラックス〕とルピリウスは、その軍隊が全滅させられても、奴隷たちの反乱には手出しをしようとはしなかったことでありましょう。[16] クラッススも執政官たちの軍団が壊滅してしまってもスパルタクスの乱を鎮圧するために行軍することはなかったはずであります。[17] そしてポンペイウスも海賊を一掃することはなかったでありましょう。ローマ市民たちは、もちろん〈自然〉のうながしに従って、いくたの市民の血が流されることを恐れて、奴隷や海賊に屈伏していたはずであります。そしてそなたは、「この〔いくたの市民の血が流されることを恐れる〕感覚」、もしくはそれに類似した感覚が「人びとのうちに生まれながらにして〈自然〉により植えつけられている」ことを証明すると言っておきながら、いまだに証明してはおらぬ。それでいながらそなたは、われわれの身に災いがふりかかり、神のみ裁きが下されるであろうと予言せずにはおれないのである。だが、神はみ裁きをそなた自身とそなたのごとき〔えせ〕預言者どもに下すことは必定（ひつじょう）。と申すのもわれわれは、国王とは名ばかりで、そのじつ残酷至極の仇敵にたいして当然の罰を下し、わが国のいくたの善良なる市民を死に至らしめた元凶にして張本人たる人物にたいして、これを処刑することによって報いたというだけの話だからであります。

つぎにそなたは、専制政治のほうがより自然〔の法〕に調和した形態のように思われる、と言う。なぜなら「現在においても過去においてもより多くの国家が貴族政治や民主政治よりも専制政治のほうを採用してきたからである」。

お答えいたそう。まず第一にこれは神もしくは〈自然〉のうながしによるものではなかったのであります。神はその民が王に支配されることを不承ぶしょうにお認めになったのであります。〈自然〉と正しき理性（レクタ・ラティオ）とが説き勧めていることは、大多数の国家が習慣としているところにではなく、最賢の国家の指針とするところにこそ求められるべきであります。ギリシア人、ローマ人、イタリア人、カルタゴ人、そして他の多くの国民は、内より発せられた自然のうながしに従って、専制政体ではなく、貴族政体や民主政体を選んだのであります。そしてたしかに、これらの国家は、他の国家すべてを代表するすぐれて良き範例となるのであります。かくして、スルピキウス・セウェルスは「国王という名称は、ほぼすべての自由国家の国民にとって忌まわしきものであった」というのであります(18)。しかしながら、このようなこと、さらにこのあとにくだくだしくそなたがつけ加えていることはすべて、例のたわごとのくりかえしにすぎないのでありまして、当面のわれわれの目的とはなんら関係がないのであります。

わたくしといたしましてはすでに理性により立証してきましたこと、すなわち暴君を処罰することは至極自然〈の法〉に適っているということ、そして〈自然〉みずからの教えに従って全国家の国民たちが暴君を処罰してきたということを、これからは範例によって手短に明示してゆく所存であります。そうすることによって、そなたの傲岸不遜ぶりが白日のもとにさらされ、うそをつきまくるという無様この上なき自由が万人の前に証されることになるでありましょう。

そなたは初めにエジプト人を例としてあげなさる。そしてだれであってもそなたをまったくのぺてん師であると見抜くことでありましょう。そなたは言う。「エジプト人の歴史においては、民が反乱をおこし王を殺害したなどという記述はおろか、臣民が王に戦をしかけたとか、王の廃位をくわだてたという記述さえみあたらない。」それではおそらくはエジプトの初代の王とされるオシリスはどうなるのであるか。オシリスは弟テュフォン他二五名の謀反人により殺害されたのではなかったでありましょうか(19)。そして民の大多数がテュフォンらに従って、オシリスの妻子、イシスおよびホルスと凄絶な戦をくり広げたのではなかったでしょうか。弟に反逆され、もう少しで殺されるところだったセソストリス（ラムセス二世のこととされる）[20]や、〔その暴君的ふるまいに〕民が憤慨したのも当然であり、生前は無理であったにせよ、死後には民がその屍を八ツ裂きにせんものとしたクフ[21]やカフラア[22]には、わたくしはふれずにおくといたそう。考えてもごらんなされ、王のうちでは一番まともであったものたちさえをもあえて断罪しようとした民が、自然の光に導かれて、もしくはなにか敬虔な気持から、最悪の王に手をかけるのを控えるなどということがありえたかどうか。すでに死んでしまって、いまやなんの害も与えぬ王を——極貧の民でさえその屍は神聖であるとされたものを——墓からひきずり出して八ツ裂きにしてやると、なんども息巻いた民が、かりにそれだけの実力を備えた勇者ぞろいであったなら、ただ手をこまぬいてたちすくみ、まだ生きてぴんぴんしていて、最悪の害毒をたれ流す王たちを自然の法に従って罰するのを手控えるなどということがありえるかどうか。「さよう、ありえる」とそなたなら言いかねまい。いかにそれが理性に反していても。だがそうはいかぬ。わたくしがそなたの口を封じてしんぜよう。よいことを教えようか。カフラアの治世より何世紀も前にアモシス[23]がエジプトを支配していた。この男は比類もなき暴君であったが、民は忍従したのである。そなたの勝だ。のぞみどおりであろうが。いと気高き真実の愛好者よ、だがそのあとになにが起きたであろうか。ディオドロス[24]によれば、「民はしばらくのあいだは圧制に忍従した。自分たちよりも強力な支配者に抵抗する術がなかったからである」。だがエチオピア王のアクティサネス[25]がアモシスに戦をしかけたとき、民のうちの多くのものが機に乗じて反乱を起こした。そしてアモシスがあっけなく降伏するや、エジプトはエチオピア王国に統合されたのであります。これでおわかりになったであろう。エジプトの民は好機到来とみるや武器を手にして暴君に反抗し、外国の王〔アクティサネス〕と手をくんで、自国の王とその後継者たちを廃位したのであります。外国の王ではあってもアクティサネスのような節度をわきまえた名君のほうが、自国の暴君よりも好ましかったのであります。そしてまたこのエジプトの民は、驚くべき総意にもとづいてアマシス（二世）[26]の指揮のもとに、暴君アプリエス[27]とその傭兵とを撃破して、アプリエスを絞殺し、王国を気高きアマシスに手渡したのであります。さらにまたこのことも心にとどめていただこう。アマシスはしばらくのあいだは、囚人となった王〔アプリエス〕を宮殿において丁重に扱ったが、エジプトの民がこれに異議を唱え、共通の敵を扶養するのは不当であると主張した。それがために王〔アプリエス〕は民の手に渡され、さきほども述べたごとく絞首刑にされたのであります。この事件はヘロドトスとディオドロスに記述されている。これ以上なにをお望みになるのか。どのような暴君でも、しばり首用の輪なわよりは首切用の斧を選んだであろうと思いはしないか。

　これより後、ペルシア帝国の「支配下におかれたとき」、エジプトの民はこれに「服従しつづけた」とそなたは言う。だがこれはまっかなうそである。なぜなら彼らはペルシアに「服従し」なかった。それどころか、カンビュセス[28]に征服されてから四年目にして反乱を起こしたからであります。それからクセルクセス[29]によってふたたび制圧されたエジプトの民は、その息子、アルタクセルクセス〔一世〕[30]の治世になってまもなく反乱を起こし、イナロスとかいう人物を自分たちの王として立てたのであります。アルタクセルクセス〔二世〕[31]がこれを鎮定すると、またもや反乱を起こし、こんどはタックスを王に立てて、記憶力（ムネモン）よきアルタクセルクセスに戦を挑みました。しかしながらエジプトの民は自分たち自身の王にたいしても従順ではなかったのでありまして、父なるタックスを廃位させるとつぎにはその息子のネクト・ネブフ[32]を王位につけたのであります。そしてついには「馭者（オックス）」と綽名されたアルタクセルクセス〔三世〕[33]によってふたたびペルシアの統治下におかれたのであります。エジプトの民はマケドニア帝国の統治下にあってさえも、暴君は処罰されるべきであるということを、できうる限りの行動に訴えて主張したのであります。彼らはプトレマイオス[34]の彫像やら画像やらを打ちこわし、破棄いたしました。ただ、プトレマイオスが傭兵に堅固に守られていたために、さすがにこれを殺害することはできなかったわけであります。民のあいだで騒乱が引き起こされるや、その息子のアレクサンドロス[35]は国外逃亡を余儀なくされたのであります。彼はその母を殺害したからであります。そのまた息子のアレクサンドロス[36]も同様にして暴政をしき、そのためにアレクサンドレイアの市民は彼を宮殿からひきずり出して、公衆競技場で殺害したのであります。プトレマイオス一二世[37]もまた多くの悪事を行なったために王国から追放されました。

これらの出来事はひじょうによく知られたことでありますから、いやしくも学識豊かな人物であればそれを知らぬはずはなく、また、教えることを生業（なりわい）としており、かくも重大な問題にかんして人から信頼を得たいと考えるほどの人物であれば知らぬですまされることではないのであります。それゆえかくも無知で文字の読めないこのご仁が、偉大な学者様をきどって、傲慢でふくれるだけふくれ上ってみたり、国王や国家（リパブリック）からお給料をいただこうなどと立ち回って、真実（まこと）の学問を辱（はずか）しめ卑（いや）しめようとは、だれが考えても破廉恥きわまりなきことであります。そしてまた、かくも厚顔無知なるうそつきは、なにか特別の恥辱の烙印を押されて、徳高き人びとと学識豊かな人びとの集うあらゆる交友の場から追放されるべきであり、そうでなければそれこそ言語道断ということになりましょうぞ。

さてこれでエジプトは終わりにして、その隣国のエチオピアについて見てゆくことにいたしましょう。エチオピア人は王は神により選ばれたと信じ、王を現人神（あらひとがみ）として崇めたてまつるのであります。それであっても僧侶たちが王に咎（とが）ありとすれば、王は自害するのであります。ディオドロスの言うところによれば[38]、これこそがまさに悪事を働いた他のものすべてを罰するエチオピア人のやり方なのであります。彼らは自分たちで死刑を執行するのではなく、使者をつかわして罪人に自害せよと命ずるのであります。おつぎにそなたはアッシリア人、メディア人、そしてペルシア人へと話をうつすのであるが、彼らは王にたいしてこの上なく忠実でありました。そして「それらの地では王権は、勝手気ままの〔し放題という超法規的〕逸脱（いつだつ）と結び合わされていた」と主張して、全歴史学者の記述するところと対立するのであります。とくにダニエルの伝えるところによれば[39]、ネブカデネザル[40]

が度をこえて高上りしたときに、民は王を人のうちから追放し、獣たちのところへおき去りにしたのでありま す。彼らの法は国王の法とは呼ばれず、メディア人の法とかペルシア人の法、すなわち国民の法と呼ばれたのであります。そしてそういった法は変更不可のものでありましたから、王もまた法に拘束されていたのでありま す。メディア人であったダレイオス[41]があらゆる手段をつくしたにもかかわらず、ダニエルを総督の手から救い出すことができなかったのもこのためでありました[42]。そなたは言う。「当時は王権を濫用したからといって、国王を廃位することは瀆神の行為だと国民は考えていた」。だがそなたはお話しにならぬほどの愚鈍であるために、この民の服従と穏健とを称賛しているさなかに、わざわざアルバケス[43]がサルダナパロス[44]から王国を奪ったと口をすべらせてしまうのであります。この行為はアルバケスが単独で行なったことではなく、法に精通していた聖職者たちと、民の援助によるところが大でありました。しかも王を廃位したその根拠は、王が王権を濫用したそのやり方が残酷だったからというのではなく、たんに贅沢で軟弱だったがゆえにでありました。ヘロドトスやクテシアス[45]、ディオドロスの歴史をくまなく調べなさるがよい。そうすれば事実はそなたのことばとは裏腹に、「これらの王国のほとんどは臣民により滅ぼされたのであって、異国人により滅ぼされたのではない」ことがおわかりになろう。なぜならアッシリアの王たちは臣民であったメディア人に滅ぼされたのでありますし、またメディアの王たちはこれも臣民であったペルシア人に滅ぼされたからであります。そしてそなた自身が「キュロス[46]は反乱をおこし、王国のいたるところで暴君たちが権力を握った」と認めるありさまなのであります。これが、メディア人とペルシア人にとって王権は絶対的なものであったこと、そしてこれらの民が王を神として崇めたてまつっていたことを証することになるのであるか。かくのごとくご乱心あそばすそなたを治す薬草はアンティキュラ[47]にもあるまい。

「ペルシアの国王の支配権がいかなるものであったかはヘロドトスが明らかにしている」とそなたは言う[48]。カンビュセスは自分の姉妹と結婚することを望み、王の顧問たる裁判官たち、すなわち「民より選ばれた」法の解釈者たちに意見を求めた。彼らにはあらゆる問題の解決が委ねられていたのである。答はいかなるものであったか。裁判官たちは、姉妹との結婚を許すいかなる法も見あたらないと答えたのであります。しかしながら裁判官たちはひとつの逃げ道を見つけ出して、王の望むままにさせたのであります。わたくしはそなたにこうお答えいたそう。まず第一に、もしペルシアの王が勝手きままにふるまう権限を握っていたというなら、よりによって国王自身がなぜ、他のものに法を解釈させる必要があったのであるか。役にも立たぬ余計ものの裁判官など王宮から追い払ってどこかよそに住まわせたらよかったではないか。第二に、もしペルシアの王が勝手気ままにふるまう権限を握っていたというなら、カンビュセスのごとくに飽くなき権力欲にとりつかれた人物が、自分の思いどおりになることについて裁判官の判断を求めるほどに自分の権限に無知であったとは信じがたいことであります。この裁判官たちは、そなたも認めるごとく「王の機嫌をとり結ぶ」腹づもりであったか、もしくはヘロドトスの言うように暴君の不興を買うのを恐れて、なにか都合のよい法を見つけでもしたかのごとくに見せかけて、強圧的な王におべっかを使ったのであります。こうしたたぐいのことはこんにちにおいても法律問題に熟練した裁判官や法律家のあいだでは、なんら新奇なならわしではないのであります。しかしそなたは言う。「ペルシア人アルタバヌスはテミストクレスに言った。ペルシアの法のうちで国王は崇めたてまつられるべきであると命じた法にまさる法はない(49)」と。国王崇拝にかんするこの法はそなたが引用するにはおあつらえむきと言えよう。初代教父たちでさえ非難した法であった。このアルタバヌスという男、この後まもなく主君のクセルクセスをおのが手で暗殺したのであります。いやまったく国王殺害者を国王の擁護者として召喚するとは、そなたの証人喚問のてぎわのおみごとなこと。そなたじつは国王たちに謀反を企てているのではないかと勘ぐりたくなるほどであります。

おつぎにそなたは詩人クラウディアヌス[50]を引用して、ペルシア人がいかに王に従順であったかを証明しようとなさる。しかしわたくしはペルシアの歴史や年代記をお見せしよう。それらはペルシア人、メディア人、バクトリア人、[51]そしてバビロニア人たちの反乱の記述と国王殺害の記述に満ち満ちているのであります。そなたがつぎに権威としているペルシア人オタネスもまたその主君スメルディスを殺害したのであります。[52]オタネスは王政を嫌悪しておればこそ、王たちの犯した不正や悪事のかずかず、法の侵犯、罪なきものたちを殺害したこと、好色と姦淫などをあばきたてるのでありますが、こうしたことはそなたに言わせればすべて王権の範囲だということになるのであります。そしてそなたはまたもやサムエルを誤った教理の発案者として非難するのであります。

国王は主神ゼウスの血を引いているとするホメロスの記述については、以前にすでに答えたとおりであります。マケドニア王フィリポスについていえば、[53]この人物を王権の解釈者とするくらいなら、わたくしとしてはチャールズ一世を王権の解釈者とするほうが、まだましであるとお答えいたそう。

おつぎにそなたはピュタゴラス派のディオトゲネス[54]の著作の断片から引用なさるが、ディオトゲネスがいかなる種類の国王について述べているかはそなたは明らかにしておらぬ。それゆえそなたはその序言に耳を傾けるがよかろう。なぜなら以下に続くあらゆることばも序言との関連で理解されてしかるべきだからである。「人のうちにあってこの上もなく心正しきものを王にするがよい。この上もなく忠実に法に従うものこそ、この上もなく心正しきものである」。なぜなら、「正義なきところには王もなく、法なきところには正義もない」からであります。これは、そなたのいう王権とはまっこうから対立するものであります。そなたが引用しておられるエクファンタスの哲学もその説くところはそなたと反対であります。「王位につこうと志すほどの人物は、生まれながらに純粋無垢でなければならない。」また後のほうで「徳（ウィルトゥス）にもとづいて統治する人物こそが王と呼ばれ、また王たるにふさわしき人物なのである」と彼は言う。それゆえそなたが王と呼ぶ人物などピュタゴラス派の定義に従えばまったく王などではないことになるのであります。それではこんどはこちら側から証人をたてるといたそう。プラトンは『書簡』第八〔第三五五〕でつぎのように書いたのであります。「王権を持つものにその行ないを弁明せしめよ。違法な行為をなした場合には、王も民もともに法の裁きを受けさしめよ」。これにアリストテレスの『政治学』第三巻〔一七章〕のことばをつけ加えよう。「同類のもの、同等のものがそろっている場合に、だれかひとりのものが他のものすべての主人になるとか、法のあるなしにかかわらず、だれかひとりのものが自ら法となるとか、善良なるひとりの人物が他のすべての善良なる人びとの主人となるとか、またひとりの悪人が他の悪人たちの主人となることは、得策でも正当でもない」とアリストテレスは言うのであります。クセノフォン[55]もまた『ヒエロ』〔第四巻五章〕で言うのであります。「諸国家は暴君殺害者を処罰するどころか、暴君殺害者の栄誉を称え、神殿にはその彫像をたてるほどである。」これについてはわたくしはキケロを生き証人として召喚することができるのであります。彼は『ミロ弁護論』〔二九・八〇〕において、「ギリシア人は暴君殺害を神のごとくに崇めたてまつるのである。わたくしはじっさいこの目でみた。アテナイその他の都市で暴君殺害者たちを神のごとくに崇めたてまつれと命令が下され、彼らを寿ぐ聖歌や賛歌がうたわれるのを。彼らはまるで不死の神がみのごとくに聖別され、崇拝され、記憶されているのであった」と言うのであります[56]。最後に、重鎮ポリュビオス[57]が『歴史』第六巻〔七章七節〕でつぎのように言っております。「君主がおのが欲望と貪欲とに身をまかせ始めると、王政は暴政に変質し、暴君を成敗しようというくわだてが計画されるのであった。だがその首謀者たちというのは市民のうちでも、くずのごときものではなく、いと気高き勇気ある人びとだったのである」。わたくしが引用してまいりましたこれらの数行はほんの味見ていどのものであります。というのもはるかにぼう大な蓄えがあり、うずもれてしまいそうだからであります。

さてそなたは土俵を哲学者から詩人へと移すのでありますが、わたくしは喜んでそなたのお相手をいたすとしよう。「アイスキュロス[58]ひとりを引き合いに出すだけでも、ギリシアでは王は法にも法廷にも拘束されることはなかったと証明するのにじゅうぶんであろう。というのも悲劇『救いを求める女たち』においてアイスキュロスはアルゴスの王を〝裁きに服することなき支配者〟と呼んでいるからだ」とそなたは言う。よいか、よく聞くがよい。（と申すのもそなたが鎌首をどちらの方角へもたげようとも、その分別のなさ、判断力のなさはいよいよもって明白となるのであるから）[59]。くりかえして言うが、よく聞くのだぞ。われわれは劇中で発されることばを詩人自身のことばとみなすべきではなく、そのことばを発する人物がなにものなのか、なにをいっているのかを考慮すべきなのであります。なぜならば、さまざまな人物が登場し、そのなかには善人もいれば、悪人もおり、賢人もいれば、ばかものもいるのであります。そして彼らはかならずしも詩人自身の見解を述べるわけではなく、おのおのの性格にもっともふさわしい発言をするのであります。ダナオスの五〇人[60]の娘はエジプトから逃げ出し、アルゴスの王に救いを求めていたのであります。彼女たちは追手のエジプトの船隊から自分たちを庇護してくれるようにと王に嘆願しているところなのであります。まず民の同意が得られなければ庇護することはできない、と王は答えるのであります。

わたくしは民に諮り（はか）もせぬうちに
そなたらに約束する権限はもちあわせてはおらぬ。〔三六八—六九行〕

女たちは異国人（よそもの）であり救いを求めており、市民たちの票決の結果をあやぶんで、ここぞとばかり王をかきくどくのであります。

あなたさまが国家であり民であらせられる。
咎(とが)もうけずに支配なされるかたなのです。〔三七〇―七一行〕

王は答えて、

民の同意がなくばわたくしは動かぬ所存と先刻申したはず。
たとえ権限があったとてそれは同じ。〔三九八―七九行〕

かくして王は市民たちに事の次第を明らかにするのであります。

わたくしはこれより土地のものを呼び集め
そちらを庇護するようにと説きすすめよう。〔五一七―一八行〕

市民たちはダナオスの娘に援助を与えることを決議し、老ダナオスの喜びのことばがこれにつづくのであります。

喜ぶがよい、娘らよ、土地の人びとは
集い来たり、満場一致で良き決断を下してくれた。〔六〇〇―六〇一行〕

もしも、わたくしがことの有り体を明らかにしなかったとしたら、この半可通〔サルマシウス〕は無分別にも、女の、しかも流浪の身で救いを求めている女の口から出たことをもとにして、ギリシア人のあいだでは王権は絶対的であったと決めつけていたことでありましょう。それも王自身とじっさいの劇の流れとがまったく異なる結論へとむかっているのに、であります。

われわれはエウリピデスの『オレステス』[61]からも同様の結論を引き出すのであります。オレステスは父親の亡きあとは自身がアルゴスの王なのでありますが、母親殺害の咎で市民によって裁判にかけられ、助命を嘆願し、そして市民の票決により死刑を宣告されるのであります。エウリピデスはまたその『救いを求める女たち』においてアテナイでは王権は法に拘束されていたことを証するのであります。エウリピデスはアテナイの王テセウス[62]につぎのように語らせております。

アテナイは自由な都市でひとりの支配者が統べるのではなく、市民たちが統べるのだ。

〔四〇四―四〇五行〕

その息子でやはりアテナイの王であるデモポン[63]もまた、エウリピデス作『ヘラクレスの子供たち』〔前四二九?〕でつぎのように言うのであります。

わたくしは、暴君が野蛮人を支配するように支配するのではない。
正義を友とし、正義を受け入れるのだ。〔四二三―四二四行[64]〕

いにしえのテーバイにおいても王権はやはり法の拘束のもとにあったことが、ソポクレス[65]の『オイディプス王』により明らかであります。そして〔預言者〕テイレシアスもクレオンも勇敢にオイディプスに答えて言うのであります。

わたくしはあなたの奴隷ではありません。〔四一〇行〕

また、

わたくしもわれわれの国家(リパブリック)においては権限を認められております。
あなたさまおひとりのものではありません。〔六三〇行〕

そして〔ソポクレス作〕『アンティゴネ』においてハイモン[66]はクレオンに言うのであります。

テーバイがひとりのものならば、国とは言えません。〔七三七行〕

スパルタの王がしばしば裁判にかけられ、死刑に処されたことは周知の事実であります。【そしてこれはなんら不思議なことではありません。なぜなら法の制定者であるリュクルゴス[67]はホメロスを注意深く読んでおりましたから、英雄の時代にあっても王権はやはり法の拘束のもとにあったということを、学んでいた可能性があるからであります。

『イリアス』においてアキレウス[68]は民のあいだにまんえんする疫病をもたらせた原因がアガメムノン[69]にあることを発見すると、自分もまた王でありながらもちゅうちょすることなくアガメムノンをギリシア軍の集会に召喚し、彼自身の臣民の裁きに服従させてこう言ったのであります。

民を貪りくらう王よ、とるに足らぬものどもを支配しておるがゆえに〔こう呼ぼう〕
もしくはアトレウスの子よ、人をはずかしめるのもこれが最後ぞ。[70]

あらゆる階級の人びとが王権についてこれらの英雄たちと同じ見解をいだいていたことは、叙情詩人の雄たるアルカイオス[71]により立証されうるのであります。アルカイオスの詩歌それ自体がこの上もなく人の心を楽しませるものでありましたが、暴君を国家から追放した人びとを称賛しているがゆえに、ますますもって民の心を楽しませた、とホラティウスが証言しているのであります。[72]

死霊たちは畏敬に満ちてひっそりと詩人たちの
歌に聞きいるが、群衆はすずなりになりつつも
いっそう耳をそばだて戦いや
暴君追放の歌に陶然と酔いしれる。

わたくしはさらにテオグニス[73]が同様の見解をいだいていたことをつけ加えてもよいのであります。テオグニスはメディア人がギリシアへ侵入してくる直前、すなわち、きわだって英知にあふれた人びとがギリシア全土に百花

繚乱の体をなしていた時代に活躍した人物であります。テオグニスは〔いにしえの〕賢人たちより手わたされた、かの〔暴君を成敗することは神の承認を得ているという〕教えを、つぎのように詩の形で詠いこんでおります。

民を貪りくらう暴君を打ち砕け、
神がみの怒りをこうむることはない。[74]】[75]

以上からギリシアにおいて、いにしえより伝わる王権の内容は明明白白であります。それではローマへとうつるといたそう。そなたは「罰を受けずにしたい放題をする」という供述――これはサルスティウスの供述ではなく、サルスティウスの著作のなかでメンミウスが供述したことでありますが[76]――にいたくご執心である。これについてはすでにお答えいたした。しかもサルスティウス自身はつぎのようにはっきりと述べているのでありま す。「いにしえのローマの統治形態は法に従うものであった。これは王政と称されたが、それが暴政に変質した[77]とき民はその暴政を追放したのであります。これはそなたもご存じのはず。かくてキケロは『ピソ反駁論』において、「ローマ共和国にあって元老院の権威を認めようともせぬ人物を執政官として認めることができようか。元老院なくして執政官がありえようか。王といえども元老院の権威を認めぬ人物を、王として承認しなかったのが、いにしえよりのローマのならわしではなかったか[78]」と言うのであります。お聞きめされたか〔サルマシウスよ〕。ローマでは元老院がなければ王もまた存在しなかったというのであります。「ロムルス[79]はローマを思いのままに統治した、とタキトゥスがいっているではないか[80]」とそなたは反駁する。そのとおり。と申すのも当時のローマはまだ国家の体(てい)を成しておらず、法治国家というよりはむしろ異国人たちの寄せ集まりにすぎなかったからであります。かつて国家が成立する以前には全人類が法によらずに生きていたのであります。ロムルスの死後、ローマの全市民が――まだ自由というもののすばらしさを知らなかったために――王をもつことを望んだのでありますが、「それでも王権は市民の側にあり、市民が保持していた権利を手放すということはなかった」のであります。そして皇帝たちが「主権を市民の手から強奪した」とリウィウスが証言しているのであります。[81] セルウィウス・トゥリウス[82]は初めは、初代王タルクイニウス[83]の代行者のごとくにふるまって、策略によってローマを支配したのでありますが、後にはトゥリウスは「自分を統治者として承認するか否か」を市民たちに問い、最後にはタキトゥスが証言するように、トゥリウスは「王もまた〔民と同様に〕服従すべきであると定められた法を承認するにいたった」のであります。[84] かりに王権が法に優るなどと王が以前から考えていたとしたら、自分自身と子孫の権限をみずからがこのようにして骨抜きにしようとするものでありましょうか。最後の王、矯慢なるタルクイニウスこそは、「あらゆる問題について元老院の意向を問うという慣習を廃した最初の王だった」のであります。[85] このために、また他の恥ずべき行ないのために、ローマ市民はこのルキウス・タルクイニウスの王権を剥奪し、妻子とともに追放したのであります。これについてはリウィウスとキケロが主たる拠りどころとなりますが、王権の解釈にかんしてはこの両者に優る人物を他のローマ人のなかから召喚することは至難のわざといえましょう。独裁政権についていえば、それはあくまでも臨時のものであり、国家の危急存亡の秋にのみ立てられ、しかも六か月以内に解体されるきまりだったのであります。

そなたがローマ皇帝の権限と呼ぶものは権限などではなく、権力に他ならず、したがってこの皇帝の権力は法により獲得されたのではなく、武力によるものであります。しかし「タキトゥスは独裁支配のもとで活躍した」わけであるし、「神がみは君主たちに主権を与え、臣民には服従という栄誉が残された」と書いたではないか、とそなたは言う。だがタキトゥスがどの箇所で問題のことばを書いているかは言っておらぬ。明らかに読者をペてんにかけようとの腹つもりだからである。どの箇所であるのか、すぐにはわからなかったけれども嗅ぎつけることはすぐにできたのであります。これらがタキトゥス自身のことばだなどとはとんでもない話であります。彼は良心的で、暴君にはこの上なく手厳しい作家でありました。問題のことばはタキトゥスの『年代記』第六巻〔八章〕でM・テレンティウスとかいうローマの騎士が、自分に死刑の判決が下されたときに、死におじけづいてティベリウス[86]におべんちゃらを言った、その一部なのであります。「神がみは君主たちに主権を与え、臣民には服従という栄誉が残された」。これをそなたはタキトゥス自身の見解ででもあるかのごとくに引用するのである。そなたときたら、自分の議論の役に立つと見える風味のものならなんでも、パン屋の出来だろうが、床屋、はたまた拷問台の出来だろうが、みさかいもなくどこからでもかき集めてくるというわけであります。ひけらかしたいからなのか、弱さを自覚しているからなのかはよくわからないのでありますが。

もしもそなたが引用句集などからこれほど不注意にも書き写したりせずに、タキトゥスの書いたものそれ自体を読むことを選びとっていたなら、タキトゥスはそなたに、この皇帝の権限の起源がどこにあるのかを教えてくれたことでありましょうに。「アクティウム海戦[87]での勝利の後、統治形態は一変し、いにしえの清浄なる形態はその面影（おもかげ）すらとどめぬものとなった。平等は姿を消し、だれもが皇帝をあおぎみて、その命令に従い始めたのである[88]」。またタキトゥスは同書第三巻〔二六章〕で、そなたの言う王権なるものの起源をそっくり教えてくれたことでありましょうに[89]。「平等が押しのけられて、〈穏健〉と〈節制〉とが、〈野望〉と〈暴力〉にその座を奪われると、〈暴政〉が姿を現わし、多くの国ぐにのなかに根をはっていったのである。」もしもそなたが生来の軽率さと気まぐれとからなにかを徹頭徹尾研究していたなら、そなたはディオ・カッシウス[90]からもやはり同様のことを学んでいたかもしれません。ディオ・カッシウスはそなたが引用した箇所〔『ローマ史』〕第五三巻〔一八章〕で、オクタウィアヌス[91]の武力と虚偽と策略によって、皇帝は超法規的存在であるという思いこみがもちこまれた、と言っているのであります。というのも、オクタウィアヌスは民の集会で主権は放棄し、他の人びとの命令と法に従うと約束しておきながら、自分の領土で戦争を起こすという名目で軍隊を掌握し、勢力をなくしていると見せかけつつ、なしくずし的に帝国をおのが手中に治めていったのであります。これは正当な手続きによって法から解放されたなどということではなく、法の鎖を強引に断ち切ったということでありまして、奴隷剣士スパルタクスも、もしできれば強引に断ち切っていたかもしれないのであります。そして、オクタウィアヌスは、あたかも神か自然法が、すべての人びとすべての法とを自分〔オクタウィアヌス〕の支配下においてくれたかのごとくに、「元首」とか「皇帝」とか「絶対者」などと自ら称したのであります。

皇帝(カエサル)たちの権限の起源について、もう少し詳しく教えて進ぜようか。マルクス・アントニウスはユリウス・カエサル(92)の命令で執政官になったのでありますが、このカエサルという男、神をもはばからず、共和制に刃向かって兵を挙げ、全権をその手に治めた人物でありました。ルペルカリア祭(93)のときに、かねて画策していたとおり、アントニウスはカエサルのひたいに王冠をかぶらせたのでありますが、これはローマ市民たちの怒号と罵声と悲嘆の渦の中でとり行なわれたのであります。そうしたうえでカエサルは、市民たちの要請を受けて執政官たるアントニウスがカエサルに王権を授与したと、ローマ暦のルペルカリア祭のところに記録させたのであります。これについてはキケロが『ピリッピカ・第二』〔三四・八七〕でこう述べております。「ルキウス・タルクイニウスが追放され、スプリウス・カッシウス(94)やスプリウス・メリウス(95)、マルクス・マンリウス(96)が殺害されたのはなんのためであったのか。いく世代をもへたあとにマルクス・アントニウスが神の法にさからって、ローマに王をたてるとは！」たしかにアントニウスなどよりもそなたのほうがはるかに、ありとあらゆる拷問を受け、未来永劫にわたるはずかしめを受けるに値いするのであります。だがこのように言ったからとて、ゆめゆめご慢心あそばされぬように。なぜなら、そなたのごとくこの上なく軽蔑に値いする人物と、アントニウスと比較できるところはただひとつ、邪悪さのみだからであります。【この上なく無節操なルペルクス神のごとき[97]】そなたは、おん身主催のこの唾棄すべきルペルカリア祭において、ただひとりの暴君のみならず、あらゆる暴君のひたいに、超法規的存在という王冠をかぶらせようと、超人的な努力を重ねておられるわけであります。

じじつ、もしカエサルたち自身のご託宣――テオドシウス[98]やウァレンス[99]などキリスト教徒の皇帝たちが自分たちの下す命令をこう呼んだのでありますが（「ユスティニアヌス勅法集」第一巻第一四章）――を信じるべきであるとすれば、皇帝の権威は法の権威に準拠するのであります。それゆえ当の皇帝たち自身の判断もしくは託宣によってさえも、統治者の至上権は法に準拠し、法に従属すべきだとされているのであります[100]。かくして皇帝の権力が絶頂にあったとき、小プリニウス[101]はトラヤヌス帝[102]にあてた『頌詞』〔四五・三および五三・二〕においてこう言っております。「暴政を行なうことと統治の首位にあることとは本質的に別のことである。トラヤヌスは実質的には統治権を回避し遠ざけた。トラヤヌスが首位の座にあったのは、暴君がその座を占めることのなきようにとの配慮からであった」。またあとのほうでは、こう言っている。「わたくしがいままで他の君主たちにかんして述べてきたことはすべてつぎのことを明らかにするためである。すなわち、長年の〔悪しき〕ならわしにより腐敗し形骸化した首位権を、われらが国父トラヤヌスは本来の正しきかたちへと復元しているのだということである」。プリニウスが、腐敗した首位権のならわしと規定しているものを、王権だなどとほざき続けるとは、そなた恥を知るがよい。ローマ人たちの王権については手短であるが以上で終りといたそう。

ローマ人たちが、王という名であれ皇帝という名であれ、暴君にたいしてどのように対処したかは衆目の一致するところであります。ローマ人たちはタルクイニウスを追放したのであります。【が、それはまさに父祖たちの流儀にのっとってのことであります。と申すのも、ローマの隣国エトルリア[103]では暴君メゼンティウス[104]をカエレの市から追放することによって最古の範例のひとつを提示したからであります。言いかえれば、『アイネイス』

第八巻〔四八九—九五行〕において、端正な節度（デコールム）を創りだすことにかけては右に出るもののないウェルギリウス[105]は、遠い昔から全国家において王権がいかなるものであったかを、メゼンティウスの話を用いて、当時ローマの支配者であったカエサル・オクタウィアヌスに示したのであります。

だがこの男が乱行（らんぎょう）のかぎりをつくすので、
倦（う）み疲れた民は武装して彼と館（やかた）を包囲し、
追随者たちを殺害し、棟木（むなき）に火を放つ。
殺戮（さつりく）をからくも免れたこの男は異国ラティウム[106]の地に逃亡し、
敵方トゥルヌス[107]の軍の庇護をうける。
全エトルリアが正義の怒りに燃え立ち、
開戦して王をとり戻（もど）し、裁きを下さんとする。

そなたもよくわかったであろうが、ここでは市民たちは正義の怒りに燃え立ち、突如襲撃して暴君〔メゼンティウス〕を殺害しようとしたのみならず、この男を王国から追放しただけではなく、さらにこの男が逃亡して他国の庇護下に入るや、この男をとり戻し、裁き、断罪するためには開戦も辞さなかったのであります。】「だがタルクイニウスはどのように追放されたのであろうか」とそなたは言う。「召喚され裁判にかけられたとでもいうのか。まったくちがう。市の城門が閉ざされて入ることを拒まれたのである。」なんとおそまつなおつむ。敵が軍勢を引きつれて突進してきたら城門を閉ざすのはあたりまえではないか。処罰されることが確定しているときに、追放されたか死刑にされたかを問題にするとは、これまた奇態な。

暴君ユリアス・カエサルは、当時のこの上なく優れた人物たちの手で、元老院で殺害されたのであります。この行為については、自分自身がこの上なく優れた人物のひとりでもあり、公（おおやけ）には国父の称号を与えられたキケロが、なんども、そしてとくに『ピリッピカ・第二』において最高の賛辞をつらねて激賞しているところであります。ここにそのうちの数行を引用してみましょう。「善良なる人びとすべてがカエサルを殺害するためにできうる限りのことをした。企画力に恵まれぬもの、勇気のないもの、機会に恵まれぬものもいた。しかし、殺害を望まぬものはいなかった」〔一一・二九〕。またあとのほうでは「神もご照覧あれ、ローマの市のみならず全世界を見わたしても、これほどまで偉大な、誉（ほまれ）ある、人類が永遠に記憶するに値いする行ないがなされたことは、いまだかつてあったであろうか。カエサル殺害を計画した指導者の仲間のうちに自分が加えられることは、トロイアの木馬(108)にひそんだ武将の一団に加えられたも同様、わたくしに異存はない」〔一三・三二〕。

かの悲劇詩人セネカ(109)のことばはギリシア人と同様、ローマ人にもあてはめることができるのであります。

邪悪なる国王をほふることほどに
神への供物（そなえもの）として実り多きもの
誉（ほまれ）高きものはありえない。

〔『狂えるヘラクレス』九二二―二四行〕

と申すのも、このことばはヘラクレス(110)が話しているのだから、ヘラクレス自身の判断を示すのであると考えるなら、これは当時のこの上なく優秀な人物の判断がいかなるものであったかを証（あか）していることになるからであります。またこのことばは、ネロの治世のもとで栄えたセネカ自身の判断を示すのであると考えるなら、（そして詩人が自分自身の判断を、作中第一の気高き人物の口を通して語ることは慣行なのでありますから、）これはセネカならびに誠実な人びとすべてが、ネロの治世にあってさえ、暴君はいかに処遇されるべきか、そして暴君を成敗することがいかに神がみのみ心に適った、正しき行為であると考えていたかを証しているのであります。かくてローマのいと気高き人びとすべては、ドミティアヌス[111]を殺害するためにあらゆる手段をつくしたのであります。このことはかの小プリニウスがトラヤヌス帝にあてた『頌詞』〔五二・四〕において明言しているところであります。「その傲慢な面構えを地に打ちつけ、〔いくたびとなく〕身体に剣をつきさし、おのでめった切りにする——そのたびごとに、まるでそやつ〔＝暴君〕があらたに血に染まり、苦悶にあえぐかのごとくに。それは喜びだった。喜びをおさえようとするものはひとりもなかった。そやつの手足がめった切りにされ、身体がばらばらに引き裂かれ、ついにはそやつの邪悪なおぞましき像が引き倒され、火中に投ぜられるのを見て当然の報いであると考えぬものはひとりもなかった」〔五三・二〕。またあとのほうでもこう言っております。「憎むべき暴君を憎むことのできぬものは、愛すべき名君を愛することもできないものである」〔五三・四〕。ドミティアヌスがエパフロディトゥスを、ある意味ではネロの殺害者であるとして殺害したのでありますが[112]、プリニウスはこれをドミティアヌスの数ある犯罪のうちのひとつだと考えるのであります。「ただネロに死の報復をすることで、われわれの苦しみの根源がたち切られるとでもいうのか。ネロに死の報復をしたものが自分の生き様や名声にけちがつけられるのを大目にみるとでもいうのか」〔五三・四〕。プリニウスが、ネロを成敗しなかったとしたらそれこそが犯罪である、また、ネロを成敗した人物を殺害するがごときは極悪の犯罪である、と考えていたことは明らかでありましょう。

以上により、ローマ人のうちでもひときわ優れた人びとは、機会があればあらゆる手段をつくして暴君を成敗したこと、それだけでなく、範とするギリシア人にならって、暴君を成敗することはこの上なく誉高き行ないであると考えていたことが明白であります。と申すのも、力で劣るために生前には暴君に異議を唱え、裁判にかけることができなかった場合は、いつでも彼らはヴァレリウス法[113]にのっとって、その死後に暴君を裁き、罰したものでありました。ヴァレリウス・プブリコラはユニウス・ブルトゥス[114]の同僚でありましたが、暴君が兵士に護衛されているために裁判にかけることができないと知るや、暴君を裁判にかけずともいかなる方法によっても成敗してよし、とする法を可決させたのであります。罪状はあとで報告すればよいというわけです。それゆえ、カッシウス[115]が剣で——あらゆる人びとの望むところであった——ガイウス・カリグラ[116]を成敗するという行ないをなしたとき、執政官と同格の統治者であったヴァレリウス・アシアティクス[117]は、その場には、いあわせなかったのでありますが、皇帝が死んだために暴動を起こそうとした軍隊にむかって、「皇帝を殺害したのはわたくしだと思うがよい」と叫んだのでありました。それと同時に元老院も、皇帝の存在を記録から抹消し、その寺院をとりこわすことを決議いたしました。元老院がカッシウスにたいして怒ったなどということはまったくなかったのであります。それからほどなく軍隊がクラウディウス〔ネロ〕を皇帝として擁立したとき、元老院は護民官を楯にして、クラウディウスが最高権力の座につくことを禁じたのであります。だが、軍隊のほうが力が優っていたのでありました。元老院はネロを公敵であると宣言し、父祖の流儀に従って罰するためにネロを捜しまわったのであります。その処刑法たるや、犯罪者の衣服をはぎとり、首を台木に固定して、笞でうちすえて死に至らしめるというものであります。これに比べたら、イングランド国民がその暴君に処したところの、なんと穏やかで控えめだったことでありましょうか。しかもネロよりもチャールズのほうがはるかに多くの流血のもととなっていると多くの人びとが判断しているにもかかわらず、であることをお忘れなく。

元老院もまたドミティアヌスの死後に有罪の判決を下し、ドミティアヌスの像を公の場から撤去し、破壊せよと命じたのでありますが、これが元老院のできたすべてだったわけでありました。コンモドゥス[118]は自分の臣民の手にかかって殺害されましたが、元老院も臣民もその報復をするどころか、コンモドゥスを公敵であると宣告し、罰するためにその死体を捜し求めたのでありました。この件にかんしての元老院の法令はラムプリディウス[119]の「コンモドゥス」〔『アウグストゥス帝時代史』第一八巻三章〕に現存しております。「あの祖国の敵から名誉ある称号をはぎとらしめよ。あの大反逆者をひきずりまわし、納骨堂で八ツ裂きにせしめよ。あの神がみの敵、元老院殺害者を首になわをつけてひきずりまわし、泥まみれにせしめよ……。」また、まさに同じ人びとが元老院議会の満座のなかで、皇帝ディディウス・ユリアヌス[120]に死刑の判決を下し、彼自身の宮殿において死刑に処すべく護民官を送るようにと命じたのであります〔スパルティアヌス[121]の「ディディウス・ユリアヌス」。『アウグストゥス帝時代史』第八巻八章〕。そしてまた同じ元老院議員たちが、マクシミヌス〔・トラクス[122]〕を廃位せしめ、公敵と宣言したわけであります。マクシミヌスにかんする元老院の決議はカピトリヌス[123]から引用することができます。「執政官が『父なる元老院議員の方がたよ、マクシミヌスの一族をいかがいたしましょうか』とたずねると、彼らはこう答えた。『やつらは敵、まぎれもなき公敵である。やつらを成敗するものはだれであっても褒美をとらせよう』〔「二人のマクシミヌス」。『アウグストゥス帝時代史』第一六巻四章、第二三巻二―七章〕。〔サルマシウスよ、〕そなた、ローマ人や属領が元老院の言いつけに従ったのか、それとも皇帝マクシミヌスに従ったのかをここでお勉強してみてはいかがかな。カピトリヌスのことばに耳をかたむけるがよい。「元老院は」属領全体に「通達を出して」公共の安寧と自由を擁護するためにローマに結集するようにと呼びかけたのであります。あらゆる人びとがそれに従いました。いたるところでマクシミヌスの友、代行者、護民官、兵士たちが殺害されたのであります。この公敵にたいする忠誠の誓いを守った都市はほとんどなかったのであります。ヘロディアノス[124]も〔『ローマ帝国のアンティオケ史におけるヘロディアノス』第八巻八―九章において〕同様の叙述をしております。ローマ人にかんしては、もはやこれ以上つけ加えることもありますまい。

さてそれでは当時のローマの近隣諸国において王権がいかなる内容をもっていたかを見てゆくことにいたしま

しょう。ガリア人たちのあいだではアンビオリクス王[125]については「その権力の質を問えば、王が臣民に行使するのと同じ法を、臣民もまた王に行使した」と認められているのであります。すなわちアンビオリクスは裁くと同様、裁かれもしたということになります。カエサルの『ガリア戦記』〔第五巻二七章三節〕によれば、ヴェルキンゲトリクス王[126]もまた自分自身の民から、謀反人として告発されたのであります。

「ゲルマン人の王の権力は無制限でもなく絶対でもなかった。比較的小さな問題については主だった人びとが熟慮して決定するし、より重大な問題については判断は全国民に委ねられている。王や主だった人びとは権力をかさにきて命令するのではなくむしろ〔権威ある〕説得によってその意見を国民のあいだに浸透させるのである。その見解がもし民意にそうものでなければ、国民は怒声を発して拒否するのである」とタキトゥスは〔『ゲルマニア』第一一巻で〕述べております。じつのところそなた、ついいましがた前代未聞のことであるとして自分で断固しりぞけたことを、じつは、しばしば行なわれたことであると認めるしまつであります。「スコットランドでは五〇人ほどの王が廃位されたり、投獄されたり、殺害されており、公然と処刑されたものさえある」と述べているのであるから。王が公然と処刑されるということは、イングランドでもしばしばくりかえされていることであります。それをなぜそなたは忌むべきこと、前代未聞のことであると声をはりあげておおげさに嘆いてみせるのであるか。闇にまぎれて、こそこそと墓場まで貧民の死体を運ぶ運搬人よろしく暴君の死体を処理しようとするふとどきものめ。

そなたは調子にのって、ユダヤ教徒とキリスト教徒が暴君に恭順であったと述べ、これを賞揚して、うその上塗りを重ねるが、わたくしはそのことについてはすでになんども反駁したところである。そなたときたら、いましがたアッシリア人とペルシア人の従順さをあまねく称賛したかと思いきや、もう、その反乱を数えたて、いましがた反乱などまったく起こらなかったと断言したと思いきや、もう、反乱がしばしば起こったがその原因は云ぬん、と述べたてるというありさまである。おつぎにそなたは、わが国の王が処刑されたさまをながながしく物語るという作業に戻るのであるが、それはあたかも、いままでの作業で、自分がいかに無能でばかものであるかが、ひょっとしてなにかのはずみで周知徹底できなかったというのであれば、いまこそ周知徹底させようという心意気である、とおみうけした。「国王は自分自身の廷臣にひったてられた」とそなたは言う。そなたがだれをさして「廷臣」というのか、わたくしは理解に苦しむのであります。またそなたは、王政から共和政に変わることによって、ローマ人がうけた被害の数かずを述べたててみせるのであります。だがそれについて、すでにわたくしは、いかにそなたがうそをつみ重ねているか明示してまいりました。そなたときたら、イエズス会士たちに反駁したときには「貴族政治や民主政治のもとでは最悪の場合でも騒乱が引き起こされるにすぎないが、暴政のもとではかならずや破滅が生ずる」[127]と明言しておきながら、いまでは不誠実と堕落の極みにまで達したために、「ローマ人は王政を廃した罰として騒乱という水源から害毒を汲み出し、飲みほすこととなった」とまでぬけぬけと言い放つのであります。そなたが豹変したのは、子息チャールズから百枚の金貨を受けとったからなのであります。そのためにローマ人が王を追放した埋め合わせをすることとなったと、そなたは言うわけであります。そなたは、ユリウス・カエサルの殺害者たちにとって事の成りゆきはまずくなったと言う。かりにわたくしが、暴君をだれかひとり容赦してやるとすれば、たしかにそれはカエサルをおいては他にないのであります。なるほどカエサルは、共和政のなかに暴力的に専政を導入した張本人ではありますが、おそらくは他のだれよりもその形態にふさわしい力量を備えた人物だったといえるでありましょう。しかし、それだからといってわたくしは、だれかが当然カエサル殺害の罰を受けるべきだなどとは考えないのであります。それはキケロの同僚ガイウス・アントニウスがカティリナ殺害[128]の罰を断じて受けるべきではなかったのと同様であります。のちにアントニウスが別の件で有罪とされたとき、「カティリナの墓は花で飾られた」が、それはカティリナを支持した連中が喜んで「カティリナの行ないはいまや正当化された」として、カティリナを殺害した人びとにたいする世論の憎しみをかきたてようとしたのだ、とキケロが『フラックスのための弁護』〔三八・九五〕で述べております。

こうした詐欺師的な手口は、この上もなく卓越した人びとをひるませ、暴君断罪を、そしてしばしば、極悪犯人の処罰を阻止せんとするものであります。暴君を成敗した人びとにとって多くの場合、事の成りゆきがぐあいよく順調であった、とそなたに反駁するのはたやすいことでありましょう。そのような事例をもとに、人事にかんしてなにかしらの結論を下すことがありうる、としての話でありますが。さらにそなたは「イングランド国民は世襲の国王を死刑に処したが、そのやり方は、暴君を慣行どおりに断罪したというのではなく、盗賊もしくは謀反人（むほんにん）あつかいして処刑するというものだった」と言って非難なさる。第一に、世襲が免罪と、いったいなんのかかわりがあるのか、わたくしには解（げ）せないのであります。いやしくも賢明な人物であれば、世襲がなにか免罪とかかわりがある、などとは考えないところであります。第二に、そなたの言う「残忍」な行為のうちにこそむしろ、わがイングランド国民の寛容と節制とがあざやかにたち現われ、称賛を待つものであります。と申すのも、暴君であるということは、本質的にそれ自体のうちに、あらゆる種類の冒瀆行為、強奪、反逆、国賊的行為を包含しているのであります。にもかかわらず、イングランド国民は暴君にたいして、ごくありふれた盗賊もしくは謀反人に下す慣行どおりの処罰と同じ処罰を下し、それでじゅうぶんだと考えたからであります。

そなたは、「だれかハルモディオス[129]やトラシュブロス[130]のごとき人物が立ち上がり」、われら〔イングランド国民〕を殺害することによって、かの国王〔チャールズ一世〕の復讐（かたき）をとり、慰霊をする」ことを望むと言う。だがそなたはまもなく、失望落胆して、善良なる人びとすべての呪いを受けて、まずおん身みずからの手でご自分を絞首刑にするという、おん身にはまったくお似合いのやり方で、ご自分の人生に終止符をうつことになりましょうぞ。かくてそなたは目の黒いうちに、ハルモディオスたちが、またべつのハルモディオスたちの血によって暴君の死を贖うのを見ることはないというわけであります。そなたがかくのごときあえない最期をとげる可能性は極めて高いのであります。と申すのもそなたのごとき瀆神の輩にたいして、これ以上にふさわしき運命を予告できるものはおりますまい。これ以外の可能性はないと申しあげよう。そなたはガリエヌス帝[131]の治世に反乱を起こした三〇名の暴君に言及なさる。もしひとりの暴君が、べつの暴君と戦うとすれば、暴君と戦ったり、これを殺害するものはすべて彼ら自身も暴君とみなされねばならないというのでしょうな。騎士のふりをする奴隷めが！ そのようなたわけたことをだれが信ずるものか。そなたが権威の拠りどころとしてトレベリウス・ポリオ[132]を召喚したとてむだであります。彼は歴史学者としては最低のものだからであります。「元老院が皇帝のうちのだれかを公敵と宣言したとしても、それは派閥争いによるのであって法にもとづいてなされたことではない」とそなたは言う。そなたにこういわれてわれわれは、そもそもの皇帝の成り立ちを思いおこすのであります。まさしく派閥と暴力と、手短にいえばアントニウスの狂気とによって、法にそむいて、そもそも皇帝たちはローマの元老院と市民とに反抗し始めたのであります。「ガルバ[133]が罰せられたのはネロに反抗したその報いを受けたのである」とそなたは言う。ならば同様にして、ウェスパシアヌス[134]がウィテリウス[135]に反抗したために、いかなる報いを受けたのか、ご教示いただきたい。「チャールズはネロとはまったく違う。それはちょうどこのイングランドの屠殺人どもが当時のローマの元老院たちとはまったく違っているのと同じである」とそなたは言う。極悪人め！ そなたの称讃はすなわち罵詈雑言であり、そなたの罵詈雑言こそ、この身のこの上なき名誉である。

だがほんの数行まえに、まさにこの問題にかんしてそなたは「皇帝の支配下にあっては元老院も外衣をつけた奴隷の寄せ集めにすぎなかった」と書いたのであります。それでいていま、「元老院は国王の集合体であった」と言うとは！ これが真実なら、そなたのお説に従えば、国王とは外衣をつけた奴隷にほかならないというわけであります。かくのごとき称讃者をもった国王たちはまことに幸運であります。人のうちにあっては比類なき能なし、四つ足の獣（けだもの）のうちにあってはこの上なき愚鈍、言いかえれば、おぬしほどに学者ぶっていないないてみせるロバはほかにはない、という点にこそ、おぬしの稀少価値があるのであります。

そなたはイングランド議会が、ローマの元老院よりもむしろネロに似ていることを証明しようとする。この上もなく愚かしき比較によってなにもかも、ごちゃごちゃにくっつけてしまうという、そなたの狂気の病いを前にして、わたくしはそなたを矯正し、いかにチャールズがネロに似ているかを証明せざるをえないのであります。「ネロは自分の母親を剣でさして殺害した」とそなたは言う。チャールズ〔一世〕はといえば、父親にして国王たる人物を毒を盛って殺害したのであります。ほかの証拠はさておくとして、国王〔ジェイムズ一世〕毒殺の罪を犯したバッキンガム公爵を法の網の外へ逃したもの〔チャールズ一世〕は、おのれ自身も共犯者だったにちがいあるまい。ネロはなん千人ものキリスト教徒を殺害したが、チャールズはもっと多くを殺害した。スエトニウスの証言するところによれば、ネロの死後、彼を称え、その死を悼（いた）み、長の歳月「その墓を季節の花で飾り」〔『ネロ』第五九章〕、その敵にあらゆる呪詛（のろい）のことばを積み上げた人びとがいたということである。現代にもまた同じ狂気の病（やまい）に冒（おか）され、チャールズの死を悼み、この上なき美辞麗句を連ねてこれを称賛する人びとがいる。そしてそなた、絞首台の騎士めが、その指揮をとっておるとは。

「特産のマスティフ犬以上にどう猛な(136)、イングランドの雑兵（ぞうひょう）どもは、新奇にして前代未聞の法廷をこしらえあげた」〔とそなたは言う〕。ほうら、おいでなすった、サルマシウスおとくいの鋭い一撃であります。その旗印（はたじるし）に刻んだ題銘の六回目の登場です。「特産のマスティフ犬以上にどう猛なり」。修辞学者と文法教師のみなさまはどうぞこちらへおいでください。そして知恵ある方は、サルマシウスごひいきの、麗しさ極まりなきこの花を摘みとって、多弁極まりなきこの男の装飾品〔たる花〕がしおれてしまわぬように、筆記帳もしくは飾り棚にお収めください。そなたは狂気の病いがこうじて、ことばまでおかしくなり、カッコーのさえずりよろしく、同じ不吉な歌を性懲りもなく、くり返して歌うことしか能がないのであるか。なんと奇態なことか。ヘカベは狂気のために犬に変身したといわれている。そしていま、聖なる狼の親玉は〔狂気のために〕カッコーに変身してしまったというわけだ。(137)

そなたはいまや新たなる自己矛盾を露呈するのであります。以前、〔『チャールズ一世弁護論』〕一一三ページでそなたはこう言ったではないか。「君主は超法規的存在である。強制的な法と同様、指導的な法にも拘束されることはない。国王を拘束する法はまったくないのである」。にもかかわらず、いま「国王たちのなかでも比較的強大な権力をもっていたものもいれば、そうでなかったものもいるので、国王たちの〔権力の〕差異についてこれからさらに論じることにする」と言うのであります。そなたは「国王が臣民により裁かれ有罪と宣告されるなどということはありえない」と証言しようとする。そしてこれは「堅固この上なき議論」だとそなたは言うが、じつのところ愚鈍この上なきしろものなのである。そなたは「士師と王とのあいだにはなんの差異もなかった。だがユダヤの民は士師に飽きて憎しみをいだいたために、王を請い求めたのだ」と言う。つまりそなたはこう考えるのであるか。ユダヤの民は、士師たちを職権濫用のかどで裁き、有罪と宣告することができたからこそ、士師たちに飽きて憎しみをいだいた。そしてたとえあらゆる法を破ったとしても自分たちが罰することも拘束することもできない王などというものを請い求めたと。かくも愚かしく議論するを習いとするは、そなたをおいてほかにはない。それでないとすれば、民が王を切望したのは、法に優越する主人をもちたいというのではなく、ほかになにかべつの理由があったというわけであるか。その理由がなんであったかを詮索するのはわれらが現在の目的にはあらず。だが理由のいかんをとわず、王を切望したことがけっして賢明なる選択とはいえなかったことは、神と神の預言者〔サムエル〕が証したところであります。

おつぎにそなたは、王は裁かれもすれば、笞打ちの刑を宣告されることもあったと述べているからといって、ユダヤの律法学者たちを非難するのでありますが、まさに彼らの文書にもとづいて、ユダヤの王は裁かれることはありえなかったと証明したのだと、そなたはさきほど豪語したではないか。すなわち、彼らの文書からそなたが証明したというさきの陳述は真っ赤なうそであったと告白しているも同然。とうとうそなたは、国王を弁護するという〔本来の〕務めを忘れ、ソロモン王の馬屋の数について、「かいばおけ」がいくつ「あったか」などという、鼻につく議論に熱をいれるにいたるのであります。

最後にそなたは馬丁からまたもや騎士の姿に戻り、道徳家ぶってべらべらと同じお説教をくりかえすのである。というよりもむしろそなたは、あの怪物、気の狂(ふ)れたカッコー鳥に戻ってしまったというべきか。そして悲しげにさえずりおる。「昨今の時勢では、規律は効力を失い、規則は亡きがごとくである」。それというのもさよう、ただひとりの超法規的存在である暴君が、とがめも受けずにあらゆる規律を無効とし、全人類の規則を亡きがごとくにすることが承認されないからだ、というのであります。かかる教義は「ブラウン主義者たちによって新教徒(プロテスタント)の改革派のなかに」導入された、とそなたは言う[138]。それではおん身の判断によれば、ルター、カルヴァン、ツウィングリ、ブーツァー、その他名高き正統派の神学者全員[139]がブラウン主義者だということになる。イングランド国民はそなたの罵詈雑言をいっそう安らいだ心で耐え忍ぶのであります。なぜならばそなたは、まったく同様の罵詈雑言をこの上なく偉大な、教会の指導者の方がたにたいして、そしてじつにプロテスタントの改革派教会全体にたいしてあびせているからなのであります。

第六章

神と自然の法にかんして、実りなき議論を稚拙きわまりなき方法で済ませたそなたには、ほかならぬ無知にして邪悪という不名誉が与えられたのでありますから、国王の大義を擁護するためとはいえ、もはやそなたは枝葉末節の申し立てしかできないわけであります。わたくしといたしましては、かりにいま、この時点でそなたに応酬するのを中断するとしても、善良にして博識なるすべての方がたに、この大義そのものにかんしてもじゅうぶんご納得いただけるだけのことは論じつくしたと信じております。だがそれ以外の人びとが、そなたの際限なき多弁を論述の巧妙さ、鋭敏さであると錯覚し、わたくしがおじけづいて逃げたなどと勘違いされては心外でありますから、そなたがどこに論陣を敷こうとも、とことんお相手いたす所存である。ただしあくまでも、これはある種の人びとの期待、もしくは興味にあえてお答えするまでのこと。それゆえなるべく手短に行こう。なぜなら、かりに本件の重要性にふさわしく論じるのは無理だったとしても、緊急度に応じて論じるべきはすべて論じたのでありますから。

「さていまやわたしの前には、新たなる、いっそう重大な議論がたちはだかっている」とそなたは言う。神と自然の法にかかわる以上に重大な議論とや。お手をお貸しください、ルキナよ、お産の女神よ。サルマシウス山が陣痛を起こしました。この男が恐妻家であるのもゆえあってのこと。さあさあ、おたちあい。なにか怪異なるものが誕生するのでありましょう[1]。「王にして、王と呼ばれる人物がかりになにかべつの権威の前へ召喚されるなどということがあるとすれば、それは必然的に王権以上に偉大な権威ということになる。しかし、王権以上に偉大であると定められた権威は王権と呼ばれるべきであるし、じじつそれこそが王権にほかならないのである。なぜなら、王権とは、国家において至上の、唯一無二の権威であり、それ以上に偉大な権威は認められないものである、と定義されるべきであるから」。大山鳴動してネズミ一匹とはこのこと、しかも愚鈍なるネズミであります。お手をお貸しください、文法教師の方がたよ。この文法教師のお産〔噴火〕に手をお貸しください。震源地は神と自然の法ではなく、用語辞典だったのであります。

そなたにこう答えようか。事実こそが名称に優先する。そして実体たる国王を廃棄したいま、国王という名称にかかずらうことはわれわれの関与するところにはあらず。国王擁護者にそのことはまかせておくがよい。われわれは手にした自由を満喫すると。これでもそなたにたいする返答としては不公平とはいえまい。だがわたくしが、そなたにたいしてあくまでも公明正大に相手をするつもりであることをご理解いただこう。そのためには、国王の名称と権威はともに、より偉大な、市民と法の権威と、完全に表裏一体のものであることを、わたくし自身の見解のみならず、いにしえの最善にして最賢の人びとの見解にもとづいて答えることにする。

第一にリュクルゴスは英知の誉（ほまれ）高き人物でありますが、プラトンの伝えるところでは[2]、王権維持をだれよりも熱望いたしました。そしてそのためには、自国において王権よりもむしろ元老院と民選長官（エポロス）——すなわち市民の権威——に重きをおくことこそ最善の手段（ラティオ）であると発見したのであります。エウリピデスの描くテセウスもまた同様の見解をもっております。と申すのも、アテナイの王でありながら、アテナイ市民を自由の民とし、それをもっておのが身の大いなる誉（ほまれ）としたのであります。さらにテセウスは民の権威を王の権威に優越させましたが、それでもなおアテナイ市においては王権をその子孫に伝えたのであります。それゆえ『救いを求める女たち』

においてエウリピデスはテセウスにつぎのごとくに語らせるのであります。

わたくしはわが民を王の座にすえて
自由と平等の選挙権を与えた。

〔三五二―三行〕

あとになってテセウスはテーバイからのさきぶれの使者にこう述べるのであります。

異国のものよ、まず初めからそなたのことばはまちがっておる、
おりもせぬ専制君主をここに求めるとは。
この市は専制支配のもとにあるのではなく、
自由であり、市民こそが主人ぞ。

〔四〇三―六行〕

彼はかく述べたのであります。かの市でテセウスは、事実上、王であり、王と呼ばれているのに、であります。かの神聖なるプラトンも『書簡・第八』〔三・三五四―三五五〕で証言しております。「リュクルゴスこそが元老院と民選長官の権威を〔王権に優越するものとして〕導入した最初の人物であるが、これは王権にとって救いであった。なぜならこの手段によって王権はいく世代にもわたって高き誉を保持しつづけたからである。リュクルゴスより以後は法が人類の伴侶にして王となった」。さて法こそが王であるといっても、それは万一のとき

に、だれか王にたいして法的措置を講じる人物がいることが前提となるのであります。かくのごとくに王権が調整され限定されることが望ましいと、プラトンはシチリア人に勧めております。「自由をして王権と共存せしめよ。王権をして行為の弁明をせしめよ。王が法に背くなら、王すらも法に従属せしめよ」。

最後にアリストテレスもまた『政治学』第三巻〔一四章〕で「法に統治される王政はあまたあれど、スパルタ国家（リパブリック）に真正にして最上の王政のかたちがあるように思われる」と言う。しかしながらアリストテレスの言によれば、あらゆる君主政体は法にもとづいて統治されたのである。彼が絶対王政（パンバシレイア）と呼ぶものだけが法の制約を受けないのであるが、この政体がいずこに存在したか、アリストテレスは述べていない。さらにアリストテレスはスパルタのような王国こそは〔実体として〕最上の王国であり、その名称にもふさわしいと考えたのである。したがってスパルタ王のような人物こそ、市民が王に優越していても、それでも実体として最上の王であり、名称もそれにふさわしいと、認めざるをえなかったのだ。

さて、これほど多くの偉大なる著作家たちが誓約し、保証していることは、主権が国民の手にあってさえも（通常、行使されることはないが、火急の場合に備えて国民自身が保持しているわけである）、国王の名称も実体もけっしてそこなわれはしない、ということである。それゆえそなた、そのようにびくびくして文法的構成とか用語法を恐れるのあまり、全人類の自由と福利を売ってまで、自分の編纂した用語辞典の構成が混乱するのを防ごうとやっきになることはなかろうに。そしてこれより後は、名称が実体に従属するのであって、実体が名称に従属するのではないことを、しかと肝に銘じておくがよい。

こうしてすこし知恵がつけば、そなたが危惧（きぐ）しておるような「無限にどうどう巡りをする」事態は避けることができよう。

「それゆえセネカが国家の三つの型について記述しても、それは徒労となる」。セネカの記述は徒労とさせるがよい。だがわれわれには自由を享受させよ。わたくしがまちがっているのでないなら、われわれはセネカの華麗な文体などにまどわされて奴隷の身におとしめられるがごとき人種ではないのであります。しかしセネカは「主権はただひとり〔の為政者〕に委ねられている」と述べてはいるものの、それでも「主権は国民のものであり[3]」、それは公共の福利のために国王に委託されたのであって、国民を破威させるために国王に委託されたのではない、といっているのであります。すなわち主権は国王の所有物として国民から召し上げられたのではなく、まさしく〔国民のために〕行使するべく委託されたのであります。「こうなっては、国王は神に従って統治するのではなく、市民に従って統治することになる」。あたかも神が、み心に適った人物に王権を与えるように、といって民を導くことはなかった、とでも言いたげであります。『法学提要』においてユスティニアヌス帝[4]自身が認めていることでありますが、〔ローマの〕帝政は「ローマ市民が自分たち自身の権利と権威すべてを国王法（レックス・レギア）にもとづいて皇帝たちに与えた」ときから始まったのであります。

　しかし、わたくしはどれほど長くそなたのたわごと〔という陳腐な料理〕を蒸し返すことになるのでありましょうか[5]。すでになんども反駁しつくしたものを。またもや、生まれながらにしみついたしつこさと野卑、この上なく忌むべき習慣をまるだしにして、そなたはわが国の内政に差し出がましくも干渉するのであります。なんの関係もない異国人（よそもの）、部外者の身のほどもわきまえずに。来たくば来るがよかろう。おせっかいやきのまぎれもなきしるし、文法違反をたずさえて[6]。「この堕落におちたものたちがなにをほざいたところで、それらはすべて国民をあざむくためのものであるにすぎない」。ああ、瀆神（とくしん）の輩め！　われわれを野蛮な文法違反の山のなかにうずめてしまおうという魂胆（こんたん）で、そなた無法者の文法教師の身で、わが国の統治に干渉しようとしたのであるか。それではわれわれがどうやって国民をあざむいたというのか、申してみよ。

「このものたちが導入したのは、民主政権ではなく、軍事政権である」。これこそ、あの背教者の一団がそなたを傭って――なんとも安く傭ったもの！――書かせようとしたことにほかなるまい。それゆえわたくしは、意味もわからずただ片言をまくしたてているそなたなどは相手にせず、そなたを傭ったあの背教者たちに答えるといたそう。「議会から貴族たちを追放したのはだれであったか。国民だとでもいうのか」。まさにしかり。それは国民であった。そしてそうすることによって、国民はみずからの首にかかっていた、耐えがたい隷従の軛（くびき）をふるいおとしたのであります。その行為の主であるとそなたの言う軍人たちとは、異国者〔の傭兵〕などではなく、国民の大多数を占めているれっきとした自国市民なのであり、残りの国民ほとんど全員の同意と要請を受け、行動したのであり、さらに議会（パーラメント）自体の権威を支えとしてのことだったのであります。「下院議員を武力で追放したのが国民だったというのか」とそなたは言う。しかり、国民であった、とわたくしは答えよう。と申すのも、議会のより良き部分、すなわち、より健全なる部分が――そのうちにこそ国民の真実の権威が存在するのであるが――なした行為を国民の行為であるといってなにかさしさわりがあるというのであろうか。議会（セネト）のうちの多数派が隷従を好んで、国家（リパブリック）を売り渡そうとするときに、選り抜き（パウキオルム）の少数者が権威をもってそれを阻止し、自由を保持することが正当でないというのか。「下士官たちが軍団を率いてこれを行なった」。それではわれわれは、下士官たちに感謝せねばならない。彼らは国家を見捨てることなく、たけり狂ったロンドンの下層民や行商人が、クロディウス(7)に煽動されたかの暴徒のごとくに、さきごろまで議事堂を包囲していたのを駆逐したのでありますから(8)。そなたはこれを根拠として、平時と戦時をとわず、なにをおいても国民の自由を保持するという、議会の第一義にして特有の務めを「軍事的独裁」と呼ぶのであるか。まことにそなたにこの『チャールズ一世弁護論』を書かせた公共の敵どもがこのようなことばをつかうのも不思議はない。なぜかといえば、その昔アントニウスを支持した邪悪この上なき連中が、祖国の敵にたいして武力で対抗したローマの元老院を、「ポンペイウスの陣営(9)」と呼んだものだからであります。

さてわたくしは、そなたの党派の連中が、われらが軍隊のいと勇敢なる総司令官クロムウェル(10)を白眼視していると聞いて欣快（きんかい）至極に思う次第である。しかもその白眼視の理由はといえば、クロムウェルが喜び溢れる同胞たちの軍団を率いて、国民の愛顧と声援、すべての善良なる人びとの祈りに支えられて、アイルランドでの戦役に着手した――まことに神のみ心に適（かな）ったことであります――からだというのであります。そしてそなたの仲間の連中が、あとになってかずかずの、クロムウェルの戦勝の知らせを聞いたなら、嫉妬のあまり衰弱死してしまったにちがいあるまいと信ずる。

ローマの兵士たちにかんする、そなたのくだくだしき戯言（たわごと）にはふれずにおくといたそう。おつぎに続く話はこの上なく真実からかけ離れたものであります。「権威が国王の手に移ったとき、国民は権威を喪失した」とそなたは言う。それはいかなる法にもとづいてのことであるのか。それというのも一般的に国王は、世界中どこででも、一定の条件のもとに国民から委託されて、権威を受けていることはたしかだからであります。国王が条件を守らなくてよい、というなら、契約によって国王に委託されているにすぎない権威が、なぜ執政官や他の為政者から戻されると同様、国王から国民の手に戻されてはならないかを、そなた証明せずばなるまいぞ。「国家（リパブリック）の安寧のため」というそなたのいい分は的はずれであります。なぜなら権威が国民のもとに戻されるのであっても、〔権威がどこから戻されるのか、委託されていた権威を濫用していたのが国王なのか、貴族なのか、三執政なのか、などということは、〕全人類の安寧〔という大義〕を乱すことにはならないからであります。しかもそなた自身が、国王を別とすれば、他のあらゆる為政者から、権威が国民のもとに戻されることを容認しているのであります。たしかに、全人類の安寧という大義以外の理由で、国王なり他の種類の為政者なりに統治権を委託する国民は、けっして健全な精神をもちあわせているとはいえないのであります。だとすれば、全国民の壊滅を防ぐという、まったく正反対の大義のために、国民がいままで委託していた統治権を他の為政者と同様に国王から剥奪したとしても、それはまったく理に適っているといえるのであります。そしてじっさい、複数の人物から剥奪するよりは、ただひとり〔の国王〕から剥奪するほうが、はるかに容易いことといえるのではないでしょうか。

契約以外のなにか別の条件のもとで、国民がただひとりの現身の人間に自分たちを統治する権限を差し出してしまうなどということがあれば、狂気の沙汰というほかはないのであります。また天地が創造されてよりこのかた、いやしくも自由意志をさずけられた国民が〔自分たちのものである〕統治権にたいする正当な権利を全面的に差し出してしまうほどにまで、惨めにも愚鈍になりはてたり、また逆に、いちど為政者に委託した統治権を、いくつかの重大な理由もないのに為政者から剥奪する、などということは信じがたいことであります。しかし、統治権をめぐって騒乱や内乱が引き起こされたとしたらいかがなものでありましょうか。たしかに、それを理由に国王が武力によって、（国民が統治にたいする正当な権利を要求しているのに）統治権をどうしても返還しようとはしないなどということは容認しがたいのであります。

かくしてそなたの言うとおり（そしてわれわれもまったく同感なのであるが）「統治者は軽がるしくすげ替えるべきではない」という結論に到達するのであります。だが、判断の基準は王権にあるのではなく、国民の同意にあるのであります。またそれだからといって、大義のいかんを問わず統治者はけっしてすげ替えるべきではない、ということにはならないのであります。そなたはいまにいたるも、なにか例証をあげるなり、王権を提出するなりして、国民が同意のもとに一致団結して、国王にあるまじき人物から王位を剥奪することが正当ではない、と証明しておらぬではないか。そなた自身の故国フランスでは通例となっておるように、王位剥奪が騒乱や内乱を引き起こさずに行なわれうると仮定してはいかがなものか。と申すのも暴君の安寧ではなく、国民の安寧こそが至上の法なのでありまして、[11] そのような法は国民を暴君の魔手から保護しこそすれ、暴君を国民の手の届かぬ高みへとおし上げるものではないからであります。

そなた、かくも清らかにして聖なる法を、臆面もなく詭弁によって逆さにねじまげ、人類の法のうちでも至高の法、国民の安寧に最大の寄与をなす法を、暴君の悪事の免罪符として使おうとは、そなたよくもそんなことができたものだ。かくのごとき〔瀆神の〕そなたには、わたくしはしばし預言者として答えるのがふさわしかろう。と申すのも、そなたの目にはわれわれイングランド国民はしばしば「熱狂主義者」、「神がかり」、「預言者」として映じておるようであるから。かくのごとき瀆神の罪にたいしては、かならずや神のみ裁きが、そして同時に人の裁きが下されることになろうぞ。事実、全人類を暴君の支配下に隷属させる——それすなわち、そなたの言うところによれば、猛獣に引き裂かれるがままになれ、と宣告することに他ならないのであるが——というそなたの謀略は、途方もなき瀆神の罪でありますから、かならずやそなたには、それにふさわしき罰が下り、そなたがいずこへ逃亡しようと、いずこを彷徨しようとも、復讐の女神たち(エリニュス)とともにそなたに遅かれ早かれとり憑いて、（いまも狂気の体でうわごとをいってはおいでだが、）さらに悪しき狂気へとそなたを駆りたてることになろうぞ(12)。

さてわたくしは、そなたの別の議論へと矛先(ほこさき)を向けるとしよう。だがこれもまた前のと同様、腰くだけの代物(しろもの)であります。そなたは、国民が権利を取り戻すなどということになれば、君主政体と民主政体を区別するものは、「一方は単独の統治者をおくが、もう一方は、複数の統治者をおくという以外にはなにもなくなってしまうではないか」と言う。それが真実ならどうだというのであるか。国家がなにか損害でも受けるというのであるか。だがそなた自身が、「任期と〔職務〕継承」にかんして違いを呈示しているのであります。というのは「民主政体においては為政者の任期は通常、年単位である」が、君主は失政を犯さなければ終身その地位にあり、ほとんどの君主政体においては同一の家系が〔王位を〕継承するのであります。〔まあ、〕違いがあろうがなかろうが、そのようなことはわたくしにはとるに足らぬことであります。〔だが〕これだけはどちらの政体にも共通することがあります。それは、どちらの政体であっても、公共の福利のためにこそ国民は為政者に権力を託したのでありますから、その公共の福利の要請があれば、そのゆえに為政者から権力を剥奪できるのでありまして、それはけっして不法ではないのであります。

「しかしながらローマ法のなかの国王法に従えば、ローマ市民は全権力と権限とを皇帝に委譲した」という。たしかに。皇帝たちは法の侵犯にほかならぬものに法の美名をきせて、そうすることを強制したのである。このことについてはわたくしがすでに指摘したことであるし、法学者たち自身もこの箇所を論じて認めているところであります。それゆえ、合法的に、すなわち、国民の同意にもとづいて承認されたのでなければ、それが廃止可能であることは疑いの余地がないのであります。じっさいのところ、ローマ市民たちが皇帝に認めた権限というのは、以前〔まだ共和制であったころ〕、為政者たちに認めた権限――すなわち法にもとづいて統治する権限――に他ならず、廃止可能であり、専制的でも不合理でもなかったと考えるのがきわめて理に適ったことであります。そうなると、皇帝たちは執政官や護民官から権限を委譲されたということであります。じじつ、ユリウス・カエサルより以降に独裁執政官の権限(13)を要求した皇帝は、ひとりもいないのであります。さきにもタキトゥスとクラウディアヌスを引用して申し上げたとおり、皇帝たちは円形競技場にたって、国民に敬意を表わすというならわしだったわけであります。だがそなたは言う。「これまでに多くの人びとが私的に身を売って奴隷となったわけであるが、それと同様にして、一国の民全体が奴隷になることもありえる」。そなた、騎士であると同時に奴隷商人もかねているとは、そなたの故国にとっても未来永劫にわたる恥辱なり。そなたほどに邪悪な奴隷商人は、せり台に立たされた卑しさきわまりなき奴隷でさえもが、忌み嫌い軽蔑してしかるべきであります。かりに国民がこれほどまでにみずからを卑しめ国王に隷従するなどということがあるなら、国王のほうとしても、そのような国民は、そなたのお好みのだれか別の主人のもとへとさげ渡すなり、売り払うなりしてもかまわないといえよう。しかし、そうはいっても、国王は王冠の所有権ですらも〔国民の同意なくしては〕譲渡することができないのは確かであります。ならば、王冠のいわば用益権と王権とを国民の承認のもとに享受しているにすぎぬ人物〔国王〕が、まるで買い取った商品かなにかのごとくに、国民自身を所有するなどということがありえようか。やくざものの騎士のそなたが、耳に穴をあけ、白い石膏(せっこう)の足かせをはめて、せり台にのって前へ進み出てみたところで、そなたには最低の奴隷の値段さえつけてはもらえまい。かくのごとき恥ずべき教義の発案者たるそなたこそ卑しさきわまりなき奴隷なのであります。

この調子でどんどんと先へ進み、おのれの意図とはうらはらに、犯した悪事ゆえにご自身を罰するがよかろう。〔第六章の〕最後のあたりで、そなたは戦時下の法について舌たらずにまくしたてるのでありますが、これは当面の議論とはなんのかかわりもないことであります。なぜなら、チャールズは戦に勝ってわれわれを征服したというわけではないからであります。また彼の祖先たちにかんしていえば、彼らが正真正銘の征服者であったといたしましても、自分たち自身でいくども征服者ではないと言いはったのであります。その上、われわれが一方的に忠誠を誓わせられ、国王側は法を遵守するという誓いもしないままで済まされるほど徹底的に、われわれが征服されてしまったということもなかったのであります。

チャールズが公然と法を破り、まずむこうから手を出してきたとき、われわれは武力に訴え、これを制圧したのであります。彼をかつての征服王と呼ぶか、現在の偽証王[14]と呼ぶかは、どうぞそなたのご自由に。だがそなたのお説に従えば、「戦利品は勝利者のもの」であるはず。それではこの点にかんしてはまたしても駄弁をふるうがよかろう。プリニウス派[15]のあらさがし屋のうちで一番のおしゃべりのソリヌス[16]にかんして、そなたがすこし前に駄弁をふるったがごとくに。だが、いかにたわごとをまくしたてようと、騒ぎを引き起こそうと、ラビたちからなにを引用してこようと、この章の終りまで声がかれるまでわめきたてようと、そなたの骨折りはすべて、征服された国王のためでなく、神の助けによって国王を征服したわれわれのためになるのだと、肝に銘じておくがよろしかろう。

第七章

ふたつの不都合——そなたの重みのなさを考えれば、この上なく重く荷やっかいな不都合——を避けるために、そなたは前章で、国民の権力は国王の権力に優越するということを否認したのであります。というのも、容認してしまえば、第一に「国王」の名称は国民に返上して、国王のために他の名称を捜さなければならず、第二にそなたの政治学における体系的分類のいくつかが崩壊してしまうからであります。第一の場合には、そなたご編纂の用語辞典が体(てい)をなさなくなり、第二の場合には、そなたの政治学体系がすべて崩壊してしまうというわけであります。これにたいしてわたくしは、まず国民の福利と自由こそが考慮されるべきであり、つぎにそなたの用語法と政治学とが考慮されるべきであると、答えたのであります。

さてそなたは言う。「国王が自分自身の臣民によって裁かれることはありえない、ということを別の議論によって証明するべきである。そしてこの上なく強力、有効な議論となるのは、『王国には国王と同等のものはいない』ということだ」。なになに、「王国には国王と同等のものはいない」ですと？　それでは、かのいにしえのフランク王国の一二人の〔国王と同等であった〕貴族(ピア)はいかがなものでありましょうか。あれはすべてトゥルピヌス(1)の妄想だというのでありましょうか。実質もなく、からかい半分でそう呼ばれたとでもいうのでありましょうか。ご自分の祖国の主だった人びとを侮辱するのもほどほどになさるがよかろう。それとも彼らは、たんにおたがいに同等であるにすぎないというのか。あたかもフランス中の貴族のうちでこの一二人だけがたがいに同等であり、そのためにフランクの親衛騎士と呼ばれたかのごとくであります！　彼らが事実上、フランク国王と同等の騎士であって、この称号を与えられたのも国王とともに、フランク王国を統治し、同等の権利と同等の裁定権をもっていたというのでなければ、お気をつけめされい！　そなたの唯一の関心の的たる用語辞典はイングランドのコモン・ウェルスよりもむしろ、フランク王国にほんろうされているといえよう。だが、王国には国王と同等の者はひとりもいないということで説明をお続けなさるがよかろう。

そなたは言う。「ローマ市民は国王を追放してから、執政官をひとりではなく、ふたり任命したのであるが、それは、どちらかひとりが法を侵犯したとしても、残るひとりがこれを牽制するようにという配慮からであった」。かくも愚かしき議論を捏造するのは至難の業と申せましょう。それではうかがうが、一方がもう一方を牽制するためにおかれたというなら、なぜ執政官がふたりともにではなく、どちらかひとりだけが権威の標章たる枝の束(2)を保持したのでありましょうか。それにもし、ふたりが共謀して国家を転覆させようとしたなら、執政官をひとり任命しようが、ふたり任命しようが、さほど状況に変わりはないのではなかろうか。しかしながらこれだけは確信をもって申しあげよう。すなわち、元老院議員と平民とが公共の福利の要請であると判断した場合には、ふたりの執政官はもちろんのこと、他の為政者もすべて元老院に服従しなければならない、ということでありますこの点にかんしては、キケロの『セスティウスのための弁護論』(3)が強力この上なき証左となっておるのであります。そしてそれと同時に、キケロがローマ共和制について、いとも簡潔明快に説明しているのに耳をかたむけるがよかろう。キケロのことばを借りれば、ローマ共和制は「英知の粋を結集して」確立されたものであり、善良なる市民すべてが慣れ親しむべきものでありまして、これにはわたくしもまったく同感であります。

「われわれの父祖たちは王権を廃棄して、為政者の任期を一年で終了するものとして創設したが、国家を統轄する終身制の元老院をも制度化して議決機関とし、為政者はこの決定に従うものとした。そして元老院議員は市民全体の選挙により決定された。さらに、この最高の議決機関〔たる元老院〕の議員となる資格は、勤勉と徳にあふれた市民全員に認められていたのである。元老院はローマ共和国（リパブリック）の保護者にして守護者、擁護者として設立されたのである。元老院の意向に従うことこそが、すなわち、この最重要の議決機関の、いわば僕（ミニステル）であることこそが、為政者の職務だったのである」〔六四・二二七〕。

これにかんして輝かしき範例となるのは、十大官[4]であります。十大官は執政官としての権限をもつ最高位の為政者ではありますが、それでもなお、いかに抵抗しようとも、ことごとく元老院の権威に従うことが義務づけられているのであります。さよう、〔キケロの証言によれば、〕執政官のなかには、任期なかばにして公敵と宣告され、〔市民から〕武力で抵抗されたものもあったそうであります。というのも、敵としてふるまうものが、執政官のはずはないからであります。かくて元老院の権威にもとづいて、執政官であったアントニウスに戦がしかけられたのであります。そしてアントニウスは撃破され、本来なら処刑されるところでありました。しかし皇帝となったオクタウィアヌスが、帝国を手中におさめるためにアントニウスと共謀して、共和国を転覆させようとしたのであります。

「権力がただひとりの人物の手に委ねられているのが、国王の尊厳に固有の特質というものである」というそなたの主張もまた、まえの主張に劣らず愚かしきものであり、そなたご自身の手で即座に反駁されてしまうのであります。「ヘブライの士師たちは一時（いちどき）にひとりだけが終身変わらぬ統治権を保持していたのであり、聖書では士師たちは王とも呼ばれている。しかしそれでも最高法院（サンヘドリン）は士師たちを裁いたのである」。つまりそなたは、言えることはすべて言いつくしたと評価されたいと願うあまりに、すでに言明したことと全く矛盾だらけ、というわけであります。それではぜひともご教示願いたきことがある。ローマ帝国においては、ときには二名、ときには三名の皇帝が統治の座にあったが、この統治形態にそなたはなんという名称を与えるのであるか。彼らは皇帝、すなわち国王であったのか、それとも貴族か、はたまた三執政であったのか。さもなくば、アントニヌスとウェルス[5]、ディオクレティアヌスとマクシミアヌス[6]、コンスタンティヌスとリキニウスの統治下にあって、帝国は分断されていたとでもいうつもりであるのか。かりにこのものたちが国王でなかったとするなら、そなたお得意の「統治の三形態」とは、そなた自身の鋭き筆鋒の危険にさらされていることになるのであります。また、国王であるとするなら、王権がただひとりの人物に委ねられているのは、王権に固有の特質でもなんでもない、ということになる。そなたは言う。「執政官のうちのひとりが違法行為をするとき、その行状について他の執政官が、市民もしくは元老院に報告するが、それは違法行為をしたものが告訴され、処罰されるためにである」。それでは、第二の執政官の通報を受けて市民と元老院とがとった処置とは、まさに裁くという行為ではないか。それではご自分自身の陳述にいくらかでも敬意を払うとすれば、一方の執政官がもう一方の同僚の執政官を裁く必要などまったくなかったというわけであります。

なんたる弁護者！　忌むべきというよりもむしろ、まったく哀れむべきご仁よ！　そなたはあらゆる点で無防備きわまりなく、慰みに狩りでもしようというものが、そなためがけてものを投げれば、当たらぬほうが不思議なくらいである。

そなたは言いはなつ。「自分に死刑の判決を下す権限をもつ裁判官を、国王みずからが任命するなどとは考えるだに愚かしい」。だがわたくしは、そなたに異議を唱える証人として、愚かしくないどころか、この上なく優れた皇帝たるトラヤヌス[8]を召喚いたそう。トラヤヌスは、執政宮の監督者としてサブラヌスを任命するさいに、慣例に従って職務の標章たる短剣を手渡しながら、いくどもこう勧告したのであります。「この武器を手に取ってくれたまえ。そしてわたくしが正義を行なうなら、これを用いてわたくしを守るがよい。だが、そうでないときは、これをわたくしに向けるがよい。と申すのも、万人を導く立場にあるものが道に迷うほど、法にはずれたことはないからである。」以上はディオ・カッシウスとアウレリウス・ウィクトル(9)が語るところであります。この傑出した皇帝が、同等の人物とはいえない人物を皇帝を裁く人物として、自分の上に任命したことが、そなたにもおわかりであろう。ティベリウス(10)がこうしたことを言ったなら、虚偽と偽善から出たものと解釈するのも可能でありましょうが、この上なく徳高く神聖な人物であるトラヤヌスが、真実にして正義、公正であると判断したことを真心をこめて語っているのではないと考えるとしたら、これは瀆神の行ないといえるでありましょう。力においては優越しているのでありますから、トラヤヌスは元老院に服従することを拒否しようと思えばできたわけであります。それでいて、純粋におのが職務にたいする配慮(ラティオ)から元老院に服従した、すなわち元老院が法的に皇帝に優越することを承認したトラヤヌスの態度こそまさに法に適ったものでありました。これについてはプリニウスが『頌詞』においてつぎのように述べております。「元老院は四度目の執政官の座をあなた〔トラヤヌス〕が受けるようにと要請し命令したのであります。これがたんなる追従ではなく命令であることは、あなたご自身の従順さが証するでありましょう」〔七八・一〕。さらに少し先で「われらの自由を呼び戻し、回復することがあなたに課せられた務めであります」〔七八・三〕。トラヤヌスが自身について考えていたことは、元老院がトラヤヌスについて考えていたことと同一でありました。つまり、元老院の権威は皇帝に優越する、なぜなら、皇帝に命令することのできるものは、皇帝を裁くことができるという見解であります。それゆえ、マルクス・アウレリウスは、シリア総督であった〔アウィディウス・〕カッシウス(11)がローマ帝国を略奪しようと反乱を起こしたとき、元老院もしくはローマ市民の判断を求めて、もし市民が望むなら自分は帝国を〔敵に〕ゆずり渡しても構わない、と宣言したのであります。〔かくのごとき〕最高の名君たちが自分自身の口を通して語ったことばこそ、王権の内実を判断し、結論を下すさいに、この上なく有効で信頼のおける証言であるといえるのではないでしょうか。

じつのところ、名君ならだれもが、つねに元老院もしくは国民を自分と同等であり、自分に優越する存在とみなしたのでありまして、これは自然の法に適ったことであります。しかしまた、暴君が万人に劣る存在であることも自然の理に適っておりますから、暴君より力のある人物ならだれもが、暴君と同等にして優越する、とみなされてしかるべきであります。かつて人類は、〈自然〉の教えるところに従って武力を放棄し、法に依存するようになってきたわけでありますから、逆に法がないがしろにされる場合にはいつでも、ふたたび武力を手にせよと促すのが、まさに〈自然〉の教えるところなのであります。「これを理解するのは英知の務めであり、これをなすことは勇気の務めである。そして理解すると同時にこれをなすことは完成され円熟した徳の務めである」とキケロは『セスティウスのための弁護論』〔四〇・八六〕で述べているのであります。それではこの事実、すなわち元老院もしくは国民は、名君・暴君のいかんをとわず、国王に優越するということを、自然の法にしっかりと根をおろし、国王にへつらう輩がいかに策を弄したところでびくともせぬものと、確認しておこうではありませんか。

じつのところ、そなたご自身が、王権はそもそも国民から国王に委託されたものであると言って、このことを認めているわけであります。なぜかといえば、国民が国王に権限を与えたとはいっても、その権限は依然として、自然の理に従いつつも徳（ウィルトゥス）固有の働きにより、いいかえれば実質的に（ウィルトゥアリテ）、国民が保持しているからであります。と申すのも、なにか自然の因果関係から並はずれた現象が引き起こされようとも、国民は放出した以上の徳と力をなお、自分たちの内に保持するものだからであります。放出したからといって、枯渇することはないのであります。自然の法を争点とすればなおいっそう、国民の権利が国王の権限に優越するという事実が明らかになることが、よくおわかりになったであろう。

そしてまた同様に確かなことは、選択の自由を保持するのは国民の側であるから、国王にたいして絶対的な権限を無制限に認めるがごとき行ないはけっしてしないし、自然の法によってもできるはずがない、ということであります。王権は公共の福利と自由の保持のためという大義にのみ認められるのであり、国王がこの務めを放棄した場合には、国民は王権を無効とすることが了解事項となっているのであります。なぜなら、〈自然〉の教えるところに従って、国民はある一定の目的のために国王にたいして王権を贈り物として承認したのでありますから、〈自然〉も国民も目的とするものを手に入れることができない場合には、贈りもの、もしくは承認そのものがもはや無効となるのであります。これは他のあらゆる契約、もしくは同意事項が無効となるのと同様であります。こうした理由（ラティオ）により、国民が国王に優越することはゆるぎなき事実として証明されるのであります。かくして、「王国には国王と同等、もしくは国王に優越するものはいない、ゆえに国王が裁かれることはありえないという、この上なく強力、有効な議論」はもろくも崩れはてたのであります。

そなたはわれわれが、だんじて容認しかねることを主張するのであります。「民主政治においては、為政者は国民により任命されるのであるから、罪を犯せば国民により裁かれうる。貴族政治においては、貴族は同僚貴族により裁かれうる。しかし、一国王が自分自身の王国において命乞いをさせられるなど、奇態な事例としか言いようがない。」そなたは、国王をたてまつるような輩（やから）は人類のうちでも邪悪で愚鈍きわまりなきものであるという結論には、どうあっても到達できないとみえる。だが、国王が悪事を犯したときに、なぜ国民に任命された為政者や貴族たちと同様に、国民が国王を罰してはならないのであるか、その理由をお聞かせ願いたきもの。そなたの考えるところでは、国王の支配下でくらす全国民が、わが身の破滅もかえりみず隷従を愛好し、かつてともに暮らした自由を捨ててまで、隷従を選びとるほどに落ちぶれて、ただひとりの人間の専制支配のもとに全面的に屈従するものだ、というのであるか。しかもそうした支配者とは、しばしば邪悪で愚鈍なのであります。そして、たまたま支配者が極悪非道の人物であったとしても、国民がわが身の安寧と保全のために、自ら進んで法、もしくは〈自然〉のふところに避難することはない、というものであるか。それでは国民は、国王が統治を始めるときに、統治の条件を提案することはない。一国王がそれにもとづいて統治するよう、法を定めることすらない。ただ隷従に甘んじて、いっそう踏みつけにされ、嘲けられるままでよい、というのであるか。一国の民全体が身をおとしめるだけおとしめ、国民の利益をかえりみず、国民全体の期待をただひとりの人物に――しかもたいていは、この上なく無価値な人物に――託するものだ、というのであるか。それでは、国王が法に背くことはけっしてしないと誓うのはなぜなのか。哀れにも死すべき人間どもが、国王だけは偽証しても罰されることはないのだと、致命的な傷を受けて思い知るためだというのであろう。これこそがそなたの邪悪な議論の行きつく先なのであります。

「選出された国王が誓いをたてて公約したとする。そしてその公約を果たさなければ、たぶん国王に選出されることはなかったと仮定する。このような場合であっても、たとえ国王がこの公約を果たさなかったとしても、国民の審判を受けずともよいのである。さよう、かりに国王が選出されるさいに、自分は王国の法に従って、公正に統治する、と臣民に誓いをたてたとしよう。また、自分が誓いを破るなら、臣民も国王にたいする忠誠の義務から解放され、国王もまた、事実それ自体（イプソ・ファクト）によって、王権を放棄することになる、と公約したとする。それであっても、国王が誓いを破った場合、これを罰するのは神のつとめであって、人のすることではない」〔とそなたは言う〕。

わたくしが、そなたのことばをここに書き写したのは、なにも文体の優美さ（エレガンティア）に魅了されたからではなく、この上なく粗野だからである。またこれに反駁しようというつもりでもないのであります。なぜなら引用文それ自体が、まごうかたなき虚偽と醜悪とによって、おのずから反駁となり、おのれを論破し、呪詛しているからであります。わたくしとしましては、そなたの比類なき功績を諸国王に推称して、仕官の口をお世話してさしあげよう、という心づもりである。あまたある官職のうちで、そなたの功労に酬いるにもっともふさわしきものといえば、出納係ではなし、酒倉番ではなし、【給仕ではなし、[12]】宴会係(たいこもち)でもない。偽誓局長官こそ、うってつけである。そなたは、およそ優美さ(エレガンティア)とは縁がないために【ペトロニウス[13]のような、[14]】優美の裁定者(アルビテル・エレガンティアエ)になることは望むべくもないが、最高詐欺裁判所長官(アルビテル)にこそもっともふさわしきご仁であります。まったくのところ、そなたというご仁がこの上なき愚劣と、この上なき邪悪との結合物であることを、万人に明らかにするために、そなたのまばゆきご命題をいま少し、注意深く検討することにいたそう。「かりに国王が選出されるさいに、自分は王国の法に従って公正に統治する、と臣民に誓いをたてたとしよう」。そしてもし誓いを破るなら「臣民も国王にたいする忠誠の義務から解放され、国王もまた、事実それ自体(イプソ・ファクト)によって、王権を放棄することになる、と公約したとする」。それであっても、国王が誓いを破った場合、臣民の手で廃位すること、罰することは不可能である、とそなたは言う。国王が罰されず、民主政体の為政者が罰されるとは、どうしたわけでありましょうか。民主政体においては国民は、全権を為政者に委譲したわけではないからだというわけか。だが君主政体において、そなたの言うように国民が国王に全権を委譲するとしても、それは国王が善政を施すかぎりにおいての話ではないか。それゆえ、法を遵守すると宣誓しておきながら、これを破るなら、民主政体の為政者と同様にして、国王も処罰され廃位されうるのであります。かくて、国王は全権を委譲されているという、そなたの〔無敵のはずの〕闘技士のごとき議論も、役立たずの代物(しろもの)となりはてたのであります。ご自分自身のしかけた愚鈍という罠(わな)に、ひっかかってしまったからであります。

さて読者諸氏よ、つぎに登場いたしました、「臣民が国王を」裁くことができない理由、「国王は超法規的存在であり、国王のみが法の制定者であるという強力この上なき、無敵の理由(ラティオ)」にご注目いただきたい。これについてもわたくしは、まったくの虚偽であるとすでにいくども証（あかし）してまいりましたから、そなたの無敵の議論もまた、さきの議論とともに地に倒れ伏すのであります。国王が姦淫、姦通など、なにか私的に罪を犯しても、しばらくは罰されないままである、ということもたしかにありましょう。だが、これはなにも、国王の権限に由来するのではなく、国民の忍従から出たことであります。というのは、国民は、国王の死が引き起こす騒乱、さらにその後の体制の変革が引き起こす騒乱のおかげで多くのものを失うのであって、これはひとりふたりの国王を正当に裁いたからといって補えるものではないのであります。

しかし支配者が、国民全体にとって耐えがたいほどの重荷になるとき、手段を問わず、裁判の前であれ後であれ、この暴君を成敗することは法に適（かな）っている、と全国家の国民がこれまで判断してきたのであります。かくてキケロは『ピリッピカ・第二』のなかで、カエサルの殺害者たちについて、つぎのように言うのであります。「王位を狙うものではなく、すでに王座にあるものにたいして、最初に刃（やいば）をもってたち向かっていったのが、これらの人びとである。この行為はいと気高く、神のみ心にも適（かな）っており、われわれの手本となっている」〔四四・一―一四〕。そなたとは大違いであります。

「殺人、姦淫、不正は私的犯罪であって、〔公人たる〕国王にあっては犯罪とはならない」。よくぞ申した、このおべっかつかいめが。官邸中の女衒（ぜげん）とごろつきが、このそなたのことばには感謝せずばなりますまい。一度におべっかつかいと女衒の役をこなすとは、なんと優美（レピドゥス）な身のこなしよう。「国王が姦淫や殺人を犯そうとも、善政を施すということはありうる。したがって死刑に処されるべきではない。なぜなら、彼の死とともに王国〔の生命〕も絶たれるからである。そしてまた、同一の犯罪にたいして罰が二度下されたなどということは、神の法によっても、人の法によってもいまだかつて一度も承認されたことはない。」汚れた屈辱の口め！　その論法でゆけば、民主政体の為政者とて、貴族政体の為政者とてけっして死刑に処すべきではない、ということになるではないか。二重の刑罰を避けるとなれば、腐敗判事だとて汚職議員(セナター)だとて、処罰を免れられるではないか。生命とともに、その職も失われるのであるから。

そなたは国民の手から全権力を剥奪して、それを国王の手に帰属させようと、血道をあげておったわけであるが、同様に全権威をも国民から剥奪して国王に帰属させようとしおる。たってのお望みとあらば、代理としての借りものの権威なら、それも可能であるとお答えしよう。だが、根源的にして第一義的なる権威についてはそうはいかぬ。それは権力の場合と同様である。そなたは言う。「国民が国王に反逆するということはありえても、国王が国民に反逆することはありえない」。しかし、国王は国民のために存在するのであって、国民が国王のために存在するのではないのであります。それゆえ、国民の全体、もしくは大多数は、国王より大きな権力を保持するのであります。そなたはこれを否認し、計算してみせるのであります。「国王は、国民ひとり、ふたり、三人、十人、百人、千人、一万人をあわせた以上の権力を保持する。」そうであろう。「国民の半数以上の権力を保持する。」否定はしまい。「ではこれに残りの半数を加えても、まだ国王の権力のほうが大きいだろうか」。いや断じてそのようなことはない！　先をお続けなされ、熟練した論理学者どのよ、なぜ計算盤から離れるのであるか。そのさきの数字をご存知ないからであろうか。

このご仁、計算の新方式を採用してこうたずねるのであります。「国王と貴族がいっしょになれば、権力はますます大きくなるのではないか」。おお、そなた移ろいやすき季節の神(ウェルトウムヌス)よ、そなたの言う貴族(オプティマス)が、貴族の階級にあるものとか、爵位を持つものたちの意味であるならば、わたくしは再度、否認いたします。と申すのも、その階級にあるもののうち、ひとりとして最良のものの名には値しない、ということもあるからであります(15)。しばしば「爵位もなにもない」平民のなかに、貴族たちよりもはるかに多く、徳(ウィルトゥス)と知恵にあふれた人物がいるものであります。そしてこういった人びとが国民の大多数、もしくはより善良なる部分と手を結ぶなら、それが国民全体を代表するのだと、わたくしは断言するのをいといますまい。「しかしもし、国王の権力が国民全体の権力に優越しないとしたら、彼は国民全体の国王ではなく、国民個々人の国王にしかすぎない。」国民全体がそれを望んでいないなら、まったくその通りであります。さて、収支決算をなさるがよい。計算をまちがえて、損益が出てしまったことがよくおわかりであろう。

「イングランド人たちは、統治権はそもそも根源的に、かつ自然〔法〕にもとづいて、国民に帰属するものであると言う。だがこれでは、全統治形態が崩壊してしまう」。貴族政体も民主政体も崩壊するというのであるか！　そなたの話ぶりは妙に説得力がある。それでかかあ天下も崩壊するというのならば、イングランド人もそなたを幸せにするのに一役買ったということになるではないか。なにしろそなた、故国のご家庭ではかかあ天下のもとで大変な目にあっているそうな。肝玉の小さいお方よ。しかし、望むだけむだであります。そなたにはこの上なく公正な報いが待ちうけているのであります。そなたが外で全人類に暴政を押しつけようとすればするほど、内にあっては自分自身が、この上なく不面目で、男としては立つ瀬もなき隷従に苦しめられることになるのであります。

「われわれが国民という語を、いかなる意味で使っているのか、そなたたち〔イングランド人〕に言っておかなくてはならない」とそなたは言う。われわれのほうでも、そなたに言ってきかせるべきことがたんとあるのである。と申すのも、お見うけするところそなたは、よりいっそうご自身にかかわりの深いことについては、まったく無知であり、アルファベットをやっと学んだところであり、ほかのことはなにも理解することもできないからであります。だが、これだけは承知しておいていただこう。国民という語でわれわれが意味するのは、平民(プレブス)のことだけであります。なぜならわれわれは、「貴族院(オプティマス)を廃棄した」のであります。まさにこの事実自体で明らかであるように、国民という語でわれわれは、階級、身分を問わず、あらゆる市民を意味するのであります。そしてわれわれは、〔国民の粋を集めた〕国民議会にのみ、最高の権威をおくのであります。そこでは貴族〔主だった人びと〕も、国民の一部分を代表するものとして議決する権限を合法的に認められているのでありますが、それは過去とはちがって、貴族たち自身の利益のためにではなく、貴族〔主だった人びと〕を推挙して代表とした〔自由なる〕共同体の福利のためなのであります。

そなたはこの平民（プレブス）を「無分別で野蛮、統治方法に無知、この上なく移り気で、中身のない、変節の、不誠実きわまりなき輩の集団（プレブス）」と罵倒するのであります。

こうした形容はそなたにこそ、この上なくふさわしきもの。また、人民のうちの最下層のものたちにも、あるいはあてはまるかもしれない。だが、中核をなす人びとは断じて、さにはあらず。このうちの多くはこの上なく英知にあふれ、諸般のことごとに通じた人びとであります。それ以外のものの大多数は、富と贅沢に流されるか、あるいは貧困と欠乏のために、徳（ウィルトゥス）と英知（プルーデンティア）を備えた市民となるべく日び鍛錬する道からはずれていったのであります。

そなたは続けて言う。「国民に指名されずに国王が王座につく方法は数多く存在する。」まず第一に「世襲により王座につく国王たちがいる」。だが、同意もせずに、かくのごとき統治権を世襲により委譲するとは、そうした国家の国民はまさしく奴隷なのであり、奴隷に生まれついているにちがいありますまい。そのような人びとは、市民とも、自由人として生まれたものとも、自由なる人とも認めることはできないのであります。また、いかなる国家（リパブリック）の構成要員とも認めることはできません。彼らは、主人とその後継者の財産や所有物の一部とみなされるべきであります。なぜなら、所有権という観点からすれば、彼らは奴隷や家畜となんら差異がない、とわたくしには見えるからであります。

おつぎにそなたは言う。「武力で王国を手にした国王は、自分が拡大もしくは略奪した統治権は、国民に委託されたものであると認める必要はない」と。

しかしながら、われわれが話しているのは、戦勝した国王についてではなく、敗北した国王についてなのであります。勝利者の権限については、またいずれどこかで論じるとして、いまは話題をそらさないでいただきたい。

ところでそなたは、なんどもなんども王権を、いにしえの父権に由来するといって、「国王の絶対的権力のひながた」を父権に求めようとする。だが、王権と父権のふたつが似ても似つかぬものであることは、すでにわたくしはなんどかじゅうぶんに証明してきたのであります。そして、アリストテレスについてそなたはたわごとをまくしたてておりますが、もしそなたがきちんと読んでいれば、『政治学』のごく初めのところであっても、多くのことを教えてくれたはずであります。そこでアリストテレスは明言しています。「国王と家父長とにほとんど差異を認めぬものは、まちがいを犯している。なぜなら、王国と家庭とは数も違えば、質も異なるからである」〔第一巻一章〕と。なぜなら、村が町になり、町が都市〔国家〕になる過程で、家庭における王権は次第に消滅し、もはや認知されなくなったのであります。かくてディオドロス[16]は、その著書の第一巻で、いにしえにおいては、王国は国王の息子にではなく、国民の福利のためにきわだった働きをした人物に委譲された、と述べているのであります。そしてユスティヌス[17]は言います。「そもそも、国家や国民は国王により統治されたのであるが、国王が高き統治の座に引きあげられたのは、国民の人気を得ようとしたからではなく、節度〔の徳〕がある善良なる人びとに認められたからである」〔第一巻四三・六〕。

かくして、国家の始原のときにあってさえ、世襲の家父長的権限は徳（ウィルトゥス）と、そして国民の権利に、まもなく席を譲ったことが明らかであります。これこそが、この上なく自然な、王権の理由（ラティオ）と大義であり、起源なのであります。そもそも人びとが結束したのは、この大義のためにこそでありました。すなわち、だれかただひとりの人が他のすべての人びとを辱めるためではなく、だれかが他者に被害を与えた場合、法と裁き手が存在し、それによって被害者が保護されるか、すくなくとも〔公正な〕裁きが下されるためにであります。かつて人びとが散在し、結束していなかったときに、雄弁と英知を備えた人物が説き勧めるところに従って、都市生活を営み始めたのであります。これについてそなたならこう言うであろう。「その人物が、結束した集団を支配しようとしたのが、第一の理由である」と。たぶんそなたが考えているのは、最初の暴君といわれた、ニムロデ(18)のことであろう。というよりも、もしくは、そなた自身に特有の邪悪さ――いにしえの偉大にして、いと気高き精神をもつ人びととは、とうてい相いれない――もしくは、そなた以外だれも主張したことのない、特有のでっちあげのことではありますまいか。と申すのも、いにしえのあらゆる記録が証するところによれば、都市国家をはじめに建設した人びとは、自分たちの私利私欲や権力などではなく、全人類の福利と安寧にこそ関心があったからであります。

もう一点、わたくしが見過ごすことのできぬ問題があります。おみうけするところ、そなたそれを有終の美として第七章をしめくくるおつもりらしい。「執政官が、任期なかばにして裁判にかけられねばならぬという場合には、そのために独裁執政官が任命されねばならなかった」とそなたは言う。だがこの章の初めでそなた申したではないか。「そのために〔ローマ市民は〕執政官をふたり任命した」と。

そなたの言うこととときたら、いつもこのようにつじつまがあっており、いかなる内容のことをどこに書こうとも、ほとんど全ページ、まったく重みもなければ、重要でもないことが判明するわけであります。

「いにしえのアングロ・サクソンの王の治世にあっては、国家会議に平民を召集するなどという習慣はまったくなかった」とそなたは言う。かりにわが国の同胞が、かくのごとき主張をしたとするなら、それが誤りであることを納得させるのに大して手間はかからなかったでありましょう。そしてまた、そなたのごとき外国人が、わが国の事について口からでまかせを話してみたところで恐れることはほとんどないのであります。じっさい、そなたの王権についての主張はおおむね、こんなところであります。その他もろもろの山のごときことは、わたくしはふれずにおくつもりであります。というのも、そなたの話はあいもかわらず脱線し、まったく根拠のないものであり、本筋とかかわりのないことがあるからであります。そしてわたくしは、冗舌ぶりでそなたと同等と考えられては、はなはだ不本意だからであります。

第八章

サルマシウスよ、そなたが王権にかんする一般的見解を、だれを中傷することもなく出版したのであったなら、イングランドは革命のさなかにあってさえもイングランド国民のうちだれひとりとして、そなたに腹を立てる理由はなかったことでありましょう。なぜならそなたは、ただ出版の自由を行使しただけだったはずでありまず。そして、そなたの主義主張もまた、その分だけ効果を増したでありましょうに。と申すのも、そなたはすでに一二七ページで「名君と暴君の別をとわず、国王に服従することは、あらゆる人びとの義務であると、モーセもキリストも命じている。スペイン人もフランス人もイタリア人も、ドイツ人もイングランド人もスコットランド人もみな同様にである」と述べたのであるが、もしそれが真実であるなら、なにもそなたのごとき氏素性も知れぬ外国人が、われらが国法についてべらべらとまくしたてたり、高座から、あたかも自分が書いたもの――それもごたまぜに――であるかのごとくに読んで聞かせてくださる必要は、まったくないのであります。なぜなら、そなたがじっくりと注解をつけてくださったところに従えば、内容がいかなるものであろうとも、われらが国法は、神の法にその座を明け渡さばならぬはずだからであります。さていまや、はっきりとしましたことは、そなたが国王の大義擁護の戦列に加わったのは、なにも内なるうながしによるのではない、むしろ傭われたから、ひとつには（そなたの傭い主のふところ具合から考えれば、大した額の）報酬めあてであったから、ということであります。ふたつめは、そなたの悪名高い出版物においてイングランド国民を誹謗中傷することにより、将来もっと大きな報酬がもらえると見込んでのことでありました。イングランド国民は隣国になんの危害も加えず、自分の務めに励んでいるのに、であります。

さもなければ、まったくの外国人が、招かれもせぬのに、こうまで厚かましく狂人じみてわが国の内政に干渉し、ためらいもなく一党派に味方するなどということは信じがたいことであります。イングランド国民が自国の中で行なっていることが、一体全体そなたになんのかかわりがあるというのか。オルスよ、なんのつもりがあるのか。なにが望みであるのか。そなた自分のほうに心配ごとはないのであるか。そなたがかの『警句』[1]に登場するあの悪名高きオルスと同様の心配ごとをかかえていればよいのにと思う。たぶんそうであろう。それこそそなたに完璧にふさわしい。それとも、あの女騎手、そなたの奥方[2]が、そなた――全速力で走っていたそなた――をさらに咎打ち（むち）、このくだらぬ書物をかかせ、亡命中のチャールズのご機嫌をとり結ばせ、チャールズご帰還のあかつきには、なにかより高い地位とより大きな報酬を与えてくれるようにとしむけたのであるか。

だが、令夫人も御夫君もともに肝に命じるがよい。イングランドには、狼や狼の親玉の巣くう余地などないのであります[3]。そうしてみれば、そなたがわがイングランドのマスティフ犬[3]にあれほど狂おしく罵声を浴びせてきたのも、なんら怪しむにはたりないのであります。そなた、故国フランスのご名声高き称号のもとへ尻尾をまいて戻るがよかろう。まずは、飢え渇いた聖なる狼（サン・ループ）の地主殿。おつぎは、最良のキリスト教徒の国王[4]につかえる、神聖なる枢機卿会議という称号であります。故国から離れてしまいすぎては、助言者としての力を発揮することはできぬのであります。そうはいっても、もはやそなたの故国フランスは、そなたも、そなたの助言も必要とはしてはおりませんし、数年前お里帰りのおりに、枢機卿[5]の台所でなにか嗅ぎつけ始めたときからすでに、そなたなど必要ではなかったわけであります。いや、フランス（ガルス）という国は賢い。まったく賢い。なにしろ、そなたのごとき食用雄鶏（ガルス）、去勢した、女めしい雌鶏が[6]、男まさりの妻に夫の役をゆずり渡し、文箱の中身はがらくた一杯というでたちで放浪ぐらしをするのを許可したのであるから。文法をふりかざす、へっぽこ騎士、ご高名なる似非（えせ）批評家にふさわしき官職を得るための放浪ぐらしであるが、さて、身売りしようという、放浪の似非（えせ）学者に、たんと給金をはずもうという酔狂な国王、もしくは都市国家があるものかどうか。

　だがわたくしは、ここでそなたをせりにかけるといたそう。そなたが見事せり落とされるかどうか、いくらの値がつくか、まもなく明らかになるでありましょう。そなたは言う。「そもそもイングランドの統治形態は絶対王政ではなく、混合政体（ミクスト）である、と父親殺しどもは主張する[7]」と。エドワード六世[8]の治世において、わが同胞、〔トマス・〕スミスは[9]、『イングランド国家論』の初め〔第一巻五章〕でまさに同趣旨のことを述べたのでありますが、よもやそなた、この練達の法学者にして政治家を、反逆者とは呼べますまい。スミスの主張するところによれば、混合政体はわが国のみならず、他のほとんどすべての国家にも共通するのであります。そして、これはアリストテレスの見解でもあり、これ以外の政体では統治は存在しえない、と彼は主張するのであります。

　だがそなたは、前言に矛盾することを言わないのは罪である、とでも考えているのであるか。またもあの使い古しの矛盾へと、お定（き）まりの道を戻ってゆくのであります。「国王という名称の意味するところは、神にのみ次ぐ権力であり、神のみが裁き主となる存在である、と理解しない国家は、いま現在も、いまに到るもひとつもなかったのである」。だがほんのすこし後でこう言うのであります。「いにしえにあっては、国王という名称は、完全で無制限の権限をもつ権力なり為政者なりに与えられたのではなく、国民の意志に依存する権力なり為政者なりに与えられたのである。たとえばカルタゴの二人執政官、ユダヤの士師、スパルタ国王、そしてアラゴン[10]国王」。なんとうまくつじつまの合った議論ではないか。

　おつぎにそなたは、アリストテレスのいう王政の五つの型を召集してみせるのであるが、そなたが全国王に帰せられるとする、かの大権を保持するのは、その内のただひとつであります。そしてアリストテレスはこのような統治形態の実例をひとつもあげてはおらないし、事実上、存在したかどうかさえ述べていないことは、すでにわたくしが、いちどならず明らかにしたところであります[11]。他の四つの型については、法の統治のもとにあり、法に従っていたと、明示しているのであります。まず筆頭となるのはスパルタ王国であり、法の制限を受けている内で、一番王国の名にふさわしい、というのがアリストテレスの見解であります[12]。二番目は未開民族の統治形態であり、これが持続したのは、ただ、法の制限を受けていたからであり、また、(国)民が自発的に従属したからなのであります。と申すのも、第五巻のアリストテレス自身の見解に従えば、国民が王政を保持しようという意志がないのに、国王が国民の意志にさからって王国を保持しようとするなら、そのような国王はすべて、ただちに暴君ということになるからであります[13]。同様のことが、第三番目の型についてもあてはまるのであります。これはアエシュムネテスと呼ばれ、国民により選出されたのであります。通常任期は一定期間とされ、特殊な目的のために設けられましたが、それはローマの独裁官と大体において同様であります。第四の型は英雄時代に統治した国王を含むのでありまして、その並はずれた働きぶりの功労として、国民のほうが自発的に王国を委託したのでありますが、それでもやはり法の制限を受けたのであります。そして国民の同意がなければ統治権を保持することもなかったのであります。これら王政の四つの型が、暴政と断じて異なっているのはつぎの点である。すなわち王政のほうは国民の意志に基づいて統治するが、暴政は国民の意志に背いて統治する、とアリストテレスは言うのであります。最後に、王政の第五の型はパムバシレイアと呼ばれ、至上の権力を与えられているのであります。これをそなたは全国王に帰せられるべきであると主張するが、哲学者アリストテレスは、このような政体は不用、不正にして不自然であるといって徹底的に非難するのであります。ただし、ある国民がそのような統治形態を甘受し、しかも徳（ウィルトゥス）の輝きが他のものすべてにはるかにたち優っているような人物に統治を委託する、というような場合は、話は別でありますが。こうした見解は、『政治学』第三巻をひもとけば、だれの目にも明らかなのであります[14]。

しかしながらそなたは、いまいちど、才能に恵まれ、弁舌さわやかにして華麗、と見せかけたいがためとお見うけしたが、「これら王政の五つの型を」世界の「五つの地帯と」比較しようとやっきになったのであります。「王政の二つの極となる型のあいだには、比較的穏やかな三つの型があり、これは熱帯地域と寒帯地域のあいだに三つの温帯地域があるのと同様である」とそなたは言う。おめでたきおつむ！　そなたの提供する比較は、いつもなんと優美(プルケル)であることか。そなたが「絶対王政」を追放した、かの極寒の地にとっとと失せるがよい。そなたを迎えて、かの地はいっそう冷えこむことであろうが。さてその一方で、新奇なるアルキメデス[15]をきどってそなたがでっちあげた、二つの極となる帯、熱帯と寒帯のあいだに三つの温暖な帯[16]のある摩訶(まか)不思議なる世界の到来をわれわれは待ちうけているのであります。

「スパルタ王が鎖につながれることは法に適っていた。だが死刑に処されることは断じて法に適ってはいなかった」とそなたは言う。それはなぜか。アギス〔四世〕[17]が死刑を宣告されたとき、リクトル[18]や外国人の傭兵がつとめの新奇さに驚いて、王を死刑に処するのは不法だと考えたからだとでもいうのであるか。そうではなく、まさにスパルタ市民がアギスの処刑を不当だと判断したのであります。しかも斬首されるのが王だからだという理由からではなく、国民の意志を尊重する善良なる人物が、裁判で富者の派閥により死刑へと追いつめられたからだったのであります。プルタルコス[19]はつぎのように述べております。「アギスは民選長官(エポルス)により死刑に処された最初の王である[20]」。このことばは、国王処刑が法に適っているかどうかではなく、ただ事実そのものを示しているにすぎないのであります。と申すのも、王を裁き、鎖につなぐことさえできるものが、同様にして王を処刑することができないなどと考えることは子供じみているからであります。

さて、いまやそなたは、イングランド国王の権限についての議論に取りかかるべく身構えるのであります。そして言う。「イングランドではいつも国王はひとりだった」と。こう主張するのは、前にそなたが「単独で統治するのでなければ、国王とは言いがたい」と述べたからなのであります。かりにこれが真実なら、わたくしがイングランド国王であると考えていた人びとの多くはそうではなかった、ということになってしまうでありましょう。なぜなら、息子や兄弟たちとともに統治したサクソン系の国王たちはさておくとしても、ノルマン系のヘンリ二世[21]が息子とともに統治したことは議論の余地がないからであります。

そなたは言う。「単独にして絶対権力をもたぬ国王に支配される王国があるというなら証拠を提出されるがよい。とはいえ、ある場合には絶対権力は制限をうけたり、制限をゆるめられたりすることもあるが」。ろばのごときおそまつなおつむ！　制限つきの絶対権力などというしろものをそなたは提出するつもりであるのか。絶対権力とは至上の権力のことではないというのであるか。それでは、至上であると同時に制限つき、とはこれいかに。制限つきの権力を有する、とそなたが認める国王はだれであっても、絶対権力をもっているのではなく、〈自然〉により、自由を与えられた国民に劣る存在であると、わたくしは容易く証してみせるつもりであります。なぜなら、国民こそが自分自身の法の制定者であり、王権に制限を加えたり、ゆるめたりすることができるからであります。

いにしえのイングランド全土が王政のもとにあったかどうかは定かではないのであります。その時どきによって、ある政体を、また別のときには別の政体を採用したと見るのが、もっとも妥当だと思われます。それゆえタキトゥスはこう言うのであります。「ブリタニアはかつては国王に統治された。だがいまは首長たちが、党派と派閥とに分割したのである[22]」。ローマ人が去った後、約四〇年のあいだブリタニアには国王はいなかったのでありますから、そなたの言うところの「間断なき王政」は、いにしえには存在しなかったというわけであります。

王政が世襲制ではなかったことを、わたくしは断固として主張いたしますが、これは王位の継承方法と国王選出方法の両面から明らかであります。なぜなら明確なことばで国民の同意が求められるからであります。国王が慣例にのっとって宣誓した後に、大主教が壇の四すみに進み出て、国民〔の集合体〕全体にむかって「あなたがたはこのものを国王とすることに同意しますか」とたずねるのであります。あたかもこれは、ローマ人の流儀で「あなたがたはこのものが統治することを望み、統治せよと命じますか」というのと同じではありますまいか。王国が世襲制であることが法に適っていたというなら、このようなことをする必要などなかったはずであります。

しかしながら、王権と称して強奪がまかり通ることは目に余るほどであります。そなたは、戦時の法を盾にしてチャールズ一世の王権を主張するのでありますが、この男はいくたびとなく敗戦のうきめを見ているのであります。征服王ウィリアムがわがイングランドを制圧したことは認めるといたしましょう。だが、いやしくもわが国の歴史に明るい人物ならば、ただ一度のヘイスティングズの戦(23)で、イングランドの力が底をついてしまい、ふたたび戦に臨むことはほとんど不可能な事態に陥ったなどということは断じてないと、じゅうぶん承知しているはずであります。そしてイングランド国民は、征服者である暴君に忍従するよりも、むしろ国王を承認する道を選択したのであります。それゆえウィリアムに忠誠を誓ったのでありますが、同様に、ウィリアムのほうでも国民にたいして、善良なる国王としてあらゆる務めをはたすと、祭壇の前で宣誓したのであります。契約を破ったウィリアムにたいし、イングランド国民がふたたび武器を手にしたとき、おのれの力不足を悟ったウィリアムはふたたび、いにしえより伝わるイングランドの法を遵守することを、聖書にかけて宣誓したのでありました。ですから、その後に彼がイングランド国民を無残にも暴政で苦しめたとしても、それは戦時の法にのっとってのことではなく、偽誓の法にのっとってのことなのであります。その上、長い年月の後では、被征服者と征服者が渾然（こんぜん）一体となり、ひとつの国民となったわけで、戦時の法を適用しようにも時すでに遅しというわけであります。もっとも信頼にたるカーン版[24]から引用された、ウィリアム王の遺言があらゆる疑惑をはらしてくれるのであります。「わたくしはだれをもイングランドの王位継承者として指名しない。」このことばによって、そなたの主張する戦時の法も王位世襲の法も、征服王の亡骸（なきがら）とともに追悼され、葬り去られたのであります。

さきにも述べたとおり、そなたが仕官の口にありついたことはいまや明白。肩書きには、さよう、王立偽造局長官とあり、ただし偽誓局長官を兼任とするがよい。かくてそなたのつぎのことばは、職務権限をもってして書いたのだとお見うけする。あっぱれなご仁よ、いや、おみごと、おみごと！「かりに、貴族同志（プロケレス）の結託、もしくは一般大衆（プレブス）間の反逆により、先王の権限が一部剥奪されたとしても、この事実は、王位継承者の全権回復を妨げることはない。」

時宜をえたご忠告かたじけない。かくて、われらが父祖が臆病のゆえに権利を喪失したとしてもこの事実が子孫たるわれわれを規制することはない、というわけである。たとえ父祖たちが自発的に、みずからすすんで隷従を受け入れたとしても、断じてわれわれのあずかり知らぬこと。父祖が奴隷になる権利を持っていたというなら、それと同様、われわれとて自由人となる権利をもっているのである。

「他のキリスト教国の国王たちは超法規的・絶対的権限を享受しているというのに、いやしくも、大ブリタニア帝国の国王が、王国の一（いち）為政者にすぎぬと見なされるなどということが、どうして起こったのであろうか」とそなたは驚いてみせる。スコットランドについては、ブカナン[25]を参照するがよかろう。そなたの故国フランスにかんしては、そなたは故国について異国人のごとく〔無知〕であるが――オトマン[26]の『フランコ・ガリア』〔一五七三〕とフランスの歴史学者、ジラール[27]を参照するがよい。その他の国については他の著者を参照すればよいが、わたくしの知る限りでは、そのうちのひとりも独立派にはあらず。これらの人びとからそなたは王権について、ご自説とはまったく異なることがらを学んでいたかもしれないのであります。

　戦時の法によってイングランド国王の暴政を合法化するのに失敗したそなたは、こんどは媚(こ)びへつらいによって目的を果たそうと、こころみるのであります。国王たちは「神の恩寵によって」統治すると宣言している、とそなたは言う。それでは、かりに国王たちが、自分は神であると宣言したら、いかがなことにあいなるか。彼らはそなたを、いとも容易(たやす)く神の祭司としてとり立てることであろうぞ。かくして、かのカンタベリ主教(ポンティフェクス)[28]は「神慮によって」大主教になったと自慢したのであります。そなたは、ローマ教皇を教会における王とすることにあれほどまで抵抗しておきながら、国王を国家における教皇以上に強力な存在として確立しようとは、それほどまで愚かであったのか。

　イングランド王国の法においては、国王は「われらが主なる国王」と呼ばれているではないか、とそなたは言う。なんと、そなたは唐突に、われらが国法の名称にすばらしく詳しいことをご披瀝くださる。だが、そなたは、実際には「主」でもない多くの人びとが「主」と呼ばれていること、そして、ものごとの理と真実を判断するさいに、名誉職的な呼称をもとにするのは公正ではないということをご存知ない。いわんやお追従においておや！　その論法を「国王の議会」にも適用するがよい。と申すのも、「国王の手綱」という呼称も別にあるのだから、国王が議会の主(あるじ)であるというのは、馬がその手綱の主であるというのと、なんら変わるところはないのであります。

「議会は国王により召集されるのであるから、国王の議会ではないか」とそなたは言う。教えてしんぜよう。ローマの元老院(セネト)は執政官により召集されたのでありますが、それゆえに執政官が元老院の主(しゅ)だったということはないのであります。それと同様に、国王が議会を召集するのは、それが国王の務めの一部をなすものだからであり、国民に委託されているからであります。議会を召集する目的も、王国の重要事項にかんして、召集された人びとから助言を得るためであって、断じて国王の私事にかんしてではないのであります。かりに国王の私事にかんして召集されることがあったとしても、審議の最終事項にまわされるのがならわしであり、それも議会の意向しだいであって、国王の意向などではなかったのであります。さらに、いやしくもこうした問題に通じているほどの人物であれば、国王が召集しようとしまいと、いにしえより議会が年に二度、合法的に開催されえたことをじゅうぶん承知しているのであります。

だが、「法もまた、国王の法と呼ばれている」とそなたは反駁する。そうした語句は、国王の機嫌をとり結ぶための、上面（うわっつら）の飾りにすぎない。そもそもイングランドの国王は法を制定する権限はまったくないのであります。なぜなら国王は、法を制定するためにではなく、国民により制定された法を遵守するために任命されたのであります。ここにいたって、そなた自身も「議会は法を制定するために集（つど）うた」と認めるのであります。それゆえ法はまた、「国土の法」とも「国民の法」とも呼ばれるのであります。かくてアゼルスタン王(29)は、その法の前文において国民全体にこう語っているのであります。「わたくしはそなたたち自身の法に従って、そなたたちにすべて承認してきた」と。イングランドの国王たちは、任命されるにあたり、自分自身を誓約のことばで拘束するならわしでありましたが、これは国民の要請でありました。「なんじは国民が選定したこれらの正しき法を承認するや、否や。」すると国王は「承認する」と答えるのであります。

そなたがイングランドをまったく誤認していることは、つぎのことばで明白であります。「議会が閉会のあいだ、国王が絶対王権をもって王国全土を統治する。」じつのところ国王は、戦時と平時をとわず、重要事項を決定する権限はないのであります。また司法についても、国王は裁判所の判決に干渉する権限もないのであります。こうした理由があればこそ、裁判官は法廷での行ないにかんしては、あらゆることを法に従って行なうと誓約するのであります。たとえ国王自身が、口頭もしくは文書、さよう国王の封蝋をおした勅書によって、別の判決を下すようにと命令したとて結果は同じであります。かくて、われらが法のもとでは、国王はしばしば「幼子(おさなご)」と呼ばれ、未成年者か被後見人としてのみ、その権限と尊厳とを保有しているといわれるのであります。『正義の鑑(かがみ)』第四章二二節をごらんください(30)。

かくてまた、「王は不正をなしえない」という語句がわがイングランドでは格言になったわけであります。これをそなたは邪悪にもつぎのように解釈するのであります。「国王は罰されることがないがゆえに、なにをしようともそれが不正となることはない」と。この解釈ひとつをとってみても、この男の驚くべき厚かましさと邪悪さは、だれの目にも明らかであります。「命令を下すのは頭であって、手足ではない。国王は議会の頭である」とそなたは言う。そなたの心に知恵のかけらでも残っているなら、このように駄弁を弄するであろうか。そなたは、国王評議会と議会(パーラメント)の両院とを混同するという点において、またしても誤りを犯すのである。（まあ、そなたの誤りには終りがないのであるが。）国王は、顧問官すべてを意のままに選ぶことすら認められてはおらず、国王の選んだ〔上院〕議員についても、他の議員の承認をえることが義務づけられているのであります。かたや下院(プレビウム)の議員選出にかんしては、いまだかつて国王はなんの権限も主張したことはないのであります。国民の任命をうけてこの職務につく人びとは、それぞれの自治体において国民全員の投票により、ひとりひとり選出されるのであります。きわめてよく知られたことについて話すのは、手短でじゅうぶんでありますから、これ以上は述べますまい。

だがそなたは言う。「議会(パーラメント)は国民により確立されたという、聖なる〈独立〉の信奉者たちの主張は誤りである」と。そなたがなぜ、教皇体制を転覆させようと、あれほどまでやっきになりおるのか、その理由がいまや明らかとなった。そなた、われわれの言ったとおり、べつの教皇体制を産み落とそうという腹づもりだな。と申すのも、そなた夫婦は役割を逆転させて、おのれの妻の妻となりはてたそなた雄狼めが、雌狼にはらませられて産み落とそうというものは、怪異なるもの、新たなる教皇体制に他なるまいぞ！　たしかにそなた、真実の教皇でもあるかのごとく、御意のままに、聖なる雌狼（サン・ルーブ）や聖なる雄狼（サン・ルーブ）を乱造しおる。(31) その上、国王どもの罪をすっかり免除しおる。さらに、敵たる教皇をすでに打倒したかのごとくに、戦利品で着飾りおる。じっさいのところ、そなたの御著書『教皇首位権反駁論』、『第二』、『第三』、いや、おそらく『第四』、『第五』が出版されるまでは、教皇を完全に打倒することはできない相談であるし――また、教皇を打倒するよりもまえに、多くの読者がうんざりして死んでしまうことであろうが――いまのところは、そなた〔教皇（ポープ）ではなく〕反教皇（アンティ・ポープ）論者の地位に甘んじておられるのが、得策でありましょうぞ。

　そなたが嘲笑の的としておる、かの〈独立〉と並んでもうひとつ、そなたが大まじめで聖徒の列に加えたもの、それは聖女〈暴政〉である。そしてそなたは、聖女〈暴政〉の大祭司になろうという腹づもりである。教皇につけられた肩書のうちのひとつでも欠けることのないように、そなたに「僕（しもべ）らのなかの僕（しもべ）」の肩書を献上しよう。だが、神の僕（しもべ）にはあらず。宮廷の僕（しもべ）ぞ。と申すのも、かのカナンへの呪い(32)が、そなたの五臓六腑にしみわたっていると、お見うけしたからである。

　そなたは〔イングランド〕国民を「獣（けだもの）」と呼びおる。それではそなたのほうは、なんだというのであるか。なぜなら、かの聖なる（セント）枢機卿会議も、聖なる狼〔の肩書〕も、そなたを主（あるじ）として、国民もしくは烏合の衆の上に君臨させることはできなかったし、また、獣のうちでもこの上なく忌むべき存在たるそなたを、なにか別の存在とすることもできなかったのでありますから。まさしく預言の書では、強大なる国王の専制統治は、猛（たけ）り狂う獣の名称と形体をもって示されるのであります(33)。

　「ノルマン征服以前の王朝では議会（パーラメント）についての言及はない」とそなたは言う。フランス語の名称について議論する必要などないのであります。実体はいつも存在していたのであります。そなた自身、サクソンの時代には「知恵ある人びとの審議会」が召集されるならわしであったと認めておるではないか。しかしながら、貴族と同様、平民のなかにも知恵ある人びとは数多く存在したのであります。

だが、「ヘンリ三世[34]のマートン法第二〇条では、伯爵と男爵の名称のみが言及されている」とそなたは言う。そなたは、一生を語句の研究にのみ捧げてきたというのに、かくのごとく、たえず語句に翻弄されるのであります。当時、主要五港の監督官、町の為政者、そして、商人のうちのある人びとも同様に、男爵（バロン）と呼ばれたということは、周知の事実であります。さらに、議会の全議員が、平民であったにもかかわらず当時は男爵と呼ばれたということ——そう呼ばれるのが公平なのですが——は疑問の余地がないのであります。と申すのも、ヘンリ三世の治世の五二年目〔一二六七年〕の、マルブリッジ法〔の前文〕、その他ほとんどの法が明確に証（あかし）するところは、貴族と同様、平民もともに召集された、ということだからであります。エドワード三世[35]は、こうした平民たちを交易法〔一三五三年〕の前文——そなたはさも学者ぶった風（ふう）をして、これをわたくしに引用して見せるのであるが——で、「州代表者会議（コミティアトゥム・マグナテス）のお歴歴」と呼ぶのであります。そしてその意味するところは、「個々の都市（キヴィタス）より選ばれて、その州全体の意向を代表する人びと」なのであります。事実、こうした人びとこそが下院（プレビウム）の構成要員なのでありまして、貴族ではなかったし、貴族であったはずもないのであります。これらの法よりも以前に書かれた『議会運営の方法[36]』が証（あかし）するところでは、下院議員のみをもってして国王は議会を開催し、法案を可決する権限があり、貴族や主教は欠席していてもかまわなかったが、逆に貴族や主教が出席していたとしても、下院議員が欠席していれば、議会開催・法案可決は不可能であった、ということであります。その理由もまた明示されておるのであります。すなわち、貴族や主教が存在しなかった時代には、国王は国民とともに議会すなわち会合（コンキリウム）を開催するならわしであった。さらに、貴族はただ自分たち自身〔の利益〕を表明（リプレゼント）するにすぎないが、下院議員（プレブス）はそれぞれの属する自治体（ムニキピウム）を代表（リプレゼント）するからであります。かくして、下院議員が国民全体を代表すること、それゆえ貴族（パトリキウム）よりも強力で崇高な存在であること、そしてあらゆる点において優先することが、ご理解いただけたでありましょう。

「しかしながら、下院議員には法案を可決する権限はけっしてなかった」とそなたは言う。イングランド国王にも、そのような権限はなかったのであります。とはいえ、そもそもあらゆる権限が国民を源としていたのであるし、いま現在もそうである、ということをお忘れなきように。この点にかんしては、キケロが『土地分配法にかんして』〔第二巻七―一七〕において、雄弁に述べているところであります。「すべての権力、権威、職権、とりわけ国民の福祉と福利のために設けられた役職が、国民全体をその源とするのであることは論をまたない。それゆえ、すべての国民は自分たちのためにもっとも多くをなすと信じる人物を選出する。そして立候補した個々の人物は自分自身の努力と投票によって国民に任命されるようひたすら邁進するのである」と。かのサクソン人の記録にしるされた時代よりもはるか以前の、議会の真実（まこと）の起源がここにあることは、そなたにもおわかりであろう。われわれが、かくのごとき真実と知恵の光に包まれているかぎりは、いくらそなたが暗黒時代の暗闇でわれわれをおおい包もうとやっきになってみたところで、むだであります。こう申しあげたからとて、わたくしには、われらが父祖の方がたの権威と英知を傷つけよう、などという気持はつゆほどもないことを、ご承知いただかねばなるまい。なぜならば、われらが父祖が、時代や彼ら自身の能力、文化が許容しうると思われる以上の卓越した先見性をもって、善き法を立法化したことはたしかな事実だからであります。彼らは悪法を立法化することはほとんどなかったのでありますが、自分たちが人間の常としての無知と弱さとをあわせもった存在であると認識しておりました。それで、つぎに述べることを、あらゆる法の大原則として子孫たちに伝えたい、と望んだのであります。そしてこのことは、わが国の法学者ならだれもが承知していることでもあります。すなわち、なにか法なり慣習なりが、神の法、自然の法、または理性と抵触する場合には、それは正当性をもたない、ということであります。そなたはたぶん、われらが法のなかに、国王が暴君的権限をふるうことを認める法令なり、規則なりを発見なさるであろう。だが、それが神のみ心と自然と、そして理性に反するならば――しかと肝に命じるがよい――たったいまわたくしが引用した、大原則にしてすべてを包括する法により、廃止され、無効とされてしかるべきなのであります。とはいえ、じっさいにそなたが、かくのごとき王権をわれらが法のなかに発見することはないのであります。明らかに、裁く権限はもともと国民自身のものだったのであり、いかなる王権をもってしても、イングランド国民が自らすすんでこの権限を国王に委譲することはなかったのであります。（と申すのも、すでに確立された法、もしくは承認された法に拠らずして、イングランド国王が、裁く習わしはなかったのでありますし、いま現在もないからであります（『フリータ』第一巻一七章）。したがって、この裁く権限は、いささかも損なわれぬ完全なかたちのままで、国民の保持するところとなっているのであります。これが上院になど委譲されていないということ、さらに、たとえ委譲などということがあったにしても、それは法によって回復することが可能であるということは、よもやそなたも否定はしまい。

「村落を自治市に、自治市を都市――主教座のある――へと発展させることが、国王の務めである。それゆえ国王は下院議員を任命するのである」とそなたは言う。お答えいたそう。村落や自治市は国王よりも古くから存在するのであり、たとえ原野にあろうとも、国民はいぜんとして国民なのであります。

そなたのイングランド式語法にはおおいに楽しませていただいているのであります。「州裁判所」〔county court〕、「州長官巡回裁判」〔the turn〕、「郡」〔hundreda〕[37]などであります。あの百枚のチャールズ〔一世〕の金貨を英語で数えるために、そなたはさぞかし従順に勉強なされたにちがいあるまい。

サルマシウスに金貨百枚を与えて

このかささぎめにわが国のことばをまくしたてることを教えたのはだれか。
その師と仰ぐはおのが胃袋と金貨百枚、
そは放逐された王のなけなしの財産。
その金が偽りの光りを放つなら、
この男、反キリストの名のもとに教皇の
首位権を一吹きで吹き飛ばすと豪語したかと思いきや、
枢機卿そこのけの教皇礼讃の音頭取りをしゃしゃりでる。

おつぎに、そなたは伯爵と男爵について長ながと述べたてて、国王がこれらの爵位すべてを制定したと証明なさる。この点にかんしては、わたくしは同意するのにやぶさかではないのであります。そして、まさにそのゆえに、彼らは国王の意のままなのでありまして、それゆえ、以後このようなものどもが自由な国民を裁くことのなきよう、われわれはおさおさ怠りなく、以前から目をひからせてきたのであります。

「国王は望みのままに議会を召集し、望みのままに議会を解散する権限がある」とそなたは言う。そなたのごとき雇われものの、さまよえる道化師――あの亡命者たちの言うことをただ文章にしたてているだけの道化師――と、われわれ自身の法の語るところと、どちらが信頼に足るものであるかを、これから見てゆくことにいたそう。「しかし、イングランド国王の権限が議会の権限に優越することを証明する議論がいまひとつ存在し、しかもそれは強力この上なき議論である。国王の権限はいつの時代にも存在し、秩序そのものであり、議会は存在せずとも、自立して国家を統治する。これにたいして、議会の権威は秩序の外にあり、特殊事項に限定され、国王の存在をぬきにしては、なにひとつ立法化することはできない」とそなたは言う。この議論のいったいどこに

「強力この上なき」力がこめられているというのであるか。「いつの時代にも存在し、秩序そのものであり」という部分にこめられているとでもいうのか。

しかし、われわれが「治安判事」と呼ぶ、多くの低位の裁判官たちもまた、いつの時代にも存在し、秩序の権限を保持するのであります。それゆえ、彼らの権限は至上だとでもいうのであるか。

すでに述べましたが、主権が国民から国王に委託されたのは、国王が委託された権限を用いて、法が侵犯されるのを防ぐ、すなわち、われらの法を守るためであります。けっして国王自身の法をわれわれの軛(くびき)とするためではないのであります。それゆえ、国王の権力のおよぶ範囲は、王宮のうちだけであり、それ以外にはないのであります。これに反して、国民の権限こそ秩序そのものであり、あらゆる種類の訴訟を一二人の判事が裁くのであります。このために、裁判において「そなたはだれによって裁かれるのか」と問われた被告は、法と習慣に従って「神と国民とによって」と答えるのであります。「神と国王、もしくは国王の代理人とによって」ではないことにご注意いただきたい。しかし、議会の権威、つまり、真実の国民の至上権があの元老院に結集した場合、その議会の権限が、かりに「秩序の外にある」と言われるなら、それはその卓越性に基づいて言われる場合にのみ、理に適(かな)うのであります。

さらに、周知のごとく〔真実の国民を代表する〕議会こそ秩序とよばれているのでありますから、それが「秩序の外にある」(すなわち無秩序な)ものになるはずはありえません。そして議会こそが、全法廷と為政者にたいしていつの時代にも存在する権威と権限を保持するのであります。たとえ、いま現にそうでないとしても、本質的にそうした力を秘めているのでありまして、これは国王の存在とはなんらかかわりがないのであります。

さていまや、そなたのお上品なお耳は、われわれの野蛮なることばによっていたく傷ついておられるようであります。わたくしに暇があったなら、また、労をとる価値があったなら、わたくしはこの〔『チャールズ一世弁護論』〕一冊にしぼってみても、野蛮な表現をごまんとみつけてさしあげるところであるのだが。そうなれば、当然の報いとして、すべての生徒たちは笞が折れるまでそなたの背中を打ちすえることであろうぞ。そしてまた、かつて詩人のうちで最悪であったものが得たほどの黄金ももらえず、それどころか、傷ついた耳をさらに殴られるというわけであります。

「この狂人どもが国王そのひとを権力から切り離すなどとは、言語道断、あらゆる野卑な見解のうちでもこの上なく奇態である」とそなたは言う。この点にかんして、わたくしはあらゆる人びとの見解をとりあげるつもりはない。だが、そなたがペルソナ(38)という語を、「そのひと」の意味で用いているのであるなら、そなたはクリュソストモス(39)――けっして狂人などではない――から、国王と権力とが容易く切り離せるものであることを学ぶこともできたはずであります。なぜなら、権威にかんする使徒〔パウロ〕の命令(40)は、権威の座にある人物そのひとにかんしてのものではなく、権威そのものについての命令である、とクリュソストモスは説明しているのであります(41)。であれば、法を破る国王は、私人もしくは暴君として行動するのであって、合法的権威を委託された国王として行動するのではない、とわたくしが申しあげたとて、なんらさしつかえないはずであります。もし、おん身がひとりの人間は複数の役割を演じうるのであり、それぞれの役割は人物そのひととは切り離して理解され、論じられうる、ということにお気づきにならないのであれば、そなた、常識にもラテン語法にも疎い方であるに相違あるまい。

しかし、そなたはつぎのように述べて、国王はいかなる罪を犯しても罰されることはないと主張する。そうなると、さてはそなた、教皇から剥奪した、かの首位権をおのが手に握ったとみえる。「国王は罪の犯しようがないのである。なぜなら、いかなる罪を犯そうとも罰は免除されているからである」とそなたは言う。それでは、罰されることがないなら罪は犯していないというのであるか。盗みをはたらいたからではなく、罰されたから盗賊になるというのであるか。よめた、文法教師サルマシウスは文法違反を犯すはずはない、なぜなら笞(むち)打ちは免除されているからであるというわけだ。それでは、教皇を打倒して、ご自分が後釜に座られたあかつきには、これをそなたの教皇命令――すくなくとも免罪符――となされるがよろしかろう。そして、聖(セント)〈暴政〉の大祭司と聖(セント)〈隷従〉の大祭司のどちらの呼称を選ぶかは、どうぞお好みのままになさるがよい。

そなたが第八章の終わりで「イングランドのコモン・ウェルスと教会の統治」を攻撃して積み上げている罵詈雑言については、わたくしはふれずにおくといたそう。この上なく称賛に値することがらについて、口をきわめて罵るのは、そなたのごとき極(きわ)めつけの卑劣漢にこそ似合いの所業(しわざ)。しかしながら、わが国における国王の権限、いや、もっと正確にいえば、わが国における国民の国王にたいする権限にかんして、根拠もなく主張したなどという誤解を受けることがあってはならない。そのために、わたくしは骨惜しみすることなく、膨大なわが国の記録のうちから数例を引用し、イングランド国民はイングランドに確立された法と父祖の習慣に従って国王を裁いたことを証(あかし)する所存であります。

ローマ人がイングランドの島を去ったのちブリトン人はおよそ四〇年のあいだ、自律的に統治し、しかも国王は存在しなかったのであります。そして、彼らは最初に任命した国王のうちの数名を死刑に処したのであります。これについては、ギルダス[42]がブリトン人を非難しておりますが、そなたとはまったく異なる理由のためであります。すなわち、国王を処刑したからではなく、国王を裁判にかけなかったという理由のためであります。ギルダス自身のことばに従えば、「真実を究明しなかった」からであります。わが国では、ギルダスについで古い歴史学者ネンニウス[43]のつたえるところでは、フォルティゲルン[44]は娘と近親姦結婚をしたために、「聖ジェルマン[45]とブリトン人の全会議」により有罪とされたのであります。そして、王国はその息子ヴォルティモアに委譲されました。これらの出来事は、アウグスティヌスの死の直後に起こったのであり、はしなくもそなたの無知蒙昧ぶりをさらけだすことになるのであります。なぜなら、国王も裁かれるうると初めに主張したのは〔教皇〕ザカリアス[46]だと、そなた、のたまっておられるからである。紀元六百年ころ、ランダフ司教オードケウス[47]は、当時ウェールズの統治者であったモルカンティウス[48]を叔父殺害の咎により国外追放と宣告したのであります。しかしながら、モルカンティウスは教会に土地を寄進することによって司教を買収し、宣告を撤回させたのでありました。

それでは、つぎにサクソン人へと議論をすすめることにいたそう。ただし、彼らの法については周知のところであるので、個々の事例については省略する。そなたも知ってのとおり、サクソン人といえば、その源たるゲルマン人は国王に無制限かつ自由な権限を認めるなどということはせず、重要事項にかんしては、皆で協議することが習わしとなっていたのであります。このことから、われらが父祖のサクソン人のあいだにあってさえも、〔議会という〕名称が存在しないというだけで、〔実体としての〕議会が存在し、しかも至上権を有していたということを学んでみてもよいのではないか。じじつ、これは賢人会議という名称で、サクソン人の時代からエセルバート[49]の時代にいたるまで、ずっと言及されるのであります。そして、この王は「古代ローマ人を範例として、賢人会議の援助のもとに法令を制定した」人物だと、ベーダ[50]は証言するのであります。かくて、ノーサンブリア王のエドウィン[51]と西サクソン国王のアイナス[52]は、「賢明なる人びとと長老たる人びととの協議の場をもって」法を新たに制定したのであります。同様に、アルフレッド王[53]は「最賢なる人びとすべてが、新法を遵守することに同意した、その会議の場から」それらの法を発布したのであります。以上から、また、これに類した他の多くの文書(もんじょ)から火を見るよりも明らかなことは、平民(プレブス)のうちから選ばれた人びとが最高会議の構成要員だったという事実であります。もっとも、貴族(プロケレス)以外には、賢明なる人びとは存在しないとでもいうのであれば、話はべつでありますが。

わが国に存在する、法にかんする最古の書物である『正義の鑑（かがみ）』（第一章二節）によれば、初期のサクソン人たちはブリトン人を征服したとき、王を任命いたしました。そして、王たちは他の国民と同様に法と法廷に従うと誓約するよう要求されたのであります。さらに、この箇所には、国王もしくは女王の犯した罪を裁くために、彼らと同等（ピアー）の人物を議会内部におくことが、公正かつ理に適（かな）ったことである、と述べられているのであります。アルフレッド王の治世においては、年に二度、必要ならばそれ以上、ロンドンにおいて議会を開催することが、法により定められていたのであります。この法が履行されず、すたれていったことは、恥ずべき非合法的な怠慢でありますが、エドワード三世は二度、法令をだして、これを更新せしめたのであります。

また別の古い文書である『議会運営の方法』によれば、目的があって議会が召集されているにもかかわらず、かりに国王が、議事終了以前に議会を解散するようなことがあれば、国王は偽証罪をおかした、すなわち王位就任時の誓約を破棄したとみなされるのであります。と申すのも、国民により精選された正しき法を承認すると誓約していながら、議会を召集する回数を削減したり、〈国民のための公務〉が要請するよりも早期に議会を解散して、国民が正しき法を精選する機会を奪うなどということが、正しき法を承認したことになるはずがありましょうか？　その上、イングランド国王が自分自身を束縛する、かの誓約こそは、いつの時代にも、犯すべからざる至高の法であると、わが国の法学者達は考えてきたのであります。往往にして愚鈍、頑迷きわまりなき国王の意のままに、偉大かつこの上なく崇高な集会が――その唯一の使命たるは国家（リパブリック）を救済することであるというのに――解散されてしまうとすれば、国家（リパブリック）を脅かす最大の危険にたいして、救済となりうるものなどありえましょうか。

たしかに、議会を欠席することなど、議会を解散することにくらべれば、さほどゆゆしき問題ではありませんが、『議会運営の方法』の証言するところによれば、わが国法は、病気以外の理由で国王が議会を欠席することを禁じているのであります。そして、病気の場合にも、王国の一二人の同僚貴族――彼らは議会に国王の病気の証拠を提出することができるのであります――が国王の身体を検査してはじめて、欠席が認められるのでありま す。いったい、奴隷が主人にたいしてこのようにふるまうものでありましょうか。これにたいして、下院は――これがなければ、議会そのものが開催されないのでありますが――たとえ国王が召集をかけたとしても、欠席することが認められておりますし、また退席することによって国王の失政を諫めることもできる、と同書は証言しているのであります。

しかし、最重要の事実は、「証聖王エドワードの法(54)」のなかに国王の義務にかんして、つぎのようなただし書きがあることであります。すなわち、かりに国王としての義務を履行しない場合には、「もはやその人物は、国王の称号を保持することはない」というのであります。このただし書きの意味するところに誤解が生じぬよう、エドワードはフランク国王シルペリク(55)を範例として付記しております。なぜなら、まさにこの理由でフランク国民はシルペリクから王国を剥奪したからであります。この法により邪悪な国王が罰されうるということは、証聖王エドワードのかの剣（つるぎ）、カルターナ(56)により証（あかし）されているのであります。王権伯は戴冠式の行列でこの剣をささげもち――わが国の歴史家マシュー・パリス(57)の証言するところによれば――「国王といえども政道をあやまれば、〔王権伯は〕法によりこれを制御する権限を有する証拠とした」のであります。そして、剣をもってする処罰といえばほとんど斬首刑以外にはないのであります。この法は、かの名君、証聖王エドワードにより制定された他の法ともども、征服王ウィリアム自身の治世の第四年に王自身が批准し、ウェルラミウムで開催された、イングランド国民がきわめて多く集（つど）いきたった会議において、この上なく厳粛なる誓約をもって調印したのでありま す。これによってウィリアムは征服者としての権利を放棄したのみならず――かりにわれわれにたいしてそういった権利をもっていたとしての話でありますが――まさにこの法の趣旨に従って法と法廷とに服従したのであります[58]。

同様に、その息子のヘンリも、エドワードのこの法と、その他の法に従うと誓約したのであります。そして、まだその兄のロベールの存命中であったにもかかわらず、ヘンリが国王に選ばれたのは、まさにこの条件に基づいてのことでありました。代代の国王は王位に就任するにあたっては、みなこの誓約を結んだのでありました。かくて、いにしえより名だたる、わが国の法学者ブラクトン[59]は〔『イングランドの法と慣習』〕第一巻八章において「放縦が統治するところ、国王もなければ法もなし」と述べ、第三巻九章においては、「国王は善政を施すかぎりにおいては国王であるが、王権を彼に委託した国民を暴政によって圧殺するとき暴君となる」と言うのであります。さらに同じ章で「国王は神の代理人すなわち神のしもべとして、王権を行使すべきである。悪事をはたらく権限とは、悪魔の権限であり、神の権限にはあらず。国王が政道をはずれて悪事をなせば、彼は悪魔のしもべに他ならない」とつけくわえるのであります。これとほぼ同じ見解を表明しているのが、『フリータ』の作成者として名高い、いにしえの法学者であります。じじつ、両者はともに、かの真実（まこと）の国王の法 *Lex Regia*、かのエドワード王の真実（まこと）の国王法――先にわたくしが述べました、わが国法の中でも根源的にして至高の法――を思い起こしているのであります。そしてこれにもとづけば、神の法と理性に反するものは、すべて法とは認められないのであります。それはちょうど暴君が国王とは認められず、悪魔のしもべが神のしもべとは認められないのと同様であります。それゆえ、法とは正しき理性（レクタ・ラティオ）に他ならない[60]のでありますから、われわれが、国王すなわち神のしもべに服従する義務があるというなら、まさにその理性と法とにもとづいて、われわれは、暴君すなわち悪魔のしもべに抵抗する義務があるわけであります。

さて、実体よりも、むしろ名称にかんしてしばしば議論がたたかわされるわけでありますから、同書の著者はわれわれに、国王の名称を喪失していなくとも、イングランド国王は他の一般大衆（ブルグス）と同様に裁かれうるし、裁かれるべきであると、伝えているのであります。ブラクトンの著書の第一巻八章、および『フリータ』第一巻一七章には、「正義を行使するさいに国王を凌ぐ人物があってはならない。しかし、もし国王が罪を犯すなら、国王こそ正義〔の裁き〕を受けるべきである」とあります。(「もし国王が要求するなら、」と判読する人びともおりますが。) それゆえ、名称が暴君であるか国王であるかはともかく、わが国の王は裁きに服従する義務があるのですから、だれが国王を法的に裁くかを見るのは、容易いことであります。『フリータ』第一巻一七章、およびブラクトンの第二巻一六章によれば、「国民を統治するにあたり、国王は法——それにもとづいて国王となった——と、伯爵と男爵より構成される国王の法廷とに服従すべきである。伯爵という名称は、いわば国王の同僚というほどの意味であり、同僚がいるということは、導き手がいるということである。それゆえ、国王が放縦に走り、法を無きものとするなら、彼らが一国王を制御しなければならない」のであります。

わたくしは先に、下院議員が男爵という名称で呼ばれていたことを明らかにしたのでありますが、じつに法にかんするわが国最古の文書が時として彼らを議会の「貴族」と呼んでいるのであります。このようなわけで、特に『議会運営の方法』において「王国の貴族すべてのうちから二五名を選ばせよ」、そしてそのうちの「五名は騎士、五名は市民」——もしくは各都市の代表者——とせよ。「また五名の自治都市の市民と州代表の二名の騎士の発言は、賛成意見、反対意見の別なく、イングランド最大の伯爵の発言以上に重要視されること」[61]と記されているのであります。これは至極公平なことであります。なぜなら、前者は州もしくは自治都市全体を代表するのでありますが、後者は自分自身を代表するにすぎないからであります。こうなれば、そなた〔サルマシウス〕の言う、「書状」もしくは「勅書」により伯爵となったものたちが——もはや封建制度により伯爵となったものはいないわけでありますから——自分たちに爵位を与えた国王を裁くのにもっとも不適格であることが、だれの目にも明らかであります。『正義の鑑』も証しているごとく、わが国法の命じるところは、「国王が国民にたいして不正をはたらいた場合には」、議会において国王を取り調べ、裁くために貴族（ピアー）を置くべし、ということでありますし、国民ならだれもが様様な下級裁判所に国王の不正を訴える権利があることは周知の事実であります。したがって、国王が国民全体に不正をはたらいたとなれば、たんに国王を制御し拘束するのみならず、裁きを下し、処罰することは、いっそう公正にして必要なことと言えるのではありますまいか。

　国王が私人としての市民に不正をはたらいた場合、それがいかにささいなことであっても、しかるべき対応が用意されているものであります。しかるに、公共の福利を損なう、国王のゆゆしき犯罪にたいしてはなんら防衛策がないとしたら、国王は、ただひとりの個人にさえも危害を加える権限など法的に認められていないというのに、不法にも国王が全国民を壊滅させようとするときにそれを防ぐ手段（てだて）がなく、公共の安寧が破壊されるがままになるとしたら、そうした国家（リパブリック）の統治形態は、おそろしく不健全な、愚かしきものであるにちがいない。すでにわたくしは、伯爵が国王の裁き手には不適当不似合いであることを明らかにしたのでありますから、当然の帰結として、下院こそが国王を裁く最高の、完全な権限を有しているということになるのであります。なぜなら、下院議員たちは王国の貴族（ピアー）であり、男爵であり、国民全体の権力を委託されているからであります。すでに述べたごとく、わが国の法によれば、下院（プレブス）それ自体が――領主や司教たちはなくとも――国王とともにりっぱに議会（パーラメント）を開催したのでありますから（なぜなら国王は領主や主教が創られる以前から、ただ下院だけと議会を開催する習わしだったわけであります）、同様の理由により明白なことは、国王などなくとも貴族（ピアー）のみが至上の存在であり、国王を裁く権限を有しているのだということであります。なぜなら、国王が創られる以前から、彼らは全国民の名のもとに会議すなわち議会を開催し、判決を下し、法を制定し、国王を創り出す――国王を国民の主人とするためではなく、国民のための公務を果たさせるために創り出す――習わしだったからであります。しかし、もし国王が国民に不正をはたらき、国民を奴隷にしようとするなら、彼はもはや国王の称号を喪失し、実体としても国王ではない、とわが国の法は明日に証（あかし）するのであります。もはや国王ではない人物にたいし、なぜ、われわれがその貴族（ピアー）を捜す必要がありましょうや。善良な人びとすべてがすでに暴君と判定したからには、これを裁き、死刑の宣告を下す同僚（ピアー）として不適格なものがおりましょうか。

かくて、これらの法的証拠と引用により、わたくしは首尾よく務めを遂行したと確信いたします。と申すのも、下院（プレブス）こそが国王を裁く権限を有し、じじつまた、教会にも国家（リパブリック）にもおよそ不適格この上なく、更生の見込なき国王を断罪したのでありますから、彼らは正しく秩序だった行動をとったわけであり、国家（リパブリック）にたいしては忠実であり、彼らに託された信任に答え、尊厳を損なうことなく、そして祖国の法に恭順であったのであります。さらにわたくしは、ここでわれらが父祖の方がたにたいし敬慕の念を表明せざるをえないのであります。われらが父祖は、この上なく優れた、いにしえのローマ人やギリシア人にまさるとも劣らぬ英知と自由とを土台として、われらが国家（リパブリック）を築いたのであります。そしてまた、われらが父祖の方がたも、かりにわれらの行ないを知るなら、子孫たるわれわれに称賛の声をあびせざるをえますまい。われわれは、ほとんど奴隷の地位にまでおとしめられながら、かくのごとき勇気と英知とをもって、溢れるがごとき知恵と自由を土台として築かれた国家（リパブリック）を国王の非道の暴政から救い出したのでありますから。

第九章

いまや、論証されるべき核心点——すなわち、イングランドの国王はイングランドの法によってさえも裁かれうるし、国王を裁く人物も合法的に存在するということ——は、充分に証明されたと、わたくしは確信いたします。この上そなた、なにを言おうというのであるか。そなたの繰り返しにたいしては、答えを繰り返す必要はないのであります。そなたは言う——「そもそも、なんの目的で議会が召集される習わしであるのかを考えれば、国王が議会の上に存するという事実はおのずと明らかなこと。その証明は楽にして、下り坂を行くがごとし」。お好みのままに下り坂を進まれるがよかろう。そして、まっさかさまに転がり落ちるのもまた、おつなもの。[1]

「そもそも議会は、王国と国民の安寧にかかわる重大な問題のために召集される習わしである」とそなたは言う。国王が自分自身のためにではなく、国民にかかわる事柄のために議会を召集するというなら、しかも召集された人びとの同意と承認があってはじめて召集されるというなら、おたずねしよう。国王とは、まさに国民のしもべにして代理人にほかならないではないか。なぜなら、国民によって選ばれた代表者たちの投票なくしては、国王は他人についてはおろか、自分自身にかんしてさえも、なにひとつ決定することはできないからであります。このことから、さらに、国民が望むときには国王はいつでも議会を召集する義務があることも明らかであります。じじつ、国王ではなく、国民にかかわる事柄こそが、この会議において議事とされ、国民の意志に従って議事決定がなされるべきであります。

表敬の意味で国王の同意を求めることが慣例になっているとしても、また私人としての市民にかかわる瑣末な事柄において、国王が拒絶し、「国王は勧告する」という常套句を使用することができるとしても、だからといって、公共の安寧と自由にかかわる重要事項について、いやしくも国王が否定的見解を表明することは認められていないのであります。国王のそのような態度は、強力この上なき法として国王を束縛する、戴冠式のさいの誓約とも、『マグナ・カルタ』第二九条のかの偉大なる条項――「われわれは、なんぴとにたいしても権利と正義とを拒むものではない」――とも抵触するからであります。国王は権利と正義を拒むものではないが、公正なる法は拒む、とでも言うのであるか。なんぴとにたいしても拒むことはないが、全人類にたいしては拒む、とでも言うのであるか。下級法院ならどこであれ正義を拒むことはないが、最高法院(スプリーム・セネト)では拒むというのであるか。いかに国王といえども、「なにが正義か、なにが有益かを全国民いじょうに知りぬいているのは、自分をおいて他にはない」などと放言するほどに傲岸不遜になりうるものであろうか。とくに、ブラクトンが『イングランドの法と慣習』第三巻九章において、「国王は全国民に正義を行なう目的で創り出され、選出された」と書き、国王は、「民が」選定した法に従って正義を行なうものとされているのに、である。かくて、わが国のヘンリ四世(2)の治世第七年目の議会議事録第五九は、「正義と衡平を制限する国王の大権などというものは存在しない」と記録するのであります。かつて、議会が立法化したマグナ・カルタやその他の法を国王が承認するのを拒んだとき、われらが父祖はしばしば武力を行使して承認を取りつけたのであります。そして、武力を行使したからといって、これらの法の効力がいささかなりとも損なわれたり、合法性が弱められたりすることは断じてないと、わが国の法学者たちは考えたのであります。なぜかといえば、国王たちは、本来なら当然、自発的に承認すべきであった法――そうすることが法に適(かな)っていた法――を強制的に承認させられた、というだけの話だからであります。そして、またもやそなたは、わが国の国王と同様に他国の国王たちも最高法院（サンヘドリン）や元老院（セネト）、もしくは評議会に従属していたと、やっきになって証明したあげく、われわれを隷従へと追い込むどころか、他国民の自由までも擁護することになるのであります。かくて、そなたは議論を開始したときからずっとそうであったように、知らずしらずのうちに訴訟をおのが陣営に不利に運んで、無能この上なき代弁者という正体を丸出しにしてくれるのであります。

しかしながら、「国王は議会に欠席していても、国王の威力によって出席しているのと同様とそなたは考えられる。それゆえ、なにが決定されようとも、それは国王自身により決定されたとみなされる」というふうに、われわれが承認していると考えるのであります。そして、まるで大もうけしたか、もしくは小金でももうけたかのごとくに――さてはおぬし、チャールズからせしめた例の贈り物のことを心楽しく思い出しているのであろうが――「彼らがさし出すものを受け取るまでのこと」と言い放つのであります。ならば受け取るがよい、そなたにふさわしき呪詛（のろい）という贈り物を。なぜならば、おあいにくさまだが、われわれは、「この議決機関〔議会〕は国王から委託された権限以外にはなんの権限ももたない」という、そなたの結論に同意するつもりはないからである。と申すのも、王権の内容はひとまずおくとして、王権が議会から切り離せないものであるというなら、とりもなおさずそれは至高の権限であるといえるではないか。むしろ、王権は議会へと委譲され、それはあたかも弱小のものが強大なもののなかに統合されたかのごとくにみえるのであります。なぜなら、かりに議会が国王の承諾もなく、国王が拒絶しているにもかかわらず、国王が制定した法を廃止し、国王がだれかに認めた特権を取り消すとしたら、また国王自身の大権に、妥当と考えられる制限を加えるとしたらどうであろうか。さらに、議会が国王の歳入と宮廷諸費用、召使い、および家政全般を管理するとしたらどうであろうか。国王の信頼厚き側近を解雇し、国王にすがりついている寵臣を引き離して刑場へと引きずっていくとしたらどうであろうか。そしてついには、国王では埒があかないとして人民が議会に上告することが法により認められている――だが、逆は認められない――としたら、どうであろうか。以上述べてきたことはすべて起こりうることであり、かつ、実際しばしば起こったことであると、わが国の公文書、およびこのうえなく信頼するに値する法学者たちが証言しているところであります。正気の人間であるならだれもが、議会は国王に優越した存在であると承認せずにはおられますまい。さよう、王位の空位期間であってさえも議会は存在するということ、そしてわが国の歴史がこの上なく明確に証しているところでありますが、王位世襲などというものは考慮に入れず、しばしば、きわめて自由な選挙により国王を創り出してきたのであります。

ことの有り体をつぶさにながめれば、以下の結論が導きだされるのであります。すなわち、議会は国家の最高の議決機関であり、完全に自由な国民により創設され、全権を付与され、国民にとって最重要の問題を共に審議するという目的をもっているのであります。それにたいして、国王は議会両院の意志と決定に従って、法令を遵守し、施行するために創り出されたのであります。

先頃、議会みずからが布告を出して、こうした事実を万民のまえに明らかにしてきたというときに――というのも、自分たちの行ないを他国民にまでも弁明しようという自発的姿勢のうちにこそ、〔イングランド国民の〕正義感が見てとれるわけでありますが――ご覧ください！　権威もなければ、信用もない、内実もないご仁がほったて小屋からご登場というわけであります。ブルゴーニュ出身の、生まれながらのこの奴隷は、イングランドの元老院〔たる議会〕が祖国と国民たち自身の権利を擁護した文書を配付した事実を捉えて「唾棄すべき恐るべき欺瞞的行為である」と罵倒するのであります。やくざものめ！　そなたの故国はうぬのごとき厚顔無恥の小人を生み出したことを恥じずにはおるまい。

しかしそなた、なにかしら、われらを益することを言わねば気がすまないとみえる。さきを続けるがよいぞ、拝聴するといたそう。「主教職すら列席しない議会において可決されたとて、それが法とよべようか」とそなたは言う。それでは、気のふれたご仁よ、そなたが教会から主教たちを根こそぎにした(3)のは、議会に移植するためであったのか。ああ、瀆神の輩、悪魔の手先め！　教会はそなたを偽善者にして無神論者という烙印を押して放逐すべきである。そしてまた、全人類の自由に破壊と破滅をもたらすそなたを、いかなる国家も庇護すべきではないのであります。アリストテレスとハリカルナッセウスのディオニュシオス(4)、はては、きわめつきの暗黒時代、この上なく邪悪な時代から教皇の勅令まで動員して、そなたはイングランド国王が国教会の首長であると証明しようとする。しかし、聖書をもってしても証明できないものが、なにをもってすれば証明できるというのであるか。そして、そなたときたら、新しい友人であり愉快なお仲間たる主教たち、すなわち、すでに神により追放されたものたちを、新手の盗賊、かつ暴君に仕立てあげ、重い軛として、神聖な神の教会につなごうと、またもや血道をあげるのであります。しかしながら、以前のそなたのご著書〔『教皇首位権反駁論』他〕では、確かそなたは、主教制度全体がキリスト教の信仰にとって危険きわまりないものであるから、根絶すべきであると声高に主張していたではないか。かくのごとく愚かしく、神を冒瀆して信仰を捨てた背教者がありましょうか。この男自身の信仰とはあえて言いますまい。というのも、かつて保持していたキリスト教以外には、このご仁、確たる信仰など、なにも保持していないからであります。

「王政のもとで国王の許しを得て、主教たちは教会にかかわる事項を審議し決定する習わしであった。だが、この主教たちが追放されたいま、いったいだれがこれらの審議・決定をするのか」とそなたは言う。救いがたき堕地獄の輩よ。いくらかでも良心の呵責を感じるがよい。まだ間に合ううちに思い起こすがよい。わたくしが、ご警告申しあげても、手遅れだったなどということになりませんように。神の聖霊にたいしてかくのごとき冒瀆の罪を犯したとあっては、償いはできませんぞ。かならずや罰が下されましょうぞ。落ち着かれよ。狂気を鎮めるがよい。神の怒りが湧き起こり、とつぜん雷がそなたを打ちすえることのなきように。と申すのも、そなたときたら、キリストの子羊の群れを、すなわち、だれもが触れることを禁じられている、神に油そそがれしものを、猛だけしき敵に他ならぬ暴君の手に渡して、踏みつけさせ、圧殺させようなどと企(たくら)みおるからである。しかも、この神の子羊の群れは、奇跡を行なう神の手によって、つい先頃、暴君から解放されたばかりだというのにであります。まさに、そなた自身が、神の子羊の群れは解放されるべきである、と主張したわけでありますが、さてはそなた、彼らを救い出すためではなく、そなたご自身の心をいっそう頑(かたく)なにして、御自分にたいする呪いを完成させるためであったか。じっさい、教会を統治する権限が主教にないというなら、ましてや国王においておや、であります。さよう、人のつくった法がなにを言おうともであります。聖書を一口だけ味見して、あとは捨てて顧みない輩ならいざしらず、だれもが承知していることでありますが、教会統治とはまったく神聖にして霊的なものであり、けっして世俗〔政治〕的なものではないのであります。

さらに、「イングランド国王は政治問題において最終的決断を下す権限をもつ」というそなたの証言は、わが国の法から豊富な反証を引き出すことによって、偽りであることが証されるのであります。そもそも、わが国においては、国王ではなく議会こそがあらゆる法を制定し、また、廃止する権限をもつのであります。しかも、法廷においては、いかに身分の低い者であっても、国王にたいする異議申立てが認められたのであります。判事が国王の意向とは反対の判決を下すことも稀なことではなかったのであります。判決について国王が、いかなる手段をつかって干渉しようとも、さよう、禁止であれ命令であれ、それが口頭であれ文書であれ、法と〔戴冠のさいの〕国王の誓約に従って断固として無視されたのであります。国王がそのような指示をしても、まったく無効である、として退けられたのであります。法廷において裁判が執行された後でなければ、国王はだれひとり投獄することも、死刑に処することもできず、また、財産を没収することもできなかったのであります。そして、法廷において判決を下すのは、国王ではなく常任の判事であり、すでに述べたとおり、しばしば、国王の意向とは反対の判決を下したのであります。それゆえ、われらがブラクトンが第三巻九章で証言するように、「王権は、不正のためではなく、正義のためにこそ存在するのであり、国王は正義に適ったこと以外には、なにもできない」のであります。

そなたの陣営の権威もない法律屋ども、近頃そちらへ移住したものどもが、偉大な時代とはお世辞にも言いがたい、エドワード四世、ヘンリ七世、エドワード六世の治世の法をなにかしら持ち出してきて、そなたに別のことを吹き込んだとおみうけいたす。しかし、こうした輩（やから）どもは重大な事実を見落としているのであります。すなわち、これらの法によりいかなる権限が認められようとも、すべては議会の承認によるということ、しかも、議会の権威により取消し可能な借り物の権限であるということを、であります。これはまたなんとしたことであろうか、そなたほどに狡猾なご仁が。王権は議会の法令をその拠り所とするると、明示しているに他ならぬ議論をもちいて、王権が絶対的、至上の権限であるなどと証明できると思いこむとは！

わが国の、きわめて古く尊ぶべき記録の証するところによれば、イングランド国王はその権限を完全に国民に負うているのである。けっして先王からの遺産相続権、武力、王位継承権によるものでもない。ヘンリ四世の治世第一年目の議会議事録第一〇八を見れば、かくのごとき王権が下院議院から国王に委譲されたこと、そしてその前にはリチャード二世[5]に委譲されたことが明らかとなるのでありまして、それはちょうど、国王が勅令や特許状によりさまざまな為政者たちに役職や職務をあてがうのと同様なのであります。かくして、「リチャード〔二世〕以前のイングランド国王たちが享受したと同様の自由なる特権を、下院議院は国王リチャードに承認した」という事実を明白に記録するようにと、下院議院は命じたのであります。そして、当の国王が、〔戴冠式のさいの〕聖なる誓約に反して、自由なる特権を乱用して、法を破壊するに到ったとき、まさに下院議院は国王から王国を剥奪したのであります。さらに、同文書の証言するところによれば、議会において下院議員たちは、ヘンリー四世の英知と節度に信頼をおいて、「議会の意志と命令により国王の父祖たちが享受したと同様の広大にして自由なる王権をヘンリ四世が保持するものとする」と公式に述べたのであります。その父祖たちに委譲されたのと同様に、ヘンリ四世に委譲された王権が本質的に契約にもとづくものでなかったとしたなら、まさしく、自分たちの所有物でもないものを贈与した議会両院は、愚鈍にして怠惰であったに相違なく、また、自分自身の所有するものを、他人から贈与されて満足している国王たちのほうも、自分自身と子孫たちにたいしてあまりに不法な〔不合理な〕行ないをしていたということになってしまうではないか。どちらもが、信じがたいことであります。

「王権に属する三領域のうちのひとつは、軍事権である。軍事権については、イングランド国王は同僚も同等の人物もともなわずに、これを統括する習わしであった」とそなたは言う。だが、ここにはひとかけらの真実も見出すことはできないのでありまして、それは、他の部分と同様、そなたが、お仲間の背教者どもの情報を頼みとしている限り避けられないことであります。

まず第一に、戦争と和平にかんする決定権はいつもイングランド王国の最高会議に属していたのであります。このことは、わが国の歴史書だけでなく、わが国にかんして、いささかなりとも正確さを期して作成された報告書ならどれでもが豊富な事例を提出してくれるのでよく知られているところであります。

第二に、イングランド国王は「証聖王エドワードの法」〔ヘンリ二世治世初期に書かれたらしい法書〕にもとづいて誓約するのでありますが、この「証聖王エドワードの法」は、「精鋭軍事指揮官にかんする章」において以下のように述べて、この事実〔すなわち、戦争と和平にかんする決定権はイングランド王国の大会議に属していたということ〕に完璧な保証を与えるのであります。「ある種の職権はイングランド王国の各州において確立されており、職権の保持者はヘレトク、またはラテン語で精鋭軍事指揮官と呼ばれ」、彼らは国王の名誉のためと同時に王国の福利のために、州の軍隊を指揮するのである。これらの人物は「国民会議と州単位の満席の国民的集会により、州長官が選出されるのと同様にして」、選出されたのであります。かくして、王国の軍隊とその指揮官が、いにしえにおいては国王ではなく、国民の権威により統括されていたこと（そして現在もそうあるべきこと）は、火を見るよりも明らかであります。かつてローマ共和国においてそうであったと同様に、わが国においては、かのこの上なき衡平なる法こそが効力を発揮したのであります。これにかんしては、『ピリッピカ・第一〇』〔五―一二〕においてキケロの語るところに耳を傾けるのが得策でありましょう。「共和国全土の全軍団、全軍隊はローマ市民に属する。なぜならわれわれは執政官であったアントニウスを見捨てた、かの軍団をアントニウスの軍団とは呼ばず、むしろ、国家の軍団とよぶからである。」かの「証聖王エドワードの法」は、その他の法とともに征服王ウィリアムにより誓約をもって批准されたわけでありますが、それは国民の意志と命令にもとづくものでありました。そして、第五六章においてウィリアムは「全都市、全要塞、全城塞は、王国の福利のために、国民会議により任命された州長官、郡長官、もしくはその他の指揮官が最良と考える方法により、毎夜、警護されるものとする」と付加し、さらに第六二章において「各城塞、要塞、都市は王国の諸氏百家を保護するために築かれたのである。それゆえ、完全に自由で、自律的であり、理性的に運営されるべきである」としたのであります。それなら、いかがなものであろうか。平時には、わが国の要塞や都市が、各地区の国民会議により、盗賊や悪人の襲撃に備えて警護されているというのに、戦争の危機が目前に迫っているときに、全国民より構成される国民会議により、敵――それが外敵であれ内敵であれ――の襲撃に備えて警護されることがないというのは、どうしたことか。自分たち自身の都市も守れなくて、どうして「自由」や「自律」や「理性」が護持できるというのでありましょうか。かの〔征服王ウィリアムの付加した〕法そのものが証（あかし）しているように、そもそも都市や要塞が築かれたその起源となる大義が獲得できるというのでありましょうか。たしかに、われわれの父祖たちは、自分たちの武器や都市の守備を王権に引き渡すことよりも、それ以外のなんでも引き渡すことのほうを選んだでありましょう。

なぜなら、父祖たちは、武器や都市の守備を王権に引き渡すなどということは、自分たち自身の自由を、放縦で凶暴な国王の手に引き渡すことに他ならないと考えたからであります。これについては、わが国の歴史のなかにあまりに多くの判例が存在しており、一般的によく知られておりますから、あえて、ここで引用する必要もないと存じます。

そなたはこれに異議を申し立てて、「国王は臣民を守る義務がある。だが、兵士と武器を統括していなければ、どうしてそれが可能であろうか」と言う。お答えいたそう。たしかに、国王は兵士と武器とを統括した。しかるにそれは、引用にもあったように、王国の福利のためだったのであり、市民を破滅させ、王国を破壊するためではなかったのであります。かくして、ヘンリ三世の治世に、主教会議の席でレオナードという博識の人物は、ローマ教皇の使節であり、国王の代理人でもあるルスタンドに向かって賢明にも以下のように答えたのであります。「全教会が主なる教皇に属しているというのは、すべてが統治者に属しているというのと同様の意味であって、統治者は保護はするが、自分自身の思いどおりに享受したり、自分の所有物としたりことではない。すなわち、守護するためであって、「破壊する」ためではないのであります。[6] さきに引用した「証聖王エドワードの法」の趣旨もまたそこにあったのであります。そして、ここにあるのは、まさに契約にもとづいた権限に他ならないのであり、絶対権力などではないのであります。たとえて言えば、それは戦場で指揮官が保持する権限とひじょうによく似たものであります。すなわち、委託された権限であって、彼自身がもともと所有する権限ではないのであります。だからといって、指揮官は国外であろうと国内であろうと、彼を選出した国民を守護するさいに、いささかもひるみを示すものではないのであります。かりに、武器は国王にのみ属すると、わが国の議会が考えていたというなら、かつて、彼らが自由と「証聖王エドワードの法」を擁護するために国王に戦いを挑んだことは、不合理で不公正な行ないだったということになってしまうでありましょう。と申すのも、国王が法と偽って、いかに不法を押しつけようとも、「憲章」を拠りどころとして——その憲章がいかに「偉大」であっても——国王の刃から自分たち自身を防衛することは、不合理だったということになってしまうからであります。

「議会が軍隊を掌握したとてなんの益があろうか。国王の同意がなければ、軍や自分たちを維持するために国民から、びた一文、徴収することもできはしないのに」と、そなたはたずねてみせる。ご心配は無用である。まず第一に、そなたは「国王の同意がなければ、」議会両院は「国民から税を徴収することはできない」と考えている点でそなたは、誤りを犯している。なぜなら、議員たちは国民の委任を受けており、国民のために動くからであります。

第二点として、これほどまで好奇心をまるだしにして、他国のことに嘴をさしはさむご仁には、ぜひともご承知おきいただかねばならぬことであるが、このたびの国王との戦いにおいては、イングランド国民は、自己所有の金銀の器を溶かしてまで、すなわち身銭を切ってまで、多額の戦争費用を捻出したのであります。

そなたは、わが国の国王たちの莫大な額にのぼる歳入の勘定を続けて、「五四万〔ポンド〕」もの金についてしゃべりまくるのであります。「恩恵を施す気前のよさでは名高い国王たち」が「世襲の財産のうちから高価な褒美」を下賜する習わしであったという知らせが、貪欲なそなたの耳に届いたとみえる。祖国〔イングランド〕を裏切ったものどもは、そなたの耳にかようなことを吹き込んで、歓心をかったのであるか。そなたは悪名高き、かのバラム[7]がそうしむけられたと同様、神の民を罵倒し、神のみ裁きにけちをつけるようにと、しむけられたのであるか。愚かしきご仁よ！　不正にして暴虐な統治者にかくも莫大な富がなにか益をなしたであろうか。そして、そなたにもなにか益するところがあったであろうか。飽くことを知らぬ貪欲なそなたが執心しておられる金のうち、そなたが実際に受け取ったのは、金貨百枚入り[8]の玉飾りのついた小さな財布ひとつだけだと、わたくしは了解しているのであるが。バラム殿よ、熱望しておられた代償を、罪を犯したその代価を受け取るがよい。せいぜいそれを役立てるがよかろう。

そなたはなおも偽証の罪を犯し続けて、言うのであります。「宣戦布告の印として戦旗を掲げるのは、国王にのみ認められた大権である」と。それはなぜか。なぜなら、

　　ラウレントゥムの城塞の上に高だかと
　　トゥルヌスは開戦合図の旗を掲げた

〔『アイネイア』第八・一〕

からである。

だが、文法教師殿よ、戦旗掲揚などということは軍隊の指揮官ならだれもが行なう務めであることを、そなた、本当にご存じないのであるか。

そなたは反駁して言う。「アリトテレスが言うように、法を護持するためには国王には護衛が必要である。それゆえ、国王は、全国民を集結したよりも強力な、武装した軍隊をもたねばならない」と。そなたが結論を捏ねくり出す手つきときたら、冥府で縄なうオクヌス[9]がごときであります。ロバに食わせる以外には策のない、役立たずのしろものだからであります。国民の承認を受けた護衛と、全軍隊を統括することとは、まったくべつのことであります。そして、そなたご自身が引用したまさにそのページにおいて、国王は全軍隊を統括すべきではな

い、とアリストテレスは述べているのであります。国王は「個人もしくは集団〔の攻撃〕から身を守るに足るだけの」強力な兵士をもって護衛の任に当たらせるべきであり、「けっして〔全〕国民を集結した以上に強力であってはならない」（『政治学』第三章一一節）のであります。さもないと、保護すると偽って、とつぜん国王が国民と法とを隷属させる危険があるからであります。国王と暴君との決定的な違いはまさにこの点にこそあるのであります。国王は議会と国民の意志と要請にもとづいて、敵や謀叛人から身を守るに足るだけの護衛をつけるのであります。かたや暴君は、議会と国民の意志に逆らって、まさに議会と国民の攻撃に備えて、できるかぎり多くの〔国民の〕敵やごろつきどもを雇い、砦の石として積み上げようとするのであります。

そもそも、「開戦合図の戦旗掲揚」は、他のすべての務めと同様、議会が国王に委託したものであります。国王が祖国に歯向かう敵として進軍することを想定して設けられたわけではなく、議会により敵と宣告されたものから国民を守るためにこそ設けられたのであります。それ以外の行動をとるなら、国王自身が敵と宣告されるでありましょう。なぜなら、「証聖王エドワードの法」と、それよりもはるかに重要な、自然の法とにもとづけば、彼は国王という称号を喪失してしまったからであります。かくして、先に引用した『ピリッピカ・〔第一〇〕』にあるように、「軍隊を私物化し、職権を乱用して国家に歯向かうものは、軍隊の指揮権、職権をすべて剥奪されるものとする」のであります。議会の権威をもって命令されたのでなければ、国王はいわゆる「封建騎士」さえも徴兵することはできないということは、無数の法令によって証されるのであります。同様のことが、トン・ポンド税、船舶税についてもいえるのであり[10]、議会が承認しないがために国王は課税することができなかったのであります。このことは、いまからおよそ一二年前、まだ王権が安泰であったときに、わが国のいと有能なる判事たちが公然と決定したことであります。これよりはるかにむかし、ヘンリ六世の大法官であり、きわめて権威のあるフォーテスキュー[11]もまた、国王は国民の意志に反して法を改定することも、課税することもできない、と言っているのであります。

さらに、いにしえのいかなる古文書をもちいても、「イングランド王国の統治形態が絶対王政である」ことを証拠だてることは不可能であります。「国王はすべてにかんして裁判権をもっている」とブラクトンは言います。が、それはつまり、法廷において、ということであり、そこでは確かに正義が国王の名のもとに執行されますが、あくまでも、われらが法にもとづいてのことであります。「だれもが国王に服従する」とは、私人としてであり、ブラクトン自身が先に引用した箇所で明言しているとおりであります。

おつぎにそなたはシシュフォス[12]も顔色なしというほどに無益な議論をしつこく繰り返すのでありますが、これについてはわたくしは、すでに適切にお答えもうしあげたところであります。

第二に、かりに議会が奴隷のこびへつらいにも似た大げさな言い回しで、わが国の名君たちに忠誠を誓うことがときにはあったとしても、それをもってして議会が暴君に忠誠を誓ったとか、国民の権利が損なわれたとか考えてはならないのであります。それ相応に〔国王に〕敬意を払うことは、なんら自由にたいする脅威とはならないのであります。そなたがエドワード・クック[13]その他から引用してきた「イングランド王国は絶対政権である」ということは、他国の王たちや皇帝との関連でいえば真実であります。なぜなら、カムデン[14]も述べているように「イングランドは神聖ローマ帝国の統治下にはない」からであります。さらに、彼らみなが付け加えているのですが、この政権は「国王に」のみ委ねられているのではなく、〈政治統一体(ボディ・ポリティク)〉にも委ねられているのであります。かくして、フォーテスキューは『イギリス法論』第九章において「イングランド国王は絶対権力をもってして国民を統治するのではなく、市民国家の形態にのっとって統治する」と言っているのであります。と申すのも国民は自分たち自身が制定した法によって統治されるからであります。これは諸外国の歴史家たちにも知られております。かくして、信頼すべきフィリップ・デ・コミーヌ[15]は『注釈』第五巻において「わたくしの知るところでは、全王国のうちでイングランドほどに公共の福利が配慮され、国民にたいする国王の権限が制限されている国は他にないと確信する」と言っているのであります。

とうとうそなたは「国王が存在する以前に王国が存在したなどというイングランド人たちの議論は馬鹿げている。太陽の存在以前に光が存在したと言うも同然である」と言い出すにいたります。善良なる方よ、われわれは国王が存在する以前に国民が存在したと言っているのですぞ。ついでに申し上げるなら、太陽の存在以前に光が存在したことを、[16]あたかも馬鹿げたことであるかのごとく否定するそなたのほうこそ、この上なく馬鹿げているのであります。他国民のことにお節介をやいているうちに、そなた、もっとも初歩的なことまで忘れてしまったと見える。

そしてそなたは「議会において絹と黄金の天蓋の下の王座にある国王を仰ぎ見ていたものたちが、主権は国王と議会のどちらに属するのかと、思い惑うことがありうるとは!」といって驚いてみせるのであります。じっさい、そなたの話題にしている人びとは、天蓋、いや、それもただの天蓋ではなく、「絹と黄金の天蓋」から引き出された金ぴかの議論[17]で説得されないとは、いや、まったく疑い深い人にちがいない。禁欲主義者のそなたは、畏敬の念に打たれて恍惚となり、この黄金の天蓋に目がくらみ、モーセやアリストテレスがなにをさして「天」と言っているかをまったくお忘れのようであります。いま、そなたはモーセが「太陽の存在以前に光が存在した」と述べているのを否定し[18]、まえには、アリストテレスは三つの気候の帯があると述べていると主張したのであります。絹と黄金でできた国王の天(蓋)にいくつ(星の)帯があると、そなたが発見したかは、わたくしの関知するところではない。しかし、わたくしがじゅうじゅう承知していることがひとつある。それは、かの天蓋に目のくらんだそなたは、黄金の星を百個ちりばめた帯をひとつ持ち逃げしたということであります。[19]

第一〇章

権限にかんするこの論争——王権一般論か、とくにイングランド国王の権限かはおくとして——全体をとおして問題それ自体の質よりも、むしろ頑迷な先入観こそが問題の扱いをいっそう難しくさせるのであります。それゆえ、わたくしは神の法、諸国家の法、イングランドの諸法を豊富に引用してきたのでありますが、それによって党派精神よりも真実を好む方がたには、イングランド国王は裁判にかけられ、処刑さえされるということを完全に論証してきたと信じております。

迷信に心が曇り、国王のご威光の金メッキ[1]のきらびやかさに目がくらみ、徳と純朴なる自由の純朴なる輝きや崇高さを見抜くことのできぬ人びとにたいしては、理性、論証、範例を武器として戦いを挑んでも徒労となるだけでありましょう。サルマシウスよ、そなたは他のあらゆる場所でと同様、ここでもまた、独立派[2]全体にむかってありとあらゆる罵詈雑言（ばりぞうごん）を吐きつづけるという愚をおかすのであります。そしてまた一方では、ご自分で弁護しているはずの国王をきわめつけの独立派に仕立ててしまうのであります。なぜなら、そなたは、「国王は至上権を国民にではなくおのが血統に負うている」と言うからであります。

おつぎに、そなたはご著書の初めでは、国王が「むりやり命乞いをさせられた」と熱心に嘆いていたのでありますが、いま、「国王は弁明を許されずに果てた」と文句を言うのであります。かりにそなたが、フランス語に正確に翻訳された、被告人〔国王チャールズ〕の全答弁をお読みになるなら、ご意見もまた違ったものになることでありましょう。まことに、連日の裁判のあいだ、チャールズには自己弁護するための完全な自由が与えられていたのであります。

しかし、彼はその機会を利用して嫌疑を晴らそうとはせず、自分を裁く裁判所と判事の権威を否認することに終始したのであります。被告が黙秘権を行使したり、まとはずれの答弁をしても、被告の有罪がはっきりしているときには、弁明を許されずに処刑されても、けっして不当な処遇を受けたことにはならないのであります。

チャールズは「その生涯にふさわしい最期を遂げた」とそなたが言うなら、わたくしは双手（もろて）をあげて同意いたします。かりにそなたが、チャールズは敬虔に、神聖に、平静に最期を迎えたと言うなら、その祖母メアリ[3]を思い起こすがよい。その評判はかんばしからざるものであったが、メアリもチャールズと同様、見た目には敬虔に、神聖に、勇気をもって絞首台で最期を迎えたのであります。つまらぬ犯罪人でさえ、処刑されるときにはしばしば「勇気ある態度」を示すものでありますから、それに気をとられすぎてはならないのであります。しばしば絶望もしくは心のかたくなさが、仮面のごとく、見かけ上の勇気をもたらし、また、愚かしさが、見かけ上の心の平安をもたらすものであります。生きているときと同様、死に臨んでも、極悪人さえもが善良で、おそれなく、無実であるふりを、神聖でさえあるふりをしたいと望むのであります。そして、いよいよ死刑執行のときには、偽善と虚偽を総動員して、みせかけの行列をできるだけおごそかにとり行ない、幕がおりるときには、へっぽこ詩人もしくは大根役者のごとくやっきになって拍手かっさいを求めるものであります。

おつぎにそなたは言うのである。「国王に死刑を宣告した主たる責任はどこに求められるべきであるか、いまやそれをはっきりさせねばならない」と。はっきりさせねばならないことはむしろ、そなたのごとき他国人、フランス人の浮浪者が、なんのかかわりもない、わが国のことがらに口をさしはさむのはなぜか、ということである。ご褒美になにをもらったのか。すくなくともわれわれのほうは、その答えを承知しているのである。だが、わが国のことがらについて、そなたのご質問すべてに答えたのはだれであったか。それはまぎれもなく、わが国を捨てて逃亡した、あの裏切り者どもであろう。そなたがまったくの愚か者であるから、買収してわれわれに毒づかせるのは容易いと、彼らは見たのであります。そして、気の狂（ふ）れた、半分は教皇主義者の教会堂つき牧師か、奴隷根性の廷臣かだれかが、わが国のことについてなにかつまらぬことを書いてそなたに渡した。そして、そなたがそれをラテン語に仕立てたというわけだ。そなたのでっちあげのお話の出どころはそんなものだが、よろしければ内容をもう少し詳しく検討するといたそう。

「国民のうちで国王の処刑判決に同意した者は一万人にひとりもなかった」。それでは、残りの国民は自分たちの意志に反して、国王処刑がなされるのを座視していたというのか。では、彼らは木石か、でくのぼうか、ウェルギリウスの図柄に登場する生命なき幻影のごときものであったというのか。

ブリトン人は紫の壁掛けに織りこまれ微動だにしない。

〔『農事詩』第三巻二五行〕

そなたの思い描いているのは真実のブリトン人ではなく、絵に描かれたか、刺繍されたピクト人であると思われる。(4)〔イングランド人のような〕勇猛果敢な国民がそれほど少数の、しかも、くずのごとき者どもにより征服されるとは信じがたいことであるから――そしてこれがそなたの最初の叙述であるが――まっかなうそにちがいない。

「主教たちは議会そのものから追放された」。狂気のやまいがこうじたな。議会から追放された主教たちというのは、そなた自身のぶ厚いご著書によれば、教会から追放されてしかるべき者どもであったことをお忘れになって、わめいておられるとは。

「公爵、伯爵、子爵などの貴族からなる、議会の第二の階級は地位を剥奪された」。これはまったく正しい。と申すのも、彼らはどこかの共同体から選出されたわけでもなく、自分たち自身を代表するにすぎないからであります。彼らは国民にたいしてはなんの権限もなく、それどころかほとんどの場合、一種の慣習によって国民の権利と自由を攻撃するのであります。彼らは国王に任命された、国王の仲間、もしくは身内であり、いわば幻影であるから、国王が退場したいま、平民(プレブス)のもとへ、もともと出てきたところへ戻るしかないのである。

「議会のなかのひと握りの、しかも最悪の部分が、国王を裁く権限は自分たちのものであるなどと思いあがるべきではなかった」とや。以前ご説明申し上げたように、下院は王政のもとにあってさえ議会の最強の部分であったのみならず、それだけで独立した、完全で、合法的な議会を構成したのであって、上院の貴族議員など必要ではなかったし、ましてや〔主教たち〕聖職者議員をも必要としなかったのであります。

「この部分でさえも、全員が国王に判決を下す投票に参加することを認められたわけではなかった」。投票を認められなかった連中というのは、口でこそチャールズを国王と呼んでいたものの、その行ないを見るかぎりでは、彼を敵と判断しておったのであります。すなわち、精神においても行動においても明らかに、チャールズに刃向かったのであります。イングランド議会の上院と下院、そしてスコットランド議会は代表をたて、国王からだされた謀略的な休戦提案とロンドンにおける協議の申し入れにたいして、一六四五年〔現代の年号表示では一六四六年〕一月一三日に回答したのであります。(5) その内容は三王国全土〔イングランド、スコットランド、アイルランド〕においてチャールズが火種をまいた内戦による損失と、彼の命令により殺害された市民全員についいて、チャールズが国家に弁済すること、そして両国議会がかねてより提示してきた、そして再提示するつもりである条件にのっとって、チャールズが永続的な真の平和を保証しないかぎりは、チャールズのロンドン市内入城を認めることはできない、というものでありました。この正当なる要求は、しかるべき礼をつくして七たび提示されたのでありますが、かたやチャールズは、頑（かたくな）なる心のゆえにこれを拒絶するか、もしくは曖昧な返答によってこれをそらしたのであります。議会両院は長（なが）の年月、忍耐に忍耐をかさねてきたのであります。しかし、この謀略的な国王が、戦場においては征服しえなかった共和政体（リパブリック）を、牢獄のなかにおいてさえ、なしくずし的に破滅させようとたくらみ、甘き勝利の果実をわが軍隊よりもぎ取り[6]、公敵でありながら、王位にかえり咲き、国王を征服した側に予期せぬ勝利をおさめることのなきようにとの画策を絶とうとして、議会両院はついに勇断を下し、以後、国王を考慮にいれることはせず、要求を提示することはせず、国王からのいかなる要求も受諾せず、ということを決定したのであります[7]。

しかしながら、この決定が下された後ですら、無敵なるわが軍隊を憎悪し、その偉大なる武勲（いさおし）を嫉（そね）むのあまり、軍隊が国民からの多大なる評価をかち得たあとで、恥辱のうちにこれを解散させようとたくらむ輩（やから）が議会それ自体のなかにさえいたのであります。こうした輩は、治安妨害をたくらむ聖職者たちの惨めな子飼いの奴隷となりはて、その指令をうけて、自分たちとは意見がまっこうから対立する大多数の議員たちが、まさに議会の命令により、各州で武力蜂起した長老派を鎮圧するために帰郷した隙（すき）に乗じたのであります。彼らは、驚くべき軽率さで——あえて裏切りとは申し上げますまい——国王とは名ばかりのこの正真正銘の国賊が、なんら弁済も保証も提示していないというのに、あたかも国民からの多大なる評価をかち得たかのごとくに、ロンドン市内に入城し、至高の権威と権限を回復すべきであるなどと、こともあろうに議決したのであります。かくて、錦のみ旗（はた）としていたはずのおのが信仰と自由、そして、かの契約よりも、国王を優先させたのであります。議会内で疫病のごとき有害な計画が提唱されるのを目のあたりにした健全なる議員たちが取るべき道はいかがなものであったでしょうか。疫病が自分たち自身の議会内部にまで広がってきているというのに、祖国を捨て、おのれ自身の安全に留意すべきではない、とでもいうのでありましょうか。

しかし、不健全な議員たちを追放したのはだれだったでありましょうか。[8]「イングランドの軍隊であった」と、そなたご自身が言うのであります。すなわち、外国人ではなく、この上なく勇猛果敢にして信仰厚き市民たちであります。彼らは、おもに〔健全な〕議員の方がたの指揮をうけて、お偉方の議員のお歴れきを追放したのであります。ところでこのお歴れきのほうこそ、〔健全な〕議員たちを、祖国から追放し、はるかアイルランドに島流しにせんものと、かねてより画策していたのであります。一方で、スコットランド人は同盟の誓いも反故にして、大軍を率いて国境に近い四つの州を占拠し、その地域で最強の町に駐屯し、国王の身柄を保護し、都市や郊外のいたるところで同国人を煽動して騒乱や反乱を引き起こさせたのであります。これは、わが議会にとっては深刻なる脅威となり、やがては内乱、スコットランド戦争へと拡大していったのであります。[9]

私人としての市民が、知恵もしくは武力によって国家を救うことが、いつの時代にあっても、この上なく称賛に値することであるからには、わが国の軍隊が責められるいわれはけっしてないのであります。彼らは、議会の権威にもとづいて都市に召喚され、命令を遂行し、いちどならず議会の存在を脅かした王党派の反乱をいともやすやすと鎮圧したにすぎないからであります。

われわれが殲滅されるか、敵を殲滅するか、ふたつにひとつというところまで、事態は迫っていたのであります。ロンドンの行商人や職工人のほとんどすべてと、この上なく党派性の強い牧師たちを敵に回し、味方とするは偉大なる忠誠心と穏健さ、そして勇気により知られた軍隊でありました。軍隊の助力があってこそ、われわれは自由を保持し、国家を守ることができたのであります。それでも、そなたは、われわれが臆病と愚鈍とによってすべてを見捨てるべきであったとでも言うのであるか。

王党派の指導者たちは、戦いに破れて不承不承、武器を捨てたものの、憎しみを捨てることはけっしてなかったのであります。彼らは帰省して、戦争再開の機をうかがっていたのであります。彼らは、長老派[10]にとっては不倶戴天の敵でありました。にもかかわらず、長老派は教会においても国家においても自分たちが暴政をふるう道が絶たれたと見るや、以前の言動もどこ吹く風とばかり、手のひらを返すようにして、この王党派の残党と密約を結んだのであります。長老派は、自分たちもまた血を流して獲得したはずの自由を同志とともに分かちあうよりも、むしろまたもや、おのが身を奴隷として国王に売り渡すほどにまで落ちぶれ果てたのであります。長老派の連中にとっては、生き残った者たちにたいする怨念に燃え、すでに復讐を計画していた国王の、幾多もの市民の血にそまったあの汚れた国王の支配下に入るほうが、同志や友人とともに正しく衡平なる地位を分かちあうことよりも好ましく見えたというわけであります。

ただ独立派と呼ばれる人びとだけが、最後まで、おのが節度と、手にした勝利を保持する方法を悟っていたのであります。彼らは、かつて国王側から敵側へと変身をとげた者が、再度、敵側から国王側へと変身することなど望まなかったわけであります。そして、わたくしの見解を申し上げるなら、彼らこそ、賢明でありました。彼らはけっして和平に反対だったのではありません。和平の名のもとに隠蔽された、新たなる戦争、すなわち、終わりなき隷従をこそ恐れたのであり、それも正当な理由があればこそ、でありました。

そなたは、わが軍隊にたいする攻撃をだらだらと長引かせるために、わが国の出来事について支離滅裂で味もそっけもない物語を開始するのであります。これらは、虚偽と浅薄に満ちみちており、称賛されてしかるべき行為がしばしば非難されているというぐあいでありますが、わたくし自身、物語をもってして応酬することはなんの意味もないと考えております。なぜなら、われわれの戦いは論証を武器として行なわれるべきすじのものであって、物語を武器として行なわれるべきすじのものではないからであります。そして、両者ともに、物語ではなく、論証をこそ拠りどころとするはずであります。

さらに、出来事それ自体の質がきわめて重大であるために、正しき歴史の枠組みにおいてのみ物語られることが可能なのであります。それゆえわたくしは、カルタゴについて沈黙を守ったサルスティウスを範として[11]、このような大きな主題については舌足らずに語るよりは沈黙を守るほうを選ぶものであります。そしてまた、わたくしは、わが国の第一人者の方がただけでなく――この驚異に満ちた出来事の流れにおいて、われわれがいっそう深く肝に銘じておくべきことでありますが――全能の神ご自身もともになし遂げられた、かの偉大なる武勲を、この書物にそなたの罵詈雑言とともに併記する、などという瀆神の罪を犯すつもりはないのであります。それゆえ、いつものようにわたくしは、いくらかは論証の体裁をとどめていると見える箇所だけを選んでゆくことにいたしましょう。

「イングランドとスコットランドは厳粛なる同盟を結び[12]、国王の権威を保持すると盟約した」とそなたは言う。だがそなたは、いかなる条件のもとで盟約が結ばれたかについては一言もいわずじまいである。その条件とは、両国の信仰と自由とを損なわないなら、というものであります。しかるに国王は、最期の息を引き取るまで、信仰をも自由をも敵視し、裏切りつづけたのでありますから、国王が生きているかぎり、信仰と自由とが死滅の危機に瀕していたことは、火を見るよりも明らかだったのであります。

おつぎにそなたは、国王処刑の責任者たちへと話を戻すのであります。「国王処刑ということそれ自体を決定的要因にもとづいて考察するなら、この忌まわしき犯罪の結末は独立派にこそ帰せられるべきである。かたや長老派は、その〔革命の〕起源と進展にかんして栄誉を担ってしかるべきである」。お聞きめされたか、長老派のお歴歴よ。そなたたちは、国王処刑にさいして大いに遺憾の意を表して見せたわけであるが、それによって、いかほど身の潔白と国王への忠誠心が、ちまたに証されたことであるか。そなたたちを弾劾する、この多弁な国王弁護者のお説に従えば、そなたたちも「半分以上まで手を貸した」というわけであります。そなたたちが、「この悲劇の第四幕以降まで登場して、曲芸師のごとく、息を切らしながらあちらこちらへと飛び跳ねるところが見物であった」というのであります。【だが、それはともかくとして、かくも雄弁の術にたけたご仁が、いとも簡単に、ご自分がかくも厳しく非難しておいでの者どもの真似をなさろうとするのはなぜか、その理由をうかがいたきものよ。ご著書、『チャールズ一世弁護論』において、そなたが「息を切らしながらあちらこちらへと飛び跳ねるところが」、しばしば「見物であった」のではありますまいか。[13]】

いまいちど、長老派の諸兄よ、そなたたちは、「国王殺しの烙印を押されてしかるべきである。そなたたちは国王殺害への道を切り開いた。そなたたちこそ、かの呪わしき斧を国王の首にふりおろした張本人である」。しからば、チャールズ・ステュアートの家系がイングランドの国王に返り咲いたあかつきには、そなたたちにこそ災いあれ！　わがことばを信ずるがよい、後悔することになりますぞ。それゆえ、神に感謝の祈りを捧げて、そなたたちを解放し、かつ、ご意向にはそぐわぬながら、破壊と破滅から今もなお、そなたたちを守っている同信の方がたをいつくしむがよかろう。

さらに、サルマシウスはそなたたちを告発して、つぎのように言うのであります。「数年前には、さまざまな請願をすることによって王権を根底からくつがえそうとはかったばかりか、国王の威信にかかわる事項を記載した文書を出版し、それを議会の名において国王に渡した。かくて、一六四二年五月二六日付けの議会両院の宣言における、謀反の匂いふんぷんたる、狂気じみた主張により、そなたたち〔長老派〕が王権にたいしていかなる判断をくだしているかを鮮明にした。議会の命令をうけたホサムは、国王の入城をさえぎるためにハルの城門を閉じた。[14]そなたたちはこの最初の謀反において、国王がどこまで忍耐するかを見極めるのに執心した」。これ以上、イングランド国民の心をひとつに結集させ、国王から離反させるのに効果的な言い回しが考えられるでありましょうか。ここからイングランド国民が学びうるのは、以下のことであります。すなわち、国王帰還のあかつきには、国民が罰せられるのは、先王処刑の咎のためばかりではない。以前になされた請願すべて、そして、祈祷書と主教の廃止、三年議会法(15)など、議会が満場一致で可決した法や、その他、国民全体の同意と承認をもって可決された法もすべて、反逆的行ないであり、「長老派の狂気じみた主張」であるかのごとくに見なされ、処罰の対象となる、ということであります。

しかしながら、この気まぐれなご仁は、とつぜん気を変えるのであります。つい、いましがたまでは「事を有り体に考察すれば」この男の目にはたしか、ただ長老派だけの過ちと見えていたはずのものが、「距離をおいてうち眺めれば」すべて、独立派に帰すべきものと見えてしまうのであります。この男、たったいま、長老派が「武力と暴力によって国王を攻撃するために動きだし、戦場において国王を征服し、捕虜とし、投獄した」と主張した、その舌の根の乾くひまもあらばこそ、「この反逆の筋書きは」すべて独立派により立てられたものである、とのたもうのであります。なんとも、志操堅固で首尾一貫したおひとであることよ! そなたご自身の主張が煮詰まるところ、ぶざまで無内容であるときに、また別の物語を持ち出して対置させる必要など、どこにあるというのか。

しかし、そなたが清廉潔白の士であるのか、ごろつきなのか、といぶかしむ人もあろう。そのような人は以下をお読みになるがよい。「国王の敵たるこの分派がいつどこで生じたかを明らかにする時がきた。エリザベス〔一世〕(16)の治世に、この美しき清教徒たち(17)は地獄の暗闇よりあらわれ出て、初めには教会を、つぎには国家を騒乱へと陥れた。なぜなら、彼らは、教会にとってと同様、国家にとっても破滅の元凶だったからである。」語るに落ちるとはこのことぞ! 正真正銘のバラムどのよ。(18)と申すのも、そなた、ありったけの苦き毒を吐きちらそうと望みながら、知らずして、意志に反して祝福を与えてしまったではないか。イングランドにはあまねく知れわたっていることでありますが、わが国の主教たちの手に穢され、儀式と迷信により原形を留めぬほどに変形した神への祈りのかたちを、フランスやドイツの教会を範例として――いずれが、より真に改革（リフォームド）された教会と判断されるのかは別として――より清きものとしようとした人びとがおります。彼らは神への信仰においても、生活の正しさにおいても、他の人びとにたち優っていたのでありますが、これを主教に追随する者どもが清教徒と呼んだのであります。この人びとの教えをそなたは国王に敵対するものとして弾劾しおる。しかし、それはおかど違いというもの。なぜなら、そなた自身が言っておるではないか。「彼らの教えに他の点では同意しないプロテスタントのほとんども、国王の暴政に反対するという一点においては同意していたように見える」。

かくて、かくも激しく独立派を攻撃していたはずのそなたは、その実、彼らを称賛しているわけであります。なぜならそなたは、独立派がキリスト教徒のうちでもこの上なく正しき派の流れを汲むものであることを明らかにしたばかりか、独立派に特有の教えであるとそなたがずっと主張してきたものを、じつは「プロテスタントのほとんどが同意していた」と認めるからであります。いまや、そなたは狂気、瀆神、背教がこうじて、先頃までのご自身のお説によれば、疫病をはびこらす反キリスト[19]に他ならぬものとして、たしか、教会から根こそぎ追放されるべきであったはずの主教たちは「戴冠式の誓約を破棄することのないように」国王により庇護されるべきであった、と主張するにいたるのであります。これ以上、悪事に悪事をかさね、恥の上塗りをする道はただひとつ、そなたの存在そのものによって穢されている改革（リフォームド）された宗教を、ただちに誓約をもって捨てることしかないのであります。よくも、そなた、「イングランド国民はあらゆる分派と異端を容認している」などと臆面もなく、われわれを攻撃できたものである。瀆神がきわまって、そなたに対立するこの上なく清らなるキリスト教徒とほとんどのプロテスタントとを「地獄の暗闇からあらわれ出た」などと臆面もなくほざくようなそなたを、教会が容認しているというのに。もう一回言ってつかわそう、おつむからっぽの、嘘つきの、雇われ者の、悪態をつく背教者のそなたを！

第一〇章の残りほとんどを占めている狡猾な作り話、もしくは独立派にたいする憎しみをかき立てる目的でそなたが独立派に特有だとしている怪異なる教えにかんしては、わたくしはなにも言わないのが最善であると考えるものであります。このような作り話は国王の裁判とはなんのかかわりもなく、反駁よりもむしろ嘲笑や軽蔑の対象とするにふさしいものだからであります。

第一一章

サルマシウスどのよ、お見受けしたところ、そなたは、この第一一章においては、あい変わらず無節操ながらも、ご自分の無能ぶりに少しは気づいておられるようであります。

ここでそなたは、「いかなる権威により」国王に判決が下されたのかを究明しなくてはならない、と言う。しかし、それと同時に、「これは究明してもむだである。というのも、かかる仕業をなした者たちの素性は疑う余地のないものだからである」と述べて皆を驚かせるのであります。かくて、この裁判を扱うそなたのお手並みから明らかになった執拗さと厚かましさとは、いまや、自分でも気づいておられる饒舌により釣合いがとれているわけでありますから、わたくしといたしましては、ごく手短にそなたに反駁することにいたそう。

「いかなる権威により」下院は国王その人に判決を下したり、他の人びとに裁判を委ねたりしたのか、というそなたのご質問にたいしては、わたくしは至上の権威によってである、とお答えいたそう。いかにして、彼らが至上の権威を獲得したかは、わたくしはすでにお話し申し上げておりますから、そなたは学んでおられてもいいはずであります。ほら、そなたの議論がまったくの空論であることを、わたくしが証明したあの時にでありますす。じっさい、適切に弁論できるという自信が、いささかなりともそなたにおありになったら、こんなふうに、なんどもなんども、同じ無粋な文句をいつまでも繰り返すということもなかったでありましょうに。下院議院が裁判権を他の人びとに委託するのは、国王が国民から与えられた全権限を——そなたのお説に従えば——他の人びとに委託するのと同様であります。かくして、そなたが言い出した、かの「厳粛なる契約」において[1]イングランドとスコットランドの最高首脳部は、両国のいずれかの至上の裁判権、もしくはそこから権威を委託された人びとの指示に従って反逆者を罰することを誓約したわけであります。これでおわかりであろうが、両国の議会が裁判権を——自分たち自身が「至上」と規定している裁判権を——他の人びとに委託することができる、と口をそろえて言っているのであります。したがって、そなたが取りかかろうとしている裁判権の委託にかんする議論は、無意味にして無内容、と結論づけられることになります。

だが、そなたはそれに続けて「これらの下院から選ばれた判事に、軍隊からも兵士たちが判事として加えられた。しかし、兵士には一般市民を裁く権限はない」と言う。手短にお答えいたそう。いま、ここでわれわれが議論しているのは、武装した敵についてであって、市民についてではないことをお忘れなきように。戦場で武装した敵が捕らえられ、必要があってその場で処刑されるかもしれないというときに、軍の指揮官が下士官とともに裁判官として捕虜を裁こうとしたからとて、それが戦時の法なり慣例なりを破ったなどという者がありましょうか。戦場で「国家の敵」として捕らえられた者は市民とは認められないのでありまして、なおのこと「国家の国王」とは認められないのであります。これこそが、かの証聖王エドワードのこの上なく神聖なる法の見解であり、そこでは、邪悪な国王はもはや国王ではなく、したがって国王という称号で呼ばれるべきではないと明確に述べられているのであります。

下院といっても「国王を裁いた下院は完全ではなく、不具にされ片輪にされた議院である」というそなたの陳述にたいしては、こうお答えいたそう。不在だった下院議員を考慮にいれても、それでもなお、国王処刑に票を投じた下院議員の数は、議会における審議事項に必要とされる数をはるかに上回っていたのであります。不在議員たちはおのれの過ちゆえに、いや、罪ゆえに（〔チャールズ一世という〕公敵に心情的に肩入れすることこそ、最悪の不在状態であるから）不在だったのであります。それゆえ、彼らには、国民の篤き信任を受けて国家を保護せんと堅くたつ方がたを妨害することなどできなかったのであります。国家の礎（いしずえ）が揺るがされ、隷従と破滅の危機に瀕しているときに、全国民がこの方がたの忠誠心と英知と勇気とを頼みとして、国家を委託したのでありますから。じじつ、この方がたは、男らしく、力強く行動し、激高した国王の際限なき狂気と策略とに立ち向かい、おのれ自身の自由と安寧よりもむしろ、全国民の自由と安寧とを選びとりました。かくて、英知と雅量と貞節において歴代の議会、父祖の人びとすべてにたち優ったのであります。しかし、国民の多数は、忠誠と援助と補助をあれほど堅く約束したにもかかわらず、彼らがその企てに取りかかっているさなかに、恩知らずにも彼らを見捨てたのであります。こうした輩は、怠惰と贅沢のおまけつきの和平と隷従を無条件で望んだのでありました。それでも、それ以外の国民は自由と、堅固にして真正の和平を望んだのであります。かくのごとき事態にあって議会の取るべき道はいったいどちらだったのでありましょうか。健全で、議会と祖国とに忠実な陣営を保護するのか、それとも、議会も祖国も見捨てた陣営にぐずぐずと執着すべきであったのか。

そなたがなんと答えるか、わたくしはよくわかっている。と申すのも、そなたはエウリュロコスではなく、惨めなキルケの獣、汚れた豚に変えられたエルペノルに他ならず(2)、女に支配されるという最悪の隷従の型(3)に狎（な）れ親しみ、男らしさという徳をも、そこから湧きいずる自由という清水をも一口も味ったことがないからであります。そなたは全人類を奴隷にしようとしおる。というのも、そなたは雅量や自由などとはなんの縁もなく、ただ、卑劣と隷従だけを呼吸し、語るからであります。

つぎにそなたは、「われわれが裁いた人物というのはスコットランド王でもあった」と述べて、つまらぬことで騒ぎ立てるのであります。まるで、スコットランド王でありさえすれば、イングランドでなにをしようと咎められることはない、とでも言いたげであります！

最後に、きわだって味気なく支離滅裂なこの章をいくらかでも気のきいたかたちで締めくくろうとして、そなたは言うのであります。「同数の同じ文字を順番だけかえると、意味に大きな違いがある二種類の単語ができる。それは、VIS（力）とIVS（法）である。」そなたのごとき三文文士が三文字を使って巧妙精緻なだじゃれをとばしてみたところで、驚くことはない。[4] 他のすべての点において「大きな違い」のあるはずの、このふたつが、国王についてはまったく同一と考えられるとする、ご著書全体を貫くそなたの主張こそ、驚きに値するものであります。たしか、国王が力にものを言わせてなにをしようとも、それは国王の法による、というのがそなたの主張であったはず。九ページもの長きにわたるそなたの論述のなかで、答えるに値すると思われるのはこれだけであります。残りはすべて、わたくしがすでに反駁しつくしたものを執拗に繰り返しているか、本件の論点とは無関係なものかの、どちらかにすぎないのであります。それゆえ、異例なほどに簡潔に答えたからといって、わたくしに勤勉さが欠けているわけではないのであります。なぜなら、わたくしは嫌悪感でいっぱいになりながらも、そなたのまったく実体も、論証もない、絶え間なき、愚かしき多弁にたいして、けっして攻撃の手を休めることはないからであります。

第一二章

すでにその生涯も処罰も完了してしまった国王チャールズにたいして、わたくしが不公平であるとか、厳しすぎるなどと思われることのなきよう、「その罪」にかんしては不問に付すことのほうが好ましかったのでありますし、そのほうが、サルマシウスよ、そなたにも、そなたの支持者たちにとっても良かったはずでありましょうに。しかしながら、そなたが、かくも長ながと、確信をもってそれについて語ることを選んだわけでありますから、わたくしとしては、そなたが最後まで無思慮きわまりなく、訴訟をだいなしにし続けたということを、とっくりと思い知らせてさしあげるといたそう。すなわち、そなたはチャールズの罪をふたたびあばきたて、いっそう、深くさぐりまわすという失態を演じることになるのであります。と申すのも、わたくしがその真相と邪悪さを明らかにしたあかつきには、チャールズの思い出は善良なる人びとすべてにとって不愉快きわまる、おぞましきものとなるでありましょうぞ。そしてまた、読者のこころには、その擁護者たるそなたにたいするこの上なく激しい憎しみを植えつけることになるでありましょう。

「国王にたいする起訴状は、ふたつの部分に分けられるであろう。ひとつは、その生活態度にたいする非難であり、もうひとつは、国王として犯したかもしれぬ過ちにかんしてである」とそなたは言う。宴会と芝居と女性の軍団に費やされた、彼の生活については、沈黙を守るほうがいいと思います。奢侈（しゃし）の生活など語るに値するでありましょうか。かりにチャールズが私人にすぎなかったのであれば、こうしたことはわれわれになんのかかわりもなかったでありましょう。しかしながら、彼は国王だったのでありますから、自分のためだけに生きるわけにはいかず、また自分にたいしてのみ罪を犯すというわけにもいかなかったのであります。第一に、チャールズは悪しき範例として国民にたいしてこの上なき害毒を及ぼしたのであります。第二に、自分の欲望と快楽のために彼が費やした膨大な時間というのは、国政を委託されておきながら、その国家から横領した時間なのであります。最後に、家政において彼は奢侈のかぎりを尽くし、莫大な富と金を浪費したのでありますが、これは彼自身の財産ではなく、国庫に帰属すべきものであります。つまり、彼が邪悪な国王になり始めたのは、家政においてでありました。

しかし、「統治の失敗により犯したとされる」罪状へと話を進めるといたそうではないか。ここでそなたは、国王が「暴君、反逆者、殺人者」として起訴されたことを嘆いてみせるのであります。チャールズにたいして、なんの不正もなされてはいないことを証明してみせよう。まず第一に、暴君を定義するといたそう。烏合の衆の憶測にのっとってではなく、アリストテレスと博識賢明なる人びとすべての見解を拠りどころとしてでありますぞ。暴君とは私利私欲にのみ走り、国民の福利と利益は捨ててかえりみぬ人物をさすのであります。『ニコマコス倫理学』第一〇巻〔八・一〇・二〕その他においてアリストテレスはそう定義しておりますし、他の多くの人びともまたそうであります。チャールズが私利におぼれたか、国民の利益を尊重したかは、数ある例のうちほんの二、三をとり上げれば、おのずと明らかでありましょう。

王室の遺産と歳入が支出を補いきれなくなったとき、チャールズは国民に過酷な重税を課したのであります。さらにこれも使い果たしたと見ると、彼は新たな税をこしらえ上げたのでありますが、それは国家の強化、整備、防衛のためではなく、数国家分の富を、ただひとつの家に、おのれだけのために蓄積する、もしくは、ただひとつの家だけで浪費するためでありました。こうして、不正な方法で巨万の富をかき集めるや、議会が国王を制御しうる唯一の機関であることを承知しているので、議会を完全に廃止するか、もしくは自分に都合のよいときだけ召集して、自分にだけ責めを負うべき御用機関にしようと画策したのであります。議会という手綱から解き放たれるやチャールズは、こんどは国民に新たな手綱をかけたのであります。戦時でもないのに、各都市と町に、警護するかのごとく見せかけて、ドイツの騎兵部隊とアイルランドの歩兵部隊[1]を駐屯させたのであります。〔サルマシウスよ、〕これでもまだ、そなたの目には暴君とは映らないのであるか。まさにこの点において、また、以前にそなたご自身がきっかけを作ってくださったときにご指摘申し上げたように、他の多くの点でも、チャールズはあの残忍この上なきネロによく似ているのであります。と申すのも、ネロもしばしば元老院を脅かし、廃止しようとしたからであります。そなたご自身がチャールズとネロを比較することをいくら嫌っても、事実は動かしがたいのであります。

それと同時に、チャールズは信仰厚き人びとの良心を手ひどく迫害し、教皇制度のただなかから、またもや教会に持ち帰ったあの儀式と迷信的な慣習すべてを強要したのであります。従わぬ者を追放したり、投獄したり、また、これを理由に二度までもスコットランドに戦争をしかけたほどであります[2]。これで少なくとも「一度は」チャールズはたしかに暴君の名にふさわしかったことが、そなたにもおわかりであろう。

さてつぎに、わたくしは反逆者という語がなぜ起訴状に書かれたかを教えてしんぜよう。チャールズは、国家にたいして敵意など抱いていないと、いくども繰り返して議会に約束し、宣言し、宣誓しておきながら、まさにその舌の根の渇かぬうちに、アイルランドの教皇主義者[3]の群れを寄せ集め、デンマーク国王〔クリスチャン四世〕に密使を送って、明らかに議会に刃向かう目的で武器と馬と兵の増強を申し入れ、まずはイングランド人、おつぎにはスコットランド人を金で釣って兵を募り、挙兵しようと画策したのであります。国王が議会なしでやっていくためにどのような形であれ国王を援助するなら、イングランド人にはロンドン市を略奪してよい、スコットランド人には北方四州を統治下に併合してよい、と約束したのであります。[4] 計画が失敗におわると、彼はディロン[5]とかいう裏切者に密かに指示を与え、アイルランドに在留する全イングランド人を、とつぜん攻撃させたのであります。こうしたことは一般的に反逆の証拠と見なされるのであり、根も葉もないうわさなどではなく、国王自身の手で署名され、封印された手紙から証拠だてられているのであります。

最後に、チャールズの命令によりアイルランド人が武器を取り、ありとあらゆる残酷な方法で、平和のさなかに、まさかそのようなことが起こるとは夢想だにしなかったおよそ五〇万人のイングランド人を殺害したので[6]ありますから、この人物を殺人者と呼ぶのを拒否する者がいるとは考えられないのであります。さらに、この人物は他の二つの王国〔イングランドとスコットランド〕にあのような内乱を引き起こしたのであります。その上、ワイト島[7]にて開催された会議において、国王はこの内乱の責任が自分にあることを公然と認めたのであり、この告白により、周知の事実でありますが、議会はなんの咎(とが)めを受けることもなくなったのであります。さて、これで、チャールズが暴君、反逆者、殺人者と宣告された理由が簡潔におわかりになられたであろう。「なぜ、もっと早く、かの厳粛なる契約」によるか、もしくは、その後、国王が降伏した時点で「長老派か独立派により」そのような宣告が下されずに、そのかわりに、「あらゆる点からみて国王にふさわしい扱いがなされたのであるか」とそなたは問うのであります。この点だけをとってみても、下院議員たちが国王を廃止することを決断したのは、耐えがたきを忍び、あらゆる手段をつくし、それでもなお耐え忍んだあとに、最後の切り札として、やむをえず下した断であるということが、分別のある方ならだれにでも納得がいくはずであります。すべての善良な人びとの目に、国王の傲慢にたいする、彼らのこの上なき忍耐、公正さ、節度、そして長きにわたる寛大さの証(あかし)として映る事実を、そなただけが邪悪な性癖(せいへき)のゆえに譴責(けんせき)の種としておるのだ。

しかし、「国王処刑の前年の八月に、下院はすでに実権を握り、独立派に支配されていたのであるが、下院はそれでもなお、スコットランドに手紙を出して、その時点まで国王、上院、下院の支配のもとにイングランドに普及していた政治体制を変革するつもりは毛頭なかった、と述べていた」とそなたは言う。それなら、国王廃止が独立派の教義に帰せられるすじあいはほとんどない、ということがおわかりのはず！　彼らは教義を隠しておくことにはまったく不慣れなため、実権を手中におさめていてさえ、「政治体制を変革するつもりは毛頭なかった」と公言するのであります。しかしながら、当初、計画になかったことを後になって決断したとしても、国家の福利にとってよりふさわしく、より有利なものを採用することは正しき判断だったと言えるのではありますまいか。とくに、彼らが当初から変わることなく提示してきた、この上なく正当な要求を、勧告しても請願しても、どうしてもチャールズが受け入れようとはしなかったのでありますから。彼は、宗教と王権にかんして初めから保持していた見解――間違っているにもかかわらず――に固執し、われわれを破滅させようと画策したのでありました。彼は戦時にも平時にも多大な災難をわれわれ全員にもたらした、あのチャールズのままでありました。彼がなにに同意しようとも不本意に同意するのであり、政権を奪回したあかつきには、すべて無効になるのだと考えていたことは、疑う余地がなかったのであります。当時、一部の艦隊を率いて逃亡していた、チャールズの息子〔後のチャールズ二世〕は、公(おおやけ)に文書を発行して同趣旨のことを明言したのであります。チャールズ自身もまた、〔ロンドン〕市内のさる支持者にあてた手紙のなかで、そのようにほのめかしていたのであります。

その一方、議会がまっこうから反対していたにもかかわらず、しかも恥辱的な条件で、チャールズ一世はイングランドの宿敵、アイルランドとの和平を工作したのであります。そして、なんども繰り返された、実りなき和平会談にイングランド国民を召喚したときにはいつでも、同時に、イングランド国民にたいし戦争をしかけようと努力をいとわなかったのであります。このような事態にあって、統治を委託された人びとはどうすべきだったであろうか。彼らに委託された公共の安寧を、この上なく忌わしい敵の手に売り渡すべきであったとでもいうのであるか。再開すれば、われわれにほとんど壊滅的な打撃となる戦争にふたたび乗り出し、さらに悪いことが起こらぬよう、さらにもう七年、耐え忍ぶべきであったとでもいうのであるか。神が彼らにより深き英知を与えたもうたために、国王を廃止しないという最初の案——まだ法制化されていなかった案——は、かの「厳粛なる契約」にもとづけば、公共の福利、信仰、そして自由に比較して、副次的な問題にすぎぬものと彼らの目に映ったのであります。遅きに過ぎたきらいはありますが、それでもついに、国王が統治の座にあるかぎり、これらは保持されえないということが、彼らの目に明らかになったのであります。

たしかに、議会は、事態に応じた、可能な、最善の方策によって公共の福利を供給するために、完全に自由で自律的でなければならないのであります。それゆえ、以前に抱いていた見解にぐずぐずと拘泥して——神が理解力と機会の両者を与えて下さっているというときに——彼ら自身にも国家にとっても有益な、新たな、そして、より賢明なる方策を採用するのをためらっていてはならないのであります。

「スコットランド人は異なる見解を抱いていた。じじつ、息子のチャールズにあてた手紙のなかで、彼らは父王チャールズをこの上なく神聖な国王と呼び、国王殺害を呪われた犯罪と呼んでいる」とそなたは言う。よく知りもしないスコットランド人の話は、もうやめるがよかろう。彼らが、同じチャールズを呪われた殺人者にして反逆者と呼び、この暴君を成敗したことを、この上なく神聖な行ないと呼んだときもあったことをわれわれは知っているのであるから！

つぎにそなたは、われわれが国王に下した宣告を不適当と非難し、「暴君という記載のうえに殺人者と反逆者の肩書をくわえる必要があったであろうか。暴君という名称があらゆる罪を包括しているではないか」と問うのであります。それでは、文法教師もしくは辞典編纂者のごとくに、そなたは暴君のなんたるかを教えてくださるのであるか。失せるがよい、衒学者めが。かのアリストテレスの定義により、いとも容易く粉砕される、このたわごとをかかえて。かの定義により——そなたが理解しようとやっきになっているのが、ことばだけであるなら——暴君とは反逆や殺人よりも軽い罪に適用しうるものであることを、そなた、教える立場にありながら、学ぶことになるでありましょうぞ。

しかし、「イングランドの法は、国王が自分自身、または国民にたいして騒乱を引き起こしたからといって国王が反逆罪に問われるとは述べていない」とそなたは言う。ならば、お答えいたそう。イングランドの法は、議会が国王を廃止したからといって、議会が反逆罪に問われるとは述べていないし、過去にも罪に問われたことはないのであります。以前には議会はしばしば国王を廃止した、という事実があるにもかかわらずに、であります。だが、国王が自分自身の主権を損なったり、おとしめたりすること、主権を失うことさえありうることは、イングランドの法に明らかであります。かの「証聖王エドワードの法」にある、「国王の称号を喪失すること」という表現は、フランク王国のシルペリク王[8]がそうであったように、まさに国王の機能と権威を剥奪されることを意味しているに他ならないのであります。そして、まさにこの法においてシルペリク王が例として引用されているのは、焦点を明確にするためなのであります[9]。わが国の法律学者のうちで、反逆罪が国王にたいしてと同様、王国にたいしても適用されうるということを否定するものは、だれひとりとしておりません。わたくしはそなたが引用しているグランヴィル[10]そのひとに訴えるものであります。「国王殺害および王国における反乱煽動にむけた、いかなる行ないも反逆と見なされる」のであります。かくして、さる教皇主義者たちが、爆薬で一気に両院議員もろとも議事堂をふき飛ばそうとした、あの策謀[11]も、国王ジェイムズ自身と両議院により、国王のみならず議会と王国とにたいする「反逆」とみなされたのであります。

するは容易(たやす)いことでありますが、真相がかくも明白な今、わが国の法からもっと多くの例を引用する必然性はありましょうか？　とくに、国王にたいする反逆は反逆罪として罰されるが、国民にたいする反逆は罪とされない、などという考えがまったく愚かしく不合理であるときに。なぜなら、国民のために、国民があればこそ、そして、いわば国民の承認によってこそ、国王が成立しうるのであります。それゆえ、わが国の法についてたわごとをまくしたてようと、いにしえのイングランドの法文書をあくせくと苦労してひもとこうと、そなた、まったくの徒労でありますぞ。と申すのも、法の可決も廃棄も、決定権はいつも議会にあり、なにが大逆罪か、反逆罪かを決定する務めは議会だけのものだからであります。これまでにもしばしば証明してまいったように、この権限は、国民から国王に完全に委譲されたということはけっしてないのであって、議会においていっそう気高く崇高なかたちで現出するのであります。

　そなたのごとき、味気なきフランスの山師(やまし)にはだれもが堪忍袋の緒が切れる。

　そして、そなたたち、イングランドを見捨てた者どもよ！　あらゆる芸術と文芸がそなたたちのお供をしてイングランドから逃亡したと断言する主教と学者と法律家のお歴れきよ！　それだけの人数がありながら、じゅうぶんな熱意とラテン語を駆使して国王とご自分たちの大義を擁護し、諸外国の判断を仰ぐためにそれを提示するだけの能力の持ちぬしをひとりも見つけられなかったというのであるか。それほど人手不足なために、この気の狂(ふ)れた、金の亡者のフランス人を金で釣って、文無しの国王と、群れなすおつきの、声を出さぬ学者や牧師の味方に引き入れ、援助を請わねばならなかったのであるか。このようなことをすれば、きっと諸外国からの非難の嵐に見舞われるであろうぞ。そして、そなたたちが武力と勇気によっても守ることができなかった大義を、ことばによる戦いによっても守りきれず、敗北した、ということが万人(ばんにん)のまえに明らかになるでありましょう。

　しかし、そなたのもとへ、わが美(うるわ)しき演説家のもとへ戻るといたそう、そなたが正気に戻っていればの話ではあるが。と申すのもそなた、終わりも近づいた、ことこの場におよんでも、いびきをかき、自発的な「死」について なにか無関係な話を眠たげに始めるからであります。そしておおいそぎで、「国王が正気であるかぎり、騒乱により国民を分断したり敵に破れるために自分自身の軍隊を裏切ったり、自分自身に刃向かって内紛を起こしたりする」などということはありえない、と言うのであります。これらすべてを、多くの国王たちも、そして、チャールズ自身も行なったのであります。それゆえ、禁欲主義者[12]のそなたゆえ、あらゆる罪人と同様、あらゆる暴君もまた狂人であると信じて疑わないのでありましょうな！　ホラティウスが言うように、

邪悪な愚鈍と真実にたいする無知に盲目的に追従する者はだれもが
クリュシッポス[13]の回廊(ストア)とその一党により狂人の烙印をおされる。
この格言は国民と偉大なる国王すべてにあてはまる。
例外たるは賢者のみ。

〔『風刺詩』第二巻三章四三―四六行〕

それゆえ、気のふれたごとくにふるまったという罪からチャールズを解放したいなら、そなた、チャールズが正気であったことを証明するまえに、邪悪の罪から解放せずばなるまい。

「国王がおのれ自身の家臣や臣民にたいして反逆するなどということはありえない」とそなたは抗議する。よいか、まず第一に、いやしくもわれわれは自由の国民なのでありますから、そのわれわれを侮辱するような蛮族のしきたりはいかなるものであれ、容認することはないのであります。そもそも服従の理念というものは、わが国の法が宣言するように、「栄誉ある有益な」ことにのみ対象が限られているのであります。ヘンリ一世治世の

法律第五五号をご参照あれ。わが国の法律家たちの一致した見解では、忠誠の誓約は「相互束縛的」であり、君主に課せられる「保護と守護」を提供する場合にのみ交わされるのであります。しかしながらもし、君主が不当に厳しかったり、なにか重大な災いをもたらすなら、「主従の絆全体が切断され、消滅する(14)」のであります。これこそがまさに、ブラクトンと『フリータ』のことばであります。

かくして、法そのものが君主の脅威から家臣を防衛し、一騎打ちで、もし家臣が勝てば、これを殺害すべく家臣に引きわたす、とする場合があるのであります。全国家もしくは国民が暴君を同じように裁くことが法により認められないとなれば、自由人は奴隷よりも劣悪な状態におかれていることになりかねないのであります。

つぎにそなたは、他の国王が犯した殺人や公正な行為をひきあいに出して、チャールズの犯した殺人を免罪しようとつとめるのであります。アイルランドにおける虐殺については「読者は国王の名高き著作、『国王の像』を参照せよ」と、そなたが言うのであるから、そなたには『偶像破壊者(15)』を参照せよと、わたくしは言おう。そなた、「ラ・ロシェル沖のレー島占領(16)」、島民裏切り、「譲渡はせぬが保護すると空約束したこと」をすべてチャールズの責任ではない、とするおつもりか。わたくしとしては、これらが彼に帰せられるべきかどうかについて、なにも言うことはない。彼が国内で重罪を犯したため、国外での犯罪を追求する必要はないからであります。また一方では、信仰の敵たる国王の脅威から一度でもおのが身を軍事力をもって擁護したことのあるプロテスタント教会なら、まさにこの点において、すべて反逆のかどでそなたに告訴されてしまうということになるではないか！ これらのプロテスタント教会は、その規律の保護と健全なる存続のためには、おのれ自身の子弟のひとり〔国王チャールズ〕により加えられたこの侮辱を、だんじて見過ごすことなく、断固として糾弾することこそが急務であると、考えていただかねばならぬ。われわれイングランド国民としては、あの〔レー島への〕遠征をめぐる〔国王チャールズの〕裏切り行為を忘れたことはないのであります。チャールズはイングランドの政治形態を暴政に変えようと、長いあいだ画策してきたのであり、その計画を完遂するためには、まず市民の軍事力の精華たる部分〔議会軍〕を壊滅させる必要があると考えたのであります。

いまひとつ、チャールズの犯した重大な罪は、戴冠式で国王が戴冠を受けるまえに誓約することが慣例として要求される誓文から一定の語句を削除するよう命じたことであります。なんと破廉恥な呪われた行為であることか！　その行為をなした者を罪人と呼ぶなら、その行為を弁護する者をなんと呼ぶべきであるか。永遠にておわします神のみ名において、わたくしはおたずねしよう。これほどまでに忌むべき不誠実な行為がありえようか、と。かの神聖なる宣誓(17)をのぞいては、この誓約いじょうに彼にとって神聖なものはなかったはずであります。法に背いて罪を犯す者と、法それ自体を犯罪の共犯者としたり、いや、それどころか、あたかも犯罪などなかったかのごとくに見せかけるために法を破壊する者と、いったい、どちらの罪が重いと言えるであろうか。そなたの信奉する国王が誠意をこめてなすべきであった、かの誓約を、破棄しただけでなく、契約破棄があからさまにならぬように、狡猾にも契約に混ぜ物をして、邪悪にも改ざんしたさまをとくと見るがよい。偽証罪に問われぬように、彼は誓約そのものを偽証にすり替えたのである！(18)　かくも卑劣な違反行為をもって統治を開始し、あらゆる法を転覆させるにあたって唯一の障害物と考えられるかの法を手始めに、あえて改ざんした国王に期待できるものといえば、この上なく不正で狡猾で邪悪な統治以外になにがありえましょうか！

しかし、「この誓約は法と同様、国王を拘束することはできない。たとえ国王自身が自分は法に拘束されるのであり、法に従って生きるのであると宣言しようとも、それでも、じっさいには法に拘束されることはない」と強弁して、そなたは国王を正当化しようとする。

聖書に手をかけてなされる、この上なく神聖なる誓約が、あたかもたんなる些事にすぎぬものであるかのごとくに、根拠もなしに破棄されうるなどと主張するほどに不虔にして冒瀆的なことばを語る者がありえましょうか。だが、途方もなきうそつきめ！　他ならぬチャールズ自身がそなたに反駁するのであります。と申すのも、かの誓約をたんなる些事にすぎぬなどとはけっして考えなかったからこそ、チャールズは契約を公然と破棄するよりも、むしろある種の策略によってその拘束力を避ける、もしくはごまかすほうを選んだのであります。公然と偽証が露顕することよりも、誓約を改ざんし、偽造することを選んだのであります。「国王はたしかに国民にたいして誓約する。それは、国民が国王にたいして誓約するのと同様である。しかしながら、国民が国王にたいして忠誠を誓うのであり、国王が国民に忠誠を誓うのではない」とそなたは言う。なんと洗練されたでっち上げであることか！　誓約にのっとって、なにごとかを誠実に成し遂げると約束・同意した者は、誓約せよと要求した人びとにたいして誓約するのではない、というのであるか。じっさい、国王はすべての国民にたいする約束を実現するために、「国民にたいして誠実で、寛大で、忠実であることを」誓約するのであります。この点にかんして、そなたは征服王ウィリアムへと話をもどすのであります。しかし、彼はいくども誓約を余儀なくされているのでありますぞ。自分の望むままを行なうのではなく、国民と主だった人びとが要求することを行なう、と。多くの国王は厳粛なる式において「戴冠を受けるわけではない」から、支配するにもかかわらず、誓約はしていないというなら、国民とて同様であります。なぜなら、国民の大部分は忠誠の誓いをたてたわけではないからであります。それゆえ、誓約していないから国王が自由であるというなら、国民もまた自由なのであります。国民のうちの誓約した人びとというのは、なにも国王にだけ誓約をしたというのではなく、王国と、そして国王を即位せしめた法にたいして誓約したのであります。さらに、国王に誓約するばあいにもただ、「一般の国民（ブルグス）」――すなわち共同体もしくは下院議院――「が選択する」法にもとづいて統治するという条件でのみ誓約するのでありますす。わが国の法律用語をいつも純粋なラテン語に変えようというのは愚かしき仕業（しわざ）だからであります。この「一般の国民が選択する」という語句を、チャールズは戴冠のまえに、誓文から削除したのであります。「国王の同意なくしては、一般の国民は法を選択することはできなかった」とそなたは反駁する。そして、この点にかんして、ヘンリ六世[19]治世三七年の法律第一五号とエドワード四世[20]治世一三年の法律第八号のふたつの法を引用してみせるのである。これらふたつの法がわが国の法令集に記載されているというのはまっかなうそであります。そなたが言及しておる年にはどちらの国王も法はひとつも可決させてはいないのであります！　そなたはだまされたのだ。さあ、まぼろしの法をそなたに伝授した背教者どものところへいって、その背信をなじってくるがよい。一方では、そなたが問題の書物を読んだこともなければ、見たこともないことが、はた目にも明らかであるのに、それでもそれらの書物に精通していると主張してはばからぬそなたの厚かましさと無能さに、他の人びとは驚きあきれるでありましょうぞ。

そなたのごとき鉄面皮の道化師がぬけぬけと「架空のものである」と言いおる誓文の問題箇所については、「国王の擁護者たちの伝えるところによれば」、ある種の「古い異本には」、あるいはそういったものが存在する「かもしれないが、満足すべき意味合いをもたぬために、廃棄されるにいたった」というのである。われらが父祖の方がたは、暴政にとっては永久に満足できぬ意味合いをもたせる、まさにそのためにこそ、国王の誓文のなかに問題の語句を挿入したのであります。そなたの言うことは、まったくのでたらめであるが、百歩ゆずって、問題の語句が廃棄されたとしよう。ならば、それを復元するのがいっそう理に適(かな)っていることをだれもが肯定するはずであります。

しかし、それもまた、そなたの教義に従えば無益なことになろう。なぜなら、「こんにち、一般に国王が行なう習わしである、戴冠式の誓約はたんに儀式的なものにすぎない」からである。しかし、国王が主教を廃止する必要にせまられていたときに、国王は、まさにこの誓約のゆえに廃止することはできないと主張したのであります。したがって、かの厳粛きわまる誓約は、国王のご都合しだいで、実質的効力をもつものともなれば、内実のない「儀式的なもの」ともなるというわけであるのか。

全イングランド国民の方がたよ！　つぎのことをとくとお考えいただきたい！　万が一、国王ご帰還のあかつきには、いかなる種類の国王をもつことになるのかを、ぜひとも考えていただきたい！　骨の髄まで父王チャールズの教えがしみついた亡命の身の息子と、放蕩者のとりまき連中が、イングランド国王の法にかんして書かせたいと思うことを念入りに吹きこんだのでなければ、この邪悪な異国人の文法教師がその問題について書物を書こうとか、自分に書くだけの能力があるなどと思いこむことはけっしてなかったはずだからであります。彼らはこの男に「議会全体が国王にたいする反逆の罪で起訴されうる。なぜなら、議会とはまさに国王の家臣に他ならず、国王の同意なくしてそのイングランド議会に背いて武装蜂起した者はすべて反逆者となると、法により定められているからである」と吹きこみ続けたのであります。

しかしながら、彼らは国王の誓約など「儀式的なものにすぎない」と言っているのであります。ならば、家臣の誓約とて同じこと。それゆえ、けっして法に敬意をはらわず、誓約に効力を認めず、誓約破棄にたいして良心の痛みを感じないことこそ、貪欲で放縦な国王や復讐の念に燃える国王から、ご自分自身の生命と財産を守るにふさわしき行ないでありましょう。なぜなら、その国王たるや、自分に優位する者を認めず、生まれながらに、法も宗教も、そして自身の成した誓約さえもおのが欲望に仕える家臣であり従僕であると考えるように教えこまれたやつばらなのであります。あなたがたが、もし富と自由と平和と統治権とを望むならば、国王の専制支配のもとで、かいもなく望むようなことはせずに、むしろあなたがたご自身の徳と勤勉と英知と勇気とをたのみとして、それらすべてを断固として追求するほうが、はるかに気高く、はるかにあなたがたにふさわしい行ないであると言えるのではないでしょうか。たしかに、主たる国王がいなければこうした目標を達成することができないと考えるような者どもは言語道断の卑劣漢、下賤の者と見なされて然るべきであります。おのれ自身がその地位にふさわしくないという事実はさておくとしてもであります。なぜなら、じっさいのところ、彼らは自分自身、怠惰で軟弱であり、知性と賢明さに欠け、肉体的にも精神的にも奴隷たることを運命づけられていると告白しているに他ならないからであります。

じじつ、隷従はすべて自由人にとっては汚点なのであります。あなたがたが神の加護とご自身の勇気とにより自由を勝ちえ、多くの勇敢なる行為をなして、この最強の国王からかくも名高き範例を創り出したあとで、神の定めに抗ってふたたび隷従へと後戻りすることを望むなら、それはたんに破廉恥なばかりでなく、神を畏れぬ冒瀆の行ないということになるでありましょうぞ。

そして、どれほど冒瀆的かといえば、解放されたあとに、以前のエジプトでの捕囚状態(21)に後戻りすることを執拗に望み、ついにはありとあらゆる災いに見舞われ、神に打ち砕かれた、かの民の犯した罪に匹敵するほどであります。彼らはこのようにして、解放者たる神にたいし、奴隷にあこがれた罪の償いをしたわけであります。

そして、そなた、隷従の擁護者〔サルマシウス〕よ、そなたはなにを言うのであるか。「国王は反逆罪も他の罪も免罪することができたのである。このことから、国王が法に拘束されなかったということが明らかである」とや。なるほど、国王は他のだれとも同様、自分にたいする反逆は免罪できよう。だが、王国にたいする反逆を免罪することはできなかったのであります。そして、いつもというわけではないが、ときには、国王は他の犯罪者を免罪することができたのである。しかし、ときにはそうした理由で悪事をなす者をひとり免罪にする権限があるからといって、必ずしも善良なる人びとすべてを破滅させる権限をも有する、ということになるであろうか。下級裁判所に召喚されたとき、国王は他のすべての市民と同様、代理人をたてて自分は出頭せずともよいわけであるが、だからといって全国民の要請により議会に召喚されたときにも、みずから出頭し応答することを拒んでもよい、というのであるか。

そなたは、われわれが「オランダ国民を範例として自己正当化を謀ろうとする」と言う。そしてそなたは、おのれのごとき害毒をまきちらす病原菌に給金を支払っているオランダが支払いを差し止めることを恐れてであろうが、イングランド国民を中傷することで、そなたの保護者たるオランダ国民をも中傷していると思われることを恐れて、いかに「両国民の行ないが似ていないか」を証明しようとやっきになるのであります。そなたのこの比較は多くの点でまったくの偽りであるし、その他の点では給金に見合うだけの働きをしていないのではないかと憂える、おべっか使いの手のうちが余すところなく露呈されている。だが、わたくしはこれ以上は言うつもりはない。なぜかといえば、そもそもイングランド国民はなにも他国民を範例として自己正当化を謀る必要などまったくないからであります。彼らは法を持っており、法に従ったのであります。彼らが父祖から受け継いだ、世界でも最高の法であります。彼らが範例とすべきはおのれ自身の父祖たちであります。彼らは国王の放縦な支配にけっして屈することなく、耐えがたき統治を行なった国王たちを数多く処刑したのであります。彼らは自由の内に生を受け、自主独立の生を生き、自分たちの望む法を自分たち自身のために制定することができるのであります。彼らはとくに他に抜きんでた、最古の法を愛しみ、育んできたのであります。それは〈自然〉それ自身により制定された法であり、国王の野望を基盤とするのではなく、より良き市民の安寧と福利を基盤として、あらゆる法と権限と市民統治を規定する法なのであります。

さて、わたくしはいままでの章でそなたが申し立ててきた重要問題にはすべてお答えし、残るはちり芥のみであると承知しております。それでもまだ、そなたはこの終盤においてこうしたちり芥を山のごとく積み上げるのであるから、わたくしにはどうも、そなたご自作の建物が崩壊するのを予告しているとしか思えないのであります。際限もなくしゃべりちらしたあと、とうとうそなたは「自分が国王の大義擁護に着手したのは、ただ召喚を受けたからというだけではない。自分以上に弁護できる者は他にはいない、という良心の声に従ったからである。それは神が証人となる」ということばで、流れに終止符を打つのであります。われわれが召喚したのでなければ、ただ召喚されたからとてそなた、まったくの他国の出来事に干渉したであろうか。〔いやしくも国民により〕委託された権威と権限とに従って、ただ職務の範囲内で義務を遂行したにすぎぬ、イングランドの至高の為政者の方がたが、中傷に満ちたそなたのこの出版物において、かくも不当な罵詈雑言（ばりぞうごん）に傷つけられることが許されようか。彼らはそなたにはなんの害も与えてはいないし、そなたの存在すらまったく知らなかったというのに。そなた、だれに召喚されたのであるか。おおかた、そなたの暴君であろうが。聞けば、そなたにたいして王権をふるっているというではないか。そしてたったいま、そなたがつぎはぎで仕立てあげた下劣な風刺詩に登場するファルビア[22]さながらに、気のむくままにそなたに言うのであろう。「お書き、それともわたしに逆らうつもりかえ」と。そこでそなたは開戦合図のラッパが鳴り出すのを聞くことよりも、書くことのほうを選んだというわけである。

それとも、そなたを召喚したのは息子チャールズと亡命した廷臣たちの呪われた一群であったか。第二のバラク王に召喚された第二のバラム[23]が、かたじけなくも罵詈雑言を武器にして、そのようなおそまつな弁護により、すでに無惨にも喪失されかけている国王の大義を回復したもう、というわけか。さもありなん！　ただし、ひとつだけ差異がある。バラムはもの言うロバに乗り、賢者として呪いを与えるためにやってきた。一方、そなたは女の尻にしかれたしゃべりすぎのロバなのである[24]。さらにそなた、以前そなたが傷つけた主教たちの、その傷も癒えた頭で自分を飾っておるから、かの黙示録の獣[25]の縮小版を呈示しているとも受け取れよう。

だが、聞くところでは、この本を書き上げてまもなく、そなたはこれを悔やんだという。さもあらん。ならば、改悛の気持を全人類に証（あかし）するために、まずそなたがなすべきは、このような長たらしい書物を書いた埋め合わせとして、わずか一文字の形をそなた自身の身体で作ることである。と申すのも、そなたに似ておるイスカリオテのユダがそうして改悛の気持を証したからである。息子のチャールズもまたその類似に気づき、そなたに金のはいった袋――まぎれもなきユダのしるし――を贈与したのである。[26] チャールズは、そなたが背教者にして悪魔であることを前から小耳にはさみ、後には経験によって知ったからに他ならない。ユダはキリストを裏切り、「第二のユダたる」そなたはキリストの教会を裏切ったのである。なぜならそなたは、かつては主教たちが反キリスト者であることを証明しておきながら、後にはその主教たちと手を組んで、以前には地獄へ堕ちろと呪った相手たる主教らの「大義」を擁護したのであるから。キリストは全人類を自由の人としたもうたが、そなたは全人類を奴隷に貶めようと謀ったのである。神と教会と全人類にたいする冒瀆的行ないをなしたあとには、同様の最期がそなたを待ちうけていることに間違いはないのである。つまり、そなたの範とするユダ同様、改悛というよりもむしろ絶望のうちに、そして自己嫌悪にさいなまれて、かならずやそなたは、かの不吉な木〔絞首台〕で首をつり、[27] 粉ごなに砕けてしまうであろう。そして、不誠実で偽りに満ちたそなたの良心――善良にして信仰厚き人びとの迫害者たる、そなたの良心――を、定められた処罰の場へと送り落とすのである！

いまや、神のご加護によりわたくしは着手した務め、すなわち、わめきたてるこの詭弁家の嫉妬と狂気から、わが同胞たる国民の方がたの偉大なる武勲を国の内外において弁護し、不正な国王の暴政から、わがイングランド国民の、国民としての権限を擁護するという務めをなし遂げたと考えるのであります。つけ加えれば、これは国王ではなく暴君にたいする憎悪のゆえになしたことであります。論敵より提示された議論、範例、証拠のうちで内的な力もしくは重みがあると思われるものはすべて、故意に無視するとか、応答せずにおくということはなかったのであります。たぶんわたくしは別の過失、すなわち、無関係な繰り返しのたわごとにたいして、まるでそれがまともな議論であるかのごとく応答しすぎて、本来それに不似合いな重みを付与するという過失を犯したように思われるかもしれないのであります。

残されたことはただひとつ、おそらくはこの上なく重大な問題であります。それはすなわち、わが同胞たる国民の方がたよ、あなたがたご自身の敵をご自分で撃退しなければならぬということであります。わたくしの信ずるところでは、これはただ、善き行ないをたえず積み上げ、あらゆる人びとの中傷を圧倒することによってのみなし遂げられるのであります。あなたがたが様ざまな形の隷従に踏みしだかれ、神に助けを仰いだとき、神は恵み深くもあなたがたの誓いと祈りを聞きとどけられたのであります。人生における最大のふたつの敵、徳(ウィルトゥス)にとってこの上なく致命的な敵、すなわち〈暴政〉と〈迷信〉から、神は神秘のみ力を働かせて、全人類にさきがけてあなたがたを自由の人とされたのであります。神は、あなたがたが名高き裁判において、ご自身の武力により征服し捕虜とした国王にひるむことなく判決を下し、有罪が確定するや処刑した最初の範例となるほどに雅量に満ちた息〔精神〕を与えたもうたのであります。

かくも栄誉(はえ)ある行為をなし遂げたからには、あなたがたは、下賤にして愚卑なことはいっさい切り捨て、ただ偉大にして気高きことのみを思考し遂行しなくてはならないのであります。そのような称賛を勝ちえる途はただひとつ、あなたがたが戦場で敵を征服した時にそうであったのと同様に、今度は武器が必要とされない平和のただなかにあっても、ご自分たちが、野望、私利私欲、貪欲、奢侈、堕落への誘惑といった、他国民が盲従する大罪との戦いにおいて、すべての人に優る勇気をもっていることを身をもって示さねばならないのであります。ご自分たちの自由を保持するためには、戦場で隷従との戦いにおいて示した勇気に匹敵する正義、節制、そして節度を示さなければならないのであります。このような実地の論証と例証によってのみ、「反逆者、盗賊、暗殺者、殺人者、狂人」という、この男のことばが、あなたがたにそぐわぬ見当ちがいの誹謗中傷であることを証明できるのであります。すなわち、あなたがたはけっして、野望や侵略欲、凶暴性や愚劣な欲望のゆえに、もしくは狂気にかられて国王を殺害したのではなく、自由と信仰、正義と栄光を愛すればこそ、なかんずく祖国にたいする暖かき愛情があればこそ、暴君を成敗したのであります。しかし、万が一、あなたがたが心得違いをして——そのようなことがけっして許されぬことを祈りまつる——万が一、あなたがたが戦時において勇敢であったぶんだけ、平時において軟弱であるなら、そして、万が一、神のみ力があなたがたにはあれだけ勝利をもたらし、敵には過酷な敗北をもたらすのをご自分たちの目でしかと見届けていながら、それでも目前におかれた栄誉ある、記憶さるべき範例から、神を畏れ正義を愛することを学びそこなうなら、わたくしとしては、あの中傷に満ちたうそつきどもがあなたがたについて語る最悪のことば、また彼らが信じていることもすべて真実であると認め、もはや否認することはできないと告白せざるをえないはめになりましょう。そしてまもなく、あなたがたにむけられる神の憎しみは、敵どもにむけられたみ怒りよりも、いま現在、地上にある他の全国家の諸国民をさしおいてあなたがたにむけられた暖かき恩寵よりも、いっそう強大であると思い知らされることでありましょう。

【わたくしが、当時の国家の事情の要請するところに従って、この弁明書を急いで出版し、いずれまた機会があればあらためて推敲し、必要なら加筆訂正もしようと考えてから、数年がたつのであります。いま、初めに予定していたよりも短くはありますが、わたくしは務めを完遂したと信じるものであります。この記念碑は容易くは朽ち果てぬものであると承知しております。いままでに、市民的自由がもっとずっと自由に弁護されたことはあったかもしれません。しかし、これほどまで偉大な、名誉高き範例に基づいて弁護されたことは、いまだかつて一度もないのであります。したがって、かくも雄大にして崇高な範例たる行為が神のうながしなくしては、着手され、首尾よく完遂されることはなかったと信じられているなら、それと同様、この範例たる行為がわたくしの称賛のことばで称えられ弁護されたのも、やはりそこには、神のみ力とうながしが働いたからであると考えるのが、じゅうぶん理に適っているのであります。この弁護論が首尾よく務めを完遂しえたのも、わたくしの才能、判断力、勤勉などに、その要因を求めるよりもむしろ、わたくしとしては、すべての方がたがこれは神のうながしによるのだと考えることのほうを望むのであります。

しかしながら、かのローマの執政官〔キケロ〕が退任するにあたって市民の集会で、彼の努力によってのみ国家と市は保護されたのだと宣誓した事実を範例として、わたくしもまた、この仕事に自分を捧げるこの最後のときにあたって、神と人とを証人として、すくなくとも次のことだけは、あえて主張してもよいかもしれません。すなわち、この書物においてわたくしは、神と人、両方の知恵にもとづいた至高の権威を拠（よ）りどころとして、事実を証明し、論証してきたのであり、イングランド国民がこの大義にかんして完璧に弁護され、子孫にまでいたる永遠の名声を勝ちえたことと、信じております。そして、いままで宗教の名のもとに恥ずべき無知により自分たちに固有の権利について欺（あざむ）かれていた他国家の国民たちも——みずから隷従を好む、奴隷にふさわしい人びとでないかぎり——自由人としての意識に目覚めたことでありましょう。

かの執政官の宣誓は、その主張が偉大であったため、集会において全ローマ市民から満場一致で承認するという宣誓を受けたのであります。わたくしもまた、わが国と他国家の最良の市民の方がたが、あらゆる方面から声を一つにして、かならずや、わたくしの宣誓を承認してくださることと、かねてより確信してまいったのであります。

いまや、わたくしの不断の努力は、その褒美として、人生において望みうる最高の実りを得たのでありますから、心から感謝しつつそれを享受するものであります。そして、それと同時に、わたくしは、わたくしの持てるすべてを捧げてきた祖国のみならず、すべての国家の人びと、そしてとくに、全キリスト教徒の方がたに、つぎのことを証（あかし）する最善の方法を熱意をこめてさがし求めているのであります。すなわち、わたくしはいま、彼らのために——わたくしにそれだけの力があり、そして神のご加護があればの話でありますが——よりいっそう偉大

なることを計画し、その準備をすすめているのであります。[28]】

完

第一弁護論　注

序言

(1)『チャールズ一世弁護論』　チャールズ一世（一六〇〇―一六四九）は一六四九年一月三〇日に処刑された。処刑後一〇か月ほどで、フランスの学者、サルマシウス（一五八八―一六五三）がいわゆる「王権神授説」の立場から、ラテン語で『チャールズ一世弁護論』を出版する。

(2) 原題ラテン語は *Pro Populo Anglicano Defensio* すなわち『イングランド国民のための弁護論』であるが、三年後に出版された *Pro Populo Anglicano Defensio Secunda* と区別するため『イングランド国民のための第一弁護論』とする。以降、略形としてそれぞれ『第一弁護論』、『第二弁護論』と記述する。

(3) ホワイトホール宮殿の宴会場を指す。

(4) 一六五〇年一月の国務会議（Council State）を指す。ジョン・セルデン（一五八四―一六五四）は独自に回答を用意していたという風評があった。

(5) 国王チャールズ一世を弁護し、共和政府を弾劾する『王の像（エイコン・バシリケ）』（一六四九年二月英語で出版）を論駁する目的で、一六四九年一〇月ミルトンが母国語英語で『偶像破壊者（エイコノクラスティーズ）』を執筆し、出版したことを指す。この『偶像破壊者（エイコノクラスティーズ）』は共和政府の依頼を受けてミルトンが執筆した。彼は共和政府のラテン語書記官の職にあった。

(6)「一介の文法教師」　論敵サルマシウスにたいするミルトンの一貫した揶揄の一つ。『教会統治の理由』（『散文全集』第一巻八一二ページ）を参照のこと。

(7)「彼を勝ち誇るがままにさせておく」　ミルトンが『第一弁護論』を出版するのに一年近くかかっている。『チャールズ一世弁護論』は一六四九年一一月にはイングランドで読まれていた。『第一弁護論』は一六五〇年一二月一日には出版業者組合登録簿に登録されている。

(8)「不安定な健康状態」『第二弁護論』（本訳書三六八ページ）でミルトンは政府より『第一弁護論』の執筆依頼があっ

た際の自分の健康状態について語り、医者の勧告を退け、失明を覚悟の上で仕事にとりかかったと述べている。

（9）サルマシウス著『チャールズ一世弁護論――偉大なる子息、正統なる相続人にして後継者たる、いと気高き大イングランド国王チャールズ二世のために。国王の費用で』（一六四九）とある。

（10）「ヤコブス金貨百枚」'Jacobaeis'（ジェームズのラテン語形）とは、最初、英国王ジェームズ一世（チャールズ一世の父）の治世（一六〇三―一六二五）に発行された金貨で、以降、「ヤコブス」として知られる。

（11）「国王の礼拝堂つき司祭」とは、ジョージ・モーリ博士（一五九七―一六八四）を指す。後、ウースター主教、さらにウィンチェスター大主教。

（12）テレンティウス（前一九五ころ―前一五九ころ）作『宦官』序幕四四―四五行。

（13）『チャールズ一世弁護論』一ページ、一―六行。

（14）キリストが逮捕された時のこと。マタイ福音書二六・五一、マルコ福音書一四・四七、ルカ福音書二二・五〇、ヨハネ福音書一八・一〇参照のこと。

（15）「うさぎの耳によく似た耳」原文は ***aures auritissimae***。ミルトンはここで駄洒落を言っている。

（16）アリスタルコス（前二一七／二一五―前一四五／一四三）文法教師（grammatikotatos）として知られるサモトラキの文芸学者。

（17）「国王その人にたいして」。ミルトンは「ペルソナ」という語の可能な意味として、「仮面」の意味から「その人個人」の意味まで利用して、サルマシウスを揶揄している。

（18）偽フィリッポとは、自身をペルセウス（マケドニア国王、在位・前一七九―前一六八）の息子フィリッポであると僭称したアンドリスカスのこと。

（19）一六五〇年一月七日、オランダと西フリーズランドは『チャールズ一世弁護論』を出版しない旨の勅令発布。

（20）オレンジ州総督ウィリアム二世（チャールズ一世の娘婿）を指す。一六五〇年一一月六日、二四歳で死去。

（21）ライセンスには「自由・放縦」の意味がある。

（22）サルマキスとは小アジア南西部カリアの泉に住むニンフで、ヘルメスとアプロディテの息子、ヘルマプロディトスと合体した。

（23）オウィディウス作『変身物語』四・二八五―二八六、および三八五―三八六。

（24）「こころ不和にして残忍なるもの」ティブルス『哀歌』一・一〇・二と比較せよ。アルビウス・ティブルス（前四八ころ—後一九ころ）はローマの詩人。

(25) テレンティウス『宦官』七八一行。ミルトンのこの揶揄の正当性については『自己弁護論』（イェール大学出版部刊『散文全集』第四巻二部七二六ページ）を参照のこと。

(26) *scombris*（鯖(さば)）とはローマの詩人たちの間では伝統的な侮蔑の語。『第二弁護論』（本訳書三六一—二ページ）も参照のこと。

(27) 原文は 'ad Apostolican *presbyterorum* institutionem'。ミルトンはサルマシウスの『教皇首位権反駁論』（ライデン、一五四五による）一九六ページからの引用に 'presbyterorum'「長老による」の語を挿入している。以下、引用は同書から。

(28) 一六四二年二月一三日にチャールズ一世は上院から主教を排除する法案に同意した。大主教と主教を廃止する法令は一六四六年一〇月九日に議会を通過した。

(29) 一六四九年二月一三日に、イングランド共和国国務会議（Council of State）設立動議通過。ミルトンはここでその諸条項について概略を述べている。

(30) キケロ（前一〇六—前四三）『友情論』二三・八七。

(31) キケロ『法学』三・三・八に「〔為政者にとっては〕国民の安全が最高の法でなければならない」とある。

(32) マルティアリス（四〇—一〇四ころ）『警句』七・一〇を参照のこと。ミルトンは、マルティアリスがオルスを揶揄したように、サルマシウスを揶揄している。

(33) 「マニウス」とは血統の不明瞭な貧民であった。ペルシウス（三四—六二）『風刺詩』四・五六以下。

(34) ホラティウス（前六五—前八）『頌詩』一・三四。

(35) ミルトンにとっては強い信条。『世俗権力』においてきわめて明瞭に議論されている。

(36) ミトリダテス六世。問題の書簡はサルスティウス（前八六—前三五）の『歴史』に付加されている。

(37) ミルトンは、当時ホメロス作とされた偽叙事詩『蛙鼠合戦(バトラコミュオマキア)』に言及している。『コラステリオン』（『散文全集』第二巻七五七ページ）を参照のこと。

(38) アイルランド人を血に飢えた野蛮な国民とするミルトンの言及については、『教会統治の理由』第一巻（新井・田中共訳［未来社、一九八六］七五ページ以下）に詳しい。

(39) デモステネス（前三八四—前三二二）は生来の話べたを克服し、その著作の教本あるいは文学としての価値からも、ギリシア最大の雄弁家と目されるにいたった。

(40) クリスピヌスはその饒舌ぶりをホラティウスが揶揄した人物である。ミルトンもまた、ホラティウスに習って、サルマシウスを揶揄する。『諷刺詩』一・一・一二〇。

(41) ツェツェスは一二世紀のビザンティウムの学者。

(42) 「笞を振り回すアイアス」ミルトンはソポクレス（第五章にも出現）の『アイアス』一—一三三に言及している。ここではアイアスはアガメムノンとその部下たちから羊を奪って、これを笞で打って殺してしまった。また、『コラステリオン』（イェール版『散文全集』第二巻七二九ページ）を参照。

第一章

(1) 聖ベルナルドゥス（一〇九一—一一五三）はクレルボーの修道院長。知恵者の誉れ高いがゆえに、「偉大なるベルナルドゥスさえすべてを見たわけではない」のことわざがある。

(2) ホラティウス『諷刺詩』二・三・一六を参照のこと。

(3) 「国王を国父と呼ぶ」当時、王党派を中心に、国家を家庭に、国王をその家父長に喩える、いわゆる国王家父長論が唱えられていた。この考え方を踏襲すれば、国王チャールズを処刑した「イングランド国民」は「父親殺し」ということになる。この主張を文書にした、もっとも有名な著作の一つにロバート・フィルマーの『国王家父長論（パトリアーカ）』があり、一六三二年ころには王党派の間で回覧されていたとされる。

(4) 「国民が国王を創り出した」手短にいえばミルトンはここで国民こそが比喩的な意味で、国王の父親だといっているわけである。なぜなら、親が子供を作る（原文 'genereo'）ように、国民が国王を創造／選出（原文 'creo'）したのであるから。'creo' は 'create' の語源であり、「創造する」と「選ぶ」という二つの意味をもっている。ミルトンはこの 'creo' の語を使用することによって、国民が国王を「選ぶ／創造する」という共同体的行為を、神の創造の御業になぞらえている。

(5) 一六二三年四月二〇日、教皇グレゴリウス一五世からの書簡の返事にチャールズが用いた呼び掛けの形式。

(6) 「その祖母にあたるメアリ」スコットランド女王（在位・一五四二—一五六七）。メアリ・ステュアート（一五四二

―一五八七）をさす。結婚問題でスコットランド国内の新教徒の貴族の不満を招き、廃位、監禁される。（その息子はジェイムズ六世――後のイングランド王ジェイムズ一世。）エリザベス一世の庇護のもとで二〇年を送るが、エリザベス暗殺陰謀事件に加担した嫌疑で処刑される。ミルトンは『国王と為政者の在任権』（一六四九）（『散文全集』第三巻二二三―二二六ページ）で、スコットランド教会と国家がメアリを廃位したいきさつについて詳細に述べている。メアリ・ステュアートとチャールズ一世にかんする言及は第一〇巻にも出現する。

（7）ミルトンは『第二弁護論』（本訳書四〇九ページ）で、幅広い国民的支持を強調している。連隊（regiments）とその他の人びとによる陳情は、最初、一六四八年一一月半ばに頂点に達し、その後プライド大佐による上院議院追放事件（一六四八年一二月六日）の後、さらにもりあがった。注14参照。

（8）「平衡法上で」原文は'ex aequo'。

（9）ニューカッスル（一六四六年七月）とハンプトンコート（一六四七年八月）において。さらにその後、一六四七年一二月に「四法案」がワイト島の国王のもとに送付される。

（10）一六四八年一月に議会が通過させた国王にたいする「交渉打切り」決議を指す。

（11）一六四八年第二次内乱の終結後、依然として議会で多数派を占めていた長老派は、交渉打切り決議を撤回して、ワイト島の国王に和平を打診し始めた。

（12）この個所でミルトンは紀元前四三年一月『ピリッピカ・第五』、および『ピリッピカ・第六』においてキケロが論じた元老院議会の論争に言及している。

（13）マルクス・アントニウス（前八三？―前三〇）ローマの政治家。カエサルの幕僚の一員となり（前五四）、その東征の間、代理としてローマを治め、彼とともに統領となった（前四四）。カエサル暗殺後、オクタウィアヌス、レピドゥスとともに三頭政治を組織したが、後オクタウィアヌスと対立し、アクティウムの海戦（前三一）で完敗し、自殺。

（14）「わが国の軍隊」プライド大佐の粛清（一六四八年一二月六日）をさす。議会軍のプライド大佐率いる部隊が議場におもむき、チャールズ一世と妥協した、長老派と目された議員約一四〇名を武力をもって下院から追放したり、拘禁した事件。

（15）*persona* の語を使った駄洒落を続けている。

（16）「涙までも塩のきいていない」塩は古来、弁論や執筆の際の機知・才知を象徴する。

(17) ミルトンは *republic* の語源、すなわち「公共のものごと」、あるいは英語の「公共の福祉(コモン・ウィール)」と「公共の富(コモン・ウェルス)」のように、「個人の所有に帰属しないもの」という意味にまで遡って議論を進めている。

(18) 「デボラがメロズを呪う」　デボラは前一二五〇年ころのイスラエルの女預言者。士師記五・二三。

(19) サウル　イスラエル初代の王（前一〇二〇―前一〇〇〇ころ在位）。第一サムエル記九・二。

(20) アハブ　イスラエルの王（前八七四？―前八五三？）。第一列王記一六・二二。

(21) ネロ　ローマ皇帝（在位・五四―六八）。

(22) ミルトンは *grex*（群）と *egregius*（「群から選びだされた、抜群の」の意味から転じて「すばらしい」）の語でことば遊びをしている。対象は長老派聖職者たち。

(23) 「燃える炭火を頭上に積む」　ローマ書一二・二〇。

(24) 人びとの「心を惑わせ」自分が「何か偉大な人物」であると思いこませた魔術師シモンにかんしては使徒行伝八・九を参照のこと。

(25) 指導者になりたがっているディオトレフェスにかんしては第三ヨハネ書九を参照のこと。

(26) *Angli suis molossis*　サルマシウスはイングランド国民を「マスティフ犬」に喩えて繰り返し攻撃する。ここはその最初の例である。

(27) ボヘミア女王とは、ジェームズ一世の娘でチャールズ一世の姉エリザベスのこと。一六一三年、選定侯五世と結婚した。

(28) サルマシウスは『チャールズ一世弁護論』二三ページで 'regimen regni antiquum in alium qui . . .' と中性代名詞が男性代名詞と不一致を起こすという文法間違いを犯している（ケンブリッジ版七五ページ脚注21参照）。

(29) 神がみの使いの神で盗賊の神でもあるメルキュリウスは、アポロンの家畜を盗み、それを秘密にしていたが、バットゥスがこれを暴露したというので、彼を石に変えてしまった。オウィディウス『変身物語』二・六八八。

(30) サルマシウスは王権にかんしてはイエスズ会士のほうがクロムウェルの独立派よりもましだという意見をもっている。ミルトンはそれに反駁している。

(31) ミルトンはサルマシウスがワロ・メッサリヌスという偽名で出版した『監督制と長老制』（ライデン、一六四一）に言及している。

(32) 「ルター…その他多くの人びと」　ルター（一四八三―一五四六）はドイツの宗教改革者、ツウィングリ（一四八四

―一五三一）はスイスの宗教改革者、カルヴァン（一五〇九―一五六四）はフランスの宗教改革者、ブーツァー（一四九一―一五五一）はドイツの宗教改革者、パレウス（一五四八―一六二二）はドイツの改革派神学者。なお、この部分にかんする『散文全集』注47（第四巻三三八ページ）は誤り。この個所で名前が出てこないのに、第三章で新たにその名前が出現するのは、パレウスではなく、ピエトロ・マルティレ・ベルミーリ（一五〇〇―一五六二）である。第三章注65。

(33) 第一コリント書一・二六―九、および『楽園の喪失』第一二巻五六一行を参照のこと。

(34) ヘンリ・ハモンドは著書『宗教権威論――禁止と許可』（ロンドン、一六四七）二一ページ以下で、サルマシウスを「かの学識豊かな文法教師」と呼び、サルマシウスはこれに応酬して、その著書『宗教権威論反駁』（ライデン、一六四八）一九ページでハモンドを ***nebulo*** すなわち「ごろつき」と呼んでいる。L・ミラー著『ルネッサンスと宗教改革』第九巻（一九七三）、一〇八―一一五ページ所収の「ミルトン、サルマシウス、ハモンド――侮辱の歴史」。

(35) 「鎌首をもたげ、くねくねと動きまわる」サルマシウスの姿は、後の『楽園の喪失』における蛇／サタンの造形に繋がっていく。とくに第九巻五〇一行、五二五行など。

(36) ミダスは伝説ではフリギア国王で、触れるものがすべて金に変わるようディオニュソスに願い出て、それがかなえられたという。

第二章

(1) カラカラ帝（在位・二一一―二一七、暗殺）。この黙示的警句については、スパルティアヌス「カラカラの生涯」、『アウグスタ伝』一〇・二を参照のこと。

(2) ディオニュシオス一世（前四三〇―前三六七）。シュラクーザの暴君。語句の誤用と文学的気取りで名高い。『闘技士サムソン』序文の「悲劇と呼ばれる種類の劇詩について」中のミルトンの言及と比較。

(3) ローマ皇帝ティベリウス（在位・前一四―後三七）は、アウグストゥスの妻リヴィア・ドルシラの前夫ネロの子。二六年カプリ島に隠遁し、二度とローマに戻らず。『楽園の回復』第四巻九〇―九七行。

(4) ソロモンのこと。

(5)ユダヤ人フィロン（前一五年ころ―後四五年ころ）『特例法について』四・一八五。
(6)フィロン『律法の寓意』三・七九―八〇（二としているのはミスプリント）。
(7)原語は *privatus*。ミルトンはこの語を「私人としての市民」の意に用い、公人としての市民 *civis* その代表としての為政者 *magister* と対比させている。
(8)マルティアリス『警句』一〇・七六・五。テレンティウス『アンドロスの女』一九九。
(9)ウェルギリウス『農事詩』四・二一〇―一二。
(10)ウェルギリウス『農事詩』四・一五四。
(11)トリエント総会議（一五四五―一五六三）は教会改革を目的として召集された。
(12)原語は *Tridentinae* ミルトンは「トリエント」と「三叉の（トリデント）」で洒落を言っている。
(13)アリストテレスは「一人の者が家庭経営の形態で、市あるいは国家を支配する王政の一形態」と定義している（一二八五 a）。
(14)サルマシウス『チャールズ一世弁護論』三三ページの王権の説明は、第一サムエル記八・一一―一八の極端な王権の説明にもとづいている。
(15)ミルトンはサルマシウスに反駁している。ここで'mishpat'は「流儀」あるいは「慣習」と解釈されるべきであって、「権限」を表わすと解釈されるべきではないとする。
(16)セウェルス『年代史』（ライデン、一六三五）、一・三二。ミルトンの『忘備録』（『散文全集』第一巻四四〇ページ）を参照。
(17)ヒエロニムス（三四七ころ―四二〇）ダルマティア出身のラテン教父。ラテン語聖書（ウルガタ）の訳者。
(18)サルスティウス（前八六―三四）『ユグルタ戦役』三一・二六。
(19)シカルド（一五九二―一六三五）はドイツの史家。『ヘブライ諸王の法』五四―六六。『忘備録』（『散文全集』第一巻四六〇ページ）とも比較せよ。
(20)アレクサンドリアの聖クレメンス（一五〇―二一一／二一六）はギリシア哲学や異教哲学に対するキリスト教の優越を説いた。
(21)この格言については、キケロ『義務について』一・一〇・三三。
(22)サウルへの助言を求めて死者の国からサムエルを召喚したエン・ドルの霊媒女のこと（第一サムエル記二八・七―

二五)。

(23) サルマシウス『チャールズ一世弁護論』三一ページ。

(24) キケロ『ピリッピカ・第八』(原文に第四とあるのはミルトンの記憶違い)四・一二。『国王と為政者の在任権』(一六四九)でもミルトンはキケロのこの箇所を援用しているふしがある。

(25) 第一サムエル記二八・七—二五。

(26) たぶんヨセ・ベン・ハラフタとユダ・ベン・イライ(ともに二世紀のラビ)のことであろう。(イェール版三五三ページ注47)。

(27) 南ユダがバビロニア王ネブカドネザルの軍の侵入を受け、敗退し、その後ユダの住民がバビロニアへ捕囚されたこと(前五九七—前五三八)。

(28) ミルトンは、サルマシウス自身がラビたちから引用したものを逆手にとって、サルマシウスに反駁している。『チャールズ一世弁護論』三三ページ、およびシカルド『ヘブライ諸王の法』六四ページ。

(29) 最高法院文書。ミルトンはサルマシウス『チャールズ一世弁護論』三四ページから引用。

(30) マイモニデスについては、ミルトンはサルマシウス『チャールズ一世弁護論』三四ページから引用。

(31) アリスブロス(在位・前一〇四—前一〇三)、アレクサンドロス・ヤナイオス(在位前一〇三/前七六)はユダヤの統治者たち。ヨセフス『ユダヤ古代誌』一三・一一。

(32) シカルド『ヘブライ諸王の法』五六ページ。

(33) 第一サムエル記一四・三七—四五。

(34) 第二列王記一五・五。

(35) シカルド『ヘブライ諸王の法』六二—六三ページ。ローマ教皇の黄金勅令は一三五六年一二月、メッツの議会で発布された。

(36) 「二〇章」はミルトンの記憶違い。実際は第四巻八章。

(37) ヨセフス『ユダヤ古代誌』一四・三〇三、三二七。ヘロデ大王(在位・前一三—前四)は最初アントニウスによりユダヤ王に任命された。『楽園の回復』第二巻四二三—四二五行。

(38) 第一サムエル記一〇・二四、一一・一五。

(39) エッセネ派は、ヨセフスらの伝える一世紀ころのユダヤ教の一派。クムラン宗団は彼らではないかともいわれる。

最も厳格な禁欲生活を守った派。
(40)【　】でくくられているのは　一六五八年の加筆部分。
(41)『イリアス』一二・三二〇以下。
(42)マルクス・アウレリウス・アントニヌス、ローマ皇帝（在位・一六一―一八〇）。
(43)サルマシウス『チャールズ一世弁護論』四〇ページ。「独裁制にかんしては、ただ神のみが裁く権限をもっている」のあたりは、ディオ・カッシウス『ローマ史』七二・一・一四をクシフィリヌスが一一世紀に要約したものの引用。
(44)カピトリヌス「T・M・アントニウスの生涯」、『アウグストゥス伝』一二・一。
(45)トラセアス・パエトゥスと義理の息子ヘルウィディウス・プリクスは紀元一世紀の共和主義者として知られていた。カトー・ウティケンシス（前九五―前四六）はユリウス・カエサルに対立し、ディオ・カッシウス（前四〇八―前三五四）はディオニシオス二世をシュラクーザから追放した。マルクス・ユリウス・ブルートゥス（前八五―前四二）はカエサル暗殺の陰謀の首謀者であった。
(46)バルナキモニ（一一九四―一二七〇）はスペイン人ラビ。一二六七年にパレスチナに移住したことがわかっている。
(47)ミルトンの引用はラテン語聖書ウルガタに従っている。
(48)ジョン・クック（一六〇八―一六六〇）を指す。チャールズ一世を弾劾した高等裁判所の法務次官。本書六六ページを参照。
(49)クック『チャールズ一世裁判』八ページ。
(50)ミルトンは繰り返し、『チャールズ一世弁護論』四二ページのこの箇所に言及する。
(51)サルマシウス『教皇首位権反駁論』二三〇ページ。
(52)カトゥルス（前八四ころ―前五四ころ）『詩集』、第四九歌。
(53)ヨセフス『アピオン反駁論』二・一六五。
(54)ブカナン『スコットランド史』は、スコットランド女王メアリの秘書であったデイビド・リッチョの物語を伝える。彼はメアリと姦通したとの申し立てにより、彼女の夫ダンリー卿により殺害された。ジョージ・ブカナン（一五〇六―一五八二）はスコットランドの人文学者で、メアリ・ステュアートの裁判官のひとり（一五六八）。その著『スコットランドにおける王権について』（一五七九）で人民の主権と専政君主殺害の正当性を主張。
(55)一六五〇年三月一六日、チャールズは自分の両親に過ちがあったことを認めるという屈辱的な宣誓書に署名した。

(56) ジェイムズ一世のかつての寵臣であったバッキンガム公ジョージ・ヴィリアーズ（一五九二―一六二八）がジェイムズ一世を毒殺したという申し立てがしばしばなされた。
(57) 一六二六年六月。
(58) 第一列王記一二・一八。

第三章

(1) ルカ福音書一・五二。
(2) ヨセフス『ユダヤ古代誌』一九・六・三。
(3) アグリッパは、四一―四四年までのユダヤ王アグリッパ一世。ヘロデの孫。
(4) *filius Dei* は、アウグスティヌスにも出る言い回しで、『神の国』第二〇巻一七章が名高い。
(5) ウェスパシアヌスはローマ皇帝（在位・六九―七九）。
(6) ミルトン『四弦琴』（『散文全集』第二巻六四三ページ）に類似の解釈。辻・渡辺共訳『四弦琴』（リーベル出版、一九九五年）、一二二ページ。
(7) ルカ福音書一三・三二。
(8) マタイ福音書二〇・二〇―二一。
(9) マタイ福音書二〇・二五―二七。
(10) ルカ福音書二二・二五。
(11) ギリシア系の王の呼称としてしばしば採用された。
(12) プラトン『法律』四・七一五。
(13) アリストテレス『政治学』三・一六（一二八七a）。
(14) ローマ書一三・四。
(15) サルマシウスの所領はフランス、ブルゴーニュのサン・ループ（聖なる狼）であった。ミルトンは狼の語でだじゃれを言っている。

(16) 聖ジェルマンは三七八―四四八年の人。
(17) フォルティゲルン　五世紀、スコット人、ピクト人の攻撃に悩んだブリトン人の宗主フォルティゲルンは、サクソン人を招いて外敵にあたらせることにした。初め外敵撃退に力を揮ったサクソン人であったが、ブリタニアの豊かなことを知り、つぎつぎと新手の援軍を呼び寄せ、やがては土地と給与の不足を理由に反乱を起こし、全島にわたる破壊と殺戮を開始した。外民族をして外民族の侵入にあたらせるという政策は、ローマの常套手段であったが、フォルティゲルンはこの処置によってアングロ・サクソンによる征服の発端を開き、国土喪失の原因を作ったとして後生のブリトン人から非難を浴びせられることとなった。かれについては『偶像破壊者』(『散文全集』第三巻五八七ページ)でも言及され、『英国史』(『散文全集』第五巻一三六―一四一ページ)で詳述されている。
(18) このいきさつについては、ネンニウス『ブリテン史』一〇・一・七―一〇・一・八。
(19) マルティアリス『警句』一・四一・七。
(20) ミルトンがここで使用している「リュキスカ」の語は、ウェルギリウス(『農事詩』三、一八)とオウィディウス(『変身物語』三・二二〇)に登場する「雌犬/あばずれ女」を指している。
(21) 第一ペテロ書二・一三―一五。
(22) 『政治学』Ⅲ、一一(一二八七a)。
(23) ローマ皇帝ネロは治世五四―六八年。またローマ皇帝クラウディウスは治世四一―五四年。
(24) クリュソストモス(三五四ころ―四七〇)の『ローマ書講解』二三。
(25) 前掲書。
(26) ヘロドトス(前四八四ころ―前四二五ころ)の『歴史』三・三八。
(27) ピンダロス(前五二二ころ―前四四二)はギリシア最大の抒情詩人とされる。
(28) 『オルフェウス詩集』の聖歌、六四にある。オルフェウスはギリシア神話でアポロンとムーサイのひとりカリオペとの子。トラキアに生まれた優れた楽人・詩人。
(29) 『法律』四・七一五。
(30) 『書簡集』八・三五四c。
(31) 『政治学』一二八七a、キケロ『法学』三・一・二。
(32) 『ピリッピカ・第一一』(一一はミスプリント)・一二・二八。

(33) 第一ペテロ書二・一三。
(34) 『ローマ書講解』一三。
(35) スエトニウス『ネロ』九。スエトニウス（六九―一四〇ころ）はローマの文人。また、ネロの子、ティベリウスはローマ皇帝（在位・前一四―後三七）。
(36) 原文ギリシア語は「（泉に通い過ぎて）あなたの水差しは壊れてしまった。」つまり、「長続きの悪事もついにばれる」の意。アリストパネス『カエル』一二〇〇以下を参照のこと。ここでは、「華麗な文章でごまかしてきたが、化けの皮がはがれてきた」ということ。
(37) 『ローマ書講解』一三。
(38) いわゆる「エジプトの肉なべ」（出エジプト記一六・三）第一二章注21参照。
(39) ルキウス・リキニウス・クラッスス（前一一四―前五三）は前九五年のローマの執政官であり、弁論家また立憲主義擁護者としてキケロに称賛されている。『弁論について』一・三・二二五を参照のこと。
(40) *Lex Regia* は、それにもとづき皇帝が帝権（imperium）を付与される法である。
(41) スエトニウス『ティベリウス』二七・二九。
(42) タキトゥス『年代記』一六・四。タキトゥス（五五ころ―一一五以降）はローマ第一の歴史家。
(43) クラウディアヌス『ホノリウスの第六執政時代』六一一以下。クラウディアヌスは四―五世紀のローマの詩人。ホノリウスの摂政を務めたスティリコに目をかけられた。ホノリウスは西ローマ帝国最初の皇帝（在位・三九五―四二三）。
(44) オイディプスが謎を解いた後、スフィンクスは自殺した。『楽園の回復』第四巻五七二―五七五行を参照のこと。
(45) カペル『歴史』七四。ルイ・カペル（一五八五―一六五八）はフランスのプロテスタント系の学者で、近代聖書解釈学の始祖と言われる。『使徒行伝明解』（ジェネバ、一六三四）七六―七七ページ。
(46) 『ローマ建国史』一〇・二三・一四。リウィウス（前五九―後一七）はローマの歴史家。四〇余年をかけて『ローマ建国史』全一四二巻を完成（現存するのは、うち三五巻）、ローマ建国時から前九年までのローマ史を編纂した。
(47) ドニ・ペトー（一五八三―一六五二）はイエズス会の歴史家・神学者。ミルトンは『教会統治の理由』（一六四二）でサルマシウスがペトーに向けたこの駁論を高く評価している。『散文全集』第一巻七八一ページ、新井・田中共訳『教会統治の理由』（未来社、一九八六）、五四ページを参照のこと。

(48) イレナエウス『異教徒反駁論』五・二四・三。イレナエウスは二世紀のリヨン司教として南ガリアのケルト人に布教。
(49) ミルトン『忘備録』(『散文全集』第一巻四二〇ページ)を参照のこと。
(50) ミルトンは『忘備録』(『散文全集』第一巻四三七ページ)で、殉教者ユスティノス(一六五年死)『オペラ』(パリ、一六一五)六四ページから、「アントニヌス・ピウスへのキリスト教弁護論 第二」を引用した。
(51) アントニヌス・ピウス(在位・一三八—一六一)の政治は穏健で元老院と協調し、善政をしいた。
(52) アテナゴラスは二世紀のアテナイの哲学者でキリスト教に回心し、キリスト教擁護者となった。
(53) テルトゥリアヌス(一六〇—二二〇ころ)『護教論』三四。
(54) ドミティアヌス帝(在位・八一—九六)はローマ皇帝。元老院無視の恐怖政治を行ない、キリスト教を迫害した。
(55) オリゲネス(一八六ころ—二五三ころ)はギリシアのキリスト教神学者。
(56) アタナシウス(二九六ころ—三七三)はアレクサンドリアの司教。正統信仰の確立者。『主の責め苦と受難にかんする訓戒』からの引用。
(57) アンブロシウス(三三九ころ—三九七)はミラノの司教。ヘレニズム的なグノーシス説とキリスト教的信仰の調和をはかる。サルマシウスはアンブロシウス『書簡』六〇・一を引用。
(58) 東ローマ帝国皇帝であったテオドシウス一世(大帝)(在位・三四七—三九五)は、三九〇年、ミラノ司教であったアンブロシウスに屈服した。『イングランド宗教改革論』、『偶像破壊者』(『散文全集』第一巻六〇七ページ)、他。原田・新井・田中共訳『イングランド宗教改革論』(未来社、一九七六年)、一一六ページ以下。
(59) 通常なされる言及はテオドシウス『教会史』五・一七だが、ミルトンのラテン語は実際、スコラ哲学者エピファニオス(四〇三没)著『教会史』九・三〇に一致するという指摘もある。(ケンブリッジ版一二三ページ、注67を参照のこと。)
(60) ヒッポ司教アウグスティヌス(三五四—四三〇)はアンブロシウスによりキリスト教の主旨を明示された。
(61) ダニエル書二・二一。
(62) エレミア書四一・二。
(63) コヘレトの言葉八・二。ミルトンはヒエロニムス『伝道の書注解』を反響させている。
(64) イシドルス(五六〇ころ—六三六)はセビリア司教(六〇二—六三六)、グレゴリウス(五三八ころ—五九四)は五七三年トゥール司教となり、『フランス史』全一〇巻が有名。フライジング司教オットー（一一一一―一一五八）の著作『大世界史』はアウグスティヌス流に世界史を神の国と悪魔の国との闘争と見なす。

(65) ルター（一四八三―一五四六）、ツウィングリ（一四八四―一五三一）、カルヴァン（一五〇九―一五六四）、ブーツァー（一四九一―一五五一）、パレウス（一五四八―一六二二）は、第一章に既出。ピエトロ・マルティレ・ベルミーリ（一五〇〇―一五六二）はイタリア出身の宗教改革者。ミルトンはベルミーリを除いた全員の氏名をセット・フレーズのようにして第一章で提示していた。第一章注32を参照のこと。

(66) ***Solbonae igitur absorbendrum***　この文にふくまれるミルトンのしゃれが働く。長年にわたる彼のソルボンヌ大学への憎悪を反映する。

(67) 「唾棄すべき教え」とはむろん、「名君か暴君かを問わず、国王は神により任命されているがゆえに、神にのみ裁かれるのであって、自分達自身が制定した法によって裁かれることはない」とする、いわゆる王権神授説をさす。

(68) 「ヘロデ王の一味」にかんしては『四弦琴』（『散文全集』第二巻六四四ページ）を参照のこと。辻・渡辺共訳本、『四弦琴』一一三ページ。

(69) 義父ウェスパシアヌス（在位・六九―七九）により処刑されたヘルウィディウス・プリスクスとネロにより処刑されたトラセア・パエトゥスは共にストア派的勇気と暴君への抵抗の範例となっていた。

第四章

(1) 国王も法に従うとする考え。

(2) リュカルゴスはスパルタ憲法（前九世紀ころ）の草案者とされる。

(3) アルゴスはギリシア南東部の古代都市。アルゴリス地方の中心でスパルタ、アテネ、コリントスの強敵だった。メッセーネは古代ギリシア、メッセニアの首都。

(4) テオポンポスはスパルタの支配者（前八世紀ころ）。時折、（例えばプルタルコスにより）「民選長官」の創始者として指名される。「リュクルゴスのアのち約一三〇年」とプルタルコスにある。『リュクルゴス』第七を参照。

(5) 前一二〇〇年ころのこと。

(6) 士師記第三・一二―二〇。ケンブリッジ版一七―一九ページを参照のこと。
(7) マルクス・アントニウス（前八三？―前三〇）。
(8) キケロ『ピリッピカ・第四』三・八、四・九。
(9) ブルトゥスはローマの政治家・軍人（前八三―前四三ころ）。カエサルの武将でその暗殺者。既出（第二章注45）。
(10) 士師記一六・二八―三〇。
(11) 前一〇〇〇前後の王。
(12) キュロス二世（大王）は、在位・前五五九ころ―前五二九年、ペルシアのアカメネス王朝の王。ギリシアからフェニキアにかけて諸部族を服従させ、バビロニア捕囚中のユダヤ人を解放（五三八）。
(13) 第一列王記二・二六。
(14) 第一サムエル記二三・九―一三。
(15) 第二サムエル記一・一三―一六。
(16) 第一サムエル記三一・二―九。
(17) スエトニウス『ローマ皇帝伝』「ネロ」四九、「ドミティアヌス帝」一四。ドミティアヌス帝については第三章注54を参照。
(18) ミルトンはここで論敵のことばじりをとらえ、揚げ足取りをしている。
(19) 第一列王記一二・一―二四。ソロモンはイスラエル統一王国第三代の王（前九六一ころ―前九三二ころ）。レハブアムは南王国ユダの初代の王（前九二六？―前九一五？）。
(20) 異神崇拝。第一列王記一一。
(21) 偶像崇拝のこと。
(22) 第一列王記一四・六―一六。
(23) 第二列王記八・二二。
(24) エリシャの弟子なる預言者（前八四一―前八一三）。第二列王記九・一―二七。
(25) 北イスラエルの王（在位・前八四九―前八四二）。第二列王記一・一七、三・二七。
(26) 北イスラエルの王（在位・前八五二―前八四一）。第一列王記二二・四〇。
(27) ユダの祭司でアタルヤにたいする反乱の指導者。第二列王記一一・一―一六。

(28) 南ユダヤ女王（前八四二―前八三七）。アハブの娘。第二列王記一一・一―三、一五―一六など。
(29) ローマ皇帝（在位・一四―三七）。
(30) 南ユダの王（在位・前八〇〇―前七八六）。第二列王記一四・一―二二。
(31) 第二歴代誌二五・二七。
(32) ジョージ・ヴィリアーズ（一五九二―一六二八）ジェイムズ一世、チャールズ一世に仕え、様ざまな政策に失敗。暗殺さる。既出（第二章注56）。
(33) ミルトンは、プルタルコス『英雄伝』が傑出したギリシア人の後に傑出したローマ人が続くという形での比較で書かれていることにひっかけて、サルマシウスを揶揄している。
(34) マカベウスはユダヤの愛国者（?―前一六一）。宗教的自由と政治的独立のために戦う。
(35) アンティオコス四世（顕現王）はセレウコス王朝の王（前一七五―一六三）で、そのギリシア同化政策はユダヤの国粋主義の復活と、ユダヤ祭司マカベウスの指導する反乱を引き起こした。『楽園の回復』第三巻一六〇―一六九行と比較のこと。
(36) 大祭司ヨハネ・ヒルカノス一世（前一三四―前一〇四）。
(37) アリストブロス一世（在位・前一〇四―前一〇三）は大祭司にしてユダヤ国王。
(38) アレクサンドロス・ヤンナイオスはヨハネ・ヒルカノスの子。（在位・前一〇三―前七六）。
(39) ユダヤの歴史家（三七―一〇〇ころ）。ミルトンはヨセフス『ユダヤ古代誌』一三・三七二以下に従う。
(40) ヨシプスはサルマシウス『チャールズ一世弁護論』（八三ページ）に引用されている（イェール版脚注44による）。サルマシウスは、パリサイ人たちが国王を尊敬していたと証明したいがために、ヨシプスを権威として使用する。ヨシプスはヨセフ・ベン・ゴリオンの偽名であり、この名もまた、匿名の作家の偽名である。彼の年代期は一〇世紀にまで遡られる。ヨセフスの記述は正確であるが、ヨシプスは歴史を伝説的に扱う学派に属し、それゆえミルトンの軽蔑をかうにふさわしい史家である。
(41) ヨセフス『ユダヤ古代誌』一三・三七二。
(42) サロメ・アレクサンドラはアレクサンドロス・ヤンナイオス（前注38）の妻。夫没後、ユダの王（在位・前七六―前六七）。
(43) スコットランドは、チャールズ一世が長老派の教会統治と祈祷規則書の確立を受け入れるという条件で、いつでもチャールズ一世を国王として戴く準備があった。一六四六年六月と七月にこの取り決めを実行すべく交渉が行なわれた。

(44) アリストブロス二世（在位・前六七―前六三）。ヒルカノス二世（在位・前六三―前四〇）。

(45) ポンペイウスはローマ共和制末期の政治家、将軍（前一〇六―前四八）。

(46) ミトリダテス六世はポントスの王（在位・前一二〇―前六三）。ポンペイウスに破られる（前六六）。『楽園の回復』第三巻三五―三六行。

(47) アリストブロスに追放されたヒルカノスはアラビア王アレタス三世のもとに逃亡。アレタスはエルサレムにアリストブロスを包囲し、この時点でポンペイウスが仲裁した。ポンペイウスがヒルカノスを任命した経緯についてはヨセフス『古代ユダヤ史』一四・七三を参照のこと。

(48) マタイ福音書二・二二。ヘロデ大王の息子アルケラオスはユダヤ、サマリア、イドマヤに君臨（在位・前四―後六）。

(49) アウグストゥスはローマ初代皇帝（前六三―後一四）。

(50) ローマ皇帝カリグラ（在位三七―四一）は行政長官のペトロニウス（？―六六）に古代ユダヤ神殿の一つに自分の像を立てるよう命じた。

(51) ヨセフス『古代ユダヤ史』一八・二七四。

(52) コンモドゥスは、マルクス・アウレリウスの長男で、単独皇帝（在位・一八〇―一九二）。ミルトンがコンモドゥスを低く評価しているのは、コンモドゥスが寵臣を重用して統治し、元老院を貶めたからであろう。彼は発狂しており、自分をヘラクレスの化身と考えていたらしい。

(53) テルトゥリアヌスはカルタゴ生まれのキリスト教神学者（一六〇ころ―二二二）。彼は、キリスト教徒が皇帝の支配を受容したこと、さらに皇帝たちが神により任命されたと認めていたことについてしばしば言及する。例えば『スカプラ弁護』第二章。

(54) ディオクレティアヌスは東ローマ皇帝（在位・二八四―三〇五）。三〇三年以降、キリスト教徒の最後的な大迫害を行なう。

(55) ガリア、ナルボネンシスの町（現スイスのマルティニー）。

(56) アウィディウス・カッシウスはマルクス・アウレリウス統治下のシリア総督だが、自分自身、皇帝であると宣言して反乱をおこし一七五年暗殺される。クロディウス・アルビヌスとペスケンニウス・ニゲルは自分の兵士により皇帝宣言されたが、セプティムス・セウェルス（ローマ皇帝。在位・一九三―二一一）と王位を争そい、イスス（一九四）とリュオンズ（一九七）付近で敗北。サルマシウスはテルトゥリアヌス『護教論』を引用して、キリスト教徒たちがこの陰謀にまったく加担していなかったと言う。

(57) リキニウスは、三〇八年カルヌントゥム会議で西ローマ皇帝に選出される。三一〇年、キリスト教徒迫害を再開。三二三年、コンスタンティヌスに敗北、強制的に退位させられ、三二五年処刑さる。

(58) アリウス（二五〇ころ―三三六ころ）はイエス・キリストの人性を重んじ、三位一体説を奉ずるアレクサンドロスと争った。

(59) 三三七年のコンスタンティヌス大帝の死後、三人の息子、コンスタンス（在位・三三七―三五〇）、コンスタンティウス二世（在位・三三七―三六一）、コンスタンティヌス二世（在位・三三七―三四〇）が帝国を相続。コンスタンティウスはアリウス派で、他の兄弟と争う。イェール版編集者（『散文全集』第四巻四一五ページ注61）は、これを本文で「コンスタンス」と差し換え、「ミルトンの誤り？」としているが、これはイエール版編集者の誤り。ちなみにコロンビア版本文では「コンスタンティウス」。

(60) コンスタンティノポリスの司教パウルス（三三六―三五〇ころ）。

(61) ヘルモゲネスは未詳。

(62) アタナシオスは三四六年に司教管区へ戻る。

(63) マグネンティウスは帝位簒奪者（在位・三五〇―三五三年）。コンスタンスは三五〇年マグネンティウスの乱で死亡。

(64) 背教者ユリアヌス（在位・三六一―三六三）はコンスタンティヌス一世の甥。

(65) ソゾメノス（三七六ころ―四四七ころ）『教会史』五・二。

(66) ヴァレンティニアヌス二世は西ローマ皇帝（在位・三七五―三九二）。アンブロシウスに反対するアリウス派を保護。

(67) クリュソストモスはコンスタンティノポリスの総司教（三九八―四〇四）。

(68) アルカディウスは東ローマ皇帝（在位・三九五―四〇八）。四〇三年、クリュソストモスを追放。

(69) ヴァレンティニアヌス三世はガッラ・プラキディアの息子。東ローマ皇帝（四二五―四五五）。アエティウスの支持者たちに殺害される。

(70) アヴィトゥスは西ローマ皇帝（四五六年追放）。

(71) ウェトラニオは三五六年死亡。マグネンティウスがコンスタンティウス二世に反乱を起こした際、僅かの期間皇帝とされた。
(72) マグヌス・マクシムスはローマ皇帝（在位・三八三―三八八）。
(73) エウゲニウスはローマ皇帝（在位・三九二―三九四）。
(74) グラティアヌスはローマ皇帝（在位・八七五―八八三）。
(75) ヴァレンティヌス二世はローマ皇帝（在位・三七五―三九二）。
(76) 教皇リベリウス死（三六六）後、敵対する派閥はダマススとウルシヌスを教皇とした。聖ダマスス一世（在位・三六六―三八四）。対立教皇ウルシヌス（在位・三六六―三六七）。
(77) キュリロス（三七六―四四四）はアレクサンドリア司教。
(78) テオドシウス一世は東ローマ皇帝（在位・四〇八―四五〇）。
(79) ローマ書一三・一。
(80) 【　】は一六五八年の加筆部分。
(81) 教皇ザカリアス（在位・七四一―七五二）。ロンバルディア人に新政策。教会内部刷新のためローマに教会会議、貧民住宅建設。
(82) 七五一年シルデリク三世（在位・七四一―七五一）解任における教皇ザカリアスの役割にかんするミルトンの初期の見解はこれに近い。『忘備録』（『散文全集』第一巻四四四ページ）と『イングランド宗教改革論』（『散文全集』第一巻　五七八ページ、原田・新井・田中共訳八一ページ以下）を参照のこと。
(83) オトマン（一五二四―一五九〇）はフランスの法学者。パリ大学でローマ法を講じた。
(84) 『フランコ・ガリア』はオトマンが聖バルトロマイ聖日の虐殺の翌年、一五七三年、著した書物。これによって中世的立憲主義にもとづく王権の制限と代議政体とを主張し、アンリ四世にたいするイエズス会の闘争を助けた。
(85) メロヴィング家のアウストラシア王シルデリク三世（在位・七四一―七五一）。
(86) ピピンはカロリング家のアウストラシア王（在位・七五一―七六八）。カルル一世（大帝）の父、ラヴェンナ地方を教皇に献じて教皇領のもとをつくる。
(87) ベルナール・ドゥ・ジラール（一五三五ころ―一六一〇）。主著『フランス史』（一五七六）。

第五章

(1)【　】一六五八年の加筆部分。これは当時のクロムウェルの死に続く政情不安を反映しているとも考えられる。

(2) 序言でミルトンは、サルマシウスが*persona*の語を過って使用しているとして攻撃した。ここではさらに、サルマシウスが以前、「偽名」で執筆した論文と『チャールズ一世弁護論』の内容に矛盾があるとして揶揄している。序言注17、第一章注15を参照のこと。

(3) 家父長　第一章注3、および4を参照のこと。

(4) トリエント蜂　第二章でミルトンは、トリエント総会議で神学者たちが教皇の首位権を証明するのに蜂を範例として使ったというサルマシウスのことばに言及しこれを論駁した。また、第二章注11、12も参照のこと。

(5) ムーサイ　文芸、音楽、舞踊、哲学、天文など人間のあらゆる知的活動の女神。大神ゼウスと記憶の女神ムネモシュネの九人の娘とされる。

(6) サルマシウス『チャールズ一世弁護論』一〇三ページ。『離婚の教理と規律』(『散文全集』第二巻三〇〇ページ) におけるミルトンの「神は怒ってうずらをあたえ、怒って王たちをあたえた」と比較 (新井・佐野・田中訳、一三六ページ)。

(7) ガルスのしゃれ。「フランス」の意味のガルスと「雄鶏」の意味のガルスをかけてサルマシウスを揶揄している。サルマシウスとその妻は「性的役割の逆転」という観点から揶揄の対象とされている。

(8) プラウトゥス『金の小壺』四六五。

(9) 三章でのサルマシウスからの引用と本章の引用は、原文のラテン語 (コロンビア版一八九―一九一ページ、および二八三―二八五ページ) に食い違いがあるので、原文に従ってそれぞれ訳した。

(10) 黄金熱　ミルトンは序言以来一貫して、サルマシウスが金貨百枚に目が眩んで『チャールズ一世弁護論』を執筆したとして揶揄してきたが、ここでは、ミダス王が触れるものすべてを黄金に変えることを願い叶えられたという故事にもかけて、サルマシウスを揶揄している。

(11) シンプリキオス (六世紀前半ころ) はギリシアの哲学者で、新プラトン派。ミルトンは、サルマシウス編纂の『エピクテトゥス「提要」――シンプリキオスの注解付き』（ライデン、一六四〇）に言及している。エピクテトス（五五ころ―一三五ころ）はストア派の哲学者でその教えは後にマルクス・アウレリウスに影響を与えた。

(12) ゼノン（前三三五―前二六三）はギリシアの哲学者で、ストア派の祖。アテネの壁画つきの柱廊（ストア・ポイキレ）で教えたとされ、そこからストア派の名が出た。

(13) ミルトンは ***lupus***（ラテン語で「狼」）、***lupanar***（ラテン語で「売春宿」）、***lukos***（ギリシア語で「狼」）そして ***Lyceum***（アリストテレスが教えた庭で、アポロンの神殿がそれに附随し、ギリシア語の形容辞 ***Lukeios*** からそう呼ばれるようになった）の語を畳みかけるようにして、サン・ループ（聖なる狼）を所領とするサルマシウスを揶揄している。また、サルマシウスを妻の尻に敷かれる恐妻家として何度も提示し揶揄している。

(14) ここでミルトンが二〇万人と述べているのは誇張。『偶像破壊者』第一二章では「一五万四千人」と述べているのと比較せよ（『散文全集』第一巻一六九ページ）。フェルディナンド・ウォーナーによれば、反乱で殺害されたイングランド人の実数は四千人、さらに虐待から四千人が死亡したという。

(15) 士師記二〇章。

(16) フルウィウス・フラックスはプブリウス・ルピリウスとともにシシリアの奴隷戦争で戦った（前一三二終結）。

(17) 三頭政治家の一人、リュキニウス・クラッスス（前一四〇―前九一）は前七一年にスパルタルクスを撃破した。

(18) セウェルス（三六〇ころ―四二〇）は初代教父。著作『歴史』（一・三二）。

(19) エジプトの主神オシリスは、牛の形をしたアピスとして崇拝され、テュフォンあるいはセツにより殺害された。イシスは地の女神、ホルス（オルス）は太陽神である。（『アレオパジティカ』〔『散文全集』第二巻五四九ページ〕）テュフォンはセトと同一視された。一〇〇の蛇頭、火のような眼、恐ろしい声、強力な手足をもつ怪物。イシスはオシリスの姉妹で妻。生命力の具現者。ホルスは王の体内に宿る、王の保護者とされる。

(20) セソスリレは第一九王朝のラムセス二世のこととされる。異論あり。

(21) クフはエジプト第四王朝の王（在位・前二五七一―前二五〇八）。ギゼーに現存する最大のピラミッドは王の陸墓。

(22) カフラア（在位・前二五〇八―前二四四二）はエジプト第四王朝の王。大スフィンクスは彼の祭壇に付置された。

(23) アモシスはアアフ・メス一世（エジプト第一八王朝の祖。在位・前一五七〇―前一五四五）のことか。しかし、年代的にカフラアはアマシスに先行するので、ミルトンの記述とは一致しない。『散文全集』第四巻四三三ページでは「アマシスあるいはアモシス二世（在位・前五七〇―前五二六）」とあるが、やはり年代的にカフラアが先行するため、ミルトンの記述とは一致しない。

(24) ディオドロス・シクルス（前一世紀末）はシチリア生まれの歴史家。『歴史図書館』の名で呼ばれる四〇巻の大著の世界史を著した。

(25) アクティサネスは前六世紀のエチオピア王。

(26) アアフ・メスについては注23を参照。

(27) アプリエス（在位・前五八八―前五六九）はエジプト第二六王朝の王。エジプトのファラオであったアプリエスはアマシス（後アアフ・メス二世、パロ在位・前五六九―前五二五）に撃破された。アマシスは反乱鎮圧のため派遣されていたが、代わりに自分が王座に就けられた。ヘロドトス二・一六一―七八。ディオドロス一・二一―四、五三―八を参照。

(28) カンビュセス二世（在位・前五二九―前五二二）は古代ペルシアのアカイメネス王朝の王。エジプトに出兵。キュロス大帝（在位・前五五九―前五三〇）の子で、アマシス（アアフ・メス二世）の死後、前五二五年、エジプトを支配。

(29) クセルクセス一世（在位・前四八六―前四六五）はペルシア王で、前四八六年にエジプトの反乱を鎮圧。サラミスの海戦で大敗。長子とともに陰謀の犠牲となる。

(30) アルタクセルクセス一世（在位・前四六五―前四二四）は、父クセルクセス一世を暗殺したアルタナバスを殺し、アテナイ海軍を撃破し、エジプトにおける反乱を鎮めた。

(31) アルタクセルクセス二世（ムネモン、在位・前四〇四―前三五八）はペルシア王。エジプト救出に二度失敗。エジプトの支配者タコスはスパルタの同盟者アルゲシラウスにより殺害される。アルゲシラウスは最後のファラオ、ネクト・ネブフ（ネクタレブ）に王位を与える。

(32) ネクト・ネブフ（在位前三五九ころ―前三四二ころ）は第三〇王朝最後の王。ペルシオンにおける敗戦ののち退位。

(33) アルタクセルクセス三世（オクス、在位・前三五八―前三三八）はペルシア王。二度目の試みで前三四三年エジプトを再度征服。

(34) プトレマイオス七世（エウェルゲテス）はエジプトのマケドニア王。前一七〇―前一六四年共同統治。前一三二年彼に対する反乱が成功したが、前一二七年、アレクサンドリアを奪回した。

(35) アレクサンドロス一世（プトレマイオス九世）は母の手で前一〇七年王位に就けられたが、母殺しの嫌疑で（前一〇―) 軍部の台頭により追放される。

(36) アレクサンドロス二世(プトレマイオス一〇世)は前八〇年、継母クレオパトラ・ベレニスと結婚したが、結婚後まもなく彼女を殺害し、アレクサンドリアの民により殺害される。

(37) プトレマイオス一二世(アウレテス)は前五〇年、王位継承。前五八年、強制されてアレクサンドリアから逃亡するが、前五五年、アレクサンドリアの支配者だった娘ベレニスを殺害、護民官ガビニウス・アウルスにより復位さる。

(38) 『歴史図書館』三・五―六。

(39) ダニエル書五・二〇、他(前出。三章注61を参照)。

(40) ネブカデネザル二世(在位・前六〇五―前五六二)は新バビロニア王。預言者エレミアの忠告を聞かなかったユダ王エホヤムキ(第二列王記二四・一)を討ち、エルサレムを陥落させた。前五九三年、エホヤキム(エレミア書二四・一)とその一族をバビロンに幽閉。

(41) ダレイオス一世(在位・前五五八ころ―前四八六)はペルシア帝国アカイメネス王朝の王。エジプト遠征中、カンビュセス王の死後、王位を奪っていた僧ガウマータを殺害して即位した。

(42) ダニエル書六・一四―一五。

(43) アルバケスは前八七六年のメディア建国の祖といわれる。

(44) サルダナパロス(九世紀)はアッシリア最後の王。伝説によると首都ニネヴェの陥落に先立って王妃、財宝とともに宮殿中でみずから焚死したとされる。

(45) クテシアス(前五世紀)ギリシアの歴史家。ペルシア軍に捕えられ、アルタクセルクセス二世の侍医をつとめた。ペルシア史やインド史を書き、その断片が現存する。

(46) キュロス大王(在位・前五五九―前五二九)はペルシア帝国の祖。第四章注12を参照のこと。

(47) アンティキュラはデルポイのアポロンの神殿があった町で、狂気を直す薬草で有名だった。ミルトンは、前出の「キュロス」大王と「反(アンティ)キュラ」で駄洒落をいっていると思われる。

(48) ヘロドトス『歴史』三・三一。

(49) アルタバヌスはクセルクセス一世を暗殺した。テミストクレス(前五二八ころ―前四六二ころ)はアテナイの政治家、将軍。サラミスの海戦でペルシア軍に勝利をもたらした。

(50) クラウディアヌス(四―五世紀)はローマの詩人。第三章注43を参照のこと。

(51) バクトリアはアジア西部とオクサス川、ヒンドゥクシュ山脈の間にあった古王国。

(52) スメルディスはカンビュセス王の死後王位を僭称し、オタネスの陰謀により殺害される。ヘロドトス『歴史』三・七九。

(53) フィリポス二世（在位・前三五九―前三三六）はアレクサンドロス大王（在位・前三三六―前三二三）の父。

(54) ディオトゲネス（六〇〇ころのギリシア人著述家）からの引用は、イオアンネス・ストバイオス編纂の五世紀の『詩文選』から。次のエクファンタスの引用も同じ。

(55) クセノフォン（前四三〇ころ―前三五四ころ）はソクラテスの弟子。ヒエロはシュラクサイの二人の有名な統治者のひとり。

(56) ミロ（前四八処刑）は前五七年の護民官。彼は前五二年、アッピア街道で武装集団を率いて宿敵クロディウスと衝突し、彼を殺害したが、その裁判においてキケロはミロを弁護した。その記録が『ミロ弁護』である。

(57) ポリュビオス（前二〇五ころ―前一二五ころ）はギリシアの著述家。主著『歴史』は前二六四―前一四四年までを扱う。

(58) アイスキュロス（前五二五―前四五六）作『救いを求める女たち』（前四九〇）。アイスキュロスはギリシアの三大悲劇詩人の最初の人物。

(59) サルマシウスを描写する際に使用されるイメージの一つである、鎌首をもたげる蛇は『楽園の喪失』のサタンの造形に繋がる。第一章注35を参照のこと。

(60) ダナオスはギリシア神話でアルゴス王。五〇人の娘を兄弟アイギュプトスの五〇人の息子に嫁がせ、婚礼の夜、その夫たちを殺害させた。

(61) オレステスはギリシア神話でアガメムノンとクリュタイムネストラとの息子で、エレクトラとイピゲネイアの弟。父を殺害した母と情夫アイギストスを殺害して父の仇を討った。『オレステス』九三〇―九四九。

(62) テセウスはギリシア神話でアテナイ王アイゲウス（または、ポセイドン）とアイトラ（トロイゼン王ピッテウスの娘）の息子。

(63) デモポンはギリシア神話でエウレシス王ケレオスとメタニラとの息子で、女神デメテルに養育された。

(64) ミルトンは『国王と為政者の在任権』（『散文全集』第三巻二〇五ページ）でもこの個所を引用している。

(65) ソポクレス（前四九六ころ―前四〇六）はギリシアの三大悲劇詩人のひとり。

(66) ハイモンはギリシア神話でテーバイ王クレオンの息子。アンティゴネの墓前で自殺。
(67) リュカルゴス　既出（第四章注2）。
(68) アキレウスはホメロス作『イリアス』の主人公。プティアの王ペレウスと海の女神テティスとの子。
(69) アガメムノン　ギリシア神話でミュケナイまたはアルゴスの王。『イリアス』ではギリシア軍の総帥として出征する。アキレウスよりは劣った、勇敢だが決断力のない、利己的人物として描かれる。
(70) ホメロス『イリアス』一・二三一—二三二。
(71) アルカイオス（前六二〇ころ—？）はギリシアの抒情詩人。
(72) ホラティウス『頌詩』二・一三・二九—三二。
(73) テオグニス（前五四四—前五四一ころ活躍）はギリシアのエレゲイア詩型による教訓作者。
(74) 『エレゲイアA』一一八一—一一八二。
(75) 【　】一六五八年の加筆部分。
(76) ガイウス・メンミウスは前一一一年の護民官、前一〇四年の法務官。
(77) サルスティウス『ユグルタ戦役』三一・九。
(78) 『ピソ反駁論』一〇・二三。ピソは前一世紀のローマの政治家。ユリウス・カエサルの義父。
(79) ロムルスはローマ神話で、ローマの建設者にして初代王とされる。一般にアイネイアスの子孫でアルバ・ロンガの王ヌミトレの娘レア・シルウィアとマールス神の息子で、レムスと双児の兄弟とされる。
(80) タキトゥス『年代記』三・二六。
(81) リウィウス『ローマ建国史』一・一七・二—九。一・四六・一。
(82) セルウィウス・トゥリウス（在位・前五七八—前五三五）はローマ第五代皇帝。初めてローマ市に城壁を設け、市内を四つの地区に分けたとされる。
(83) タルクイニウス・プリスクス（在位・前六一六—前五七八？）は伝承によればローマ第四代の王。プリスクス（初代）の名は、タルクイニウス・スペルブスと区別するためにつけられたが、両者は同一人物で、誤ってふたりにされたとの推定もある。
(84) タキトゥス『年代記』四・八。
(85) ルキウス・タルクイニウス・スペルブス（在位・前五三四—前五一〇）は伝承によればローマ最後の王。ユニウス・ブルトゥスらが反抗して立ち、ついにローマから追われて王政が終わったという。
(86) ティベリウスはローマ皇帝（在位・前一四―後三七）。
(87) アクティウム海戦（前三一）は、オクタウィアヌスとアグリッパの海軍がアントニウスとクレオパトラに勝利した。
(88) タキトゥス『年代記』一・三四。
(89) ミルトンの侮蔑的言及。
(90) ディオ・カッシウス『ローマ史』五三・二八。
(91) オクタウィアヌス・カエサル（前六三―後一四）はアウグストゥスの前名。
(92) ユリウス・カエサル（前一〇二―前四四）は終身のディクタトル。権力を増して皇帝になろうとしたため、その独裁政治を恐れた元老院により暗殺された。主著『ガリア戦記』。
(93) ルペルカリア祭はルペルクス神のために毎年二月に行なわれた古代ローマの豊年を祈願する牧歌的祭典である。アントニウスとカエサルを巻き込んだのは前四四年に開催された祭りである。
(94) スプリウス・カッシウスは、前五〇二年、前四九三年、前四八六年の執政官。
(95) スプリウス・メリウス　未詳。
(96) マルクス・マンリウス〔・カピトリヌス〕は前三九二年の執政官。ゴール人の侵入に際し、ローマを固守した。独裁者を望んでタルペイウムの岩上から突き落とされて死んだとも伝えられる。
(97) 【　】一六五八年の加筆。サルマシウスは（アントニウス同様）ルペルクス神、あるいはルペルカリア祭の祭司になぞらえて揶揄されている。この儀式では狼神をなだめることが狙いであったかもしれない。ミルトンが狼との連想でサルマシウスを揶揄することについてはすでに見てきたとおりである（第三章注15、本章注13他）。また、「この唾棄すべきルペルカリア祭」とは『チャールズ一世弁護論』をさす。
(98) 東ローマ皇帝テオドシウス二世（在位・四〇八―四五〇）の命令により、コンスタンティヌス大帝以来の法を集成したテオドシウス法典が定められた（四三五年）。後に東ローマ皇帝ユスティニアヌス一世（在位・五二七―五六五）がこれを増補改訂して、五二九年公刊する。これを「ユスティニアヌス勅法集」と言う。これ補う「新勅法」、「法学提要」、「学説集」を合わせたものを「ローマ法大全」という。
(99) ウァレンスとあるのは、議論の内容から考えて、ウァレンティニアヌス三世となるはず。ウァレンティニアヌス三世（在位・四二五―四五五）は西ローマ皇帝。テオドシウス二世の助力によって幼くして即位、母が摂政（四二五

―四五〇)。〔ちなみに、ウァレンス(在位・三六四―三七八)はローマ皇帝。〕

(100) ミルトンがこの前後で述べているのと、きわめてよく似た記述が『国王と為政者の在任権』(『散文全集』第三巻二〇六ページ)で、トラヤヌス、テオドシウス、およびユスティニアヌス勅法集との関連でなされている。

(101) 小プリニウス(六一/六二―一一四ころ)はローマの政治家、文人。大プリニウスの甥。トラヤヌス帝の信任厚く、執政官(一〇〇)、ビテニアの総督(一一二)となった。書簡集(一〇巻)が有名。

(102) ローマ皇帝トラヤヌス(在位・九八―一一七)。

(103) エトルリアは紀元四世紀初めまでイタリア西部のアルノー川とティベル川の間の地域にあった国家。

(104) メゼンティウスはエトルリアのカエレ王であったが、残虐な暴君で、人民から国外に追放され、トロイアの将アエネイアスに殺害されたとされる。アエネイアスは、トロイア王家の主流の出。トロイア陥落に際し、父と一子とともに遁れ、流浪の後、ローマの祖となったとされる。(ミルトンのメゼンティウスにかんする言及については『離婚の教義と規律』(『散文全集』第二巻三二七ページ。新井・佐野・田中共訳、一六三ページ)、および『自己弁護論』(『散文全集』第四巻七九五ページ)を参照のこと。

(105) ウェルギリウス(前七〇―前一九)はローマ第一の詩人、『アイネイス』一二巻を執筆。

(106) ラティウムは、現在のローマ東方にあった古代イタリアの都市国家。

(107) トゥルヌスは、ギリシア神話でルトゥリ人の王ラティヌスの娘ラウィニアの花婿。トロイア人の侵入に抗して善戦するも、遂にアエネイアスに殺害される。

(108) トロイの木馬は、トロイ戦争でギリシア方がトロイを陥落させるための計略に用いた大型の木馬。

(109) セネカ(前五/四―後六五)は、皇帝ネロの教師、ついで執政官となる。ネロの暴政が昂じ、死を命じられて自殺。

(110) ヘラクレス　ギリシア神話最大の英雄。

(111) ドミティアヌス(在位・八一―九六)。ヴェスパシアヌス帝の子。自己の権力の絶対性を主張し、暴虐さを増し、元老院を無視し、恐怖政治を招来した。キリスト教徒迫害は有名。後、妻の陰謀により殺害される。

(112) 第四章注17を参照のこと。

(113) ウァレリウス法　いかなる理由であれ、極刑の宣告を受けた場合、ローマ市民は兵員会(Comitia Centuriata)に、また罰金の場合は、区民会(Comitia Tributa)に訴え出る権利をもっていた。この訴えを無視した為政者は、独裁執政権(国家の危急存亡の時に六か月間のみ与えられる)がある場合、あるいは敵の包囲攻撃下にある場合を除き、殺人罪を犯したとみなされた。この法はウァレリウス・プブリコラにより開始され、前三〇〇年にウァレリウス法として一層整備された。ちなみにウァレリウス・プブリコラは前五〇九、五〇八、五〇七、五〇四年の執政官。伝承によれば初代執政官とされる。（イェール版脚注114による。）

(114) ユニウス・ブルトゥスはローマの王制を廃して共和制を創始したと伝えられる人物であるが、最初の統領（前五〇九年）というのは後代の伝承による。

(115) カシウスはカリグラの親衛隊長。

(116) ガイウス・カリグラ　ローマ皇帝（在位・三七―四一）。即位数カ月後の重患以来性格が一変し、残酷と浪費に明け暮れ、自己の神性を主張するにいたり、後、前記カシウスの手でエジプトで殺害される。

(117) ウァレリウス・アシアティクス　「民の友」と呼ばれたローマ執政官（前五〇九）。

(118) コンモドゥスはローマ皇帝（在位・一八〇―一九二）。第四章注52に既出。

(119) アエリウス・ラムプリディウス（四世紀）は『アウグストゥス帝時代史』を書いた六人のひとり。新井・田中共訳『イングランド宗教改革論』第一巻（未来社訳、二八ページ）。

(120) ディディウス・ユリアヌス　治世一九三年

(121) スパルティアヌス　前注119の著者のひとり。

(122) マクシミヌス〔・トラクス〕（在位・二三五―二三八）はローマ皇帝。トラキアの農民出身で兵卒から身を起こす。最初の軍人皇帝に推されたが、元老院を無視したため、「公敵」と宣言され、その子とともに部下に殺害される。

(123) カピトリヌス　前注119の著者のひとり。

(124) ヘロディアノス（二世紀中ころ）はギリシアの文法家。アポロニウスの息子。

(125) アンビオリクス王　ガリア人の王。詳細不明。

(126) ヴェルキンゲトリクス王（前四六死去）はガリアのアルヴェルニ族の族長。カエサルに反抗するも、のち捕らえられ、処刑される。この反乱はガリア戦役の端緒となった。

(127) サルマシウス『監督制と長老制』より。

(128) カティリナ（前一〇八―前六二）はローマ共和制末期のカティリナ事件の首謀者。統領になろうとして失敗。不満分子を結集して陰謀を企てたが、キケロ等の奮闘によって破れ、敗死。

(129) ハルモディオス（前五一四死）はアテナイの貴族。潜主ヒッピアス等の殺害を企てたが、果たせず殺害される。ヒッピアス追放後、友人アリストゲイトンとともに市の解放者と称えられ、詩歌にも歌われ、子孫には栄誉が与えられた。

(130) トラシュブロス　アテナイの将軍アルキビアデス（前四五〇ころ—前四〇四）が瀆神罪で死刑を宣せられ亡命した後、帰国に際し、寡頭派のトラシュブロスの取りなしでアテナイ艦隊に復したという。

(131) ガリエヌス帝（在位・二五三—二六八）はヴァレリヌス帝の子で、父と共治の皇帝としてローマ帝国西部を治める。各地に反乱が起こり、世紀を通じてローマ帝国はこの帝の時期に最も危機に瀕した。

(132) トレベリウス・ポリオは「三〇潜主」（『アウグストゥス帝時代史』）の作者として名高い。

(133) ガルバはローマ皇帝（在位・六八—六九）。ネロにたいする反乱が起きた際、元老院とローマ市民の擁護者をもって任じ、皇帝に推挙されたが、策謀で殺害される。

(134) ウェスパシアヌスはローマ皇帝（在位・六九—七九）。ネロの死後の混乱に際し、軍隊により皇帝に推挙され、元老院の承認を得た。ローマ帝国に再度、秩序と繁栄をもたらしたとされる。

(135) ウィテリウスはローマ皇帝（在位・六九年一月二日—同一二月二〇日）。ガルバの死後、軍隊の指揮権を得、軍隊に推されてローマ入りしたが、施政を誤り、ウェスパシアヌスを支持する軍に破れ、捕らえられて処刑された。

(136) マスティフ犬　イングランドの議会派にたいするサルマシウスの一貫した揶揄。第一章注26を参照のこと。

(137) 「ヘカベ……サン・ループ」　ヘカベはギリシア神話でプリアモスの妻、ヘクトル、パリス、カッサンドラ等の母。息子のひとりポリュメドロスがトラキア王ポリュメストルに殺害されたのを怒り、その子供たちを殺害して彼を盲目にしたが、その罰を受け、牝犬に変身させられたという。ミルトンはここでもサルマシウスの所領、サン・ループ（聖なる狼）にひっかけて彼を揶揄する。第三章注15、第五章注13を参照。

(138) ブラウン主義者とは、ロバート・ブラウン（一五五〇ころ—一六三三ころ）の主張の信奉者たち。彼はイングランド国教会からの最初の分離主義者で、会衆派の父と称される。国家権力の侵しえぬ教会の権威を説いた。

(139) 「正統派の神学者全員」　パレウスとベルミーリが言及されていない。第一章注32、および第三章注65を参照のこと。

第六章

(1) ホラティウス『詩論』一・一三九を反響させている。このグロテスクな出産への言及は、『楽園の喪失』二巻の罪の出産シーンの造形に繋がるとも考えられる。またミルトンは、サルマシウスとその妻を「性的役割の逆転」という観点から一貫して揶揄の対象としている。(たとえば第五章注7を参照のこと。)

(2)『書簡』第八〔三一・三五四―三五五〕。後出。

(3) セネカ『恩恵施与論』七・四・二。

(4) 第五章注98を参照のこと。

(5) ミルトンは「序言」でもサルマシウスの議論をまずい料理の比喩で揶揄している。

(6) ミルトンは一貫してサルマシウスがラテン語で数々の文法違反を犯したとして攻撃している(たとえば第一章注28を参照のこと)。ここでは言いまちがいを強調するため、以下で「堕落におちた」と訳した。

(7) クロディウス(前九八―前五二)はローマ共和制末期の煽動政治家。キケロを追放しポンペイウスに敵対したが、ミロに殺害される。

(8) プライド大佐による粛清(一六四八年一二月六日)をさす。第一章注14を参照のこと。

(9)「ポンペイウスの陣営」『ピリッピカ・第一三』一一・二六。

(10) オリバー・クロムウェル(一五九九―一六五八)は独立派の首領として新たに組織された新型軍を組織し、イングランド革命を推進させた。後に軍隊から推挙されて護国卿となった。一六四九年八月から翌年三月まで、クロムウェルはアイルランドでの戦役の陣頭指揮を行なった。以下で言及されるのはドロゲダ、およびウェクスフォードでの勝利であろう。

(11) ミルトンは「序言」(注31)でも、またこの個所においてもキケロ『法学』三・三・八を反響させている。

(12) ギリシアの悲劇詩人アイスキュロス作『オレステイア』三部作では、主人公のオレステスは、父アガメムノンを不倫相手と共謀して殺害した母クリュタイムネストラを殺して、父の仇を討つが、その後、実の母を殺害した良心の呵責に耐えきれず、復讐の女神にとり憑かれて狂気に陥り、彷徨を余儀なくされる。ミルトンはこのことを念頭において、論敵を揶揄していると思われる。

(13) ユリウス・カエサルについては第五章注92を参照のこと。独裁執政官は、ローマ共和制において国家の危急存亡の時に六か月間だけ期限を決めて全権を委任された。

(14) ミルトンは「征服王ウィリアム」、「証聖王エドワード」にひっかけて論敵を揶揄している。

(15) 大プリニウス（二三―七九）はローマの軍人、政治家、学者。著作では、ティトゥス帝に捧げられた『博物誌』（全三七巻）が現存。

(16) ガイウス・ユリウス・ソリヌス（三世紀）はローマの著作家。プリニウス『博物誌』等から抜粋したものを集大成して『地理学概論』（二五〇ころ）を著す。

第七章

(1) トゥルピヌス（八世紀）はフランス北部の都市ランスの（想像上の）大司教。

(2) ファスケスは一種の権威標章。木の枝の束に斧を突出させたもので、主たるローマの為政者の前をリクトルがこれを持って歩く。

(3) プブリウス・セスティウスは前六三年の財務官、前五七年に護民官となり、亡命中のキケロの召還を支持する。

(4) 十大官とは前四五一年、平民（プレブス）の要求にもとづいて法典編纂の権限が委託された一〇人の代官のこと。

(5) ルキウス・ウェルス（在位・一六一―一六九）はマルクス・アウレリウス・アントニヌス（在位・一六一―一八〇）と共同統治した。

(6) ディオクレティアヌス（在位・二八四―三〇五）は、カリヌス（在位・二八四―二八五）、マクシミアヌス（在位・二八五―三〇五）と共同統治した。マクシミアヌスは　二八六―三〇五年と三〇六―三〇八年の二度ローマ皇帝の地位にあったが、三一〇年に殺害された。

(7) コンスタンティヌス一世は三二四―三三七年のローマ皇帝。リキニウス（在位・三一一―三二四）については第四章注57を参照のこと。

(8) トラヤヌス（在位・九八―一一七）。既出（第五章注100―102）。

(9) ディオ・カッシウス　第二章注43、第五章注90を参照のこと。アウレリウス・ヴィクトルは四世紀のローマ史家。
(10) ティベリウスについては第二章注3他を参照のこと。
(11) アウィディウス・カッシウスの乱はマルクス・アウレリウスにより鎮圧され、カッシウスは一七五年に暗殺される。第四章注56を参照のこと。
(12) 【　】一六五八年の加筆部分。
(13) ペテロニウス（一世紀）ローマの政治家でネロの寵臣として、「優美の裁定者（アルビテル・エレガンティアエ）」の呼称を得た。後、謀反の嫌疑をかけられ自殺。第四章注50を参照。
(14) 【　】一六五八年の加筆部分。
(15) 原語 *optimas* とは、もともと「最上の者」の意。
(16) ディオドロス・シクルスのこと。前一世紀末、シチリア生まれの歴史家。本訳書一五三、一五四、一五五ページ参照。
(17) ユスティヌス、マルクス・ユニアヌス（三世紀）はローマの歴史家。著書『フィリプの歴史』はポムペーユス・トログスの『フィリップの歴史と全世界の始源と地球の位置』からの抜粋。中世に広く読まれた。
(18) ニムロデは初の狩人、権力者。創世記一〇・八―一〇。『楽園の喪失』第一二巻二五行を参照のこと。

第八章

(1) マルティアリス『警句』七・一〇（「序言」注32を参照）。
(2) 「恐妻の尻に敷かれる夫サルマシウス」への揶揄は本章でも一貫して繰り返される。
(3) ミルトンはここでもサルマシウスの所領サン・ループ（聖なる狼）にひっかけて揶揄する。また、「イングランドのマスティフ犬」はサルマシウスによる「イングランド国民」にたいする侮辱的呼称。これまでもしばしば登場した。
(4) ミルトンはフランス国王を揶揄してこう言っている。
(5) リシュリー枢機卿（一五八五―一六四二）をさす。彼はルイ一三世（在位・一六一〇―一六四三）の首席顧問官（事実上の宰相）となった。文学者・芸術家を保護、アカデミー・フランセーズを創立。一六四〇年には、サルマシウスにある役職を提示した。ちなみに、彼はユグノー派の政治的勢力を弱め、国王を中心とする中央集権を確立、一六二八年、新教徒の最後の根拠地ラ・ロシェル（第一二章注16を参照）を陥落させた。

(6) フランス（ガリア）、食用雄鶏（ガリア）、および去勢した女めしい雄鶏のごろあわせ。

(7)「父親殺しども」とはチャールズを処刑した「イングランド国民」を指す。当時、王党派を中心に、国家を家庭に、国王をその家父長に喩える、いわゆる国王家父長論が唱えられていた。これにかんしては第一章注4を参照のこと。

(8) エドワード六世（在位・一五四七—一五五三）はテューダー家の王で、ヘンリ八世と第三妃の子。その治世に二回にわたり、「礼拝統一令」が制定され（一五四九、一五五二）、クランマー主教編纂の『祈祷書』がイングランドの教会で用いられた。

(9) トマス・スミス（一五一三—一五七七）は政治家、学者。エドワードの治世と、エリザベス一世の治世に国務相（一五四九、一五七二—一五七六）。

(10) アラゴンはスペイン北東部地方。

(11) 本訳書第六章一八五ページを参照。

(12)『政治学』三・九・一。

(13)『政治学』五・一〇・二三。

(14)『政治学』三・六—一八あたりをミルトンが自由に解釈したもの。

(15) アルキメデス（前二八七ころ—前二一二）はギリシアの天文学者、数学者、物理学者。

(16) 三つの温暖な帯は第九章でも言及される。

(17) スパルタ王アギス四世（在位・前二四四—前二四一）は、極端な貧富の差をなくすため、幾つかの社会改革政策を推進したが、レオニダス二世（在位・前二八五ころ—前二三六）の率いる反対派に破れ、処刑さる。

(18) リクトルはファスケス（権威を象徴する笏）をもって、上長官の先駆となり、囚人を捕縛することを職務とした官吏。

(19) プルタルコス（四六ころ—一二〇以降）は末期ギリシアの史家。その『英雄伝』は、ギリシアとローマの類似の生涯を送った者を対比・比較研究した。

(20) プルタルコス『英雄伝』第一九・六、第二一・三「アギスとクレオメネス」。クレオメネス［三世］（在位・前二二七—前二二〇）はレオニダスの子。大改革を企て、リュカルゴスの制度に帰ろうとした。これは妻（アギス四世の娘）の影響といわれる。アカイア同盟、およびマケドニア軍とセシラに戦って大敗。エジプトに逃亡するも、後、投獄され、自殺。

(21) ヘンリ二世（在位・一一五四―一一八九）は王の司法権を全国に及ぼし、中央権力を強化。教会の裁判権を制限し、これに反対したカンタベリー大司教トマス・ア・ベケット（一一一八―一一七〇）を殺害させた。

(22) 『アグリコラ伝』第一二。アグリコラ・グナエウス・ユリウス（四〇ころ―九三）はローマの政治家。護民官、法務官、執政官を歴任。ブリタニア総督（七八―八五）として同島のローマ化に努める。女婿タキトゥスの手になる伝記がある。

(23) ヘイスティングズの戦　ヘイスティングズはイングランド、サセックス州の海港。付近のセンラック・ヒルでノルマンディ公ウィリアムがハロルド二世を破った（一〇六六）。主要五港の一つ。

(24) カーン版　ミルトンは一六〇九年、北フランスのカーン――ウィリアム征服王の墓所の地――で出版された『カドモス遺書』に言及していると考えられる。

(25) ジョージ・ブカナン（一五〇六―一五八二）はスコットランドの人文学者。第二章注54を参照のこと。

(26) オトマン　第四章注83、84参照のこと。

(27) ベルナール・ドゥ・ジラール『フランス史』。第四章注87を参照のこと。

(28) かのカンタベリ主教とは、一六三三年、カンタベリ大主教になったウィリアム・ロード（一五七三―一六四五）のこと。ミルトンの原文 *pontifex* は、ほんらいはローマ教皇を指す。揶揄。

(29) アゼルスタンはイングランド王（在位・九二四―九三九）。デーン人の鎮圧に努め、国内統一をほぼ成功させたので、真の意味における最初のイングランド王とみなされる。

(30) 『正義の鑑（かがみ）』はアンドリュー・ホーン（一三二八死去）の手になる論文。一六二四年初版。

(31) サルマシウスの所領、サン・ループ（聖なる狼）にひっかけた揶揄。このグロテスクな出産への言及は、また『楽園の喪失』第二巻の罪の出産シーンの造形に繋がると考えられる。第六章注1も参照のこと。

(32) 創世記九・二五。

(33) 黙示録一三・一一。

(34) ヘンリ三世（在位・一二一六―一二七二）は、親政後、失策多く、貴族の反抗を受けた。一二五八年、オクスフォード条款を発して諸階級の貴族と諸都市の代表者とを含む、本来の意味でのイングランド最初の議会を召集し、一二六五年、王権の制限を承認した。

(35) エドワード三世（在位・一三二七―一三七七）はプランタジネット家の王。フランス王位継承権を主張し百年戦争の原因を作る。戦費の増大により課税審議権を持つイングランド議会の勢力拡大。教皇のイングランド教会にたいする干渉には議会と協同で対抗、ウィクリフを擁護、ガーター勲章の制度を定める。

(36) 『議会運営の方法』は一三二〇年に作成された。このあたりのミルトンの議論は一七世紀には広く受け入れられていた。ミルトンが直接参考にしたのは、ウィリアム・ヘイクウィルの翻訳（一六四一）、あるいはジョン・サドラー『王国の権限』（ロンドン、一六四九）。

(37) ***hundreda*** ミルトンは、サルマシウスが「郡」の意味での *hundred* の複数形を *hundreds* とせずに *hundreda* としているのを「金貨百枚の報酬」とひっかけて揶揄している。

(38) 「序言」注17を参照のこと。

(39) クリュソストモス　イェール版が「サルマシウス」としているのは誤訳。クリュソストモスについては第三章注24を参照のこと。

(40) 「権威にかんするパウロの命令」とは、第三章で扱われた、ローマ書一三・一、「人はみな、上にたつ権威に従うべきです。神によらない権威はなく、存在している権威はすべて、神によって立てられたものです」をさす。

(41) 第三章注24、34、37あたりを参照のこと。

(42) 『ブリタニアの破壊と征服について』（五四七以前）一三。ギルダス（五一六ころ―五七〇ころ）はブリトン人の修道士。

(43) ネンニウス（九世紀前半）はブリトン人の修道士。その『ブリトン人史』は、ブリトン人、およびアングロ・サクソン人の最古の史料の一つであり、また、アーサー王伝説の萌芽をも含む。

(44) フォルティゲルン　五世紀、ブリトン人の宗主。第三章注17を参照のこと。

(45) 聖ジェルマンは三七八―四四八年の人。第三章注16に既出。

(46) 教皇ザカリアス（七四一―七五二）はフランク国王シルペリク三世（在位・七四一―七五一）を解任させた。第四章注82を参照のこと。

(47) ランダフ司教オードケウスは紀元六世紀ころの人。

(48) モルカンティウス（六六五死去?）。このあたりのいきさつについては『偶像破壊者』第二八章（『散文全集』第三巻五八八ページ）でも言及されている。

(49) エセルバート（在位・五六〇ころ—六一六）はケント王。五九七年、キリスト教に改宗。
(50) ベーダ（六七三／四—七三五）はイングランドの神学者、歴史家。聖人・教会博士。スコラ学の先駆者、主著『イングランド教会史』五巻（カエサルから七三一年までを扱う）。出典は第二・五。
(51) エドウィン（在位・六一七ころ—六三三）。その名に由来するエディンバラ建設。王妃エセルバーガの影響で、六二七年、キリスト教に改宗。国内に信仰をひろめた。
(52) アイナス　未詳。
(53) アルフレッド王（八四八ころ—八九九）はサクソン系のウェセックス王（在位・八七一—八九九）。デーン人の侵入（八九二—八九六）を退け、アングロ・サクソンの諸法律を集大成し、地方行政制度を整備し、学芸に意を用いた。彼自身もベーダの『教会史』等を訳した。ノルマン征服（一〇六六）以前のアングロ・サクソンの最も偉大な王とみなされている。
(54) 証聖王エドワード（一〇〇二ころ—一〇六六　在位・一〇四二—一〇六六）はサクソン系の王。アングロ・サクソンがノルマン人に征服される最後を飾った王である。その後、人民と外来人たる王室の対立過程に、自由なイングランドの象徴として理想化され敬慕された。後、聖人に列される。
(55) フランク国王シルペリク三世（在位・七四一—七五一）をさす。
(56) カルターナ　無先刀（イングランド王戴冠式に仁慈の標章として王の前に捧持する先のない剣）。
(57) マシュー・パリス（一二〇〇ころ—一二五九）はイギリスの歴史家。『大年代記』に外国の記事を加えて増補し、みずからも一〇六七—一二五三年に及ぶ『小史』三巻（一八六六—一八六九刊行）を書いた。
(58) ミルトンはホリンシェドの『年代記』（ロンドン、一五八七）三・一〇に言及している。ウェルラミウムはイングランド南東部、ハートフォードシャー州西部の都市セント・オールバンズ付近のローマ名。ノルマン征服時代の教会堂があり、ばら戦争の戦場（一四五五、一四六一）ともなった。
(59) ヘンリ・ド・ブラクトン（?—一二六八）はイングランドの法律家。主著『イングランドの法と慣習』（一二五六以前）は、イングランドの基本法であるコモン・ローを系統的にまとめた最初の書で、多くの判例を引用して法原則を明らかにしたもの。
(60) 「法とは正しき理性（レクタ・ラティオ）」キケロ『ピリッピカ・第一一』一一・一二八。第三章注32を参照。
(61) 『議会運営の方法』のこの個所は、サドラー『王国の権限』三一ページから採用されている。

第九章

(1)「まっさかさまに落ちるサルマシウス」の姿は、『楽園の喪失』、『楽園の回復』のサタンの造形に繋がっていくと考えられる。
(2) ヘンリ四世(在位・一三九九—一四一三)は議会の決議により即位した。
(3) ミルトンは、サルマシウスが『教皇首位権反駁論』で主教制度を批判していたことに言及して揶揄している。
(4) ハリカルナッセウスのディオニュシオス(前七世紀)ギリシアの歴史家、修辞学者。主著『ローマ史』は、ローマの建国から第一ポエニ戦争の初めまでを含む。
(5) リチャード二世(在位・一三七七—一三九九)は治世の後半に専制的になり、国民の反感を買い、ランカスター公ヘンリ(後のヘンリ四世)の挙兵により、捕らえられて議会により廃位され(一三九九)、翌年暗殺された。
(6)『忘備録』(『散文全集』第一巻四四〇ページ)も参照のこと。
(7) バラムについては民数記二二・五以下を参照のこと。
(8)「金貨百枚」サルマシウスが「内なる神のうながし」によるのではなく、金銭にいわば目が眩んで国王弁護論を執筆したという揶揄をミルトンは何度も繰り返している。
(9) オクヌスはギリシア神話で徒労を象徴する人物。冥府で縄をなうが、それは片端からロバに食べられてしまうという。
(10) 一六三〇年代、チャールズ一世は財政難解決のために諸関税を設けた。ジョン・ハムデンの反対運動は著名。
(11) ジョン・フォーテスキュー(一三九四ころ—一四七六ころ)はイギリスの法律家。王座裁判所の最高裁判官となる(一四四二)。主著『イングランド法礼賛』。
(12) シシュフォスはギリシア神話でエピュラ王。狡猾と略奪で知られた。冥界では永久に転落する岩を山の上に転がし上げる刑罰を受けた。
(13) エドワード・クック(一五五二—一六三四)法務長官としては王権の熱心な防衛者。判事としては、コモン・ローの支持者。裁判権の独立と議会主権の原則のため王権と抗争し、投獄されたこともあった。「権利の請願」(一六二八年三月）を起草、その議会通過に努めた。法は国王のみならず、議会にたいしても優越するという見解をもっていた。主著『イングランド法提要』。

(14) ウィリアム・カムデン（一五五一—一六二三）はイギリスの歴史家。ウィリアム・セシルの勧告にしたがって『エリザベス治世年代記』の編集に着手し、一部を公刊（一六一五）、死後完成した。他著『ブリタニア』（一五八六）。

(15) フィリップ・デ・コミーヌ（一四四五—一五〇九）フランスの歴史家、政治家。その著『回顧録』（一五二四—一五二八）は当時の重要史料。ミルトンは一五五二年版を用いる。

(16)「太陽の存在以前に光が存在した」創世記一・三「光あれ」の記述をさす。太陽が創造されるのは、一・一六。

(17)「金ぴかの議論」サルマシウスが金貨百枚をもらって国王弁護論を執筆したとの揶揄。このようなサルマシウスの描写は『楽園の喪失』において黄金との関連で叙述されるサタンの造形に収斂されていく。『楽園の喪失』におけるサタンと黄金の関連については野呂有子「家父長制度のパラダイム」（十七世紀英文学研究会編『十七世紀と英国文化』金星堂、一九九五）を参照されたい。

(18) 当時、創世記など「モーセ五書」はモーセが執筆したと考えられていた。

(19)「黄金の星を百個ちりばめた帯」ミルトンはまたしても、サルマシウスが金貨百枚をもらって国王弁護論を執筆したことを、アリストテレスの比喩をかけて揶揄している。

第一〇章

(1) 暴君と金メッキとの観念連想については第九章注17を参照のこと。

(2) 独立派　エリザベス一世の教会改革の不徹底さに満足しない多数の者が、教会から分離して加わった。当時、R・ブラウンは、真の教会は自覚的なキリスト者により構成されること、集められた教会は契約——神との契約と人びと相互の契約——によって神のもとで結ばれていること、教会は国家から独立していること、各個教会はそれぞれ一単位をなす自治体であること等を説いた。この分離派はピューリタンと呼ばれ、やがて独立派（会衆派）を形成するにいたり、ついにクロムウェル軍の中核をなすに至った。

(3) メアリ・ステュアート（一五四二—一五八七）にかんしては第一章注6を参照のこと。

(4) ミルトンは、*pictos*「絵に描かれた」と*pictos*「ピクト人」の両義で駄洒落を言っている。

(5) この回答はイングランドの両議会、およびイングランド側の代表者とスコットランド側の委員が討議を尽くしたうえで国王に送られた。『偶像破壊者』(『散文全集』第三巻五九六ページ、および注37)も参照のこと。

(6) 国王側が、戦場における議会軍の勝利をなしくずし的に無効にしようとする策謀を、神に逆らって「禁断の木の実」をもぎ取ろうとするイメージで語っていることに注意。

(7) 一六四八年一月三日、一五日の交渉打切り決議を指す。

(8) 一六四八年一二月六日のプライド大佐による粛清――長老派議員追放――をさす。第一章注14、第六章注8も参照のこと。

(9) 一六四八年四月、スコットランド軍がイングランドに侵入、戦局はイングランド軍に圧倒的に有利に展開。八月、クロムウェル軍がプレストンで勝利し、フェアファックス軍がコルチェスターを陥落させ、戦争は終結した。この一連の事件は、ミルトンの「フェアファクス卿へのソネット」、および「クロムウェル卿へのソネット」で詠われている。

(10) 長老派　長老主義(カルヴァン主義)にもとづくキリスト新教徒の一派。各個教会は牧師と長老(複数)により運営され、一定地域には各個教会の代表者によって長老会が構成され、さらにはその上に長老会を基盤とする総会が成立し、それが教会政治の責任をとり、諸問題を決定した。スコットランドの国教。

(11) 『ユグルタ戦役』一九・二。

(12) 一六四三年九月二三日、イングランドとスコットランドの両国間で結ばれた「厳粛なる同盟と契約」をさす。イングランド側は長老制擁護を約した。

(13) トマス・ホサムと息子ジョン・ホサムは一六四二年三月、議会軍の命を受けてハル総督となった。四月、チャールズ一世のハル入城を拒み、国王軍の包囲を受けたが、翌年王の軍門に下った。そのため、議会により反逆罪で、一六四五年処刑された。ハル包囲とホサム父子についてのいきさつは『偶像破壊者』(『散文全集』第三巻八章)で詳細に記述されている。

(14) ハルは、イングランド東部、ヨークシャー州南東部の港市。イングランド革命に際しては、武器庫があり、軍事上の重要拠点であった。

(15) 三年議会法　議会は国王による無議会的支配の再現を防止するために、一六四一年二月―八月にかけて幾つかの改革立法を通過させた。その中の一つに三年議会法があり、議会は解散後、三年以内には次の議会を召集しなければならないと定めた。

(16) エリザベス一世（在位・一五五八―一六〇三）は、ローマ教とカルヴァニズム両者の中道を歩まんと努力し、じょじょにイングランド国教会の立場を確立していった。

(17) 清教徒　エリザベス一世の治世に、ジュネーブの改革を範型とした改革を行なうことを主張したイングランド国教会内の一派。ピューリタンという呼び名は、元来中世のカタリ派（英訳すればピューリタン）を連想させる汚名として、「宗教統一令」（一五六四）の発布以来、これに従わない一団につけられたあだ名であった。

(18) バラム　第九章注7を参照のこと。

(19) 反キリスト　キリストの敵、またキリストの名とその権威を奪う者を指す。イエス自身はこれを「偽キリスト」と称し（マタイ福音書二四・二四、マルコ福音書一三・二二）、パウロは再臨の前に現われる不法の者として述べている（第二テサロニケ二・一―一二）。しかし「反キリスト」の語は新約聖書では、ヨハネ書簡にのみ出現（第一ヨハネ書二・一八、二二、四・三、第二ヨハネ書七）。そこでは反キリストは終わりの時に出現する。そして今すでに多くの反キリストが来ており、彼らはイエスのキリストたることを否定するとされる。

第一一章

(1) 「厳粛なる同盟と契約」第四条。『偶像破壊者』（『散文全集』第三巻五九四ページ）も参照のこと。

(2) エウリュロコスとエルペノルにかんしてはオウィディウス『変身物語』一四・二五二―二八八を参照のこと。

(3) アリストテレスの王政の五形態にならって、ミルトンは再度、「恐妻の奴隷という〈最悪の暴政の型〉の奴隷となったサルマシウス」を提示し揶揄している。

(4) 原文ラテン語は「三文字の男」の意。プラウトゥス作『金の小壺』二・一・三五で泥棒（*fur*）は「三文字の男」と呼ばれている。ここでは「三文文士」と意訳した。

第一二章

(1)「ドイツの騎兵隊とアイルランドの歩兵部隊」　一六二八年三月の「権利の請願」事項の中には、軍隊の強制宿泊の禁止が含まれていた。しばしばチャールズ一世は、アイルランドの歩兵部隊をイングランドで徴用するという考えをもった。また、ドイツ兵については、チャールズの姉婿、ボヘミアの選定侯フレデリク五世が選定侯領をもっている関係で、その徴用が考えられる。

(2)一六三九年と四〇年の主教戦争のこと。

(3)アイルランドの大勢はカトリックである。

(4)一六四〇年、チャールズ一世はイングランドでの援護を期待してスコットランドを訪れている。ミルトンはこのとき、ここで密約があったと考えている。

(5)トマス・ディロン（一六一五？―一六七二？）は教皇主義者。一六四九年のアイルランドの反乱の首謀者のひとり。『偶像破壊者』（『散文全集』第三巻四七五ページ）にも登場。

(6)一六四一年一〇月、アイルランドのアルスター地方で反乱が起こり、それが全島に波及した。その過程で数千人のプロテスタントが虐殺されたというが、一時その数は数十万人と誇張して伝えられた。イングランド議会はこれをカトリシズムの復活による反革命ののろしと取り、アイルランド派兵を決議する。

(7)ワイト島　イングランド南海岸の島。敗戦後、チャールズ一世が一時期逃亡生活を送っていた。

(8)フランク国王シルペリク　第八章注55を参照のこと。

(9)ここでミルトンは第八章（本訳書二三九ページあたり）の記述を再度繰り返している。

(10)レイナルフ・デ・グランヴィル（一一三〇ころ―一一九〇ころ）はヘンリ二世治世の国王裁判所首席判事（一一八〇―一一八九）。その著『イングランド王国の法と慣習』（一五五四）は一二世紀の英国法の根本資料の一つである。（イェール版、脚注20）

(11)一六〇五年一一月五日議事堂を爆破し、ジェイムズ一世と議員の殺害を企てたカトリック教徒の陰謀事件「火薬陰謀事件」のこと。

(12)「禁欲主義者」ミルトンは何度もサルマシウスをストア派との関連で揶揄する。第五章注11、12。

(13) クリュシッポス（前二八〇ころ－前二〇七ころ）はクレアンテスを師としてストア派に転じ、師の後任としてストア派の学頭となった（前二三〇）。

(14) ブラクトン『英国法律慣習論』二・二五、一二ページ以下。八〇b。

(15)『偶像破壊者』はミルトンが、イングランド議会の命を受けて、母国語英語で国王処刑の正当性を述べたイングランド議会弁護の書。一六四九年国王処刑（一月三〇日）の翌月に、国王自らが執筆したという触れ込みで『国王の像』が出版され、国民の同情をかき立てた。『偶像破壊者』はこれを論駁するために執筆され、同年一〇月に出版された。全体は二九章から成り、『国王の像』に一章ずつ対応して反駁する形式が採用されている。

(16) ラ・ロシェルはフランス西部の港市。ユグノーの本拠地として王軍の包囲を受けた。チャールズはそれを機に同市沖のレー島を占領（一六二七－一六二八）。

(17)「かの神聖なる宣誓」とは国王の戴冠式の宣誓を指す。

(18) 争点は、国王が遵守すべきなのは、共同体がすでにもっている「法と慣習」であるのか、共同体が「将来」作成する「法と慣習」なのかである。チャールズは新たに語句を挿入することによって、将来（議会と対立した際に議会により）作成される法にたいして遵守義務を負わないものとした。イェール版第一二章注29による。

(19) ヘンリ六世（在位・一四二二－一四六一）はランカスター家の子。生後九か月で即位。ばら戦争で劣勢となり、捕らえられて幽閉された（一四六一）が救出され、いったん復位するも、再度捕らえられ、殺害される。

(20) エドワード四世（在位・一四六一－一四八三）はヨーク家の王。バラ戦争（一四五五－一四八七）に際し、ヨーク派の首領としてランカスター派を破り、同派のヘンリ六世に代わって即位。大都市や州の騎士を味方として大諸侯の勢力に対抗し、財政機構を整えて王室の富を豊かにした。

(21) いわゆる「エジプトの肉なべ」。荒野で自由の身にありながら、隷従状態での奢侈を望み、神の怒りに触れ、破滅を自ら招く状態。出エジプト記一六章以下を参照のこと。

(22) マルティアリス『警句』一一・二〇。

(23) 第二のバラム　民数記二二。

(24) しゃべりすぎのロバ　民数記二二・二八－三〇。またしても恐妻に引き回される哀れなロバのような夫としてサルマシウスを揶揄している。

(25)「黙示録の獣」黙示録一三。

(26)イスカリオテのユダはキリストの弟子であったが、金貨に目が眩んでキリストを裏切って売った。その罪を悔いて、首をつって死ぬ(マタイ福音書二七・五)。

(27)金貨に目が眩んで裏切るという点でサルマシウスとユダは良く似ているのであるから、ミルトンはサルマシウスに、同じように首をくくればよいと言って揶揄している。

(28)【　】でくくられた部分は一六五八年の加筆である。すでにこの時期、ミルトンは『楽園の喪失』の口述を開始していたと想定される。新井明『ミルトン』清水書院、一九九七年、一二五―一二七ページ。

Pro Populo Anglicano Defensio Secunda

イングランド国民のための第二弁護論

イングランド国民のための第二弁護論

イングランドの国王殺したちに反駁する『国王の血の叫び』と題する悪名高き匿名の中傷的文書にたいする反駁の書(1)

イングランド人　ジョン・ミルトン

人の全生涯と全状態において、最重要の務めは、神にたいしていつもかわらぬ感謝の念を抱き、神の恩恵にたいしてたえず注意をおこたらぬことであります。そして、恩恵がわれわれの願いと祈りに優ったときには、ただちに特別な、そして厳粛な感謝の祈りを捧げることであります。いま、わたくしは演説を開始するにあたり、おもに三つの重大な理由により、この務めが自分に義務として課せられていると感じるのであります。まず第一に、わたくしが生まれたのは祖国の歴史において驚異的な時代でありました。父祖たちの名誉すべてを凌駕する徳と雅量と誠実さをかね備えた市民たちが、まず神に救いを祈り、神の明らかな導きにより、天地創造いらい、最大の範例をうちたて、勇気ある行ないをなし遂げ、過酷な専制支配から国家を解放し、恥辱きわまる隷従から教会を解放したのであります。第二に、烏合(うごう)の衆が群がって、例の下賤な方法でこれらの気高き行ないに罵詈雑言をあびせかけたとき、さらに、なかでもとりわけ内実を欠く文法教師でありながら、うぬぼれにふくれあがり共犯者たちのおだてに乗せられた男〔サルマシウス〕[2]が、破廉恥きわまる書物のなかで暴君すべてを弁護するという冒瀆的仕業に着手して、われわれを攻撃したとき、他の方がたをさしおいて、このわたくしが、かくも名高き敵にも引けをとらぬ、かくも重大なる問題を論じるにふさわしき人物として指名されたのであります。

わたくしは、わが国を解放した人びと自身からこの役目をおおせつかったのでありますが、それはまた、全国民の自発的承認を経たものであります。その役目とは、すなわちイングランド国民の大義と自由それ自体を公に弁護するという（いままであまり人が手をつけなかった）ことに取りかかることでありました。

最後に、かくも困難にして、かくも期待を担うことがらにおいて、わが同胞の方がたからわたくしに向けられた期待もしくは判断を裏切ることもなく、また、博識賢明にして政治に精通している外国の多くの人びとをも、じゅうぶん満足させえたことをわたくしは神に感謝いたします。[3]なぜなら、神の恩寵があればこそ、わたくしは、この上なく厚かましき敵を完膚なきまでに打ちのめし、その精神も名声もぼろぼろにして、敗走せしめたからであります。彼は死ぬまでの三年間、憤りのあまりしばしば脅し文句を吐きちらしておりましたが、それ以上はわれわれを面倒にまきこむこともなかったのであります。しかし彼は、さるごろつきに密かに援助を求め、ある役たたずの、節度を欠いた弁護人[4]たちを説得して、できるなら、記憶にまだ新しい、予期せぬおのれの不名誉を挽回させようとしたのであります。これらのことはすべて、まもなく明らかになるはずであります。

この上なく偉大な神のみ恵みが天からわたくしに与えられていると信じ、神に感謝するがゆえに、また、わが手に託された仕事のさい先よき前兆とするために、その恵みを正当に評価すべきであると信じているのでありますから、わたくしは、まず神のみ恵みについてしかるべき敬意をはらいつつ、語ることから始めるのがすじだと考え、現にこうして語っているのであります。なぜなら、祖国の栄誉ある行ないを自分自身の行ないではないと考える者がありましょうか。しかも、自由が市民社会と神への礼拝のもとへ奪回されること以上に、国家の栄誉と栄光に資することがありえましょうか。この、政治的領域と宗教的領域のどちらか一方において、自分たち自身の力により、あれほどの自由を確立するにあたって、いまだかつてイングランド国民以上の成功をおさめ、勇気を示した市民なり国民なりがあったでありましょうか。

じつのところ、勇気が光りを放つのは、ただ戦場で武器をとったときだけとはかぎらないのであります。あらゆる脅威に対峙したときにも同様に、ひるむことなく力を発揮するのであります。かくて、われわれがとくに称賛する、かの名高きギリシア人とローマ人たちは、自由に焦がれる熱き思いのほかにはなんの徳ももたずに手もとの武器と敏速に動く手とを供として、自分たちの都市・国家から暴君を追放したのであります。彼らはまた、それ以外のことをも万人の称賛と喝采のうちに、そして喜ばしき状況のうちに、いとも容易くやってのけたのであります。彼らは危険で不確実な企てにむかって——というよりも、むしろ、優美にしてこの上なく栄誉ある徳の試練と名誉にむかって、つまり、桂冠と、不滅の確固たる希望にむかって——突き進んだのであります。

なぜなら、当時は暴政は、まだ神聖なる支配体制ではなかったし、暴君がとつぜん、こともあろうにキリストの副主にして代理人にまで成り上がることもなかったからであります。また、暴君が〔国民の〕承認を得られぬときに、烏合の衆の分別無き迷信の陰に身をひそめ、それを盾にすることもなかったからであります。そして、牧師たちの策略によって人民が愚鈍にされ、人類のうちでも愚鈍きわまるインド人を汚染しているあの風習以下の、愚劣で野蛮な風習[5]に陥れられることもなかったからであります。じっさいのところ、インド人は悪魔払いができないために、悪霊を神として崇めているのでありますが、わが国の烏合の衆ときたら、その気になりさえすれば暴君を追放できるというときに、あえてそれをせず、人を統べるに不適格きわまる暴君を神のごとくに崇めたてまつり、人類にとって最大の疫病たる暴君を聖別して、自分たち自身を破滅させようとするのであります。そして、イングランド国民は、他の人びとからは、敵たる暴君以上に手強いと恐れられていた、偏見、迷信、中傷、恐怖の全密集隊形と戦わねばならなかったのであります。彼らは、より良き訓練と、また、疑いもなく天より啓示を受けておればこそ、自分たちの大義に信をおき、強靭なる精神と徳とによってこれらの障害物をすべて克服したのであります。それゆえ、彼らは、人数はまことに膨大でありましたが、その志が、いと高く優れていたがために、烏合の衆とはならなかったのであります。かつては暴君の栄えし土地と呼ばれたブリトン自身、これからは、それにもまして解放者の栄える国として、全時代から不滅の称賛を受けるに値することでありましょう。すなわち、イングランド国民は、法を無視したり侵犯したりして、無制限の放縦へと駆りたてられたのではないのであります。徳や栄誉について誤解したり、実体のない、名ばかりの自由に焚きつけられて、無分別にも古代〔のギリシア・ローマ〕人を凌駕しようとしたのでもないのであります。彼らに真実の自由に直結する道を示したのは、彼ら自身の貞潔なる生活と清浄なる性格であり、必要に迫られて武器を取ったのは、法と信仰をこの上なく正しく擁護しようとすればこそでありました。かくて、彼らは神にたいする揺るぎなき信頼があればこそ、この上なく栄誉ある戦いにおいて〈隷従〉を撃退したのであります。

もとより、わたくしは、この武勲にかんして幾分かの栄誉が自分にも与えられてしかるべきである、などと主張するつもりはないのであります。しかし、万が一、わたくしが臆病であるとか、小心であるなどとそしりを受けたとしても、自己弁護するのは容易いことであります。というのも、わたくしはなにも、困難と危険に満ちた軍事奉仕を避けたというわけではなく、はるかに有益で、しかも同等の危険を伴なう別のかたちの奉仕を、わが同胞たる国民の方がたに提供していたからであります。試練のときに、意気阻喪していたわけではなく、嫉妬、そして死さえをも不当に恐れることはなかったのであります。幼きころよりわたくしは、とくに学芸に身を捧げ、肉体よりもはるかに精神の強靭さに恵まれておりました。それゆえ、わたくしよりも頑健な体躯の、ごく普通の兵士に容易(たやす)く打ち負かされるであろう軍事奉仕よりも、わたくしの力がもっと役立てられる務めに着手したのであります。それは、わたくしに備えられた知恵により、わたくしのもつ、より下位の力ではなく、より高次にして強き力を用いて、祖国の政策とこの卓越した大義とに最大限の意義を与えることができるようにとの願いからでありました。

それゆえ、あの方がたが神のみ心によりかくのごとき勇気ある行為をなし遂げたのであるとすれば、なされた行為をそれにふさわしき威厳と格調をもって称賛する人物が存在することも神のみ心に適(かな)うはずである、とわたくしは考えたのであります。すなわち、武力により擁護された真実は、理性によっても擁護されるべきであり、そしてそれこそ真に人間にふさわしい、唯一の擁護の方法であると考えたのであります。したがって、戦いにおいて勝利した勇士たちを称賛しながらも、わたくしは自分自身の役目についていささかも不満をもつことはないのであります。じっさい、わたくしは自分自身に祝詞を述べるとともに、いまいちどこのような大役をわたくしにふりあてたもうた、天にまします、賜与(たまもの)の授与者たる神に心の底から感謝の祈りを捧(ささ)げまつるのであります。わたくし自身にとって後悔のもととなるというよりも、むしろ他の人びとにとって嫉妬のもととなると思われる大役をであります。

しかしながら、自分自身をだれか他の人物と——最低の人物とすら——比較するつもりはないし、傲(おご)り高ぶって自分自身について、なにかひとこと述べようとも思わないのであります。あらゆる大義のうちでもこの上なく気高く、名高きこの大義と、その大義の擁護者を弁護するという栄誉(はえ)ある務め——擁護者の方がた自身の選択と決断によりわたくしに課せられた務め——とに思いをめぐらすとき、わたくしはいつも、「序言」にふさわしい範囲を越えてさらに高く飛翔し、さらに高揚した表現を探究したいという気持ちをかろうじて抑えているのだということを告白いたします。じじつ、古代〔ギリシア・ローマ〕の名だたる演説家たちが雄弁さにおいても文体においても、（とくに、いまわたくしが必要に迫られて、やむを得ず使ってはおりますが、しばしば自分としてはきわめて不満な外国語〔ラテン語〕においては）わたくしにはるかに優っていることは疑う余地がないのであります。しかしながら、ただいま扱っておりますこの主題の気高さと論証の明晰さにおいては、わたくしはあらゆる時代のあらゆる演説家にはるかに優るでありましょう。

このような状況にあって期待と名声が非常に高まっておりますから、わたくしは公会場もしくは演壇に立ち、ただ一国民――ローマ人かギリシア人かはともかく――に取り囲まれているようには感じられないのであります。いわば、全ヨーロッパが注意深く傍聴し、裁きを下そうとしている場にあって、全世界の最重要の人びと、都市、国家の集会もしくは会議に向かって、『第一弁護論』を語り終え、いままた『第二弁護論』を語り始めるところであるように感じているのであります。(6)

いま、わたくしは旅立ち、海のかなたに広びろと遠く広がる国土と、幾多もの見知らぬ、しかし心情的にはわたくしとまったく意見の一致を見ている人びとの顔を、高きところから眺めているかのごとき思いにとらわれるのであります。

こちらでは、隷従に敵対するドイツ人の雄々しき力強さがわたくしの目に映ずるかと思えば、あちらには、その名にふさわしきフランク国民の力強く自由な情熱が、そしてまた、ここにはスペイン人の熟慮ある徳が、あそこにはイタリア人の穏健で平静な雅量がわたくしの目にとまるのであります。

自由なる気風、自由もしくは雅量が――思慮深く姿を隠しているか、明らかにその存在を公表しているかはともかく――存在するところならどこであっても、黙って受けいれる者もあれば、公然と投票する者もあり、歓呼の声をあげて大急ぎでわたくしを迎えいれる者もあれば、ついに真実に征服されて、わたくしの捕虜となったことを認める者もいる、という具合であります。

いまや、わたくしは、かくも多くの軍勢に護衛され、長いあいだ追放され流浪の身であった〈自由〉と手をたずさえて凱旋し、ヘラクレスの柱[7]から父神リベル[8]が統治する最果ての地の国境にまでいたる広大な地域をくまなく回り、全世界の国民のもとへ〈自由〉を連れ帰っているかのごとくに思われるのであります。いにしえのトリプトレモスの故事にあるように[9]、わたくしはわが祖国から、いわば、〈自由〉という種籾(たねもみ)を全世界に搬出しているのであり、しかも、それはケレス[10]の種籾よりもはるかに崇高な種籾(たねもみ)なのであります。すなわち、わたくしが都市と王国と民族にあまねくまいているのは、新たに息を吹きかえした〈自由〉と〈市民生活〉という種籾なのであります。しかし、いままでほとんどの人びとの判断においても、自分自身の判断においても無敵と考えられていた、あの暴君の従者〔サルマシウス〕をかたづけたのは、このわたくしでありますから、まったく人に知られずに、歓迎もされずに帰還することにはならないでありましょう。あの男が罵詈雑言を浴びせかけながら、われわれとわれらが戦列に襲いかかってきたとき、わが国の指導者の方がたはまず第一にわたくしに目を向けたのであります。

そこで、わたくしはひとりで彼に立ち向かい、中傷をふりまくその喉もとに、かの敵自らが選んだ武器である、このペンを突き立てたのであります。そして、わたくしにたいしてなんら義務も借りもない、全世界の、かくも多くの、知性ある読者諸氏の評価と判断を軽視し、拒否しようなどという心づもりはまったくないわけでありますから、わたくしは喜んで栄誉という戦利品を受け取ったのであります。いま申し上げたことすべてが真実であり、いささかも誇張がないことは、これからお話する状況――これは、神のご意志なしにはけっして起こりえなかったことと信じておりますが――によって、きわめて明白に論証されるのであります。すなわち、サルマシウスが（いや、サルマシアであったか。彼が公的にも私的にも完全に妻の支配下にあったという事実があるために、男性名前と女性名前のどちらの名がふさわしいかを決めるのは難しい[11]）、この上なく温和であられる、スウェーデンの女王陛下――文芸を奨励し、文学者を庇護する献身的態度においては、この方に優る者はいまだかつてひとりもいないのでありますの招聘を受けるという栄誉にあずかり、スウェーデンに逗留していたのでありますそして、彼が予想だにしなかったことでありますが、栄誉ある客人としてもてなしを受けている、まさにその場所において、彼は、わたくしの『第一弁護論』により致命的な打撃を受けたのであります。すぐに、ほとんどすべての人びとが――なかでも女王陛下はまずまっさきに――わたくしの弁護論を読んだのであります。ご自身の威厳にふさわしきことにのみ注意を払う女王陛下は、客人〔サルマシウス〕にたいして以前と変わりなく慈悲深く寛大であらせられたのであります。

しかし、それ以外のことについていえば――しばしば人びとの話題にのぼり、もはや、秘密でもなんでもないことを報告することになりますが――評価がとつぜん天と地ほどにも変わったために、つい先日まではこの上なき寵愛を得てときめいていたこのご仁、いまでは見るかげもなく凋落してしまったのであります。それからまもなく、女王の快諾を得て、彼は宮廷を去ったのでありますが[13]、多くの人びとの脳裏に浮かんだのは、この人物が招待されたときに受けた栄誉と、退去するときにこうむった屈辱とでは、どちらが大きかったかという疑問であります。また、言うまでもないことでありますが、彼は他の場所においても同様に名誉を失墜したのであります。

しかし、これらのことはすべて、わたくし自身がどなたかの寵愛を得たいがために申し上げているのではありません。その必要はないのであります。わたくしはただ、いと高き全能の神にとくべつの感謝の祈りを捧げることから「序言」を始めたのには、それ相当の、重大な理由があることを、より豊富な例をあげて証明しようという心づもりだったにすぎないのであります。この「序言」においてわたくしは、自分と自分の関心事は（死すべき人の身につきものの欠点をのがれることはできないのでありますが、）神の庇護のもとにあるということを幾多もの証拠により論証することができるのでありますから、この「序言」はわたくしの信用と栄誉の拠りどころとなるであろうということを証明する所存であります。わたくしが、祖国の緊急の要請にかんすると同時に、市民生活と宗教にたいして最大の貢献をすることになる最重要の務め――すなわち、全国家の国民がともに集い、ひしめき合う、いわば全体会議において、人間としての自由を剥奪しようとする敵の攻撃から、たんに一国の国民だけでなく、ましてや一被告人だけでもなく、むしろ全人類を擁護するという務め――に着手するときには、わたくしは神の加護と恩寵を受けてきたのであるということを論証するつもりであります。これ以上に偉大な、栄誉ある務めを望むことは、わたくしにはできませんし、したいとも思わないのであります。

それゆえわたくしは、いつも変わらぬ神の加護と恩寵だけをただ頼りとして、つい先頃、至高の勇気と正義に満ちた行為を弁護したと同様に、いや、それ以上の正しさと勤勉さと誠実さをもって、上首尾のうちに、これらの行為をなした人びととわたくし自身とを、(敵は称賛ではなく侮辱が目的で、これらの偉大な方がたをわたくしのごとき者に結びつけたのでありますが、)不当な侮辱と中傷から弁護することができるようにと、不滅の神に祈りまつるのであります。

そして、このような攻撃は無視して黙殺したほうが賢明であったと考える方があるとすれば、そういう方に申し上げておきますが、わたくしとしては、これらの中傷がわれわれについて正確な知識をもっている人びとのあいだで流布されているなら、反論もしますまい。しかし、それ以外のすべての人びとは、敵がまき散らす、うそ八百を真実であると誤解しているのではないでしょうか。とはいえ、しごく公正なことでありますが、われわれが力の限りをつくすなら、中傷がどれほど遠くまで行こうとも、復讐者たる真実は後に続いて同じだけの距離を進むのでありますから、われわれにたいする人びとの誤解はとけ、おそらく敵はおのれのうそを恥じることでありましょう。もし、恥じないとすれば、そのときこそ、われわれはこやつを無視して黙殺してやるのが賢明でありましょう。

いっぽうでは、論敵が偽りの情報――サルマシウスが鉄床で汗して、われわれにたいする新たな突撃のための道具を鍛え、しかも、それを出版する寸前であるという情報――を、いまのいままでなんども流しつづけて、自分の身を守るなどということさえしなかったなら、わたくしはもっと早く、彼にそれ相応の返事をしてやることもできたはずであります。かくのごとき策略をもちいた結果、彼がなにを得たかといえば、それは、たんに誹謗中傷にたいする刑罰の執行を少しばかり猶予されたというだけのことでありました。なぜなら、わたくしは、待たせられればそれだけじゅうぶんに、恐るべき敵に立ち向かう力を蓄えておくことができて、いっそう好都合であると考えたからであります。

だが、サルマシウスが故人となったいま(14)、わたくしは彼との戦いは終わったと考えるのであります。彼の臨終のさまがいかなるものであったかについては、わたくしは黙して語らぬつもりであります。というのも彼は、わたくしが失明したのは罪を犯したその報いであると言ったのでありますが(15)、わたくしは、彼が死亡したのは罪を犯したその報いである、などというつもりはないからであります。しかしながら、彼の死の責任はわたくしと、あまりに鋭い、わたくしの筆鋒のせいであるとさえ言う者がおります。それは、彼が、もがけばもがくほど、いっそう深く身体のなかに食いこんでいったというのであります。そして、着手した仕事がますます遅れ、応酬するための時間が過ぎてゆくのに気づき、仕事につきものであった恩典を失い、評判も名声も失い、ついにはその国王弁護論がおそまつきわまるものであったがために、君主や国王たちの寵愛をも失ったことに気づき、三年のあいだ病にふせった後、身体的にというよりも、むしろ精神的に疲労困憊して、亡くなったというのであります。

それがどこまで真実なのかはおくとして、かりに、わたくしが故人を相手に、しかも彼が猛攻撃をかけてきたときにも、やすやすと撃退したほどの、戦法も戦術も知りつくした敵を相手にいまいちど戦うとしても、敵が死にかけて息もたえだえになっているときの攻撃など、いささかも恐れることはないのであります。

さて、いよいよ、こやつめに向かっていくといたしましょう。何者かはともかくとしてわれわれに吠えかかるこやつめに。じっさい、わたくしのところに聞こえてくる「叫び」声は（題名とはうらはらに）「国王の血」筋をひくものではなく、どこの馬の骨とも知れぬごろつきのさけび声なのであります。叫び声のぬしはいずこにありや。そこにいたか、名をなのれ。人間なのか、人でなしか。名ももたぬとは、奴隷以下の、人間のうちでも卑しさきわまる者に相違あるまい。それでは、わたくしはいつも名なしのごんべえと対戦することになるのであろうか。だが、じつのところ、彼らは国王の家臣だと思われたくてやっきになっているのであります。はたして、彼らは国王を説得して匿名でいるのかどうか。国王の仲間や友人なら、国王を恥じることはないのであります。それなら、こうした輩は国王の友人といえようか。彼らは国王に贈り物をすることはないのであります。それどころか、国王から大いに贈り物を受ける気でいるのであります。国王の大義を弁護するさいに、おのれの名前さえ出さない者が、財産を賭するはずはないのであります。それなら、彼らはなにを供出するかといえば、それはことばなのであります。しかし、彼らは自分の名を書きしるし、自分のことばを無料で国王に供出するほどの信念もなければ、忠誠心もないのであります。

しかし、名もなき方がた（オ アンドレス アノニュモイ）よ、（ラテン語では名前を見つけられぬ人びとにギリシア語で語りかけてもよろしいでしょうな）わたくしにかんしていえば、そなたの友人クロウディウス〔・サルマシウス〕が王権について本を書き始めたとき、かくも重要な問題にかんして匿名で書いたのでありますから、わたくしも彼を手本としてみてもよかったのであります。しかし、わたくしは自分自身にも自分の大義にもなんら恥じるところはないのであります。その上、自分の身元も明らかにせずに、かくも重大な問題について論じるのは、わが身の恥辱であると考えたのであります。

ならば、わたくしがコモン・ウェルスにおいて公然と国王に攻撃を加えているというのに、そなたが王国において、国王の庇護のもとにあってコモン・ウェルスを攻撃するのに、こそこそと秘密裏にことを運ぼうとはどうしたことか。いと高き〔国王の〕ご威光、至高の優美の上に、厭わしく猜疑に満ちた臆病という暗雲をたれこめさせるとは、まったく安全でありながらおびえるとは、光のなかで暗黒（やみ）とは、(16)どうしたことか。国王が弱すぎてそなたを守ることができないと、恐れているのであるか。このように覆面をして身を覆っていては、そなたがやって来た目的は、王権を弁護することではなく、さては宝庫に押し入ることであったかと、思えるのであります。わたくしのほうでは、おのれの身元を明らかにしているのであります。わたくしが国王のものではないと主張している権限については、いかなる合法的王国においても、あくまでも国王のものではないと主張しつづける所存であります。もし、わたくしに危害を加える専制君主があるとすれば、それはとりもなおさず、おのれ自身が暴君であることを暴露してまず自分自身に有罪の宣告をすることになるも同然なのであります。わたくしが暴君を攻撃するとなれば、暴君とは似ても似つかぬものである国王にとって、これはどういうことになるのでありましょうか。善人が悪人とは似ても似つかぬものであるように、国王と暴君とは似ても似つかぬものであると、わたくしは考えるものであります。

それゆえ、暴君はただ国王とはまったく異質のものであるというだけではなく、国王にとってはたえざる脅威、危険きわまる脅威となるのであります。歴史を概観すれば、国民よりも、むしろ暴君により国王が滅ぼされ、王位を剥奪（はくだつ）されていることは、だれの目にも明らかであります。それゆえ、暴君は廃位するべしと主張する者は、国王ではなく、国王にとって最悪の敵を廃位するべしと言っているのであり、国王にとって不倶戴天の敵を廃位するべしと、言うのであります。

これに反して、そなたが国王のものであると主張している「権限」の内実たるや、国王は望むことはなんでもできるというものであります。かくのごときは正義ではなく、不正であり、罪であり、破滅そのものなのであります。国王はあらゆる暴力と危険から保護されてしかるべきであると、そなたは主張するのであります。だが、じっさいには、有益どころか、有害きわまる、この〔国王の大権という〕贈り物によって、そなた自身が国王の殺害者となるのであります。国王と暴君の両者に、同一の「権限」を認めるなら、そなたは両者を同一視することになるのであります。なぜなら、国王がこの「権限」を行使しないなら、（彼が暴君ではなく、国王であるかぎり行使するはずはないのでありますが、）それは国王にではなく、その人間に帰せられるべきものであります。かくのごとき王権を夢想するほど不合理なことがありましょうか。かりにだれかが国王でありたいと願い、これを行使すれば、そのあいだ彼は善人ではいられないのであります。逆に善人であろうとすれば、そのあいだは国王ではいられないというのであります。国王にたいして、これほどまでの侮辱が許されるものでありましょうか。このような権限を教える者は、彼自身、人類のうちでも不正きわまる、最悪の者にちがいないのであります。自分がまず最初にそういった性癖を身につけ、つぎに他の者たちをその鋳型にはめてこしらえあげようとする者ほど邪悪な者はいないのでありますから。

しかし、いにしえの、ある学派の誉れ高き哲学者[17]の教えにあるように、善良なる人びとがそれぞれのもつ理性の量にしたがって、すべて国王であるとするなら、邪悪な人びともまた、それぞれの程度にしたがって、みな暴君であるということになるわけであります。なぜなら、暴君とはなにか偉大なる人物ではないのであって、（名称によって彼を傲慢でふくれあがらせてはならない！）地上において卑賤きわまる存在なのであります。暴君の位階のうちで最高位にあるとすれば、彼は人類のうちでもっとも卑賤であり、ほとんど奴隷にも等しい存在と言えるのであります。と申すのも、他の者たちはただ、おのが意志により、おのが悪徳につかえているにすぎないのでありますが、彼ときたら、おのが意志にさえ逆らって、おのが悪徳のみならず、おのが祭司と従者たちの執拗なおねだりに抗えずに、奢侈という悪徳にもつかえることを余儀なくされているのでありますから。そして、無価値きわまる追随者すべてに暴政の分け前を与えなければならないのでありますから。それゆえ、暴君とは奴隷のうちでも最下位の、卑賤きわまる存在なのであります。彼らは自分の傭いいれている奴隷にさえつかえる奴隷なのであります。

したがって、この名称は、暴君たちのために拳で闘おうという卑小きわまるこの男、この泣き「叫ぶ」男にこそ、この上なく適切であるといえましょう。彼がなぜ、かくも大声を上げて暴君の大義のために「叫ぶ」のか、そのわけは、いままで述べてきたこと、これから述べること、そしてこの男が匿名である理由から、まもなく明らかになるでありましょう。なぜなら、彼はサルマシウスと同様、卑劣にも傭われてこの自分の「叫び」を「国王の血」筋の者に売り渡したか、もしくは、自分の説く教義が恥辱的であることに気づいたか、または、自分の不品行と放蕩のゆえに、正体を隠そうとしたか（それもありえないことではないのでありますが）、そのどちらかなのでありますから。いや、もしかすると、この男、こうして自分の身を守り、どこかもっと実入りのよい稼ぎ口を嗅ぎつけたなら、さっさと国王を捨てて鞍替えして、これから樹立されるかもしれぬ共和国の大義を弁護しようとでもいうつもりであろうか。そのような状況においてさえも、彼には偉大なるサルマシウスというお手本があるというわけであります。なぜなら、サルマシウスは、黄金に捕らわれ目が眩んで、すでに老年にありながら正統派から監督制へと宗旨がえし、民主主義から王党派へと鞍替えしたのであります。

それでもわれわれは、そなたがどこのほったて小屋から「叫び」声をあげようと、見つけだし、その正体を暴いてやる所存。どこに隠れ家を求めてみたとて、しょせんは無駄なあがきというもの。よいか、わたくしはそななたにたいしては目を閉じることはないと。

たを明るみへと引きずり出してやろう。プルートスの兜をもってしても、もはやそなたをかくまうことはできないのであります。余命あるかぎり誓うがよい、このミルトンは盲目にはあらずと。もしくは、すくなくとも、そなたにたいしては目を閉じることはないと。

さて、それでは時間があるなら（さながらミレトスかバイアエの話のごときでありますが、）彼が何者であるのか、その出自は、目的は、動機はなんであるのか、いかなる甘言により国王の大義を奉ずるのかをお話するあいだ、耳を傾けていただこうではありませんか。彼は、モアとかいう名で、父はスコットランド人、母はフランス人のごろつきであります。（まるで、一人種、一国家だけではこの男の悪名の高さには不足であるかのごときであります。）彼にたいする一般的評価と、友人たちの証言によれば——彼は親友をさえ裏切って、忌まわしき敵となったのであり、その友人たちの証言こそ、この上なく信頼するに値いするのでありますが——不誠実で、信義に欠け、恩義を知らず、口ぎたなく、男性をも女性をもたえず中傷するのであります。そして、女性の貞節を、その名誉とともに汚さずにはおかないのであります。自分の青年時代のいっそういかがわしい事件をなかったことにするために、このご仁、まずジュネーブでギリシア語を教えたのであります。しかし、自分の名前、モルスがギリシア語で「愚か者」という意味であることを、しばしば生徒に教えていたにもかかわらず、愚か者にしてごろつきたることを、自分で実践せずにはおられなかったのであります。じじつ、彼は幾多の罪を犯したという自覚があったればこそ（たぶん、当時はまだ嫌疑はかけられていなかったのでありましょうが）、傲慢にも牧師の職を志願し、邪悪にもそれを汚そうとするほどにまで、狂気に拍車がかけられたのでありました。だが、彼はもはや長老の譴責を逃れることはできなかったのであります。この女たらしのうそつきめは他の多くの罪に汚され、正統派の信仰から多くの点で逸脱ありと宣告されたのでありますが——彼は、その逸脱を卑屈にも撤回したと見せかけながら、そのじつ、邪悪にも保持していたのであります——ついに、姦淫の罪が人に知られるところとなったのであります。彼は寄宿さきの、さる召使の乙女と情を通じ、彼女がまもなく別の人物に嫁いだ後も、なおも、彼女につきまとったのでありました。彼らがふたりだけで庭のあずまやに入っていくところが、しばしば隣人に目撃されているのであります。これだけで姦通といえるのか、とおっしゃるむきもありましょう。彼はなにか別の目的があったのかもしれないと。お説ごもっとも。まぎれもなく園芸について彼女と話していたのかもしれません。あるいは、のみこみが早く知識欲にもえる、この娘のために、庭園について(さよう、アルキノオス[22]やアドニスの庭[23]について)講義をしていただけなのかもしれません。あるいは、彼は花を鑑賞していたか、木陰を求めていただけか、無花果に桑を接ぎ木して、[24]迅速に無花果の並木道——散歩にはさぞかし気持ちよい場所となりましょう——をつくろうというだけのことであったのかもしれません。そして、彼はこの女に接ぎ木の方法を伝授したかもしれないのであります。こうしたことや、これ以外の多くのことを彼はしたかもしれません。だれかそれを否定する者がありましょうか。

しかし、長老たちは、こうした説明には飽きたりず、彼に姦夫の烙印を押して譴責処分とし、牧師の職から罷免すべしと宣告したのであります。この件とこれに類する件についての告訴の記録は、いまでもジュネーブの国立図書館に保管されているのであります。

いっぽう、この告訴の件がおおやけになるまえに、モアはサルマシウスの手引きで、ミドルブルグのガリカン教会により、オランダに招聘されていたのであります。モアは、苦心惨憺、やっとの思いでジュネーブ当局から推薦状(当地ではそう呼ばれているのでありますが)を手に入れたのであります。しかし、これは、真実に博識の士にして清廉潔白なる牧師であるスパンヘイム[25]の逆鱗に触れるところとなったのであります。なぜなら、スパンヘイムは以前からジュネーブでモアの人となりを知りぬいていたからであります。そして、その推薦状たるや、非常によそよそしいものであり、しかも、モアがジュネーブを立ち去ることのみを条件として書かれたので人びともおりました。市民のなかには、かくのごとき素性の人物が教会の推薦状を与えられるという栄誉を受けるのは耐えがたいことである、と考えた人びともおりましたし、モアその人ほどに耐えがたいものは他にはないと考えた人びともおりました。

モアはオランダに到着すると、サルマシウスを訪問し、その家でサルマシウス夫人の侍女、ポンティア[26]に淫らにも流し目をくれたのであります。というのも、このご仁、情欲の対象とするのはつねに召使と相場が決まっているからであります。それからというもの、彼は足しげくサルマシウスのもとを訪れ、交際を深めるようになり、その一方で、ポンティアとの交際もあだやおろそかにはしなかったのであります。この男のお追従とお世辞に気をよくしたサルマシウスのほうから、まず、サルマシウスへのミルトンの返答〔『第一弁護論』〕について話を切りだしたのものであったか、それとも、これを口実にして、いっそう足しげくポンティアのもとへ通おうと、もくろんだモアのほうから切りだしたのかはいざ知らず、ともかくも、モアはサルマシウス弁護の書にとりかかり、サルマシウスはその見返りとして、ミドルブルグ市の牧師の職を約束したのであります[27]。モアはこの約束と、おまけに吸えた甘い汁、すなわちポンティアとの密通のどちらをも楽しみにしていたのであります。

仕事〔弁護論制作〕のことでサルマシウスと協議すべく、日ごと夜ごとモアはサルマシウス邸を訪れたのであります。そして、ピゥーラマスが桑(くわ)の木(き)に姿を変えた故事にならって[28]、この気(き)に食(く)わぬ男めはとつぜん、ピゥーラマスに変身したのであります。ジュネーブの住人がバビロニアの住人[29]となったというわけであります。しかし、かの青年と違って、モアは幸運にも恵まれ、悪知恵にも長けていたために、いまや、まさに同じ屋根の下で、いつでも気の向くままに愛(いと)しきティスベー[30]に話しかけることができたのでありました。壁の割れ目をさがすまでもなかったのであります。

彼は結婚の約束さえしたのであります。このまやかしの約束によって、モアはポンティアを破滅させたのであります。この罪によって（言うのもはばかられることではありますが、あえて言いますれば）、いやしくも聖なる福音の従僕たるものが、主人の館を汚したのであります。この結合から時満ちて生まれ落ちましたのは、ごく自然のことではありますが、奇怪にして怪異なるしろものでありました。女のみならず、男もまた孕んだのであります。[31] ポンティアはモアの子を孕んだのでありますが、このことはずっと後になって、大プリニウス[32]の信奉者たるサルマシウスを辛抱できないほどに悩ませたのであります。そして、モアが孕んだのは、この内実のない、無精卵であり、そこから『王の血の叫び』という太鼓の音のごとき産声があがったのであります。初めのうちこそ、ハーグ[33]に滞在にするわれらが王党派はこの卵にむしゃぶりつき、これをすすって飢えをしのいだのでありますが、いざ、殻が割れてみれば、中身が腐敗し、腐臭を放っているのにたじろぎ、閉口してしまったのであります。なぜなら、モアはこの赤子〔『王の血の叫び』〕を孕んでふくれあがり、自分こそ全オレンジ党[34]に似つかわしいとばかりに、邪悪な望みに燃えて、新しい牧師の職に食らいつき、ポンティアが妊娠しているにもかかわらず、貧しい召使の小娘にすぎないからと、これを捨てたのであります。

自分が辱められ、欺かれたと知ったポンティアは宗教会議と為政者とに庇護を求めました。かくして事件は衆人の知るところとなり、その後、会食その他のあらゆる社交的集いに笑いと嘲りの種をすえ長く提供することになったのであります。ここに、どこのだれかはわかりませんが機知に富んだ人物の詠んだ風刺詩が残っています。

ポンティアよ、あのガリア生まれの　情夫モアにより孕まされたお前が、
身持ちも気立てもよいことをだれが否定しようか[35]。

訴えは功を奏さず、ひとりポンティアだけが、貧乏くじをひいたのであります。と言いますのも、欺かれたあわれな娘の嘆きの声、汚された貞潔のあげた叫び声は、いともかんたんに、王の血の叫びによりかき消されてしまったからであります。

サルマシウスもまた、自分自身と家族とが侮辱され不名誉をこうむったこと、友人であり支持者でもあったものに刃向かわれて、かくも馬鹿にされたことに激昂して、まもなく息をひきとったのであります。おそらくは、以前に国王の大義を擁護するのに失敗してその痛手から立ち直れないでいたところに、このたびの惨禍が重なったためでありましょう。だが、これについては、また後ほどにするといたしましょう。

さて、サルマシウスといえば、サルマキス(36)と似た運命をたどったのであります。(名前も似ているのでありますから、この伝説をもちだしても唐突ではないはず。)交際していたこのモアという男がふたなりで、孕みもすれば孕ませもするなどどいうことは、ゆめにも知らず、自宅でモアがなにを孕ませたかも気づかずにいたのであります。ただひたすらに、モアが産みおとしたもの、サルマシウスを「大学者」と褒めそやす書物をいつくしんでいたのであります。(サルマシウス自身の判断するところでは、たぶん、正当な称賛のことばでありましょうが、他の人から見れば愚の骨頂、滑稽以外のなにものでもないのであります。)そこで、彼はおおいそぎで出版社を捜し、すでに彼のもとを去ってしまった過去の名声に追いすがろうとむだにあがき、賛美のことばというよりも、見えすいたお世辞(モアその他の人びとからこれを得ようとサルマシウスはやっきになっていたのでありますが、)をこの世に生み出す産婆役として働いたのであります。

そのためには、ブラク(37)とかいう人物こそが最適であったように思われます。サルマシウスはこの男をいとも簡単に説得して問題の書を出版させたばかりか、(彼にしてみれば、無理からぬ行為でありますが)これみよがしにチャールズにあてた手紙に、一面識もないわたくしにたいする誹謗中傷に満ち満ちた手紙に署名させ、自分が書いたものであると公言させたのであります。ブラクがかくも簡単に説得され、こうも傲慢になんの理由もなくわたくしを攻撃したのはなぜか、なぜ、かくも軽がるしく他人の愚行のしりぬぐいまでして責任を肩代わりするのか、なんらあやしむには足らないのであります。その理由をわたくしははっきりと見届けたのでありますから、彼が人類にたいしていかなる行ないをしてきたのか、これからお話しすることにいたしましょう。

ブラクの出自については未詳でありますが、本を商う流れ者であり、悪名高きごろつきの詐欺師なのであります。しばらくは、ロンドンで本の闇取り引きをしていたのでありますが、かずかぎりなく詐欺をはたらいたあと、借金で首がまわらなくなり、ロンドンから逃亡したのであります。パリでは、この男が信用できぬ、きわめつきのならず者であることは聖ジャック通りじゅうに[38]知れわたっております。あるときなどは、パリからも逃亡したのでありますが、周辺にはあえて立ち入ろうとはしなかったほどであります。さて、いかがわしく、たちの悪いごろつきがご入用とあれば、さきごろハーグで開店したばかりの出版社、ブラクがご用うかがいに参上するでありましょう。

この男の正体が言動にまったく責任をもたず、はした金でも金でさえあれば、この上なく神聖なものとしてあがめたて、わたくしに猛攻撃をしかけたのも、ご推察どおり、公共の大義とはなんらかかわりがないことを、わたくしはブラクを証人に立てて、ブラク自身に反駁させる所存であります。

サルマシウスにたいするわたくしの返答〔『第一弁護論』〕が、ある種の出版社にとって金づるになると見るや、この男はわたくしの友人数人[39]に依頼状をよこしたのであります。その内容は、出版する予定のものがあればそれをブラクに委託するようにわたくしを説得してほしい。委託してくれれば、前の出版社よりもずっと上等の活字で版を組むことを請けあうというものでありました。わたくしは同じ人物を介して、いまのところ出版を予定しているものはない、といってやったのであります。それが今になってごらんください! ついせんだって、おせっかいにもわたくしのところへ自分からご用聞きにきておきながら、いま、そのわたくしの名誉を、はなはだしく傷つける文書の著者を（仮にもせよ）気取るのであります。わたくしの友人たちは激怒しました。すると、この男、いけずうずうしくも、「あっしがどうやって生計をたてているか、みなさんはご存じのくせに、義務感とか忠誠心とかごたいそうなものを期待するばかりか、要求までしてくるとは、いやはや、みなさんが単純で世間知らずなのには、おそれいるばかりだ」という返事をよこしてきたのであります。そして、サルマシウス本人から問題の書物と手紙を受けとったが、ブラクが署名したうえで出版するようにとサルマシウスは依頼してきていること（そして、ブラクは依頼どおりにしたわけでありますが）と、かりにわたくしミルトンか、他のだれかがこれに応酬すべきであると考えて、ブラクに出版を依頼するなら、自分は喜んでお役に立つつもりである。サルマシウスにたいしてであろうが、チャールズにたいしてであろうが、かまわないということをつけ加えているのであります。というのも、こうした論争にかんしてこの男が予想できることといったらせいぜいこの程度だからであります。これ以上、申しあげるまでもありますまい。この男の正体はおわかりでありましょう。

さて、つぎなる者どもに、とりかかるといたそう。と申すのも、われわれに向けられた『王の血の叫び』なる悲劇の上演にかかわっているのはブラクだけではないからであります。それでは、慣例にしたがって、まず始めに登場人物一覧表を見ていくといたそう。前口上は「叫び」、道化師はブラク、もしくは仮面と衣装をつけてブラクに変装したサルマシウス、気のぬけたブドウ酒で酔っぱらったふたりのへっぽこ詩人、間男で誘惑者のモアであります。[40] なんと豪華な俳優陣をそろえた悲劇でありましょう！　勢ぞろいした、この錚々たるお歴れきを相手にわたくしはこれから戦わねばならないのであります。だが、われわれの大義が戦いの相手とする敵のほとんどが、この種の手合いなのでありますから、順番に、ひとりずつ片づけていくことにしようではありませんか。

ただ、これだけは前口上として述べておきましょう。われわれの反駁が重厚さに欠けると思われる向きもあるやもしれませんが、それはわれわれが相手にしているのが重厚な敵ではなく、役者の一座だからであると考えてもらいたいということであります。わたくしの反駁論がその性質上、論敵の質に合ったものでなければならないという制約を受けているのでありますから、端正な優美さ（デコールム）を目ざすよりも、相手にふさわしいということを目ざすのがすじであると考えるしだいであります。

イングランドの国王殺したちを糾弾する
王の血の叫び

モアよ、王の血が流されたことが不正であったとそなたが論証できてさえいたなら、そなたの物語(41)もはるかに信じやすかったことでありましょう。だが、合理的な論証ができないと見るや、奇怪な幻影や想像の産物に、てあたりしだいにすがりつこうとした宗教改革初期(42)の修道僧たちと同様、そなたは他のすべての手段が破綻（はたん）したとみるや、じっさいには聞こえてもいない「叫び」声――卑劣な修道士たちの常套手段であった、いまとなっては時代おくれもはなはだしい「叫び」声――を聖なる避難所（サンクチュアリー）とするのであります。わが陣営のだれかひとりでも、天からの声を聞いたものがいるとは、そなたには信じがたいのであります。だが、わたくしは、そなたこそ地獄からの声を聞いたのであると信じましょうぞ。（そなたは、わたくしのことを「地獄からの声を聞いた」といって非難しているのであるが。）だが、こと、この「王の血の叫び」にかんして言えば、どうかお聞かせ願いたい、だれがこれを聞いたというのであるか。「わたしが聞いた」とそなたは言う。らちもない！

まず第一に、そなたは、耳の病にかかっているのである。第二に、天にとどくほどの叫びが、いやしくも神ならぬ人の耳に聞こえることがあるとすれば、そのお方は、まさしく、正しき人、廉直の士以外ではないはずであります。自分自身が無垢の身なればこそ、罪ある者の上に神のみ怒りが下るのを希求することができるのであります。

そのような叫びを聞こうとは、そなた、なにをもくろんでいるのであるか。浮気者のそなたのことゆえ、サテュロス劇(43)でも書きおろそうというのであろう。と申すのも、そなたがこの天に向けた叫び声とやらをでっち上げていたのは、まさにポンティアとの情事にひそかに溺れていたときであるように思われるからであります。モアよ、そなたには多くの障害が待ちうけていたはず。外にも内にも、騒音がかみなりのごとくにとどろいて、そなたを飲みこみ、かの、天にまで届く叫びをかき消していたはず。まず、そなたが自分自身を糾弾して発した途方もなき叫び声は、天にまで届くものであり、それだけでもじゅうぶんすぎるほどである。それから(ご存知かどうかは知らないが)、導者たるべきそなたが率先して、道からはずれた行ないをさせたことを糾弾する、そなたの情婦も庭から叫び声を発したのである。婚姻の床をそなたに汚された夫もそなたを糾弾して叫び声をあげたのであります。結婚を約束しておきながらそなたが捨てたポンティアも叫び声をあげたのであります。恥辱のうちに孕まれ、そして遺棄されたあの赤子が、いまも叫び声をあげているのは言うまでもないことであります。これらの人びとすべてが天に向けてそなたを糾弾する叫び声をあげていたのに、それが聞こえなかったというなら、「王の血の叫び」もそなたには聞こえなかったはずであります。

さて、話は変わりますが、そなたのご著書の題名は、『王の血の叫び』よりも、むしろ『ポンティアを恋いこがれる多情なモアのロバのごときいななき』のほうがはるかにふさわしいと存じます。

題名の後の、冗長で唾棄すべき書簡の一部は子息チャールズに、一部はわたくしミルトンに捧げられておりますが、それは一方を称賛し、他方を中傷するためであります。すでに冒頭において〔読者諸賢には〕この著者の正体がおわかりかと存じます。モアは言うのであります。「チャールズの王国は、国王殺しどもの、いや(他に適切な語が見あたらぬゆえテルトゥリアヌスの表現を借りれば(44)、神殺しどもの冒瀆的支配のもとに落ちたのである(45)」。このごった煮料理がサルマシウスお手製のものか、モアか、はたまたブラクかは、このさい問わぬことにいたそう。

だが、おつぎに来るものは、チャールズにとっては怒りの種に、他の人びとにとってはお笑いの種になるにちがいないのであります。ブラクは言います。「チャールズの福利を〔自分以上に〕配慮しようという人物は、もはやひとりも生きてはいない」。チャールズの敵〔たるわたくし〕に、手紙を出し出版もひきうけようと申しでるという同じやり方で助力を買ってでたそなたよりも、もっとチャールズの福利を配慮しようという人物はほんとうにいないというのであるか。なるほど、ろくでなしの出版社が自分と生き残りの〔チャールズの〕親密な友人たちをぬけぬけと比較しているときに、友人から見捨てられたままの国王を悲惨といわずしてなんとしましょう。忠誠心においても献身ぶりにおいても、自分にもっとも誠実な友のなかで、不誠実なブラクに適(かな)う人物がいないとは、じつに悲惨であります。自己評価としてこれほど傲慢であり、王と友人にたいしてはこれほど恥辱的な陳述ができるでありましょうか。無知蒙昧の職人がサルマシウスもモアもおよばぬほどの手なみで、最重要の問題と国王の徳についてご高説をたれ、感情を吐露する姿が呈示されるということじたいが、滑稽きわまることと言えるのではないでしょうか。他の多くの箇所においても言えることでありますが、万巻の書に通じているとはいえ、サルマシウスの判断力の未熟さと経験不足とが、ここでもまた、はっきりと証明されたわけであります。卓越した政治機構を備えた都市国家スパルタの主だった為政者たちは、たまたま悪人が発した英知あることばは、くじによって、正しく節度ある人物に譲渡されるべし、と命じたのであります。そのことを書物で読んで知っているはずでありますのに、サルマシウスは端正なる優美さ(デコールム)についてはまったく無知であるために、廉直の士、賢明なる人物にこそふさわしい感情を、逆に、無価値きわまる男に譲渡してしまったのであります。

元気をだすがよい、チャールズよ。この詐欺師のブラクは「神にたいする信頼から」、そなたに元気をだすよう命じるのである。「幾多の労苦をむだにしてはならない」。このブラクときたら堕地獄の浪費家であり、所持品はすべてむだにしてしまったくせに、そなた〔チャールズ〕には、労苦をむだにするなと、勧告するのであります。「運命の女神は継母のごとくにつらくそなたにあたっているが、彼女をうまく利用するがよい。」運命の女神を利用せずにおられようか。なにしろ長年、幸運不運を問わず他人の運を利用するのをならわしとしてきた男から勧告されているのであります。「そなたは知恵の泉からすでにたっぷりと飲んでいる。飲みつづけられよ。」底なしの飲んべえ、国王のお抱え教師のブラクが、インキだらけの手で酒瓶を握りしめ、酔っぱらった仲間の植字工たちとぐっと一杯やりながら、チャールズよ、そなたの知恵に乾杯し、勧告しているのでありますぞ。これがそなたの友ブラクの気高き勧告であります。彼は雄々しくも自分の名を公表したのでありますが、これはサルマシウスもモアもその他の擁護者すべてが小心もしくは傲慢すぎてなしえなかった行為であります。そなたが必要とするのが勧告なのか弁護なのかはおくとして、彼らが賢く雄々しいのは、いつもきまって他人の名を借りているときか、他人の危機のときだけであり、けっして自分自身の名を公表したときや、自分が危機にあるときではないのであります。ならば、この男がだれであれ、自分の「力と精気(アニマ)に満ちた雄弁」について自慢するのはやめさせようではありませんか。なにしろ「その優雅な才能のゆえに（おお、神よ、）名のとおった人物」でありながら、「よく知れわたった名前」を公表するのを恐れているのでありますから。王の血の恨みを晴らすといきまいている本を、代理人、代弁者にブラクを立てるのでなければ、あえてチャールズに献呈することさえしなかったのであります。そして、ブラクは卑劣にも、この男が匿名で「主よ、お許しが得られるならば、この本をあなたの名に捧げ」ることを、印刷者のことばでほのめかすことで満足したのであります。

このようにして、国王をかたづけると、この男、たいそうな脅し文句をならべて、わたくしを攻撃する準備にとりかかるのであります。「すでに序言を終えた、驚異のひとサルマシウスは戦闘開始をつげる恐ろしきラッパを吹きならすでありましょう」。そなたが予言しておるのは健康と新種の音楽的調和でありますぞ。と申すのも、「恐ろしきラッパ」の伴奏として、この破裂音のくりかえし(46)ほどふさわしいものは思いつかないからである。とはいえサルマシウスには〔うぬぼれて〕あまりほっぺたをふくらまさぬようにと、ご忠告申しあげよう。なぜならば、ほっぺたをふくらませればふくらますほど、ひとからぴしゃりと平手うちをくらいがちなものだからであります。そして、そのぴしゃりという音はほっぺたが「驚異のひとサルマシウス」という調子のよいひびきをかなでると、よく調和することでありましょう。そうなれば、そなたはますます、ご満足でありましょう(47)。

そなたはカエルのごとくに鳴きつづけるのであります。「ぶんグワーくとクワーグワーくの領域をクワーまなく見ても、クワーれと競えるもの、クワーれにクワーてるものはいないクワー」(48)。学問に秀でた方がたは数多くおられましょうが、どうかお答えいただきたい。しみ虫のごとく用語辞典のなかをはいまわり、議論のたねはないかとさがしまわっている、この文法教師が——真実(まこと)の学者と比較したら、悪魔でさえもが最下位におくような男が——ほんとうにあなたがたすべてに優っているなどとお考えになられるでしょうか？　かくも愚劣なことを言うのは、ブラクよりもさらに下劣で愚鈍な者にちがいありますまい。

「彼は国王陛下の大義を擁護するために、神授の知性に裏打ちされた驚異的な無限の学識を捧げたのである」〔とは、いやはやおそれいる〕。すでにお話ししたとおり、サルマシウス自身が本とともにこの手紙をもって印刷屋をおとずれたこと、サルマシウスもしくは匿名の人物によって本が書かれたこと、サルマシウスは、奴隷のごときこの印刷屋に署名するよう懇願したこと（印刷屋は、いやいや引きうけたのであります）などを思いおこしていただければ、読者諸賢にはすぐさまおわかりのはずですが、この男がまったく小心で下劣な品性のもちぬしであり、かくも愚劣な称賛者から称賛という追い風を受けようと、あわれなほど必死に、帆を拡げ際限のない賛美をつかもうとするのであります。

「ごく少数の者たちは、この不滅の業績をいたずらに非難する。だが、フランス人でありながらかくも迅速にイングランドの事情、法律と法令および法文書を把握し分析するとは、法学者たちが称賛してもしきれないほどである」。いや、むしろサルマシウスがわが国の法に手をだしてどんな道化芝居を演じてくれたか、ただのオウムにすぎないと判明したかについて、われわれは動かぬ証拠を握っているのであり、それはわが国の法学者の証するところなのであります。

「だが、サルマシウスご自身がふたたび反逆者どもを攻撃し、テオン(49)のごとき中傷者どもの口をふさぎ、それと同時にミルトンにふさわしい刑罰を与えようと準備をすすめているのであり、攻撃再開の日も間近い。」さてはそなた、鯨の伝令をつとめる子魚のごとく、イングランドの沿岸を「攻撃」すると威嚇するサルマシウスのさきぶれとなっているのであるか。ならば、われわれはもりを磨き、くじらめの「攻撃」と「刑罰」からどんな油脂と肉汁がしぼりとれるかと、てぐすねひいて待つといたそうぞ。

それはそうとして、「偉大なるサルマシウス」どのは、善性についてピュタゴラス(50)の教えをうけているために、けものに――なかでもとくに魚にたいして――四旬節(51)さえもが示さぬほどのあわれみを示され、売れ残ったご著書の膨大な山を遺産として何千何万というマグロやニシンに寄贈したのであります。魚たちが店頭で売買されるとき、はだかのままでは憐れゆえ、遺産の著書でころもをつくり、ひと切れずつくるんでやろう(52)という暖かいおぼしめしからでありました。なんと動物愛護の精神に富んでいることか、驚嘆せずにはおれないのであります。

にしんたちよ、海にすむすべての魚たちよ、
凍てつく海溝で冬をすごすものたちよ、

喜ぶがよいぞ。心寛やかなる騎士、
サルマシウスどのは、なんじらの裸を
紙の衣でくるんでくださるとのおおせぞ！
惜しみなき潤沢なる衣には、
サルマシウスどのの名と戦法と栄誉とが
目にもしるく印刷されて
魚屋の群れるところいずこなりといえど
なんじらは己が身を誇りもし、称賛とて得るやもしれぬ。
衣手にて鼻汁をぬぐう者どもの捕虜となり
その号令のもと棚の上で隊列を組む、
なんじら、サルマシウス卿の臣下たちよ。

かねがね、サルマシウスがわたくしにたいする反駁の書を執筆中であるとのうわさが流れ、わたくしは手ぐすねひいてその書の出版を待ちもうけ、その歓迎の辞としてこの詩を用意しておいたのであります。モアよ、そなたは、サルマシウスが執筆にとりかかっていたと言うが、その間、そなたは卑劣にもポンティアを誘惑し、彼の館を汚しておったではないか。じっさい、サルマシウスは死の前の数日というもの、その書を完成させようと没頭し、その推敲に余念がなかったようであります。わたくしはこの話をさる学者[53]から聞いたのでありますが、彼がサルマシウスに、教皇の首位権を糾弾する書物[54]の第二部をいつ出版するつもりでいるのか、と問いあわせたところ、サルマシウスはミルトンにたいする反駁論をいま準備中であるが、それが終わるまでは教皇の首位権の問題にもどるつもりはない、と答えてきたのだそうであります。かくて、教皇をさしおいてこのわたくしが反駁の相手となるという栄誉をになうこととあいなった次第であります。サルマシウスは教会における首位権を教皇にたいしては許可しなかったのでありますが、憎しみにおける首位権をみずからすすんでわたくしにたいしてお認めくださったのであります。こうして、破滅のふちにあった教皇の首位権をわたくしは救出し解放したというわけであります。わたくしは上衣（トーガ）こそまとってはおりませんが、いにしえの執政官キケロ[55]のごとく——まして、睡眠中でもなく[56]、まったく別の務めにとりかかっているところでありますが——このカティリナの生まれ変わり[57]をローマ市の城壁から追討したというわけであります。この功績により、枢機卿の帽子と聖職を与えられても当然でありましょう。もしかするとローマ教皇はわたくしに、いにしえのわが国の王たちに与えられた「宗教の擁護者」の称号を与えるおつもりではないかとの懸念さえいだいております。

わたくしにたいする嫉妬をかき立てさせるサルマシウスの手腕（てなみ）のみごとさが、とくとおわかりになったでありましょう。だが、こんどはサルマシウスめに、とくと思い知らせてやりましょうぞ。なにしろこの男、他人の論争にくちばしをさしはさむために、下劣にもかくも崇高なる務めを放棄したのであります。教会の大義から身をひき、自分とはなんのかかわりもない他国の政治問題にしゃしゃりでるのであります。公然と戦線布告をしておきながら、教皇と休戦したばかりか、主教たちとも和解するとは、破廉恥きわまりなき行ないであります。

さて、それでは、わたくしにあびせられた中傷についてお答えするといたそう。この男［モア］は、わたくしの行動と人となりが一点の非のうちどころもなきものであると知ったのであります。では、どうしたか。彼は人非人、野蛮人のみのとる策（て）をつかったのであります。すなわち、わたくしの容貌と盲目とをあげつらうのであります。

「恐ろしき、醜悪なる、巨大にして盲目の怪物」とや。容貌で自分が一眼巨人（キュクロプス）[58]に比双しうるとは思いもよらぬことでありました。しかし、彼はすぐに訂正するのであります。「だが、巨大ではない。かくも虚弱にして、血の気のない、しわだらけのものは類をみないからである」。いやしくも男子たるもの、自分自身の容貌について語ることは潔(いさぎよ)しとしないものであります。それでもなおわたくしは、この点についても神に感謝するべき正当な理由があり、うそつきどもに反駁することができるのであります。それゆえ、だれかが（かのスペインの烏合(うごう)の衆が牧師のことばをうのみにして異教徒たちを鬼畜のごとくに想像するのと同様に）わたくしをイヌの頭をしたサルかサイのごとくに想像することのなきよう、容貌について手短(てみじか)に述べておくといたそう。

およそわたくしの知るかぎりでは、わたくしと出会った人物でわたくしを醜悪と評した者はひとりもないのであります。わたくしが美しいかどうかはさしたる問題ではないのであります。背が高くないことは認めますが、小柄というよりも、むしろ中肉中背に近いといえましょう。しかし、たとえ小柄であったとてそれがどうしたというのであるか。平時と戦時をとわず第一級の人物で小柄な者は数多いのであります。また、あらゆる徳高き志をいだくにじゅうぶんなほど大きな器量が小柄だなどといえるものでありましょうか。わたくしがなみはずれて虚弱であるというのも真実ではありません。それどころか、若かりしころ必要とあれば剣術もたしなんだものですし、日びの鍛錬も怠りなかったのでありますから、それ相応の精神と力とをそなえていたのであります。わたくしはたいてい剣をたずさえていたのでありますが、わたくしよりはるかに頑健な者とであっても互角にわたりあう自信はありましたし、いかなる攻撃にもびくともしなかったのであります。いまも、わたくしは不変の精神と力をもっております。変わったのは視力だけであります。それでもなお、見かけはいささかも損なわれてはおらず、完全な視力の持ちぬしの眼のごとくに一点のくもりもなく澄みきり、輝きをはなっているのであります。この点においてのみ、心ならずもわたくしは他人をあざむいていると言えましょう。

敵が「かくも血の気のないものは類をみない」と言うわたくしの顔色は、血の気のなさ、青白さとは正反対のばら色なのであります。それゆえ、じっさいには四〇歳をすぎているのですが、たいていの人の目にはわたくしは一〇歳ほど若く見えるようであります。身体や皮膚がしわだらけというのも、事実とは違っております。これらの点で、もしなにか、わたくしが偽りを言うなら、わたくしを見知っているなん千ものイングランド国民と、少なからぬ外国人の方がたのあざけりのまととなるでありましょう。いまや、この男〔モア〕が、なんらかかわりのない問題に首をさしはさみ、かくも厚かましくうそ八百をならべたてていることが証明されたのでありますから、他の問題についても同様にうそ八百をならべたてていることが結論として導きだされるでありましょう。

わたくしの容貌についてやむをえず語ってきたのであるが、もうこれでこと足れりといたそう。そなた自身の容貌はといえば、まったく卑しく、内面に巣くう欺瞞と悪意の似姿（イマゴ）そのものと聞いておるが、話題にしたくもないし、だれも聞きたいとも思うまい。かなうことなら、わたくしが盲目であることについても、この獣のごとき論敵に反駁したきものでありますが、それは不可能。ならば、われをしてそれに耐えさしめよ。不幸のもとは盲目そのものではない！　盲目に耐ええないことこそ不幸のもとである。だれもが平静に耐えるよう心して準備すべき事態におちいったときに、わたくしがそれに耐えられぬはずがあろうか。人であるかぎり、だれの身にも起こりうる事態であることはもとより承知しているのであります。

じじつ、歴史をつぶさに見れば、この上なく優れた、徳高き人びとのなかには、盲目の人物がたしかにいるのであります。それとも、いにしえの、かの最賢の詩人たちを例としてあげるといたそうか。伝えられるところによれば、〔盲目という〕不幸の代償に神がみは、ひときわ秀でた才能をこの詩人たちに与えたのでありますし、人びとは盲目を罪にたいする罰だとして詩人たちを非難するどころか、むしろ、詩人たちを盲目にさせた当の神がみを責めるほどに詩人たちに敬意を評したのであります。予言者テイレシアス[59]について伝えられているところは有名であります。ピネウス[60]については、アポロニオス[61]が『アルゴナウティカ』においてつぎのように歌っております。

主神ゼウスをさえも恐れることなく
神の真実の意向を人びとに伝えた。
このためゼウスはピネウスに長寿を与えたが、
その目からは甘美なる光を奪いとった。

〔第二巻一八一―四行〕

しかしながら、神とは真実そのものであります。ならば、人が真実を語ることに実直であればあるほど、彼は神に似た存在となり、神のみ心に適った存在となるはずであります。神が人に真実を与えるのを惜しむとか、できるだけ自由に人と真実を共有することは神は望んではおられない、などと考える者がいるなら、それは神にたいする冒瀆であります。それゆえ、この神のごとき人物、人類に真実を伝えることにこの上なく勤勉であったこの人物〔ピネウス〕が失明したのは、神に罰せられたためであるとは、わたくしには思われないのであります。そしてそれは、幾多の哲学者たちについても同様であります。

それではここで、政治的手腕においても軍事的功績においても称賛に値いする、いにしえの偉人たちに言及するといたしましょうか。まず初めに、コリントのティモレオン(62)は自分の都市とシチリア全土を解放したのであります。そして、彼ほどに偉大で国民の尊敬をうけた人物はあとにもさきにもおりませんでした。おつぎは、アッピウス・クラウディウス(63)であります。彼は元老院において勇気ある演説をおこない、不倶戴天の敵ピュロス(64)からイタリアを解放したのでありますが、自分自身を盲目から解放することは彼とてもかなわなかったのであります。第三番目に大神官カエキリウス・メテルス[65]でありますが、彼はローマ市のみならず、市の命運を左右する守り神たる女神アテネの像——宗教的秘儀の最たるもの——をも火災から救い、そのさいに失明したのであります。とはいえ他の場合には、たとえ異教徒であっても、かくのごとき並みはずれた信仰深き行ないが神のみ心に適ったものであることを、たしかに神はいつも証してこられたのであります。したがって、このような人物の身におこったことを災いと見なすことには、わたくしは承服しかねるものであります。

時代をくだってこの目録に加えられるべき人物は、ぬきんでて名高きヴェネチア共和制総督ダンドロ[66]、ボヘミア人たちの指導者であり、この上なく勇敢であった正統派信仰の擁護者ジシュカ[67]がおります。また、いと名高き神学者であるギロラモ・ザンキ[68]やその他の人びとをあげる必要もありますまい。なぜなら、周知の事実でありますが、かの族長イサク[69]さえもが長の年月を盲目の身で過ごしたのでありますが、イサクほど神のみ心に適った者は他にはいなかったからであります。また、その息子のヤコブ[70]もまた、（たぶん数年のあいだを）盲目のうちに過ごしたのでありますが、ヤコブもまた、イサクにおとらず神の寵愛を得ていたのであります。最後に、われらが救世主キリストによりいやされた、かの男は生まれながらに盲目であり、それが本人はもとより、両親の罪によるものでもないことはキリストご自身の証言により完全に証されているのであります[71]。

わたくしといたしましては、わが心のうちをくまなく探られ、わが思考のすべてをご存じであられる、わが神よ、あなたを呼びまつるものであります。（すでにわたくしは、この点については力のおよぶかぎり真摯に、いくどとなく、わが心のうちとわが人生をくまなく調べつくしてきたのでありますが、）最近にもせよ、遠き過去にもせよ、かくのごとき災いがこの身の上にふりかかったのも当然の報いであるとされるような、なにか邪悪な思いをわたくしがいだいたり、邪悪な行ないをなしたことは、いまだかつていちどもなかったことを、神よ、証されよ！

わたくしがいままでに書き記してきたものについては――いかなる機会に書いたものであっても――やはり、わたくしは神を呼びまつるものであります。(王党派の者どもは、いまわたくしが懺悔としてこの〔失明という〕辛酸をなめつくしていると考え、悦に入っているわけでありますが、) わたくしは、その時にもいま現在も、真実にして理に適い、神のみ心にも適っていると確信することのみを書いてきたのだと、神よ、証されよ！

さらに誓って申しあげますが、わたくしはなにも野心や私利私欲、名誉欲につき動かされたわけではなく、義務感と栄光、そして愛国心からこれらの書物をなしたのであります。国家のみならず、教会を解放するためにも全力をつくしてきたのであります。

それゆえ、『チャールズ一世弁護論』に反駁するという使命が政府よりわたくしに与えられたとき、おり悪(あ)しくもわたくしの健康は優れず、残されたもう片方の目も失明の危機にひんしており、もしこの務めに着手するならほどなくして両目とも失明することになると医師から警告をうけていたのでありますが、わたくしはこの警告にたいしていささかのひるみを示すこともなかったのであります。思うにわたくしは、医師の声にではなく(さよう、たとえそれがエピダウロスの神殿(72)から発せられた医神アスクレピオス(73)の声であったとしても同じこと、) わが内なる神のうながしの声に耳をかたむけたのであります。思うにふたつのくじがわたくしの前にわが出生よりの定めとしておかれていたのであります。失明か、務めか。両眼失明となるか、この上なく崇高なるわが務めを断念するか、どちらかを必然的に選ばねばならなかったのであります。

そのときわたくしの脳裏をよぎったのは、かのアキレウス(74)が語るふたつの運命(さだめ)――母テティス(75)がデルポイの神殿よりもち帰ったふたつの運命――のことでありました。

　ふたつの運命(さだめ)が黄泉(よみ)の国へとわれを導く

トロイアにとどまり戦いつづけるならば
帰還はかなわねど、わが名は不滅となろう。
いまここで祖国にとってかえすなら
栄誉は失せるが、わが生命は長らえよう。

（『イリアス』第九巻〔四一一―一六〕）

そしてわたくしは、いかに多くの人びとが小さな善とひきかえに大難を背負いこむこととなったかに思いをいたしたのであります。すなわち、名声をえてもそれは死とひきかえだったのであります。ところがわたくしの場合はこれとはまったく逆に、小難とひきかえに大いなる善を与えられることが約束されたのであります。すなわち、失明という代償だけで、この上なく光栄ある務めをなし遂げることができるというのであります。そもそも、栄誉よりも務めのほうが本質的に実質的でありますから、すべての人にとって、いっそう望ましく重要なのであります。それゆえ、わたくしは、わずかの視力を提供することによって、国家にたいし最大の貢献ができるかもしれないという可能性に賭けることにしたのであります。わたくしがなにを選択し、なにを拒絶したか、またその理由がなんであったかはこれでおわかりであろう。

それでは、神のみ裁きを冒瀆する連中をして、口を閉ざしめよ。わたくしを中傷し、あらぬうわさを流すことを。彼らをして得心させしめよ。このミルトンは自分の運命を悔いてもいなければ恥じてもいないと。わが心にはいささかの動揺もなく、わが決断に悔いはなし、と。神のみ怒りをこの身に受ける覚えはなく、また受けてもいないと。じじつ人生の大きな節目において、父なる神のみ恵みと慈愛とが、たえずわたくしにそそがれているのを感じ、感謝してまいったのであります。とくに、この失明という事態にさいしては、神のいつくしみがあればこそ、わたくしの精神はふるい立ち、新たなる力に満たされるのであります。わたくしのなすべきは、ただひとつ。神のみ心に身をゆだね、賜らなかったものではなく、賜ったものをこそ拠りどころとすることであります。そして最後に、敵どもをして確信せしめよ。たとえ彼らがどれほど優れた功績をあげたにもせよ、わたくしは自分自身のしあげた仕事にたいする満足感とひきかえにするつもりはないし、その思い出を失うことも望みはしない、と。なぜなら、それはいつもわたくしにとっては心の平安と感謝を生み出す源泉となっているからであります。

盲目にかんして言えば、どうしてもどちらかをというのなら、わたくしは喜んで自分自身の盲目のほうを選ぶものであります。まちがっても、モアよ、そなたやそなたのお仲間の盲目を選ぶことはないのであります。そなたの盲目は精神の奥深くにまでくいこみ、心の眼をくもらせるために、健全なもの、内実のあるものがそなたにはまったく見えないのであります。かたや、そなたの攻撃するわたくしの盲目はただたんに、ものの色や外見が識別できないだけのもの。わたくしの内なる眼には物事の内にある真実や本質は識別できるのであります。その上、見たくないもの、見ないでよかったと思うものがいかに多く、見たいと思うものがいかに少ないことか。

さらに、盲目の者、病魔に苦しみ耐える者、弱き者たちの列に加えられることには、わたくしはいささかも痛痒を感じてはおりません。（そなたにはわたくしが神に見捨てられたと見えるわけであるが。）なぜなら、こうした状態にあればこそ、父なる全能の神の慈悲と庇護とにいっそう近づくことができるのであります。使徒パウロの教えにあるように、弱さを通して最強にいたる確かな道があるからであります[76]。盲目というわたくしの弱さが、不滅にしてまったき強さをいっそう強力に生み出すのなら、わたくしがこの上なく救いがたき者となることを祈りまつるものであります。わたくしの影から光に満ちた神の面ざしがいっそう明るく輝きだすのなら。なぜならそのときこそわたくしは、いと弱き者であると同時にいと強き者となり、盲目にして最高の視力の持ちぬしとなるのであります。盲目という不完全さを通してこそ、完全にして完成された存在となるのであります。つまり、暗闇のうちにあったればこそ、光に包まれるのであります[77]。

われわれ盲目たる者はけっして神から見放された存在ではないのであります。神その人以外のものが見えにくければ見えにくいほど、いよいよ神は慈愛と恩寵をもってわれわれに目をかけてくださるはずでありますから。われわれをあざけり、傷つける者に災いあれかしと祈念する。彼は公の場で皆の呪いを受けてしかるべきである。神の法と神の恩寵はわれわれを保護するばかりか、いわばわれわれを神聖な者となして、他人の侮辱からわれわれを遠ざけるのであります。そして、われわれをとりまく暗闇は、われわれの目のくもりが原因であるというよりも、むしろ天翔るみ使いの羽影が創りだしたように思われるのであります。さらに、神の恩寵はいちど創りだした暗闇を、内なる光、はるかに卓越した光によりいっそう明るく照らしだすことが常であるといってもよいのであります。その上に、わが友が以前にもまして親身に、わたくしを訪い、敬意を表し、身を気づかってくれるという事実にも言及するといたそう。そしてその内には、ピュラデスが[78]〔オレステスと[79]〕交わしたがごとき、また、テセウス[80]が〔ヘラクレスと〕交わしたがごとき会話を真実の友情をもって交わすことのできる人びとがいるのであります。

オレステス　ゆっくりとゆくがよい、わが行く手の舵取り役として。
ピュラデス　わが務めは貴重でございます。

（エウリピデス『オレステス』〔七九五行〕）

テセウス　お手をどうぞ。わたくしは

あなたの友、あなたを庇護します。
腕（かいな）をわが肩におまわしください、ご案内いたします。
（エウリピデス『狂えるヘラクレス』〔一三九八―一四〇二行〕）

なぜなら友人たちは、失明によってわたくしがまったく役立たずになったとか、人間の正しさや賢明さが視力により測られるものであるなどとは考えもしなかったからであります。じじつわたくしは、失明の不自由さのゆえに不活発になるどころか、いぜんとして活動的であり、自由のためならどんな危険もものともせずに先頭にたって戦う覚悟でありますから、わが国の主（おも）だった人びともわたくしを見捨てることはなかったのであります。それどころか、方がたは人間の人生のありように思いをめぐらし、職務を完遂した者にのみ与えられる恩情と寛大さとをわたくしに示され、進んで義務の免除と休息を与えてくださったのであります。わたくしの名誉を剥奪することはなく、公職から追放することもなく、その職からなにか、とくべつの報償を得ていたとしても、それを減じることもしないのであります。そして、わたくしがもはや以前ほど役にはたたないということを承知のうえで、以前とかわらぬご厚情をもってわたくしに報いるべきであるとお考えなのであります。方がたは、いわば、古代アテネの習わしにのっとって、わたくしが貴賓館（プリュタネイオン）[81]で食事をとるようにと命じるがごとき栄誉を与えてくださるのであります。

失明という事態にあって、わたくしは神と人からこれほどの慰めといたわりを賜（たまわ）っているのであります。かくなる上は、だれひとりとして、わが失明をお嘆きになる方のなきようにと祈念する。わが目が失われたのは栄誉のためだったのでありますから。まして、わたくしがなにを嘆くことがあろうか。わたくしがすっかり意気阻喪（そそう）してしまい、わが失明を嗤（わら）う者どもを軽くあしらうこともできないとか、雅量をすっかり失ってしまって、彼らを赦す寛容さももてないなどというのは、事実からはほど遠いことであります。

さて正体不明のそなたへと話を戻すといたそう。節操なきそなたは、わたくしをいましがた小人にみたてたかと思いきや、こんどは巨人アンタイオス[82]にみたてるありさまであります。しかし、そなたのいちばんのお望みは、「サルマシウスとミルトンとの論争が容易に首尾よく決着をみるように」ということなのであります。そしてそれと同様、オランダ連邦共和国とイングランドとの戦争[83]が容易に首尾よく決着をみるように」ということなのであります。わたくしがこの願いに喜んで同意したとても、われらの繁栄とイングランドの大義とにたいする悪しき前兆となることもなければ、呪いをかけることにもならないと考えるものであります。

しかし、お聞きください。なにか奇妙な、クワックワッという、叫び声がまた聞こえてくるではありませんか。あれはどこからか、ガチョウの飛びたつ音でありましょうか。いや、わかりましたぞ。これは悲劇の叫び声であることを思いだしましたぞ。合唱隊(コロス)の登場であります。ごらんください。へっぽこ詩人がおふたかた、いや、おひとりか。だが、形と色はふたとおり。これをスフィンクス[84]と呼ぶべきか、はたまた、ホラティウスの『詩の技巧』に描かれる、頭は女、首はロバ、色とりどりの羽をもち、四肢は雑多な動物の組合わせという、かの怪物と呼ぶべきか[85]。さよう、まさしくかの怪物である。〔名詩句をつづりあわせた〕つぎはぎだらけの叙事詩を吟誦してくれるにちがいありますまい。ひとりなのか、ふたりなのかはさだかにはあらず。名なしのごんべえをきめこんでいるからでもある。さて、詩人の名に恥じぬ人びとをわたくしは敬愛し、しばしば、その詩歌に耳をかたむけることを喜びとするのであります。その上、最初の詩人からブカナン[86]にいたるまでを列挙すれば、彼らのほとんどすべてがまさに暴君の宿敵であることがわかるのであります。

しかし、子どもだましの詩のこまぎれを商う、この詐欺師どもを憎まぬ者がおりましょうか。彼らほどに愚劣で、怠惰で、堕落した、ほらふきはいないのであります。彼らは選別も区別もせず、見識も節度もなく、あるときは君主を、また、あるときは一般市民を、博識賢明の士も無知蒙昧の輩も、正しき人も邪悪な者もごちゃごちゃのままに称賛し、攻撃するのであります。気分しだいで、酔いにまかせて、はした金ほしさに、無分別と狂気のゆえに、のぼせあがり、錯乱状態のまま、称賛し、攻撃するのであります。まごびきはお手のもの、語法の上でも内容の上でも愚かしきことを山と積みあげるのでありますが、その量の多さといい、つじつまのあわぬ、不快きわまる内容といい、彼らの称賛をあびるくらいなら、無視されて——ホラティウスのことばをかりれば——「ねじれた鼻をつけて〔すなわち、鼻さきでせせら笑われながら〕」[87]生きるほうが、まだしもなのであります。だが、彼らに攻撃されるなら、それこそわが身のこよなき栄誉と考えてしかるべきであります。かくのごとき愚鈍で無価値のごろつきどものお気に入りには、ならずにすんだわけでありますから。

かりにへっぽこ詩人がふたりだとして、最初のほうを詩人と呼ぶべきか石膏職人と呼ぶべきか大いに迷うところであります。と申すのも、このご仁、サルマシウスの仮面を、さながら壁のごとくに、まっ白く、ぶ厚く塗りたくってしまったのであります。この「巨人と戦う英雄」は「籠手」をつけ、「投げ槍」をふりまわし、（その他もろもろの武器と武具を身につけて、）「凱旋車」に乗って登場するのであります。[88]そしてすべての学者をぞろりとあとに従えているのであります。なぜなら、サルマシウスは、「危機のときに世界を救うために神より遣わされた」人物なのだそうであります。「そしてついに、この人物が楯となり、法と帝国の親となって、国王を守るべきときがきた」というわけであります。これほどまでおだてられて、いたくご満悦なばかりか、それを大急ぎで印刷させようと大骨をおるとは、サルマシウスもよほどもうろくして頭がどうかなっていたにちがいないのであります。たんなる文法教師が分不相応な賛辞に値いすると考えるなら、そのような者は詩人として不適格であり、端正な優美のなんたるかをも心得ぬ者であります。そもそも文法教師などというものは、詩人に仕える下僕なのでありますから。

もうひとりは、詩作どころではなく、ただもう狂気狂乱の体であります。この男は猛烈ないきおいですべての熱狂主義者を攻撃しておりますが、自分こそがきわめつけの気のふれた者なのであります。シュロスもしくはダーマの息子[89]よ、そなたはまるでサルマシウスに委任された死刑執行人でもあるかのごとく、ムチ打ち係とカドモス[90]を召喚するのであります。そして、薬草を飲んでから、プラウトゥス[91]の書物の索引をたよりにしながら、奴隷やごろつきどもの使うありとあらゆる下賤なことばを山のように吐きだすのであります。

ひょっとしたら、彼が話しているのはラテン語ではなく、オスクなまり[92]ではないかと読者諸賢には思われたかもしれません。いや、住みなれたどろ沼のなかでカエルのごとき声をあげている[93]と思われたかもしれないのであります。そして、このご仁、自分がどれほど短長格に熟達しているかを証明するために、一語のうちで二箇所――短く発音すべき母音を長く、長く発音すべき母音を短く発音するという――発音違反を犯しているのであります。

おぞましき瀆神の輩の手で国王は虐殺された。

ロバめ、「から」の荷かごはさっさとかたづけよ。そして、のーたりんの、からっぽの頭が一瞬でも明晰になることがあるならば、正常で分別のある人間にふさわしい、まともな人間のことばをたった三語でよいからしゃべってみせるがよい。わたくしのほうは、おかえしに、そなたオルビリオス[94]よ、そなたをそなた自身の生徒の手に引きわたすといたそう。文法違反のごほうびにたっぷりと笞をもらうがよかろう[95]。

そなたの評価するところでは、わたくしは「クロムウェル[96]よりも邪悪である」ことになるそうだが、そういってわたくしを呪いつづけるがよい。なぜなら、そなたはわたくしにこの上なき賛辞を与えていることになるのであるから。だが、わたくしはそなたを友と呼ぼうか。あほうか、それとも狡猾な敵と呼ぶべきか。だんじて友ではないことは、そなた自身のことばから明らかである。では、敵であるというなら、かくも偉大なお方をさしおいて、わたくしを罵倒するとはどうしたことであるのか。それほどまで頭がいかれてしまったとは。わたくしはじゅうぶん承知しているが、そなたにはお分かりではないらしい。よいか。そなたがわたくしにたいする憎しみをつのらせればつのらせるだけ、コモン・ウェルスにたいするわたくしの功績が大きいことを喧伝することになるのでありますぞ。そして、そなたがいくら罵詈雑言をつみあげても、それはわがイングランド国民にとってはわたくしを称える賛辞の山となるのでありますぞ。と申すのも、そなたがとくにわたくしを憎悪するなら、そなたに最大の深手をおわせ、打撃を与え、そなたの大義に損害を与えたのはわたくしだということになるのであるから。そしてそれが真相であるなら、わが同胞市民のうちで最高の栄誉をうけるに値いするのもまた、わたくしだということになるのであります。なぜかといえば、（他のことにかんしては信頼しにくい場合もありますが、）こと、被害にかんしては、敵の証言や判断こそが他にぬきんでて重要視されてしかるべきだからであります。それともそなた、死んだアキレウスの武具をめぐって、アイアス[97]とオデュッセウス[98]が争ったとき、詩人がネストル[99]の助言にしたがって、味方のギリシア方からではなく、敵のトロイア方から審判を選んだことをお忘れか。

それゆえ、賢明なるトロイア人にこの争いの調停役をつとめていただこう。

それから、すこし後では、

この者どもに正しき判断をくだすのはトロイア人をおいて他にはあろうか。

どちらにも組することなくアカイア人すべてを等しく憎みおる、
手痛い損害をこころにきざみつけつつ。

〔『ホメロス後譚』第五巻一五七、一六二―六四〕

スミュルナもしくはカラブリアの詩人(100)は以上のように述べているのであります。

したがって、そなたは狡猾な敵であり、わたくしを中傷するのに血道をあげているのであります。そなたはわたくしにたいする悪意と、さらに深手をおわせようとの魂胆(こんたん)から、公平にして実直であるべき敵の判断のたとえを悪用し卑しめるのであります。そなたは、たんに人として堕落しているのみならず、敵としても堕落しきっているのであります。だが、親愛なるお方よ、そなたのご尽力を無にはいたしませんぞ。なぜなら、わたくしはオデュッセウスのごとくになりたきものでありますが——すなわち、わが国の全国民のうちで最高の栄誉をうけるにふさわしき人物になりたきものでありますが——アキレウスの武具を手にいれたいとは思わないのでありま す。戦闘のときに盾に描かれた天を目をこらしてながめるのは、わたくしではなく、他の人びとのにまかされた務めであります。わたくしの肩には、描かれた天ではなく、本当の天がずっしりとかかっている(101)のであり、これを感知するのは他の人ではなく、わたくしだけの務めなのであります。

じじつ、わたくしはだれにたいしても私的に悪意やうらみを抱いているわけではないのでありますし、わたくしの知るかぎりでは、だれからもうらみをうける覚えもないのであります。ですから、わたくしに向けられたあらゆる呪い、あらゆる罵詈雑言をいっそう平静にうけて立ち、耐え忍ぶ覚悟であります。それは自分のためではなく、コモン・ウェルスのためだからであります。また、このことから生じた利益や恩恵の片鱗(へんりん)にさえあずからないというだけでなく、逆に、不名誉の大半がわたくしにあびせられることに文句を言うつもりもないのであります。わたくしは公共の福祉（コモン・ウェルス）のみを追求してきたことに満足し、見返りも求めず、ただ〈栄誉〉が命じたことをなし遂げるまでのことであります。利益や見返りなどは他の者どもにまかせておけばよい。そなたはわたくしが「贈り物」や「富」をうけたと攻撃するが、そんなものにわたくしは手をふれたこともないのであるから、ご安心めされよ。また、金が目当ての売名行為だとして、そなたがとくに攻撃している点についても、名が知れわたったためにわたくしがびた一文、もうけたわけではない、ということも付け加えておく。

さて、モアは演説を再開し、第二の「書簡」で執筆の動機を述べるのであります。書簡のあて名は「キリスト教徒の読者」であります。まさに密通者にして誘惑者のモアが「キリスト教徒の読者」にあいさつ状を送るとは、こはいかに。自分でも予告しているくらいであるから、さぞや信仰厚き書簡であろうぞ。論述を始めるがよい。「ヨーロッパ諸国民と、なかんずくフランスの新教徒（ユグノー）[102]ほぼすべての精神は、この国父殺しという事実と下手人どものことを知って奮いたった」とや。フランス人といえば、新教徒さえもが、いくども国王と戦争をしてきたではないか。もし、その試みがわれわれと同じように成功していたなら、彼らがそこからさきどこまでのことをなし遂げたかは、断言をゆるさぬものがあります。たしかに言えるのは、事件の記録が信頼に足るものであるとするなら、フランスの国王たちは、わが国の王がわれわれを恐れたのにおとらず、彼らを恐れていたということであります。新教徒（ユグノー）たちが繰り返しどのようなことを書き、なんと言って国王を脅迫したかを思い出せば、それも無理からぬことであります。それゆえ、そなたがどんなに言いつくろおうと、フランス人たちが声高に自画自賛し、われわれを罵倒することなど断じてゆるしませぬぞ。

モアは「論述」をつづけるのであります。「なるほど、わたしはもっとまともなイングランド人との親交をつづけてきた」とそなたは言う。そなたの目に「もっとまとも」とうつる者どもというのは、徳高き人びとから見れば最悪の連中（やから）なのである。「これらの身も心もまったくの怪物そのものなる者どもを知っているとわたしはあえて言おう」とや。そなたの知りあいは愛人と売女ばかりかと思っていたが、「身も心も怪物そのものなる者ども」とまで知り合いだったとは、いやはや。「親しいイングランド人がさっそく匿名にすることを勧めてくれた」そうであるが、ずるがしこい者どもめ。と申すのも、こうすることにより、彼らはそなたの厚かましさをますます楽しむことになるし、そなたのほうは相変わらずの悪評で、彼らの大義にきずをつけずにすむからである。なにしろ、彼らはそなたを知っているのである。かってそなたがどれほどすぐれた庭番であったか、剃髪したいまも生ぐさ坊主ぶりを発揮して、ポンティアからも、ポンティオ・ピラト(103)からも手をひくことができないでいることも知っているのである。これも理解しがたいことではない。「死刑執行人」という名称は「生身の身体を片づけること」に由来すると考えられているのであるから、そなたが「ポンティアを片づけること」をすれば、司祭から大司祭(104)になれると考えたとて、なんの不思議があろうか。そなたの経歴を知らぬ者はなく、ましてや、そなた自身が知らぬはずもないのであるが、それにもかかわらず、そなたが「神の栄光だけを追求し擁護する」と公然と言い放つとは信じがたいのであります。瀆神もここにきわまるのであります。おのれ自身がこの上なく忌わしい目的をもっておりながら、他の人びとが「信仰の仮面のかげに罪をかくしている」と糾弾してはばからないのであります。しかしながら、そなたほど臆面もなく、邪悪にも信仰深きふりをして、罪を糊塗している者もいないのである。

「事件のあらましについては、多くの著作物のなかでもとくに、『イングランドにおける最近の騒乱についての詳細なる考察』(105)に多くを負っている」とそなたは言う。まことに無能なやつよのう、そなたは。かくも大きな叫び声をあげておきながら、そなたが自分で得た情報はなにもなかったと言うのであるか。われわれに反証として提出できるのは、すべて王党派弁護筋(の書物)であり、この事実だけでそれが信頼するに足らないと言えるのであります。彼らの権威が評価されないとなれば、そなたは一歩も先へは進めないのであります。それゆえ、必要とあらば『考察』にたいしてはまたべつの考察をもってして、われわれは彼らを論破するといたそう。そして、適宜そなたを通して彼らに答弁するのではなく、彼らを通してそなたに答弁するといたそう。一方でそなたは、ご自身の提出した議論を、ご自身のために提出した「証拠」をもって弁護できるようお気をつけられるがよい。その内実たるや、明らかに邪悪で不敬の書物をもとにしているのであるから、すべての信仰厚き人びとは耳をそばだたせ、おぞましさに身震いされよ。「神の愛の命じるままに、そして、神のみ名が汚されたことにたいする深い憤りから、われわれは神を救助するために手をあげる」とや。見苦しい、その汚れた手をひっこめるがよい。恥ずかしげもなく手などあげおって、色欲と野望にまみれて這いずりまわっているくせに。その手をひっこめるがよい。それとも、天までも汚そうというのであるか。宗教の聖なる秘儀を汚したその手でふれて。そなたは性急に、そして愚かにも神のみ裁きが他の者の頭に下れと祈念しおる。しかし、そなたは神のみ裁きを、この上なく不浄なおのれ自身の頭にまねき寄せてしまったのだということを、いつの日か思い知ることになろう。

　ここまでが、いわば〈叫び声〉の前口上であります。そして、いま、（というのも、この劇においては〈叫び声〉が主役であり、唯一の登場人物といってよいからでありますが）その口は開けるだけ開かれております。〈叫び声〉がうまく天まで届くためであることはまちがいありますまい。そして、ひとたび届いたならば、こんごはその〈叫び声〉は、叫んだ者、すなわちモアその人に向かって、いっそうきびしい声となって戻っていくことでありましょうぞ。

　「いつの時代にも国王の威厳は神聖視されていたのに」とそなたは言う。モアよ、そなたは俗信と悪意にこりかたまって、われわれをはげしく非難するが、それはまったくおかど違いというもの。なぜなら、国王殺害と暴君成敗とはまったく別のことなのであります。分別と理性、法と正義——すなわち、まっすぐなものとねじれたものを区別する力――が人間にそなわっているかぎり、国王殺害と暴君成敗とは似ても似つかぬ、まったく異なったものなのである。しかし、この問題についてはすでに議論をつくし、論証もじゅうぶんなされている。そなたがいくら見栄をきって意気まいてみたところで、われわれになんの打撃も与えることはできない。そなたなどに、二番煎じの議論でうちまかされてたまるものか。

つぎには、忍耐と信仰深さについてこのご仁、なかなか鋭い突きを見せてくれるのでありますが、

徳を口にしながら、尾をふるモアよ、
じゃれつくそなたは恐れるにたらず。(106)

そなたは、新教徒すべてが、そしてとくにオランダとフランスの新教徒がわれわれの行為に衝撃をうけたと言いなさる。だが、すぐ後でつづけて言う。「善良なる人びとがあらゆるところで自分の考えを思うがままに表明できるわけではない」。まあ、そなたにとっては論旨の矛盾などとるに足らないことなのであった。おつぎの断定ははるかに衝撃的で冒瀆的であります。モアはわれわれの「罪」を「キリストを十字架にかけたユダヤ人の罪」と比較して、「犯罪の動機や結果を考慮すれば、ユダヤ人たちの犯罪などとるにたらないことである」とまで言いおる。血迷いおって！　そなたはキリストに仕える身でありながら、キリストその方にたいしてなされた犯罪をかくも軽がるしく考えるのか。あげくのはてに国王なる名を冠する者を殺害することは、「動機」や「結果」のいかんをとわず、なべて瀆神の行為だと臆面もなく言いおるとは。よいか、ユダヤ人たちはかずかずの明白きわまる証拠をもとに、イエスを神のみ子その人であると認識することができたはずなのである。かたやわれわれは、あらゆる手段（てだて）をつくしても、どうしてもチャールズが暴君ではないと認知することができな

かったのである。

その上、そなたはユダヤ人の罪を軽減するために、はしなくも「結果」を口にするのであるが、これは愚の骨頂！　しかし、これこそが王党派の習い性であることは、もとより承知のところ。熱狂的王党派と称する連中ほど、国王よりも、キリストにたいして平然と大罪を犯す傾向がある。キリストを第一義とするがゆえに国王に服従するのだと連中は主張するが、その魂胆は明明白白。じつのところ、彼らはキリストの信奉者でもなければ、国王の信奉者でもない。国王にたいする異常なまでの献身ぶりは、なにか下ごころがあってのこと。ひた隠しにしている野望や欲望の隠れみのにすぎないのであります。

「そこで、学問の王者、偉大なるサルマシウスが前に進み出た」とや。モアよ、「偉大なる」はもうたくさん。そなた、なんど繰り返せば気がすむのであるか。サルマシウスが偉大だと、たとえ一千回となえたとしても、識者を確信させることは、まずない。むしろ、このモアという男が、吹けばとぶような、無価値な小人であり、優美のなんたるかも知らず、ただ、いたずらに「偉大なる」という形容詞を乱用していると確信させるだけであります。そもそも、文法教師や批評家は、他人の書物を編纂し誤植を訂正することこそ最高の栄誉なのであります。それにたいしわれわれは、「勤勉」とか「学問的習熟」というねぎらいのことばを送ることにやぶさかではないのであります。ときには、「なみならぬ博識」を称え、それに報いるのでありますが、「偉大なる」という賛辞を送ることはきわめてまれであります。なにか偉大なことを、なし遂げるか、教えるか、それにふさわしい記録をする人物にのみ、「偉大なる」という称号が与えられるのであります。そして、われわれのこの世における人生に幸福をもたらすか、あるいは不正な手段をもちいずに、すくなくとも快適さと喜びをもたらすか、われわれを他の国〔神の国〕における、より幸福な生へと導いてくれる者こそ、「偉大」なのであります。では、サルマシウスはこのうちのどれかをなしたというのか。だんじてさにあらず！　では、なにか偉大なことを教えるか、記録するかしたのであるか。なるほど、唯一、監督制度反駁の書、教皇首位権反駁の書を書くには書いた。しかし、後のちの行ないやら、監督制度弁護論であると同時にわれわれを糾弾する書物を書いたことによって以前の主張を撤回し、すべてをご破算にしてしまったではないか。それゆえ、この男は、偉大なことについて書かなかったか、以前に書いた最上のことを下劣にも否認してしまったか、どちらかでありますから、「偉大なる」著述家と呼ばれる資格などないのであります。

わたくしにとってはサルマシウスなど「文の王者」、あるいは、せいぜいのところ、文章学入門者の王者にすぎないのである。しかし、そなたにとっては、「国王たちの保護者」であり、「そのような被保護者たちにはまことにふさわしき保護者」だというのには恐れいる。そなたが国王たちを思いやるその心ばえはまことにあっぱれといわねばなるまい。なにしろ、国王たちにはいかめしき肩書にまたひとつ、「クロウディアス・サルマシウスの子分」という肩書が加わるのであるから。おお、国王がたよ、この宣誓——すなわち、この、しがない文法教師サルマシウスの庇護のもとに身をよせ、王笏を捨てて、こやつめのムチの下にひれ伏すという宣誓——により、他のあらゆる法から解放されることは、まずまちがいのないところであります。

この世がゆるぎなきものであるかぎり、国王の安寧と尊厳とを弁護するという務めは、ひとえにこの人物〔サルマシウス〕の双肩にかかっている」ですと。国王がたよ、お聞きめされたか。おそまつこの上なき弁護しかできなかった者——否、攻撃に加わる者がひとりも現われなかったのでありますから、弁護などまったくできなかった者——が、あなたがた国王の安寧と尊厳が保護されているのは自分のおかげだと主張しているのでありますぞ！　思うに、うじ虫やゴキブリどもが群がり集う公開の広場（フォールム）(107)からこの高慢な文法教師を召喚して国王の大義を擁護させようとした結果がこのざまだというわけであります。

「国王の大義におとらず、教会もまた彼に感謝の辞をささげるであろう」とや。じっさいのところ、教会が彼にささげるのは感謝の辞などではなく、教会の大義を捨てた罪に至極ふさわしき罰点なのである。さて、そなたは『チャールズ一世弁護論』に惜しみなき賛辞をおくろうとする。「天賦の才に恵まれ、学識豊かで、万事に経験豊か。教会法にも市民法にも精通しており、弁論には精力がみなぎり、雄弁であること、そしてこの金字塔のごとき傑作の流麗さには」驚嘆するとそなたは言う。この男にはそのような資質はひとかけらもなかったことは確かであるが（およそ、サルマシウスほど雄弁にほど遠いご仁もめずらしいのであるから）、その書物が黄金のごときものであったことは百回でも何回でも認めよう。[108] この書物を出版するためにオレンジ公がいくら援助したか[109]はさておき、子息チャールズ[110]はおびただしい金貨を数えて差しだしたのであるから。

「偉大な人物がこれほどまで偉大に見えたことはいままでになかったし、かくもサルマシウスにふさわしき務めはなかった」とや。さよう、じつのところ、サルマシウスはふくれ上がりすぎて自爆してしまったのであります。[111] というのも、かの国王弁護論において、このご仁がどれほど偉大であったかはすでに見たとおりでありますし、ちまたで言われるように、同じ主題についてなにか遺著が出版されるなら、またいずれ分かるでありましょう。なるほど、問題の書物が出版されたときサルマシウスの名はあらゆる人びとの口にのぼりもしましたし、王党派を狂喜させたことも否定はしますまい。「彼は、いと気高き（アウグスタ）スウェーデン女王の招きをうけて、手あつきもてなしを受けた」とや。それどころか、かの論争全体においては、あらゆることがサルマシウスには有利な、わたくしには不利な状況にありました。

第一に、彼の博識ぶりについてはこの上なく高き評価がなされておりました。これはサルマシウスが、たいして役にもたたぬ、あやしげな内容の分厚い書物――最重要の著作者たちからの引用をごまんとつめこんだ書物――をどしどし出版することによって、長い年月をかけてつちかってきたものでありました。それゆえ、一般読者の称賛をいとも容易く勝ちえるところとなったのであります。いっぽう、わたくしはといえば、わたくしがいかなる人物であるかを知っている読者はそのあたり〔ヨーロッパ〕にはほとんどいないという状況でありました。サルマシウスは、主題がひじょうに重要なものであったため、細心の注意をはらって仕事にとりかかったのでありますから、彼にたいする読者の期待はいやが上にも高まったのであります。かたや、わたくしに期待する者はありませんでした。じじつ、多くの人びとがこの務めに着手せぬよう、わたくしを説き伏せようとしたほどであります。その理由は、わたくしが初陣で対戦する相手は歴戦の強者（つわもの）だからということでありました。なかには、かくも強大な敵と戦うことでわたくしの名声が高まるのを嫉妬した者もありました。また、わたくしが打ち負かされて、名誉も大義も傷つけられて退却することになるのではないかと危惧する者もおりました。最後に、見かけだおしの、もっともらしい大義、烏合の衆の思いこみ、言いかえれば、迷信により——すなわち、「国王」という名称に執着することにより——サルマシウスはいっそう励まされ、やる気まんまんになったのであります。状況はわたくしにとり、まったく不利でありました。

それゆえ、われらの弁護論が出版されるやいなや、かのサルマシウスに大胆にも挑戦するとはいかなる無鉄砲な輩（やから）であるか、顔をおがんでみたいものという野次馬根性から、多くの読者がすぐさまこれにとびついたのは予想外のことではなかったのであります。しかしながら、多くの地域で歓迎され、承認されるとは思いもよらぬことでありました。その結果、読者の関心はもはや著者〔サルマシウス〕を離れ、真実そのものへと移行したのであります。サルマシウスはそれまではこの上なく栄誉ある地位を堪能してきたのでありますが、いまや、化けの皮がはがれて、名誉は失墜し、意気消沈してしまったのであります。その後、力をふりしぼって態勢をたてなおそうとこころみたにもかかわらず、あえなく果てたのでありました。

いと高きスウェーデンの女王陛下よ！[112]　あなたの優れた判断力は、かの男にまどわされることはなかったのであります。真の王者にして、さよう、天より遣わされた範例——党派性を排し、真実を希求する範例——たることをみずから示されたのであります。なるほど、当時、名だたる博識の士として、また国王の大義を弁護したことでも有名であったこの男をあなたは招聘し、栄誉を与えたのでありました。だが、それにたいする反駁の書が出版されると、あなたは比類なき公平な心でそれを読まれたのでありました。そしてあなたは、サルマシウスが虚栄と腐敗にはしり、ささいなこと、極端なことに言を費やし、偽りを述べ、自己矛盾をきたし、前言をひるがえしているのにお気づきになったのであります。(聞くところによれば、このご仁、御前に召し出されても、じゅうぶんな説明ができなかったとか。)そのときから、あなたの態度が手のひらをかえすようにあざやかに変わったために、もはやこの男を尊敬されることもなく、その才能や学識を評価されることもなく、さらに、(予期だにせぬことでありましたが)あなたが彼の対戦相手にむしろ強い賛同の意をお示しくださることはだれの目にも明らかでありました。と申しますのも、あなたは、暴君にたいするわたくしの攻撃はだんじて自分にはあてはまらないと主張されたのでありますから。結果として、あなたはご自身のうちにはいと正しき良心という実を——他の人びとの目には外なる名誉と映ずる実を——獲得されたのであります。なぜならご自身の行ないにより、あなたが暴君でないことがあざやかに示されるのでありますが、それにもまして、あなたご自身の意見により、ご政道に誤りなきことは、いっそうあざやかに示されているからであります。

わたくしはなんと幸運なのでありましょうか。思いもよらぬほどであります。わたくしが望みました雄弁とは、真実それ自体に内在するうながしの力、ただそれだけだったのでありますから。わたくしはわが国の歴史の転換期にあたりましては、「ミルトンが攻撃しているのは王権そのものなのである」という嫌疑をかけられるのも覚悟して、あえて危険で扱いのむずかしい主題にかんする論争に加わったのであります。そんなときに、栄誉あるこの真実の王者〔クリスティーナ女王〕は、「ミルトンの攻撃相手はだんじて国王にはあらず、国王にとって致命的な疫病たる暴君のみ」と証言して、わたくしの身の潔白を証してくださったのであります。

女王陛下さま、あなたはなんと王者にふさわしき寛き心をおもちであるのか。ほとんど神にも似た徳と英知とで堅固に防御されておられる。あなたが、いと穏やかな澄み切った心で、信じがたきほどに私心なく、真実の落ち着きと冷静さを備えていればこそ、一歩まちがえば、ご自身の権限と尊厳を攻撃しているとも誤解されかねないわたくしの著書を、ありのままにお読みになったわけであります。それればかりかあなたは、ご自分の弁護者の名を騙る者〔サルマシウス〕に反対の意見を表明したのでありました。それどころか、反駁者〔ミルトン〕に手をさしのべてさえいると、ほとんどの人びとの目に映りかねないほどであります。ああ、女王よ、日々わたくしはあなたにたいしてどれほどの敬意と思慕を抱けば足りるのでありましょうか！〔いくら抱いても足りぬほどでありります。〕その卓越した徳と雅量とはご自身にとっての栄誉の源泉となるばかりか、わたくしにたいする恩恵と恩寵の源泉ともなっているのでありますから、そのお陰でわたくしは、他の国王たちが抱くあらゆる疑惑から解放されたのであります。そして栄光に輝く、朽ちはてることなき優しき心はわたくしをとらえて離さないのでありあります。外国人もスウェーデン国民もともに、あなたが公正この上なき方であることに賛同の意を表わし、期待をこめて見守ってきたにちがいないのであります。そんなときあなたは——いつも国民の権利について穏やかな心で判断を下すのをならわしとしてきたわけでありますが——あたかもご自身の威厳が議論の焦点となったかのごとき状況にあって、ご自身の権限についても、やはり同様の穏やかな心で判断を下すのを目のあたりにしたのでありました！　あなたがあらゆる所から膨大な量の貴重な、選び抜かれた学問の記念碑たる書物を収集したのは理由なきことではなかったのであります。あなたがそれからなにごとかを学ぶためというのではなく、国民があなたについて学び、その卓越した徳と英知について思いをめぐらすようにという配慮からでありました。まさに知恵の女神の似姿があなたの心のうちに宿っていなかったとしたら、いわば彼女があなたの目の前に姿を現わすことがなかったとしたら、いかに読書したとて、彼女とても知恵にたいする真摯な愛をあなた自身のうちに起こさせることはできなかったでありましょうに。

それにもまして、われわれは生気に満ちたあなたの精神に感嘆せざるをえないのであります。それは明らかに神からの賜物であり、天上界の気のうちでもこの上なく清浄な部分が、いわば、かのかなたの異国の地に落ちてきたものであると言えましょう。あなたがたのお国のどんよりと曇った空でさえもそれをかき消すことはできないし、霜で凍てつかせることもできないでありましょう。

また、住民の心をしばしば頑なにさせる、あの恐ろしくも荒々しい土といえども、なにか不ぞろいで荒れくれたものをつくり出すことなどできないでありましょう。じつのところ、まさに鉱石を豊かに生み出すあの国土そのものが——たとえ他の人びとにとっては継母のごときものであるとしても——たしかにあなたにとっては慈母のごとくに、全力をふりしぼって、あなたのためにありったけの黄金を生み出しているように思われるのであります[113]。クリスティーナさまよ、まさしくあなたはかの無敵の国王アドルフ[114]のひとり子にして世継ぎの方であらせられると申しあげよう。よしんば、知恵が武力にまさり、平和のわざが戦時の術にまさることがないとしても。たしかにこれからは、南国の女王だけを称賛させてはおきますまい[115]。いまや北国にも南国に匹敵しうるこの女王がおいでなさるのでありますから。そのお方はユダヤの知恵深き王（もしくは彼のような王）の話を聞きに出立するだけではなく、王にふさわしき徳をすべて備えて、この上なく輝かしき範例として、すなわち理想的英雄として全世界の注目を一身に集め、すべての人びとの訪問をうけてしかるべきお方なのであります。また、これほどまでに優れた資質をもち、称賛にあたいする方、これほどの威厳をそなえた方はこの世には皆無なることは、だれしもの認めるところであります。しかし、かくも多くの民を有する女王であられることなど、このお方にとっては芥（あくた）のごときことなのであります。しかしながら女王ご自身は王座など栄誉にあたいせぬ、まさに芥のごときものと見なされ、そして「統治」などはおよびもつかぬ偉大にして崇高なることを黙想しておられること、これこそは大いなることなのであります。このゆえに、彼女はあまたの国王があるなかで、抜きんでて敬愛されることになるのであります。そして、彼女は王位を捨てて――とはいえ、スウェーデンのみならず全世界を統治するにふさわしき人物であることはすでに立証ずみであり、退位などということになればスウェーデン国民にとっては不幸なことになりますが――なお、真実の女王たりうるのであります。

思うに、女王にふさわしき称賛のことばを述べてわたくしが脱線したからといって、これをせめるどころか、推奨せぬ者はおりますまい。じじつ、たとえ他の人びとが黙して語らずとも、わたくしがこれを省略したなら、かならず忘恩という最大の罪を犯すことになったでありましょう。なぜなら、なにか幸運なめぐりあわせか、秘められた星もしくは精霊の一致もしくは方向か、はたまた事のなりゆきかはともかく、まったく思いもしなかった、けれどもとりわけ望みどおりの、この上なく公正で、わたくしに好意的な判定者をはるかかなたの地に見いだしたのでありますから。さて、まったく内容の異なる本題へと話を戻すといたそう。イングランド国民は『チャールズ一世弁護論』のことを聞くと半狂乱になってしまった。「そのために」イングランド国民は「えたいの知れぬ、飢えた小男の文法教師[116]をかりだした。するとこの男は国父殺しを弁護する論文を書くために汚らわしい手をかすことに同意した」ですと！　そなたが悪意をまるだしにしてこの話をでっち上げたのである。

そのもとになっているのはそなた自身の記憶であるが、その内容は、以下のごときものである。王党派の連中がわれわれに誹謗中傷をあびせかけるそのお先棒かつぎを捜していたとき、ひとりの文法教師に近づいていったのであるが、この男、「食いはぐれて」こそいなかったが、すくなくとも金貨にはなみなみならぬ渇きを示した。これこそがサルマシウスであった。このご仁、待ってましたとばかりに、おお喜びで、王党派のご用を足すことに同意したばかりか、知的能力も（ほんとうにそんなものをいくらか持っていたとしての話でありますが、）売りわたしたのである。それと、もうひとつの記憶は、いまや面目まるつぶれになったサルマシウスが、なんとか名誉を挽回しようとやっきになって助力者を捜していたときに、ジュネーブの牧師職を追われ、ランプサコスの司祭、つまり、かの庭からやってきたプリアポス[117]の申し子、サルマシウス自身の家を汚すことになる者を見つけだしたのであります。これを神慮と言わずしてなんといたしましょう。その後、そなたサルマシウスの味気なき追従のことばに逆上して——それもこの上なき不名誉をこうむるという代償を支払って得たものでありましたが——そなたが宗旨がえすると、そなたの友人であった彼が不倶戴天の敵となり、いまわのきわには、かつては賛美者であったそなたにたいし呪咀のことばを吐きかけながらこと切れたのでありました。

「ただひとり、サルマシウスに立ちむかえる男をイングランド人は見つけだした。これが、ジョン・ミルトンとかいう男であるが、この人物、たしかに偉大なる英雄に相違あるまい」とそなたは言う。わたくしは自分が英雄であるとは思ってもみなかったのでありますが、たしかにそなたがだれか、英雄の息子であることは否定はすまい。と申すのも、そなたは他人に害毒をおよぼしつづけるのであるから。また、イングランド国民の大義を擁護する人物がわたくし以外には見つからなかったのは、公共(コモン・ウェルス)の利益という観点から見れば残念ではありますが、それにより得た栄誉を考慮すれば、その栄誉をわたくしひとりで享受することができてまったく満足しているのであります。わたくしの出自・氏素性が不明瞭であるとそなたは言うが、そんなことを言えば、ホメロス[118]もデモステネス[119]も同様でありました。だが、じつのところ、わたくしは沈黙を守るという術を、また書くのを控えるという技法を修得していたのであります。（この技法はサルマシウスが修得しなかったものでありますが。）それゆえわたくしは、当時それを公にしていれば、今日得ていると同様の名声を得ていたと思われるのでありますが、そのことは胸に秘めたままにしていたのであります。わたくしは、ゆったりとした足どりでやってくる〈栄誉〉を自分から貪欲に求めることはしなかったのであります。また、この論文でさえ、機が熟さなかったなら、出版することはなかったでありましょう。わたくしの知識がいかばかりのものであるかを他の人びとが認識するか、しないかなど、たいした問題ではないのであります。名誉ではなく、それぞれにとって、もっともふさわしき季こそ、わたくしの待ちのぞむものだったからであります。かくして、サルマシウスが自分自身を正しく認識するはるか以前に、わたくしは多くの人びとに知られるところとなったのであります。いまや、サルマシウスも駄馬アンドレモン[120]よりは有名であります。

「ミルトンは人か、虫けらか」と、そなたは言う。さよう、わたくしはむしろ虫けらのほうを選ぶといたそう。かのダビデ王でさえ自分を「虫けらである」と告白しているではないか。[121]神にそむくそなたのごとく、胸の奥深くに「けっして死なない」虫けらを隠しもっているよりは「虫けらである」ほうが、はるかにましである。そなたは続けて言う。「聞くところではこの男、悪行のためケンブリッジ大学から追放され、みっともなくて本国にいられなくなってイタリアに逃避行の旅にでたという」。この陳述ひとつだけを見ても、そなたの情報源のいい加減さは明らかであります。なぜなら、この点について、わたくしを知る人ならだれもが、情報提供者もそなたも、ともに臆面もなくうそをついていると分かるからであります。まず、この点を明らかにするといたそう。かりにわたくしが、本当にケンブリッジを追放されたとしたら、イタリアなどではなく、フランスかオランダに逃げたはずである。なぜならそこには、かずかずの悪行をつみ重ねたそなたが、なお、福音のしもべとして、安閑と暮らしているばかりか、説教し、その汚らわしい手で神聖な務めを汚して、教会を際限なきほどにまで辱めているではないか。モアよ、ではなぜわたくしはイタリアに行ったのか。サトゥルヌス[122]の再来をきどって、ラティウム[123]に逃亡し、そこに隠れ場所を見つけようとしたとでも言うのであるか。しかしながら、わたくしはそなたとはちがって、イタリアが犯罪者の落ちのびるさきでも、収容所でもないということは、最初から承知していたのであります。それどころか、イタリアは人文学、自由人の学芸のすべてが憩うところなのであり、事実、そのとおりのところでありました。

「帰国するや、この男、離婚について本を書いた」とや。わたくしが書いたのは、以前、ブーツァーがキリストの王国について詳細に書いたものとなんら変わらぬものであります[124]。ファギウスが「申命記」について書いたこと、エラスムスがイングランド国民のために書いた「第一コリント書」の注解と同質のものであります[125]。その他、多くの高名な人びとが公共の利益のために書いたのとまったく変わらぬものなのであります[126]。そういうものを書いたからといって、だれひとり、彼らを咎める者はいなかったのであります。それなのに、なぜ、よりによってこのわたくしがあらゆる非難の的となるのか、理解に苦しむものであります。わたくしが悔やんでいるのはただひとつ、あの『離婚論』を自国語で書くべきではなかったということだけであります。そうすれば、自分自身のためになることには、たいていの場合、無関心でありながら、他人の不幸は嘲笑するような自国の読者の連中には会わずにすんだでありましょうに。

しかし、そなた、人のうちでもっとも卑しき者よ、そなたが離婚に異議を唱えるとは、こはいかに！　婚約をエサに誘惑しておきながら、その婚約者である召使のポンティアと、この上なくケダモノに似たやり方で離婚したそなたが。そのうえ、きけば彼女はイングランド人だったというが、サルマシウスの召使であったこともあり、国王の大義を献身的に支持していたというではないか。そなたが、国王の私有物であった彼女を口説き、公共物として捨てたは火を見るよりも明らかぞ[127]。

気をつけるがよいぞ、そなた、あれほど変節を唾棄すると言いおるが、見たところ、そなた自身が変節の張本人となっているではないか。気をつけるがよいぞ、サルマシウスの王国が根こそぎにされたあと、そこに「共和国」をひとつ仕立て上げてしまったと、そなた言われかねないのであるぞ。かさねて言うが、気をつけるがよい。こんな風にしてそなた、王党派でありながら、ひとつの都市のなかにたくさんの「共和国」〔公共の所有物〕を築いてしまったと言われかねない。他の人びとが「共和国」〔公共の所有物〕を建設したあとで、従僕となって奉仕したではないか、と言われかねないのであるぞ。清廉の士デンタトゥス[128]をきどり、挑戦者としてわたくしの前に現われたそなた[129]であるが、この離婚――いや、もしお好みだというなら、この分裂と変節こそ、そなたの拠ってきたるところなのである。さて、そなたはなおも、うそをつみ上げていく。「主謀者どもが国王を斬首すべしと煽動していたとき、ミルトンは彼らに手紙を書いた。そして、彼らがぐらつき出したとき、ミルトンはこれをたきつけ、この邪悪な道へと進ませた」とや。だが、わたくしは彼らに手紙を出したりはしなかった。また、わたくしの意見などにかかわりなく、すでに、はっきりと方針をかためていた方がたに、あらためて勧告する気などさらさらなかったのである。

しかしこれからわたくしは、この問題ついてなにを書いたかを説明する所存であります。さらに、わたくしの書きました『偶像破壊者[130]』についても述べるつもりであります。いまや、このやつばらは（これを人と呼ぶべきか、はたまた人間のくずと呼ぶべきか、定かではないが）召使の娘たちと姦通するだけでは飽きたらず、真実そのものを歪曲するところまで進んできたのでありまして、誹謗中傷をつみ上げることによって、わたくしが外国人のあいだで悪名高くなるようにもくろんできたのであります。ですから、どうか、みなさま、わたくしが自分自身のことを――先にもお話しいたしましたが、またこれからも――お話しするからといって、悪意に取ったり、非難したり、立腹したりなさらぬよう、お願い申しあげます。（自分ではここまで話さなくともよいと思うのですが、こやつめが、そうしむけおるのですからやむをえますまい。）そうすることによって、たとえ、わたくしが盲目であるという事実は変えようがなくとも、またわが名が忘れられ、中傷されるという事態が避けえないものであるにしても、せめてあの恥辱につきまとう暗闇（やみ）からわが生命（いのち）を白日の光のもとへと引き戻す[131]ことができるのでありますから。

さらに、わたくしは少なくとも以下のような理由から、この仕事に取りかからねばならないのであります。第一に、いま現在、わたくしの論文を読み、わたくしにたいして好意的な評価を下している、近隣諸国の数多くの、善良にして博識賢明なる読者諸氏が、この男の罵詈雑言を真（ま）にうけて、わたくしを軽蔑することのなきようにと、すなわちわたくしが不名誉な行為によって名誉ある弁論（オラトリオ）を辱しめ、奴隷のごとき行為によって自由人としての発言を損なうような人物ではありえないということと、わたくしはいっさいの悪徳・罪悪とは無縁の暮らしをしてきたのであり、これも神の恩寵によるものであると確信していただけるように、という配慮からであります。第二に、ただいまわたくしは、称賛に値いする卓越した方がたを称賛するという務めに取りかかっているのであります。しかしわたくしは、自分自身が非難や咎めに値いする人間でありながら、方がたを称賛しようなどとは、破廉恥きわまる所業であると考えるものであるということを、方がたにぜひとも認識していただきたい、という配慮からであります。最後に、イングランド国民の徳の力によればこそ、わたくしはいまこの務めに着手するのでありますが（これがわたくしの運命なのか、義務なのかはともかくとして）、わたくしがいままでずっと清廉潔白な生き方をしてきたいじょう、わたくしのこの弁護論もまた（これがイングランド国民の名誉となるのか、尊厳となるのかはともかくとして）、彼らにとってけっして恥辱や不面目の源泉とはならないのであるということを、イングランド国民の方がたに認識していただきたいという配慮からであります。

　わたくしがいったいなにものであるのか、わたくしの氏素性はいかなるものであるのかを、いまこれから明らかにするといたしましょう。わたくしは由緒正しき家柄の出であり、ロンドンに生まれたのであります。父は卓越した高潔なる人物であり、母は誉れも高く、慈善の行ないにより近隣でも評判の婦人でありました。父の意向によりわたくしは幼少のころから人文学（リベラル・アーツ）、自由人の学芸にはげむこととなったのでありますが、わたくしの学問にたいする欲求は飽くことを知らず、一二歳のころからは書斎を離れて床につくのはほとんどいつも真夜中すぎでありました。これがまず、わたくしの視力を損なう第一の原因となったのでありますが、もともと目の弱い性質（たち）であったために、たびたび頭痛に襲われたものであります。しかし、このような困難にもめげず、わたくしはただひとすじに知識を吸収しようと突き進んでいきましたために、とうとう父のはからいで、通常の文法学校での教育とはまた別に、家庭にも教師を招き、毎日、教育を受けることになったのでありました。このようにして、わたくしが多くの言語に精通し、哲学の甘き実をじっくりと味わったのち、父はわたくしをわが国の二つの大学のうちのひとつ、ケンブリッジに入学させたのであります。そこで七年間、わたくしは廉直の人びとすべてに認められ、不名誉とはまったく無縁に、伝統的な規律と人文学（リベラル・アーツ）[132]にひたすら精進し、文字通り「称賛のことば（クム・ラウデ）」とともに〔優等で〕修士号を獲得したのであります。それからわたくしは、この下劣なごろつきのことばとはまったく異なり、わたくしはイタリアに逃亡するどころか、みずからの自由意志で——わたくしになみならぬ栄誉を与えてくれた学寮の研究員ほとんどが、なごりを惜しむなかを——わが家に戻ったのであります。現役を退（の）いて老年を過ごしていた父の田舎の家で、わたくしはギリシア・ローマの作家の研究にひたすら邁進し、こころゆくまで堪能したのであります。とはいえ、ときには田舎から都会に出て、書物を買いもとめたり、数学や音楽についてなにか新しい知識を得たりすることもあり、それがまた、わたくしにとっては無上の喜びともなっていたのであります。

このようにして五年の歳月が過ぎたころ、母が亡くなったこともあり、わたくしに諸外国、とくにイタリアを見聞したいという気持が強まってきたのであります。そし父の承諾を得て、従者をひとり伴い、わたくしは旅立ったのであります。旅立ちにあたりましては、ジェイムズ王のもとで長くヴェネツィア駐在大使の任を務めた、いと高貴なる紳士、ヘンリ・ワットン卿[133]からは、外国へ出かける者にとってはきわめて有効な教訓と実りよき旅を祈念することばに満ちた優美な手紙を書いていただいたのでありますが、これは卿がわたくしを高く評価してくださった証（あかし）となるのであります。また、他の人びとから書いていただいた推薦状のおかげでパリでは、チャールズ王のローマ教皇使節となった、高貴なるスライゴー子爵、トマス・スカダモア[134]から暖かく迎えられたのであります。彼は自発的に五、六人の随員とともに、わたくしがかねがね、ぜひ会いたいと考えていた（スウェーデン女王の命でフランス国王のもとへ大使として来ていた）博識の人、ヒューゴ・グロティウス[135]にわたくしを紹介してくれたのであります。それから数日後、わたくしがイタリアに出立するとき、スカダモアは旅の先ざきのイングランドの豪商たちにあてて手紙を書き、わたくしの世話をしてくれるようにと頼んでくれたのであります。わたくしはニース[136]から出帆し、ジェノア[137]に到着し、リボルノ[138]で下船、ピサ[139]を過ぎて、ついにフィレンツェ[140]に到ったのであります。フィレンツェはその地のことばと気質がともに優美であるために、つねにわたくしが他の都市にさきがけて敬慕してやまない都市でありますが、わたくしはここに二か月ほど滞在いたしました。そしてまもなく、地位も学識もなみはずれて優れた多くの紳士たちと親交を結び、彼らの開催する私塾に足しげくかよったのでありますが、この学びの場こそ人文学（リベラル・アーツ）〔自由人に相応しい学芸〕と友好的交わりを促進し、奨励するものとして大いに称揚されてしかるべきであります[141]。どれほどの時が過ぎようともわたくしのこの記憶はけして薄れることはなく、いつも心うれしくなつかしく思い出すのは、あなたがたみなさん――ジャコポ・ガッディ[142]、カルロ・ダッティ[143]、フレスコバルディ[144]、コルテリッツニ[145]、ブオンマッテイ[146]、チメンテッリ[147]、フランチーニ[148]、その他の方がた――のことであります。

フィレンツェからシエナ[149]に旅し、それからローマにまいりました。この都市の歴史的たたずまいと名声に魅了されて約二か月を過ごしたのでありますが、その間、ルーカス・ホルステ[150]をはじめとする博識賢明の人びとに手厚くもてなされたのち、わたくしはナポリへと歩をすすめました。ここでわたくしはローマからナポリまでの旅のみちづれであった修道士、エレマイト某という人物の紹介で、いと高貴にして、勢力ある、ヴィッラ侯、ジョバンニ・バッティスタ・マンソー[151]に会うことができたのであります。この方に、かのイタリアの大詩人トルカトー・タッソー[152]が友情の記念に詩を捧げたのであります。ナポリ滞在中、わたくしとマンソーは真実の友となりました。彼は個人的にわたくしを案内して、市内のさまざまな場所やナポリ総督の公邸にも連れていってくださったばかりか、一度ならず、わたくしの宿泊先をも訪問してくださったのであります。ナポリを去るにあたって、マンソーがわたくしにおごそかな調子で言われました。「わたくしとしてはもっと多くのもてなしをして差し上げたかったのですが、ナポリではそういうわけにもいきませんでした。というのも、あなたが宗教問題にかんしてご自身の意見を差し控えるのをいさぎよしとしなかったからです」。それからわたくしは、海を渡りシシリー島[153]とギリシアをも訪れたいという希望をもっていたのでありますが、おりあしく故国の政情不安の報知により、きゅうきょ帰途につくことになったのであります。

なぜなら、祖国で同胞の方がたが自由を求めて戦っているというときに、わたくしひとりがぬくぬくと外国を旅して、精神的修養にいそしむなどということは、下劣であると考えたからであります。わたくしがローマに戻ろうとしたちょうどそのとき、イングランドのイエズス会士たちがわたくしにたいして陰謀を企てているという手紙を受けとったとかで、くれぐれも気をつけるようにという警告を豪商筋の方がたから受けたのであります。それも、わたくしが宗教について自由に語ったためでありました。その理由はといえば、わたくしはそのあたりの地域では自分から宗教問題について話し始めるのは差し控えるが、もし、自分の信仰についてたずねられることがあれば、結果はどうあれ、隠しだてすることなく語ろうと決断していたからであります。そのようなわけでわたくしは、やはりローマに戻りました。わたくしは素性を問われても、いっさい隠しだてはいたしませんでした。約二か月間、まさにローマ教皇の牙城にあっても、だれかが正統なる宗教を攻撃すれば、わたくしは以前同様、公然とこれを弁護したのであります。

こうして神のみ心により、わたくしは無事、ふたたびフィレンツェの土をふむところとなり、まるで生まれ故郷に戻ったがごとき暖かき友人たちの出迎えを受けたのであります。この地でまた心楽しき逗留生活を二か月ほど送ったのち——その間、二、三日ほどルッカ(154)に足をのばしたりもいたしましたが——アペニン山脈(155)を越え、ボローニャ(156)とフェララ(157)をとおってヴェネツィア(158)へと急ぎました。ヴェネツィアを一か月ほど探索し、この旅行のあいだに買いもとめた書籍を船便で送る手続きをしたあと、ヴェローナ(159)とミラノ(160)を抜け、ペニン・アルプス(161)を越え、レマン湖(162)づたいにジュネーブ(163)へと向かいました。ジュネーブといえば、罵詈雑言をはき散らす、かのモアゆかりの地であります。それゆえ、わたくしはここでふたたび神を証人として呼びまつり——これらの地すべてにおいては目にあまる放縦がまかりとおっておりましたが——わたくしは咎められ非難されるような行ないとはまったく無縁の生活を送ったことを断言いたします。なぜなら、人間の目をあざむくことはできても、神の目からは、なにものをも隠すことはできないということが、つねにわたくしの念頭にあったからであります。ジュネーブでは、わたくしは学識豊かな神学教授ジョバンニ・ディオダティ(164)と毎日語らっておりました。それから、来たときと同じ行程をとり、フランスを抜け、およそ一年と三か月ぶりに故国の土を踏んだのであります。これとほとんど時を同じくして、国王チャールズは平和を破り、スコットランドとの戦争を再開したのでありますが、これが〔第二次〕主教戦争(165)とて知られているものであります。

国王軍は緒戦で敗退し、チャールズはスコットランドと同様、全イングランド国民が自分にたいしてきわめて——そして、正当にも——不快な感情を抱いていると察知するや、すぐさま議会を召集したのであります。自らの自由意志ではなく、差し迫られてやむを得ず召集したのであります(166)。いっぽう、わたくしはといえば、落ち着く先をさがしておりました。(かくのごとき動乱のときにあたって落ち着ける場所が見つかるとしての話でありますが。)そして市内にわたくし自身と蔵書とがはいれるちょうど手ごろな住まいを借りて、そこで喜びにあふれて、中断していた学問研究に専心したのであります。そして、当時の世の出来事のなりゆきについては、まず神に、そしてその務めを委ねられた方がたにお任せしたのであります。そうこうするうち、議会の力は大いに盛りあがり、高慢にふくれあがった主教たちは空気がぬけてしぼんだようになってきたのであります。言論の自由がわずかながらも認められるようになると、みながいっせいに堰（せき）を切ったように主教たちを非難しはじめたのであります。彼らの個人的な悪行を攻撃する者もいれば、主教制度そのものに内在する欠陥を指弾する者もおりました。イングランド国教会だけが他の国ぐにの改革（リフォームド）教会と異なっているのは誤りである、と人びとは主張したのであります。教会は、他国の〔改革教会の〕同信の友たちを範例として、なかんずく神のみことばによって統治されることこそふさわしいというのであります。わたくし自身、すでにこうした問題意識に立っていまして、人びとが自由にいたる真実の道をたどっていることを知っておりました。ですから、信仰を源泉とする規律が国家（リパブリック）の倫理と制度のすみずみにまで満ちあふれていくなら、全人類の生命を隷従から解放するために、この上なく正しき道を進んでいるのだということが、わたくしにはわかったのであります。そればかりかわたくしは、若きころより、なによりも神の法と人の法のなんたるかをきわめようと努めてきたのでありますし、将来、そのことで自分が役に立てるかどうかを自問し続けてきたのであります。ですから、たとえいま、祖国に（そして教会と福音のために危険に身をさらしているいくたもの同信の友に）たいして、たいした役には立てないとしても——当時、わたくしは他の問題で手いっぱいだったにもかかわらず——それでも、わが能力のすべて、わが勤勉さのすべてを祖国と教会と同信の友たちに捧げようと決意したのであります。

それゆえ、まず第一にわたくしは二巻からなるイングランド教会の改革論(167)を、さる友人にあてて書いたのであります。つぎに、かなり高名な二人の主教がさる著名な牧師たちに反駁して、自分たちの特権を主張する(168)ということがありました。わたくしはただひとえに真実を愛するがゆえに、また、キリスト教徒としての義務感から、これらの主題には精通しておりました。ですから、ひかえめに見ても、私利私欲のために不正きわまる権威をえようとがなりたてる連中と同じくらいになら自分の意見を表明できると判断して、さきの主教のひとり〔アッシャー大主教〕にむけて反駁の書を二冊書いたのであります。最初に書いたのが『主教制度論』〔一六四一年六月または七月〕、また、『教会統治の理由』〔一六四二年一―二月〕と題されたものであります。いっぽうでは、もうひとりの主教〔ホール〕にたいしても『スメクティムニューアスにたいする抗議者の弁明への批判』〔一六四一年七月?〕、その後、『スメクティムニューアス弁明』〔一六四二年四月ころ〕において反駁したのであります。わたくしは、かの牧師たちがアッシャー主教の弁舌巧みな攻撃に、いわば苦戦をしいられているのを見て、援軍を送ったのであります。そしてそれ以来、主教たちがなにか仕掛けてくれば、わたくしがその相手をつとめたのであります。彼らがあらゆる人びとの攻撃のまととなってついに倒れ、もはやわれわれを悩ますことがなくなってからは、わたくしの注意は別のところに向かったのであります。わたくしは、真実の自由とまったき理性をなんらかのかたちで世に広めるためにどうすべきかをみずからに問い、その道を模索したのであります。それは外にではなく、内にこそもとめられるべきものであります。武力ではなく、不断の努力と正しく規律ある日々の営みによってこそ、もっともよく達成されうるものであります。

そして、自由には、それなしには幸福な人生がほとんど成り立ちえないと考えられるものが全部で三つあります。信仰の自由、家庭もしくは個人の自由、そして政治的自由であります。このうち、信仰の自由についてはすでに書いたところでありますし、政治的自由については為政者の方がたが精力的にとりくんでいるのを見ておりましたから、わたくしは自分の領分として、残る二番目の家庭の自由を採ることにいたしました。これはまた、三つの問題にかかわっていたように思われるのであります。つまり結婚それ自体の性質、子弟の教育、そして言論の自由であります。それゆえ結婚にかんしては、その正当なる契約だけでなく、必要な場合その解消についてもわたくし自身の見解を表明したのであります。[169] わたくしの説明は神の法にもとづいたものでありまして、キリストもこれを取り消されることはなかったのであります。ましてやキリストは市民生活においてモーセの法以外のいかなる法にも重きをおくことはなかったのであります。唯一の例外としてとらえられるべき姦淫にかんする考察はといえば、わたくしはすでに自分自身と他の人びとの見解をともに表明いたしました。著名なるわが同胞のセルデン[170]は、これより約二年後に出版された『ユダヤの妻』〔一六四六年〕において、この点にかんしていっそう綿密に詳述したのであります。というのも、家庭において人たる身にこの上なくふさわしからざる、かの奴隷状態――すなわち、自分より劣った者に隷従する状態――に苦しむ者が集会や公会場で自由のなんたるかをわめきちらしたとて、徒労にすぎぬからであります。この問題にかんしては、わたくしはさらに数冊の本を出版したのでありました。[171]それはまさに夫と妻とがしばしば不倶戴天の敵同士となって、夫が子とともに〔安息と憩いをもとめて〕家庭にあるときに、妻は敵の陣営にあって夫を災いと死の恐怖に陥れているという火急の秋(とき)でありました。

つぎにわたくしは小冊子〔『教育論』〕で子弟の教育を論じたのであります。[172]たしかに手短なあつかい方ではありましたが、この問題にかんして相応の関心をそそいでいた方がたにとっては、わたくしが思っていたとおり、十分なものでありました。と申すのも、人びとの精神に（内なる真実の自由の源泉たる）徳を注ぎ込み、国家をよく統治し、できうるかぎり長期間、これを保持するためには教育こそが最重要の課題だからであります。

最後にわたくしは正式な弁論の型にのっとって『アレオパジティカ』〔一六四四年〕を出版し、出版の自由にかんして、なにが真実であり、なにが虚偽であるかの判断、なにが出版されるべきであり、なにが出版禁止とされるべきであるかの判断はごく少数の検閲者（たいがいは迷信にこり固まった愚鈍きわまる連中！）の手に委ねられるべきではないことを主張したのであります。烏合の衆のおそまつきわまりない頭ではとうてい理解できない〔優れた〕ものはなにもかも、気まぐれと好みにより出版を妨害されることになるからであります。

最後の政治的自由でありますが、これについてはわたくしはふれずにおいたのでありました。というのも、これについては為政者の方がたがすでにじゅうぶん論じておられることを承知していたからであります。また、議会は国王〔チャールズ〕を公敵と判断し、戦線を布告し、これを戦場で撃退し、罪人として異議申し立ての機会を与え、陪審員は死刑の判決を下したのでありますが、それ以前にはわたくしは王権についてもなにひとつ書いてはいないのであります。さる長老派の牧師たちは、さきにはチャールズを不倶戴天の敵であるとしておきながら、いまや、議会で長老派よりも独立派のほうが信頼され、主導権を握ったことに耐えられず、〔独立派主導の〕議会が国王に下した判決を執拗に攻撃し始めたのであります。（そのこと自体がお気にめさなかったのではなく、自分たちの手でなし遂げられなかったことがお気にめさなかったからであります。）そして、国王に下された、かの判決の残忍さには、新教徒と全改革派教会の教理からして、ただただ恐れおののくばかりである、と強弁しては、ひと騒乱を引き起こさんと画策してはばからぬ始末。ここにいたってわたくしは、かくも厚顔無恥な虚偽には公然と反駁しなければならないと決断したのであります。

しかしながら、このときでさえ、わたくしはチャールズ個人についてなにか書いたり、助言したわけではないのであります。ただ、第一級の神学者の方がたの膨大な数の証言を引用して、暴君にたいして法的に容認されうることを一般論として述べたにすぎないのであります。そしてわたくしは、もっとおいしいことを口約束していたこれらの牧師たちの途方もない無知蒙昧と厚顔無恥とを熱弁をふるって非難したのであります[173]。この書物は国王処刑の後に出版されたのでありますが、それはチャールズについてなにか決定することではなく、人びとの心をなごませることをその目的として書かれたからでありました。（決定するのはわたくしではなく、為政者の方がたの務めでありますし、すでにそれはそのとき済んでいたのであります。）これら、わたくしの奉仕活動はいわば私的に、無償で、あるときは教会に、またあるときはコモン・ウェルスに捧げられたのであります。いっぽう、教会もコモン・ウェルスもその見返りとしてわたくしに与えてくれたのは保護だけであります。けれどもまちがいなく、行為それ自体がまったき良心、善良な人びとのあいだでの良き評判、そしてこの栄誉ある言論の自由を与えてくれたのであります。しかしながら、なにもせずにいて利益をえた者もいれば、栄誉をえた者もいたのであります。だが、わたくしが官職をえようとしたり、友を通じてなにかを欲しがったり、嘆願者のようにして議会の出入口に居座ったり、下院の廊下をうろついているのを見たことのある者はひとりもないのであります。わたくしはほとんど自宅にひきこもり、自分の収入――その大部分はしばしば内戦による混乱のためにさしとめられたのでありますが――から、課せられた（けっして公正とはいいがたい）税金を支払い、つつましく質素に生活していたのであります。

わたくしは、これらの書物を書き上げてしまうと、あとには十分な余暇がまちうけているものと思い、わが国の歴史をその起源から今日にいたるまで途切れることなくあとづける――できればの話でありますが――という務めに向かったのであります。[174] そして、第四巻までを書き終わったときに、チャールズの王国が共和国へと変革されたのであります。そして、初めて議会の権威によりうちたてられた、いわゆる国務会議が――思いもよらぬことでありましたが――わたくしを召し出したのであります。わたくしを外国語担当秘書官に任じるというのでありました。[175] ほどなくして、国王〔チャールズ〕の書いたとされる、議会にたいする悪意むき出しの書物が出版されました。これに反駁せよとの命をうけ、わたくしは『王の像』〔一六四九年二月〕に対抗して『偶像破壊者』〔同年一〇月〕を執筆いたしました。これは、なにも（誤って非難されているように）「死者である国王の霊に鞭打つ」ためにではなく、国王チャールズなどではなく、〈真実〉という名の女王こそ優先されるべきであると考えたればこそのことであります。じじつ、「死者に鞭打つ」とは、わたくしを攻撃する者たちにとっていかにも手ごろな中傷であることはわかっておりましたから、「序言」において（またいたるところで、できうるかぎり）

これについては身の潔白を証したのであります。

つぎに現われたのがサルマシウスでありました。（モアが根拠もなく言いはっておりますが、）サルマシウスに反駁する人物をさがしだすのに共和政府が手間どったとは根も葉もないことでありまして、方がたは満場一致で自発的に、その場で、会議に出席していたわたくしを指名したのであります。

モアどのよ、わたくしがこうまでして自分について語ってきたのも、そなたの口を封じさせ、そなたのうそ八百をあばきだすためである。とくに、このようなことがなければわたくしのことなどよもや知らなかったはずの善良なる人びとに真実を知っていただくためである。ならば、モアよ、汚れた者よ、だまるがよい。口を閉じろと言っているのである。と申すのも、そなたがわたくしを中傷すればするほど、じつはそなた、わたくし自身の行ないについてわたくしに語らせることになるのだ。そして、そこからそなたがなにを得るかといえば、ただ、そなたが大嘘つきであることにたいする、ごうごうたる非難なのである。かたや、わたくしにたいしてはどうかといえば、わたくしの清廉潔白たることを人びとがいっそう高く称賛するために、そなたは道を切り拓いてくれるのであります。

わたくしはサルマシウスがわが国の国情にうとい、よそ者でありながら、わが国の内政に首をつっこんでくるので、これを非難してきたのでありました。そなたはこれにたいして「この〔国王〕弁護という務めは、イングランドとなんの関わりもない者にこそ与えられた特殊な務めなのである」と答えおる。なぜか？「イングランド人は党派根性のために非常に暴力的な行為を行なうと想定してもさしつかえないだろうが、フランス人が人ではなく、法則を重視するというのは一般的に一致した意見である」とそなたは言う。これにたいしてわたくしは以前と同じことばをお返ししよう。そなたのような異国人で、しかも遠方の国の者で、よその国が騒乱状態にあるときにわざわざその国の内政に首をつっこむ、ものずきはいないのであります。いるとすれば、それは賄賂をもらっているにちがいない。サルマシウスが金で雇われたことはすでに証明済みである。そなたがサルマシウスとオレンジ党のつてでなにか職にありつこうとしていたのは周知の事実である。

おつぎに――こちらのほうがさらにたちが悪い――そなたは議会に襲撃をかけるが、そういえば、そなた、ポンティアにも襲いかかるのであった。その上そなたは、なぜわが国の出来事に、とくに異国人としてかかわりがあるのか、その理由をあげているが、それはまったくばかげている。なぜなら、イングランド人が党派根性に左右されやすいというなら、唯一、イングランド人を情報源としているそなた、彼らの党派根性以外になにを取り入れているというのであるか。結論として、イングランド人が彼ら自身の大義において信頼するに足りないというのなら、そなたなど、ますますもって信頼するに足りないのである。なにしろ、そなたときたら、わが国のことなど、なにもおわかりではないのであるから。すくなくとも、そなた、ほとんど信頼するにたらぬ連中――そなた自身のご意見によればですぞ――から得た情報だけをうのみにしているではないか。

ここで、またもや、そなたは「偉大なる」サルマシウスを誉めちぎるのであります。なるほど、そなたの判断するところでは、さぞや偉大であったにちがいあるまい。自分の召使女をそなたの相手として斡旋してくれたのであるから。そしていまも、そなたは彼を誉めそやす。だが、サルマシウスのほうはそなたを誉めはしないのである。じっさい、いまわのきわに彼はそなたを公然と呪い、いくどとなくおのれ自身を責めたのであった。あの畏敬すべき神学者スパンヘイム(176)がそなたの不信心について警告したときに、それを聞きいれなかったからであります。いまや、そなたすっかり狂気にとりつかれて、サルマシウスから理性を、いわば、剥奪するのであります。「サルマシウスが理性をなくしてから長いことになる」というのであるから。そなた、ご自分の役どころは叫ぶ係と気のふれた者の役のみと心得ているはず。それでいてそなた、サルマシウスを口汚くわめく係の筆頭にすえるのであります。「その理由は彼のことばづかいが乱暴だからではない。彼がサルマシウスだからである」

とや！　おしゃべりめが。こうした機知あることばは、あの気くばり細やかなポンティアの薫陶をうけたればこそであろう。そなたの「叫び」は、ぺらぺらとまくしたてる術のみならず、鼻声でかきくどく術まで彼女から教わったのであろう。また、これも彼女が原因であろうが、そなたは「いつの日か、おまえら、邪悪なけだものたちめは、ペンの力の恐ろしさを思い知るであろう」と言って脅迫するのである。だが、そなたのごとき召使女たらし、姦通者と、そなたのペンを恐れる必要があるのは、召使女たちだけであるということを、われわれは「思い知る」ことになるのではなかろうか。誓ってもよいが、もし、だれかそなたに大根かボラを見せさえすれば、自分のしり肉がちょん切られることもなく、邪悪なペンが傷つけられることもなく逃亡しても、よい生活が送れると考えることであろう。

「じじつ、わたくしはサルマシウスどのが始めた仕事にとりかかろうと考えるほどの愚か者ではない」とそなたは言う。サルマシウスがまったくの愚か者でなかったなら、けっして着手しようなどとはしなかったはずの仕事である。偉大なるサルマシウスを愚かさにおいてご自分より上に順位づけるとは、そなたはなんと寛大なことか！「しかし、王の血の叫び声を天にまでとどろかせること」は、「文字が読めない者」でさえもが「なすべき務めである」。――まちがいなく、これこそ自分の務めであるとそなたは主張するのだな。叫び、怒鳴り、吠え。偽善者の役を演じとおし、神聖ぶったことばを吐きつづけるがいい。そのかたわら、そなたはプリアポス(177)のごとき〔自堕落な〕生活に耽るのであるが。よいか、わがことばを信じるがよい、いつか、そなたがあれほど呼びかけつづけていた神が、復讐のために立ちあがられる日が来ようぞ。神は立ちあがり、まず第一にそなたのごとき者どもを根こそぎにされるであろう。そなた、悪魔の使い、改革教会にとって口にするもおぞましき恥辱であり汚点である者よ。サルマシウスの口ぎたなさを非難する人びとすべてにむかってそなたはこう言う。「国父殺しども、あらゆる怪物のうちでも瀆神きわまりなき者どもには、このような仕打ちこそふさわしい」。よくぞ申した。誉めてつかわす。なぜなら、そなたはわれわれに武器を供給してくれているのであるから。そなたはご親切にもわれわれが、そなたとそなたの乱暴狼藉にたいし、どのような仕打ちをして返したらよいかを教え、われわれを責め咎から解放してくれるのであるから。

さて、そなたは理性の力ではなにもなし遂げられないので、サルマシウスの先取りした主題である王権についての一般的原則をあえて主張することさえしないのである。彼の主張の中で理屈にあっていると思われることすべてを追認し、罵詈雑言をまくしたてると、こんどは、なんともおそまつな物語を始めるのである。が、なにしろ理性が欠如しているから、最初にあげた叫び声をただ、まねてくり返すしかない。そのうちのあるものはそなたがサルマシウスから引きついで焼き直したものであり、またあるものはかの匿名の『イングランドにおける最近の騒乱についての詳細なる考察』（この書物じたいが詳細なる考察を要するのであるが）から剽窃し、お色直ししたものである。つけくわえれば、作者は祖国ばかりか、自分の名前まで捨てた輩である。この物語の中の主要な点については、わたくしはすでに『偶像破壊者』や『第一弁護論』において反駁済みでありますから、通史を書いているわけではないので、これ以上、なにも言うべきことはないと考えている。わたくしは、だれか道化師がカエルのようにわめくたびに、同じ軌道をめぐり、すでにいくどとなく述べたことを、また繰り返さねばならないというのであるか。そのようなことは、だんじてすまいぞ！　そんなことで、わたくしの勤勉さと余暇を浪費させてなるものか。万が一、これらの金で買ったお涙ちょうだいのくりごと、堕地獄の輩たちの偽りの不平、召使女との姦通の落とし子、妾腹の子、モアの双子の私生児が、なにか信頼にたると考える者がいるとしても、わたくしとしてはかくのごとき者の意見を変えようといたずらに時間を浪費するつもりはない。なぜなら、それほどだまされやすく性急な者など、なんら恐るるには足らないからであります。とはいえ、とくに典型的な二、三の点についてはふれておくといたしましょう。そうすれば、読者諸氏はこのモアなる男の正体と意見について簡単に理解することができるわけでありますし、あとは推して知るべしであります。

このよそ者は上院と下院をまとめてひとつにするという提案（正気の者でこれについてあえて批判しようという気になる者はないでありましょうが）をしてごたくをならべた後、こう言うのであります。「したがって、国家に平等がもたらされたからには、こんどは彼らは教会にも平等を導入してもよかったのである。なぜなら、当時、主教はまだ居残っていたのであるから。これこそが純然たる再洗礼派(178)の教義でなくてなんであろうか」。神学者でありフランスの(179)教会の牧師である者の口からこのようなことばを聞くことになろうとは、思いもしませんでした。たしかに、再洗礼派の教義のなんたるかが分からぬ者は、本当に分からないなら、まだしも――洗礼のなんたるかが分かるはずはないと考えられます。しかし、われわれが、ものごとをそれに固有の名称で呼ぶとするなら、国家における「平等」は再洗礼派とは違うのです。「平等」は民主の主義であり、はるか古(いにしえ)より存在するものであります。それは、主として教会内に確立されれば、使徒の教義となってあらわれます。だが、「主教はまだ居残っていた」と申される。それは認めよう。そして、合法的統治者であった主教を、国家が宗教の名において追放したときにも、ジュネーブには主教そのものは、まだ居残っていたのであります。ジュネーブにとって名誉の源となるものが、われわれにとっては不名誉とみなされるものであろうか。そなたはジュネーブ市民のあの議決の結果を恨み、われわれに八つ当たりしようとしているのである。不面目にもそなたがジュネーブ市民に追放されたのか、教会から破門されたのか、どちらなのかはいまもって定かではない。それゆえ、そなたはサルマシウスとともに、この福音的な制度に反抗して、主教たちのところに逃亡したように思われるのであります。（そなたがどこへ逃亡したか、なにか意味があるとしての話であるが。）

「つぎに、イングランドはわれわれと同じ信仰をもつ牧師たちが確立した平等体制へと変革された。それゆえ、それから八年めに、口にするもおぞましき国父殺しという行為によってこの事業を完遂させた、まさにその精神がこのときすでに花開いていたことは明らかである」とそなたは言う。それでは、まさにこの精神こそがそなたらと同じ信仰をもつ牧師たちを鼓舞すると同時に、国父殺しをも完遂させたように思われるのであります。そなた、まったくのたわごとを吐き出すことによって〔この論戦の〕口火を切ったのであるから、そのままつづけるがよい。それこそ、背教者にふさわしい。

「国王を処刑すべきであると要求した輩（やから）はわずか三項目の請願しかしなかった」とや。これがまっかなウソであることはわたくし自身も記憶しておりますし、周知の事実でもあります。われわれのうちで一連の出来事を記憶にとどめている人びとがたしかに思いおこすことは、三項目などではなく、おびただしい数の請願がイングランドのさまざまな州から提出されたことと、一か月ほどのあいだに軍の諸連隊から一日につき三項目の割合で請願が提出されたということであります。この件〔国王の処遇〕を議会が重要視して慎重に扱ったことは明白であります。なにしろ、国民のほうが、遅々として決議がなされないのは為政者の方がたの度を越した寛大さのためではないかと疑いをいだき、これほど多くの請願が提出されているのであるから、もう審議を打切りにすべきだと考えたほどでありますから。そなたには想像もつくまいが、何千もの人びとが、すでに慎重に審議を経たことがらについて、さらに議会に勧告するなど不適当、もしくは不必要であるという点では一致した考えをもっていたのであります。

そのなかにはわたくしも入っておりました。ただし、わたくしの態度は、はた目にも明らかだったのでありますが。しかし、たとえことの重大さに圧倒されて、だれもが黙して語らなかったとしたら、どうだというのであるか。そのために、かくも重大な議事について議会の決定能力が損なわれたというのであるか。議会は国民の同意を得るまで待つべきであったというのであるか。かくも重要な協議の結果があたかも国民の同意がなければ効力をもたないかのごとくであります。まったくのところ、国王の専制支配に歯止めをかけるために、全国民により召集された最高の議決機関が、謀叛を起こした野蛮な国王を戦闘で捕虜にした後も、国民の命令に従わなければならない——そして、この捕虜にした敵の処遇について国民の命令もしくは意向にお伺いをたてなければならない——というのであるか。それでは、かりに国民がなにかの拍子にこの敵を免罪するということにでもなれば、かくも勇猛果敢に戦ってコモン・ウェルスを回復した人びとは、まさに暴君のわなに、みすみす自分から落ちこんでいくようなものではないか。

さらに、最重要の議事を議決する最高の権限を委託されたあとで、これらの審議事項——とくに烏合の衆の理解をはるかに越える問題——について、またもや、国民ではなく（というのも、この権限をもっていれば、いまや彼ら自身が国民なのでありますから）、一般大衆に問いあわせしなければならないというのは、はなはだばかげているのであります。なぜなら、そもそも、一般大衆は自分たち自身の経験不足を認識していればこそ、すべてを為政者に委託したわけでありますから。この問いあわせの往復はいつ果てることもありますまい。このエウリプス海峡[180]の潮流のとどまるところはどこなのでありましょうか。かくも多くの浮わついた頭から出てきた請願のなかに、混乱した事態を解消するいかなる安定した、安全な策があったというのでありましょうか。万が一、チャールズを復位させよという要求が出てきたらどうなったでありましょうか。こうしたたぐいの請願——いや、請願というよりも脅迫——が、じっさいに存在したことを認めなければなりますまい。治安妨害をたくらむ輩が、あるときは憎しみに駆られ、またあるときは不満に駆られたのでありますが、これらはたいがい、同様に愚かしく、悪意に満ちていたのであります。このような輩に注意を払う必要があったでありましょうか。「国王との和解工作がとりすすめられるようにと、彼らは自分の州・区をあとにして、大挙して議会の扉に嵐のごとくに押し寄せた。そして多くの者が兵士たちを刺激し、虐殺された[181]」とそなたは言うが。

また、そなたはサリー州の農民たちについて言及する。彼らは（ほんらいは田舎育ちの朴訥（ぼくとつ）な人びとであるのが）だれか他人の悪意に煽動されたものやら、自分自身の邪悪さゆえの行動であったのかはともかくとして、請願書をたずさえてロンドン市中をちどり足でねり歩き、すっかり酩酊していたので、請願よりも、むしろ乱痴気騒ぎにうつつをぬかすという体でありました。

まもなく、彼らはひとつの軍団となり、議会の入口を荒あらしく包囲し、部署についていた兵士たちを追い払い、まさに議会の扉のところで兵士のひとりを殺害したのでありました。あっというまのことで、だれかが言動によって「兵士たちを刺激する」隙もなかったのであります。この暴徒たちがその場から追い払われ、正当に処罰されたとき、わずかに数名が命をおとしたのでありますが、彼らは「自由の息吹を謳歌していた」というよりも、酒臭い息を吐きちらしていたにすぎないのであります。

あちこちでそなたも認めているように、「独立派は数においては劣っていたが、策謀と軍事行動においては圧倒的強さを誇っていた」のである。それゆえ、独立派は法と功績においても優越していたのだと、わたくしは主張しよう。なぜなら、劣勢なるものが優勢なるものに従う——数においてではなく、徳と英知においてでありますぞ——ことほど、人類にとって自然、公正、有効、有益なことはないからであります。わたくしの意見では、たとえ数では劣っていても、英知と経験、勤勉と徳から力がほとばしり出る人びとこそ、議決のさいにはどこでも主導権をとるべきであり、ただ、たんに数が優っている連中などよりも、優勢であるべきなのであります。

あちこちでそなたはクロムウェルについて批評するのであるが、その質については、のちほど吟味するといたそう。それ以外のことについては、すでにサルマシウスにあてて反駁済みである。そなたはまた、国王に下された判決について言及するのを忘れない。しかしながら、これもまた、そなたの言う「偉大な」修辞家「サルマシウス」により、悲劇的主題としてすでに脚色して語られたものであります。そなたの言うところの貴族たち——すなわち、紫の衣を着た、国王の臣下であると同時にそのほとんどは宮廷の牧師たち——は、国王を裁判にかけることに恐れおののき、縮みあがったとや。このようなことが、事の本質とはなんらかかわりないことは、すでに『第一弁護論』で証明済みであります。つぎに、「国王を裁判にかけるなど、イングランドの法に反すると答えたために裁判官たちは解任された」とや。当時彼らがなんと答えたか、わたくしは知らない。ただし、いま彼らがなにを承認し、弁護しているかは知っている。裁判官たちが小心であることは、職務上、好ましいことではないが、なにも、いまに始まったことではない。そのため、「この忌むべき、呪われた法廷にふさわしい裁判長が選任されたが、この男、まことあやしげで傲慢な悪党であった」とそなたは言う。

なるほど、モアよ、そなたはかくも多くの悪徳と罪に汚れている、いや、そなた自身が卑猥そのもの、純然たる罪のかたまりであり、その精神（こころ）も感覚も、うろこのごとき硬い皮でおおわれて麻痺しているために（さもなくば、精神そのものが硬皮のかたまりなのか）、神にたいしては無神論者を気どり、神聖なるものを冒瀆し、人にたいしてはけだものとなり、卓越した人びとに罵詈雑言をあびせかける。とどのつまり、イスカリオテのユダ(182)、正真正銘の悪魔とならざるをえないのであるか。したがって、そなたのごとき輩に罵倒されるは、この上なき賛辞を得るのも同様。なれど、そなたが吠えかかる相手は、かくも卓越した人物であり、わたくしが常にかわらず、この上なき尊敬の念をいだく盟友（とも）なのであります。それゆえ、わたくしは盟友（とも）を、国外逃亡者やモアのごとき者どもの邪悪な攻撃にさらされるがままにしておくつもりはだんじてないのであります。わたくしは彼を護りぬいてみせましょう。彼はコモン・ウェルスの大義のためでなかったら、けっしてこのような攻撃にさらされることはなかったはずでありますから。

ジョン・ブラッドショー(183)といえば、〈自由〉が生育するところならどこででも、その名を永遠に寿（ことほ）ぐようにと〈自由〉みずからが命じたほどの人物であり、周知のごとく、高貴な家柄の出であります。そして、若き日のすべてをイングランド法の勤勉なる研究に捧げ、長じては、雄弁にして気鋭の弁護士、機敏なる、自由と国民の守護者として国家の重要問題を扱う役職につき、また、買収に応じない裁判官としていくつかの職務をまっとうしてきたのであります。そしてついに、議会がチャールズ一世審判のための特設法廷の裁判長となるよう要請したとき、彼は危険きわまるこの職務を拒否することはなかったのであります。なぜなら、法律知識にくわえて、彼には、だれにも屈することなき自由の気概、崇高なる魂、非のうちどころなき徳行が備えられてあったからであります。

かくして、数知れぬ暗殺者たちの剣と脅威にさらされながらも、彼はほとんどすべての範例を越えるこの偉大な、恐ろしい職務を遂行し、完遂したのでありますが、忠誠心、謹厳さ、威厳、心意気に満ち満ちていたために、彼は、とくにこの務めのために神みずからの手により定められ、創りだされた人物であるかのごとくに思われるほどでありました。そして、また、この務めは、はかり知れぬ神の摂理のうちに、イングランド国民のうちに顕現されるべく、遠き以前より定められていたのであります。さらに、ブラッドショーは、暴君を裁きもせずに殺害するよりも、法廷で裁くほうが、はるかに人にふさわしく、高尚であるという観点において、他のすべての範例たる暴君成敗の栄誉に優るのでありました。他の点においては、彼は陰鬱でも厳格でもなく、柔和で穏健な人物でありますが、この大役を見事にやりこなしたのであります。彼が威風堂々とこの務めに着手したわけでありますから（いつも彼にふさわしい、いわば執政官——一年任期のではない——として）、たんに法廷においてだけではなく、全生涯をかけて国王を裁いていたのだと言ってもよいほどでありました。公共の福利のために協議し、行動するときにはだれよりも疲れを知らず、彼ひとりで一軍団に匹敵するのであります。家庭にあっては、自分の流儀に従って寛大に温かく客をもてなすことでは、だれにもひけをとらないのであります。友人のあいだではこの上なく誠実であり、いかなる境遇にあっても、この上なく信頼に値いする人物であります。彼ほど機敏に偏見にとらわれずに、そのものの真価を——それがなんであれ——見抜き、いつくしみつつ追求する人物はないのであります。ときには信仰厚き者、学識深き者、なにか資質ある者たちが、また、ときには勇敢な兵士たちが困窮しているのを見ると、彼は自分の財産をけずって援助するのであります。彼らが必要とされないとしても、ブラッドショーは、やはり敬意を表しつつ、喜んで彼らを歓迎するのであります。いつも、他人を声高に称賛し、自分自身については黙して語らないことを常の習わしとしたのであります。彼の政敵のだれかが、もし正気に返るなら――じっさい多くの者たちがそうなったのでありますが――彼はまっさきにこれを許すのであります。

だが、ひとたび圧政にあえぐ者の大義をおおやけに擁護する必要が生じれば、ひとたび君主の勢力と権限を攻撃する必要が生じれば、祖国の称賛をうけるに値する人物にたいする国民の忘恩を非難する必要が生じれば、ブラッドショーをおいては、これほど雄弁で誠実な人物は他にはないのであります。彼ほど有能で、勇猛果敢な、説得力にあふれた守護者、または盟友は望むべくもないのであります。と申すのも、ブラッドショーこそは、いかなる脅しにあっても正義の道を踏みはずすことのない盟友(とも)であり、恐喝(おどし)をもってしても、賄賂をもってしても、正しき目的と務めから彼を退けることはできず、ゆるぎなき堅固なる意志と沈着さをくじくことはできないからであります。これらの美徳のゆえに、当然のことながら、大多数の人びとに愛されるばかりか、最大の敵にさえも一目おかれているブラッドショーは、われらが祖国イングランドにおける気高き行ないの栄誉を、他の国家すべてに、その子々孫々の末代にいたるまで、つたえ広めるでありましょう。そして、そのときにはモアよ、そなたやそのお仲間は根絶やしにされていることであろうぞ。

さて、話をすすめるとしよう。国王は斬首刑の宣告をうけたのであります。「かくのごとき狂気のふるまいを打ち倒すためにロンドン中のほとんどすべての説教壇から雷電が放たれた」とそなたは言う[185]。そなた、そんな、はりぼての雷電[184]でわれわれを打ち倒せると思っているとは笑止千万。そんなサルモネウスの一味など、われわれは恐れはしないのであります。いつの日か、この者どもには、あつかましくもゼウスの名をかたり、偽物の雷電をこしらえあげた罰が当たるであろう。まこと、謹厳にして非のうちどころなきお歴々である。少し前にはその同じ説教壇から、複数聖職禄兼持者にして不在地主なる者たちを打ち倒すために、同様に恐ろしき轟音をたてて雷電を放っていたのでありますから。そして、少し後で、自分たちが雷電でおいはらった高位聖職者たちが、かつて手にしていた聖職禄を、ある者は三つ、また、ある者は四つほどわしづかみにすると、(かくして自分たち自身が必然的に不在地主となったわけでありますから) かつてそれを打ち倒すために自分たちが雷電を放った、まさにその罪を犯したのでありまして、ひとりひとりが自分の放った雷電に打ち倒されてしまったのでありま す。それでも彼らは恥じることをしないのであります。いまや、彼らは十分の一税を死守することに血道をあげております。十分の一税にたいそうご執心のようでありますから、いっそのこと自分たちの人数の十分の一を、心ゆくまで〔金銭という神に〕犠牲として捧げてもらってはいかがなものか。大地の実りの十分の一だけではなく、〔とくに大きいとされる〕第十番目の津波もひきうけてもらってはいかがなものか。まさにこの者たちこそ、国王は打倒すべき敵であるとして国王との交戦をいの一番に主張した張本人なのであります。それでいて、この敵が捕虜となり、大量虐殺の罪を宣告されるや——自分たち自身が告発の張本人でありながら、——敵は、さよう、ほかならぬ国王なのであるから、これは赦免すべきだと言いだしたのであります。そういうわけでありますから、まるで彼らの説教壇は縁日の露店のごとくでありまして、彼らは気のむくままに、烏合の衆に、安ぴかものを売りつけておいて——さらに唾棄すべきことでありますが——いつでも好きなときに、売りつけたばかりのものを、ひったくって取り返すのであります。

さて、そなたは「スコットランド側は国王を彼らのもとに戻すよう要請しつづけた。彼らは、イングランド側に国王を引き渡したときのイングランド議会との約束を忘れはしなかった」と言う。しかし、国王が引き渡されたさいに、公的な約束事はなんらなかったと、ほかならぬスコットランド側が認めているのであります。じっさいのところ、条件つきでなければ、イングランド側で雇ったスコットランド人の傭兵から、自分たちの国王を引取ることができなかったとなれば、これはまさにイングランドにとっては不面目だったことでありましょう。この真偽にかんしては、一六四七年三月一五日に、スコットランド側の要請にたいしてイングランド議会から提出された答申[186]により、国王の処遇についてはスコットランドはなんら関与しなかったことが明白であります。さらに、そのような条件のもとでなければ、スコットランド側から自分たちに帰属する権限を獲得することができなかったとすれば、議会はこれを恥辱であると考えたはずであるということも、この答申から明らかなのであります。

しかし「彼らは国王を彼らのもとに戻すよう要請しつづけた」とそなたは言う。たしかに、臆病者どもはおじ気づいたに相違ないのであります。彼らは、もはや、国王にたいして思慕の念をもつことはできなかったのであります。しかしながら、イングランドにおけるこのたびの騒乱のはじめから、この者たちは議会で王権について、いちどならず動議を提出してきたのでありました。そして彼らは一六四五年ころ、以下の三点を根拠として国王から王権を剥奪することができると、満場一致で決議したのであります。[187]すなわち、暴君であることが判明したとき、国王の所有地を転売したとき、国民を捨てて省みないときであります。そのあげく、この者どもは、パース[188]で開催された議会で、国王は明らかに聖者たちに敵対しているのであるから、教会から破門されてしかるべきではないか、という問題にかんして、議会の票まで取りまとめたのであります。しかし、決議をするまえにモントローズ[189]が軍隊を率いてパース市にむかって進撃してきたために、会議は大混乱におちいったのであります。そして、この者どもは、チャールズ〔一世〕処刑は妥当であったと、一六五〇年、総司令官クロムウェルあての返事のなかで認めているのであります。ただし、裁判のやり方だけはまずかった。なぜなら、自分たちをその場に臨席させなかったからだというのであります。それゆえ、自分たちが同席しなければ極悪非道の犯罪なるものも、自分たちが同席すれば、推奨されるべき行ないになったはずであるというのであります。あたかも、善悪は彼ら次第、正義・不正義が彼らの判断に委ねられているかのごとくであります。かりに国王が彼らの手に引き渡されたとしたら、もっと寛大な判決を下したかどうか、ひとつおたずねしたいものである。

だが、「イングランド議会は以前、スコットランドの代理使節にたいして、イングランドの王政を変革することは本意ではないと返事をしていた。にもかかわらず、あとになって最初は本意ではなかったが、いまは国家の安寧が要請するところにしたがって、変革を望んでいる、と返事してよこしたのである」とそなたは言う。さよう、それは適正な返事だったのであります。それにたいしてそなた、なにを言うのであるか。「このようにいい逃れをして、イングランド議会は全条約、全協定、そして常識そのものをくつがえすものである」とや。たしかに、そなたの常識はくつがえされたわけである。なぜなら、そなたには、条件のつかない約束と、契約の履行義務をともなった条約の区別がつかないのであるから。イングランド国民は自分たちの自由意志で、当時、国家の先行きの状態として最善であると思われたそのままを応答したにすぎないのであって、その後、意向が変わったからといって、スコットランドに経過説明をする義務をおわされていたわけではないのであります。いまや、国民にたいする忠誠と厳粛なる誓いに抵触しないなら、別の道筋を取ることを国家の福利が要請したのでありま す。そなた、いったいどちらが、より神聖な契約であると考えるのか。先もわからぬイングランドの統治形態についてスコットランドの使節に与えられた条件のつかない返事か、それとも国民にたいしてなされた、国家の安寧と存続にかんする契約の履行義務をともなった誓約、——この上なく厳粛なる契約——か？

しかしながら、緊急の度に応じた政策変更が、議会もしくは元老院に許されているという事実を、キケロの『プランキウス弁護』(190)を読んで、ぜひともそなたに学んでもらいたきものである。と申すのも、わたくしの言うことはすべて、そなたには再洗礼派の教義のごときもの、すなわち怪異なものと見えてしまうのであるから。なぜなら、われわれはみな、国家という、いわば車輪の上に立っていなければならず、この車輪は回転し続けているのであるから、国家の福利と安寧とが指し示す場所を選択しなければならないのである。

さらにキケロは、風向きによって船が航路を変更するように、政治の動向によって自分の意見を調整することは、けっして無節操とは見なされないとまでいうのであります。

じじつ、わたくしがこれまでに学び、この目でもたしかめ、読書によっても確認してきたことは――わが国や他国の博識賢明の人びとにかんする文献が教えてくれたことは――同一見解にいつまでも固執する必要はなく、国家の状態により、また時代の趨勢にしたがって全体の調和に配慮しつつ、その場その場で適切な見解を表明してゆくことこそが望ましい、ということである。

キケロについてはこれでじゅうぶんでありましょう。(だが、モアよ、そなたは〔キケロに敗れた〕ホルテンシウスのほうがお好みと見える。)政治的判断において卓越した見識を示した時代の見解は以上のごときものでありました。かりにこれを再洗礼派が踏襲するなら、彼らはじつに賢明であるとわたくしは判断いたします。モアを筆頭とするけちな聖職者たちや、そのお仲間のサルマシウス――ことばではなく、その実体を見れば、彼はまったく無知蒙昧の輩なのである!――にかかれば、再洗礼派の教義だとして非難されてしまうにちがいない見解を、わたくしは他にもまだ、引用しようと思えばいくらでも引用できるのであります。「しかし、最強を誇るオランダ連邦共和国はつくすだけ手をつくした。オランダ大使を仲介として、懇願もし、報酬の申し出もして、国王の神聖なる首の代金を支払おうと必死であった」とそなたは言う。じっさい、こんなやりかたで正義を買収しようと望むのは、国王の身の安全を望まぬのと同じことであります。だが、人がすべて金で動くのではないことを彼らも学んだのであります。イングランド議会は物売りではないのであります。国王の裁判にかんしては、「チャールズ一世が受難において、いかに多くの点でキリストに似ていたかを証する結果になったのであるが、兵士たちは彼を声高に罵り（ののし）あざけった」〔ルカ二三・三六―三七〕とそなたは言う。しかし、チャールズがキリストに似ていたというよりも、むしろ受難においてキリストは犯罪者に似ていたのであります。さらに、こういった類いの多くのことがいろいろ取りざたされているのでありますが、それはこの行為にたいしていっそうの憎しみをあおる目的で、ありもせぬことをでっちあげ、おひれをつけて広めようという者どものしわざなのであります。

だが、下級の兵士たちが不作法なふるまいをしたとしよう。しかし、だからといって、大義そのものが非難されることはないのであります。「じっさい、国王が歩いてきたときに、国王に神の加護があるようにと祈願したために、その場で殺害されて国王の足もとに倒れた者もいた」とや。このような話をわたくしは聞いたこともないし、聞いたことがあるという者にお目にかかったこともないのであります。この件にかんしてわたくしは国王処刑のさいに終始、警備兵を指揮し、国王のそばから一歩も離れなかった大佐に尋ねてもみたのでありますが、彼は、このような話は聞いたこともないし、まったくの虚偽であると、くり返して誓約したのであります。モアよ、そなたの物語るところがあらゆる点で信頼するにたらぬものであることが、この一件からも明らかでありましょう。というのも、チャールズ一世の死後、彼にたいする世間の同情と（あわよくば）敬愛の念までもかちえようとするあまり、どんなに汚い策を使ってでも、真実をゆがめてまでも、われわれにたいする憎悪をあおりたてようという、そなたの魂胆がまるみえであります。

「処刑台の上で国王が『覚えておけ、覚えておくのだぞ』とロンドン主教[191]にくり返し言った」とそなたは言う。そなたのことばに従えば、むろん、陪審員たちはこの最期にくり返されたことばの意味するところをつきとめようと、かの主教を召喚して、二度くり返された「覚えておけ」ということばの意味するところを明らかにするようにと威嚇し、命じたのであります。まさしく、かねてからのうち合わせどおり（この種の逸話があれば好都合でありますから）、主教ははじめは躊躇し、それがあたかも重大な機密事項ででもあるかのごとく、容易にうち明けようとはしなかったのであります。いっそう厳しく問いつめられて、主教はついに、しぶしぶと、まるで意志に反して脅迫されて自白したかのごとくに明らかにしたというのであります。しかし、本音を言えば、いかなる代償を支払っても是が非でも彼らが発表したかったはずのことであります。すなわち、「国王がわたくしに命じたのは、もし王子に会うことがあったら、父の遺言を伝えるようにということであります。それは、王子がもし王国と王権とを取り戻すことになったとしたら、国王の死の責任者であるあなたがたの罪を許してやるようにということであります〔ルカ二三・四二―四三〕。このことを国王はわたくしに覚えておくようにと、いくども命じたのです」と、かの主教は言ったというのであります。国王が信仰深かったというべきか、はたまた、主教が秘密を守れないたちであったというべきか。この主教、国王の信任を得て、処刑台でこれほどこっそりと委託された重大事項を、ちょっと責められれば、こうもかんたんに漏らしてしまうのでありますから。だが、寡黙とは摩訶（まか）不思議なもの！　ずっと以前に、すでにチャールズ一世は『王の像』において、他の注意事項とともにこの〔父王殺害者たちを許すようにという〕命令を息子にくだしていたのであります。[192]この機密事項がすこし後になって、これ見よがしに、われわれの「意志に反して」、いやでも目に止まるようにというねらいから、じつに用意周到にこの書物がでっち上げられたことは火を見るよりも明らかであります。モアよ、そなたのもくろみは読めている。未経験の者たちに完全無欠のチャールズ一世という偽物をつかませようという腹なのである。かりに、このステュアート家のチャールズではないにしても、チャールズ・ステュアートとかいう、そなたの好みのままに、いつわりの絵の具を塗りたくった、常春(とこはる)の国の住人・神話的人物を無知蒙昧の輩たちにつかませようとの魂胆ぞ。それで手描きの背景幕よろしく登場したのが、気のきいた会話と金言をこぎれいにちりばめた、この唾棄すべきでっちあげの物語というわけである。いかなる道化芝居を下敷きにしたのかはさておき、烏合の衆の耳目をそばだたせるには、さよう恰好のまき餌といえよう。しかしながら、通りすがりに委員がひとり、ふたりこの件にかんしてなにか主教に質問したということはあったかもしれないが、そなたが断言するようなこと――主教が召喚されたとか、審議会もしくは評議委員会が興味を示したとかいうこと（それでは、あたかも、皆がみな、その件に関心をいだき、執拗に真相を究明したかのごときであります）――は事実無根なのであります。

だが、そなたの物語を進めるがよい。チャールズ一世は自分を処刑する者どもを許すようにという息子にたいする最期の命令をくだして、処刑台で主教に託したとしよう。だからといって、チャールズはなにか特に瞠目に値することをしたというのであろうか。ただこのような場に引きだされた者ならだれもがすることをしたにすぎないではないか。処刑台で死に臨む者たちの多くは、人生という舞台の終幕を迎え、人の世のはかなさに思いをいたすとき、チャールズ一世と同様の行為をするものなのではないだろうか。そして、いわば、いよいよ舞台から退場するというときには、憎しみ、怒り、敵意などは喜んで水に流すか、流したふりをして、人びとの心に同情もしくは、この男は無実に違いないという確信を植えつけようとするものなのではないだろうか。〔芝居心のある〕チャールズ一世がたんに見栄を切って見せただけで、「自分を処刑する者どもを許すように」という息子にたいする命令も心の底から真摯な思いで発せられたものであったのか、どうか。はたまた、表向きはそう命令したとしても、じつは内密に別のことを命令したのかもしれず、この問題は軽がるしく論ずることはできないのであります。なぜなら、息子のチャールズは他の面でも父親には従順すぎるほどだったのでありますから、かくも敬虔に主教を通じて届けられた父親からの、この最後の最重要の命令に従ってもなんら不思議はなかったはずであります。

しかるに、子息チャールズの命をうけたのか、彼の権威にもとづいてなのかはともかく、わが国の外交使節がふたり、オランダ(193)とスペイン(194)で暗殺されたとなると、いったい子息チャールズは父親の遺言に、どう従ったといえるのでありましょうか。(しかも、スペイン大使のほうは、国王処刑にはなんの責任もなかったのであります。)そのあげく、子息チャールズはいちどならず、公に文書をまわして、父親を処刑した者どもをいかなる条件でも許すつもりはないとはっきりと宣言したのであります。それゆえ、モアよ、そなたはこのしゃれた逸話が真実であると主張すべきかどうか、ここはじっくり考えるが得策ぞ。おぬし、父親〔チャールズ一世〕を称賛すればするほど、子息チャールズを非難することになるのですぞ。

いまやそなたは、本来の務めを忘れて、国王の血の叫びを天にまで届かせるのではなく、議会を糾弾する国民の叫びについて虚偽をならべたてるのである。そなた、自分は故国でかくも破廉恥なふるまいをしておきながら、他国の内政に干渉するとはサルマシウスの二の舞を演じる、不届き者めが！　いやしくも国民が自分たちを弁護するのに、汚らわしさの固まりのごときそなたの声など援用すると思うのか。性病に冒されたそなたの吐く息すらも、純潔な人びとすべてが忌避するというのに。じつのところ、そなたは国民の声と裏切り者・放蕩者の声とをとり違えているのである。そして、群衆の前で大道芸を披露する流れ者の乞食にふさわしく、最下等の動物の鳴き声を模倣しているにすぎないのである。

しかし、市民の大多数が放縦にながれ、元老院のより健全なる部分よりもむしろ、カティリナやアントニウス(195)

につき従うことを好むという時代がしばしば訪れるものであることをだれが否定できましょうや。だからといって、廉直な市民たちが少数派であることに拘泥せず、市民としての義務を重視して、彼らと勇敢に戦うことができない、などということがあってはならないのである。それゆえ、そなたに是非ともお勧めしたいのは、わがイングランド国民のためにそなたが書き下ろした優美な文章をウォルシウスの年代記のあいだにさしはさむことである。そうすれば、紙の有効利用がはかれるというもの。われわれは悪臭ふんぷんたる三文文士には用などないのであります。(196)

つぎにわれわれは教会にたいして危害を加えたかどで糾弾されるのであります。「軍隊は、あらゆる異端がヒュドラのように生息するレルナの沼そのものであった」とそなたは言う。(197)わが国の軍隊の側に立つ人びとは、それがこの上なく勇猛果敢であると同時に、この上なく穏健で信仰深いことを認めているのであります。他の陣営では飲酒、さまざまな快楽、強奪、賭博、瀆神的言動、詐欺などが横行しがちであります。しかるに、われらが陣営では、戦いの合間の余暇は真実の探究、聖書の精読に費やされるのであります。だれもが、戦場で敵を撃破するよりも、むしろ自他ともに神のみわざについて深く学ぶことのほうが、より高き栄誉にあたいする行為であると考え、戦場での闘争よりも、むしろ、福音と真理の闘争を実践することのほうが、いっそう気高き行為であると考えているのであります。

そもそも、戦争の適正な機能ということを考慮するなら、法の守り手、軍服をまとった正義の守護者、教会の擁護者として組織され、登録された兵士たちの取る行動として、これ以上のぞましいものが他にありましょうか。彼らがたゆみなく励み努めるその真実にして真正の目的は、人類のために平和と安寧を育むという生産的なものであって、いたずらに戦争の種をまいてはその結果を刈りとるというような不毛な作業の繰り返しではないのであります。であればこそ、彼らは、野獣のごとく猛だけしくなるどころか、人間としていよいよ高められ洗練されて当然なのであります。

しかしかりに、この気高き理念を追求する者のなかでだれかが、他人の過失のためか、自分自身が精神的に脆弱であるために、正道からはずれてしまうとしても、われわれは剣を手にしてその者たちを叱責してはならないのであります。理性と説得をたよりとし、ひたすら神に祈りを捧げつつ、彼らにたち向かわねばならないのであります。人間の精神からすべての過ちをぬぐい去る力をもつのはただ神だけであり、神は天上から真実の光をこれと思う者に分かち与えたもうのであります。とはいえ、われわれは厳密な意味での異端はけっして容認することはないし、異端すべてを大目に見ることもないのであります。われわれは異端が根絶されることを願っているのでありますが、それは適切な方法によって、すなわち、指針とより健全な教義によってなされるべきであります。精神に植えつけられたものは、肉体に植えつけられたものとは異なり、剣や笞でとり除くことはできないからであります。

「第一の違法行為と同様に重大な、第二の違法行為を」われわれが「教会所有のいわゆる世俗の財産にたいして行なった」とそなたは言う。オランダ国民にでもよし、ドイツ北部の新教徒たちに、教会の所有財産に手をつけたことがなかったかどうか聞いてみるがよい。オーストリア皇帝が戦争をしかける口実に使うのは、決まって教会の所有財産を奪回せよというものであります。しかしながら、じつのところ、これらは教会ではなく、聖職者の所有財産にすぎなかったのであります。とくにこの点において、聖職者たちは権限要求者、いや全権限要求者と呼ばれるほうが妥当かと思われるが、いかがなものか。なぜなら、彼らは相続した全財産をつかんで離さなかったのでありますから。はっきりいえば、彼らのほとんどはオオカミと呼ばれてしかるべきである！[198]　これほどふさわしい呼称は他にない。さらに、オオカミどもの所有物——すなわち、われらが父祖の迷信的習慣につけこんで貯めこみ、長期間になしくずし的に私物化した山のような略奪品——を委譲させて、かくも長期化した重大な戦争の支出費用に充当させたからといって、それが瀆神の行ないになるはずはない。そもそも、彼らこそ、みなをそそのかしてこの戦争を始めさせた張本人ではないか!

だが、「教会の牧師たちは、主教から奪い取った富が自分たちに手渡されることを期待していた」。たしかに牧師たちは期待していた。しかも貪欲にも、富すべてが手渡されることを。なぜなら、聖職者の貪婪な胃袋ほどに、満たそうとしても満たし切れない底なしの深遠はないからであります。たぶん、他国では聖職者たちに支給される物はふじゅうぶんだったのでありましょう。だが、われわれの聖職者たちにはじゅうぶん、いや、じゅうぶんすぎるほどの支給があったのであります。彼らは羊飼いというよりも、むしろ、羊と呼ばれてしかるべきであります。なぜなら、彼らはえさをやらずに、もらってばかりいたのであります。彼らはすべての点で、文字通りぶくぶくに肥えふとり、知性も肥大化して使いものにならなくなったのであります。というのも彼らは、他国の教会ではまったく廃止された十分の一税という慣習をつめこまれていたからであります。さらに、彼らは神にたいする信頼をほとんど喪失し、神の摂理や教会の善意と感謝の念に委ねるよりも、むしろ、為政者の手を借りて強制的に十分の一税を自分自身の会衆から徴収するほうを選ぶしまつであります[199]。かてて加えて、男女をとわず教区民による饗応に慣れ親しむあまり、自宅で食事するとはどういうことであったかも忘れはてるというていたらくであります。

かくして、ほとんどの聖職者たちは、困窮を知らず、贅沢三昧に暮らし、妻子はといえば、金持ちの妻子と浪費・奢侈を張り合うのであります。新たに手にした大きな財産をもとに浪費に拍車がかけられたとするなら、あたかも新種の毒が教会内に流し込まれたかのごときでありましょう。(それはまさしく、かの災い――コンスタンティヌス大帝[200]の治世に天からそれを嘆き悲しむ声が聞こえたという――そのものであります。)

つぎにモアはわれわれに、神を冒瀆した、その弁明をせよというのであります。なかでも特筆すべきは次の三点、すなわち、われわれが神の加護を信じていること、「われわれの祈りとそして断食」であります。それでは、人のうちでも卑劣きわまるそなた自身のことばを根拠として、わたくしはそなたに有罪を宣告するといたそう。そして、そなたが引用する「ローマ書」一四章四節の使徒パウロのことば(201)をそっくりそのままそなたにお返しするといたそう。「他人の従僕を裁こうとは」そなた、いったい何者か。〔従僕たる〕われわれが立つのも、倒れるのも、われらが主キリストのみ心のままなのである。それともうひとつ、わたくしは「詩篇」六九篇一〇節の預言者ダビデのことば――「わたくしが断食してわが身を嘆き悲しんでいると、それがわたくしへのそしりとなった」――をつけくわえよう。このようにして、この問題にかんする、梅毒病みのそなたのうわごと（再読に耐えうる読者はひとりもおるまいが）に、この後もずっと、ひとつひとつお付き合いしたいと望むなら、わたくし自身も重大な犯罪をおかすことになりましょうぞ。われわれの収めた成果についても、そなたはとりとめもなくまくしたておるが、これもやはり的はずれに終わっているのであります。

モアどのよ、お気をつけ召されるがよい、そなたの愛するポンティアが汗をかいたあとに、そなたが鼻かぜをひかぬよう、鼻に吹き出物などできぬように。かつては偉大だといわれたサルマシウス同様に、そなたは温泉を凍らせてしまう恐れがある。わたくしとしては、イングランド国民の収めた成功については以下のごとく手短にお答えしよう。成果によって、動機の正当性が証明されるものではないのであります。ことの成り行きしだいで動機の正当性が証明されるべきではなく、あくまでも、動機の正当性こそが結果の評価につながるのであります。

いまやそなたは厚かましくも、政治的問題を論じようとするのであります。教職の座（いや、座椅子であったか）の捕虜たる小人めが、国王と国民全体にたいするわれわれの犯罪を糾弾するというのであります。犯罪とはなにか？　われわれのまったくあずかり知らぬことであります。われわれはたんに、自国の問題を処理しただけのこと。他国民の問題に首をつっこむようなまねは、われわれはしたこともない。かりにわれわれを範例として、なにか善なるものが近隣の諸国家にもたらされたとすれば、われわれはそれをうらやんだりはしない。ぎゃくに、なにか災いがもたらされるなら、それはなにもわれわれのせいではなく、基本原則を誤用した彼ら自身の過ちによるのだと確信するのであります。ちょっとお尋ねするが、そなたのごとき、けちな道化師を弁護士にたてて、被害の申立てをしたのはいったいどこの国王や国民であるというのか。

ある人びとは議会で、またわたくし自身は国務会議でじっさいその場にたちあっているのでありますが、演説の機会を与えられた各国の大使や外交使節の方がたは、不満を表明するどころか、むしろ、みずから進んで、わが国との友好と同盟を求めているのであります。さらには、彼ら自身の国王や君主の名においてわがイングランドの国情を寿ぎ、さよう、イングランド国民の幸運を祈り、永遠の平和と安寧を祈念し、このさい先よき成功が持続するようにと神に呼びかけさえしたのであります。これらはわれわれの敵、われわれを憎悪する者ども——そなたはそう証言しているが——のことばではないのである。こうなると、当然の帰結として導きだされるのは、そなたが偽証罪で告訴されるか（そなたにとってはささいなことであろうが）、国王たちが詐欺と邪悪なもくろみを抱いたかどで告訴されるか（国王たちにとってはこれ以上の恥辱はないであろうが）、どちらかである。

しかし、「われわれは、全国民にとって有益な範例、全暴君にたいしては恐るべき範例を提示したのである」と文書の中で認めたからといって、そなたはイングランド国民を非難しおる。たしかにそなたが語っているのは凶悪この上なき犯罪についてである。だれかこう言った者がいたが、それとほとんど同じである。

忠告に従い、正義を学び、神がみを敬え。(202)

これほど致命的な発言がありえようか。「ダンバーの戦い(203)の後、クロムウェルはスコットランド軍にこのように書き送った」とそなたは言う。そしてこれぞ、クロムウェルにも、気高きその勝利にもふさわしきものでありました。「ミルトンのあの忌まわしい書物にも〔吐き気と眠気を催させる〕この種の叙述がゴマとケシの実をふりかけたかのごとくに散見される」とや。そなたはいつも、わたくしをだれか卓越した人物と比較してくれるのでありますか。しかもこの犯罪においては明らかにそなたは、わたくしをクロムウェルと同等の者として、また、ときには彼に優越する者として扱っているのであります。このような肩書を捧げられるのは、そなたがこの身にこよなき栄誉を与えてくれればこそ、と考えざるをえないのであります。（かりにそなたから、なにか栄誉あるものが引き出されるとすればの話でありますが。）「だが、パリ[204]ではそういった箇所は議会の命令により、首切り役人の手で燃やされてしまった」とそなたは主張する。わたくしにはわかっているのだが、これはだんじて議会の命によりなされたことなどではなかった。だれか市職員が――役職が公的なものか、否かはいざ知らず――怠惰きわまる獣というべき、さる聖職者たちに煽動されて実行したことだったのである。彼らはいつか自分たちの太鼓腹にふりかかるかもしれぬ――そうあれかしと祈念する――出来事の前兆を、遠く隔てて見たのであった。

お分かりかと思うが、われわれも、お返しに、サルマシウスの『チャールズ一世弁護論』を焚書にすることもできたのだ。かくのごとき侮辱にたいしては、軽蔑こそ復讐にふさわしいとわたくし自身が判断したからよかったものの、そうでなかったなら、為政者の方がたに要請して、いとも容易く焚書の許可をえることもできたのであります。そなたはやっきになって火で火を消そうとするが、けっきょくはヘラクレスの火葬壇[205]を築きあげていたにすぎず、そこからわたくしがいっそう輝きを増しつつ復活するよう、お膳立てを整えてくれたことになるのであります。われわれはといえば、凍りついてカチンカチンになった『チャールズ一世弁護論』を火中に投じるような愚かなまねはすまいと決断したわけで、そなたたちよりはるかに賢明でありました。それにしてもトゥールーズ市民が父祖とはまったく違った人種になりはてて（というのも、わたくしはトゥールーズでも火あぶりにされたと聞かされたところでありますから）、かつてライモンド伯爵家のもとで自由と信仰がかくもみごとに擁護された当の地でありながら、自由と信仰を擁護するわたくしの書〔『イングランド国民のための第一弁護論』〕が焚書にされたとは、驚きあきれるほかはないのであります。

「著作と同様、著者も火あぶりになればよかったのに」とそなたは言う。これがまことにそなたの望みであるのか、奴隷めが！　だが、モアよ、そなたは同様のあいさつを返されぬよう、よくよく気をつけてこられたのであった。と申すのも、そなたは、はるかに暗い業火でずっと以前に焼きつくされていたのであったから。そなたは姦淫という業火（ごうか）で焼かれ、不品行という業火、偽証[206]という業火で――貞節を犠牲にしてまでもそなたと婚約した女性を、そなたは偽証により不実にも捨てた！――焼かれていたのだ。そなたは絶望的な狂気の発作に焼きつくされ、――邪悪な卑劣漢めが！――そのために神聖この上なき儀式にやみくもに執着することになったのであります。発作に駆られたそなたは、聖職にありながら、目には見えぬ主の身体を淫らな手で汚した。それればかりか、そなたは自分も神聖さを装いながら、神聖さを装う者どもにはありとあらゆる恐ろしい結末が訪れることを、この〈叫び〉をもって宣言したのである。狂気の炎に駆りたてられたそなたは、自分自身の宣告により、その呪われたおつむを絞首刑の首縄のなかにさしいれているのがわからないとみえる。罪と破廉恥な行ないのために、そなたは火だるまとなり、日夜、業火（ごうか）に焼かれ責めさいなまれておる。いかなる敵が願かけをしても、これほどまで厳しい罰は下るまいと思われるほどの罰を受けているのである。

かたや、わたくしはそなたがいかに焼かれようとも、被害はないし、影響も受けない。わたくしには精神をなごませ楽しませてくれる、きわめて多くの慰めがあり、それによってそなたから受けた侮辱をはねのけることができるのであります。なるほど、邪悪な黒幕にそそのかされた一裁判所、いや、ひとりのパリの死刑執行人がわたくし〔の『第一弁護論』〕を焚刑に処した。それにもかかわらず、フランス全土の、きわめて多くの善良にして博識賢明の方がたが、わたくし〔の書物〕を読み、是認し、抱擁してくださるのであります。また、それにおとらず、自由発祥の地たる、ドイツ全土の広大な領域に住む、いく多の方がたや[207]、自由の足跡がまだ鮮明に残る国なら、他のどの国においても、同様のことをしてくださるのであります。さらに、ギリシア自身が、アッティカのアテネ[208]自身が、あたかも蘇ったかのごとくに、いと高名なる養い子ピララス[209]の口をかりて、わたくしを称賛してくださったのであります。

うそいつわりなく申しあげますが、『第一弁護論』が出版され、読者たちの熱意に火がついてからというもの、当時ロンドンに駐在されていた外交使節の方がたは、派遣元が王国であるか、共和国であるかをとわず、たまたま会ったときには、かならずわたくしの成功をねぎらってくださいましたし、またわたくしを招くか、わが家を訪れるかして、会見したいと申し出られたものでした。

アドリアン・パウ[210]よ、オランダ共和国の栄誉にして精華たる盟友よ、いまは亡きあなたの名をあげなければ、それは冒瀆の行為となりましょう。あなたはこの上なき威厳を備えた大使としてわが国に派遣されたのでありますす。とうとうお会いする機会はありませんでしたが、あなたは数かずのお便りをくださって、わたくしにたいする特段の善意を表わしてくださいました。

また、それ以上にわが脳裏にしばしば浮かびあがり、わが心を喜びで満たしてくれるのは、わたくしの書物が諸国王を攻撃したものであるかのごとくに見えるときに、賢くも玉座にある方ご自身がわたくしに微笑みかけられて、神にも見まごうばかりの証言によって、わたくしの正直さと判断の卓越した真実性を証してくださったのは、神のご加護があったればこそのことであるという思いであります。このような形容辞を臆することなく使うのも、すべての人びとの称賛の的たる、いと尊き、かの〔スウェーデン〕女王〔クリスティーナ〕とその名声に思いをいたせばこそのことであります。アテネ随一の賢者〔ソクラテス[211]〕がデルポイのアポロン[212]自身の神託により得た栄誉が、かの女王から賜ったわたくしの栄誉に優るとは思えないのであります。（だが、こう申しあげたからといって、わたくしは自分をソクラテスに比較するつもりはないのであります。）

しかしながら、運命のめぐりあわせにより、わたくしがまだ若いころにこれらのことばを書いていたとしましょう。そして、演説家が詩人と同等の自由を認められていたとしましょう。その場合、わたくしは迷わず、自分の運命を、さる神がみの運命よりも高次においたはずであります。なぜなら、彼らは神でありながら、ただ見た目の美しさや音楽にかんして競争し、その勝敗を人間の判断に委ねたのでありますが[213]、かたや、わたくしは人間の身でありながら女神にましまます方の判断によって[214]、あらゆる競争のうちで、もっとも気高き競争において勝利者となったのであります。わたくしがかくも高き栄誉を与えられていたなら、敢えてわたくしを侮辱しようとする者は、この死刑執行人——命令を下す役目だったのか、実行に移す役目だったかはさておくとしても——以外にはひとりもいなかったことでありましょうに。

ここにいたって、そなたは自由を擁護したオランダ連邦共和国の功績を範例として引用することによって、われわれが自分たちの行ないを弁護するのを精力的に邪魔しようとするのである。サルマシウスもまた、同じことをしようとしたが徒労に終わったのであります。そのとき彼にしたのと同じ返事を、いまそなたにするとしよう。われわれイングランド国民は、オランダ国民が自由のために戦っているときに、いくども手助けをし、応援してきたのでありますが、彼らと張り合う必要があると考えたことはいまだかつて一度もないのであります。自由のためになにか英雄的な行為がなされなければならないのなら、われわれこそがわれわれ自身の範例となるのでありまして、人に追従するのではなく、人を先導することをならわしとしてきたのであります。

愚劣きわまる議論（そなたのごときごろつきにはよくお似合いであるが）によって、そなたはフランス国民をけしかけ、われわれに宣戦布告をさせようとまでしておる。けちな詭弁家めが。「フランス国民の精神はイングランドの外交使節を受け入れるのに耐えられないことであろう」とそなたは言う。だが、いっそう重要なのは、フランスがすでにみずからの意志で三度以上、自分たちの外交使節をわが国に派遣しているということであります。それゆえ、フランス国民のほうはいつもながらの寛大さを見せたのであるが、そなたのほうは、堕落し、虚偽に満ちた、無知な詐欺師であると判明し、有罪の宣告を受けたのである。

つぎにそなたはオランダ連邦共和国がわが国との交渉を巧みに長引かせ、「イングランドとは条約も結ばず、交戦もせずに」いたいと望んでいたと証明しようと、やっきになりおる。しかしながら、連邦共和国ともあろうものが、いわばジュネーブから逃亡してきて、うまやのかたすみに居候させてもらっている男などに機密を漏洩させ、無効にさせることなどあってはならないのであります。なんとなれば、この男、逗留期間の大幅な延長許可がおりれば、召使の娘はおろか、公共の議決機関をも、かならずや堕落させるのがおちでありましょうから。なぜなら、連合共和国自身はわが国に完全な友愛と親愛の情を示して、全人類に祈念する、恒久的和平をわが国とのあいだで回復したところだからであります。

「死刑台送りの外交使節ども(もちろんイングランドから派遣された)がイングランドの王党派たちばかりか、とくにオランダ人たちにより毎日のように嘲笑され、身の危険にさらされて、責め苛まれるのは見ていて楽しかった」とそなたは言いおる。もし、最初の外交官ドリスラスを殺害し、二人の補佐官に危害を加えた反抗の責任者を発見できずにいたとしても、自分自身の接待主にして恩人にぬれぎぬを着せるのを恥ともおもわぬ、密告者をこの場で見逃す手はないのであります。オランダ国民の方がたよ、この不埒者をぬくぬくとお国に住まわしておかれるのか。こやつめは好色な聖職者であるばかりか、正しきことすべてを不当に侵害せよとそのかす血に飢えた煽動家なのであります。そしてひとたび、ことがなされるや、裏切って密告するとんでもないペテン師なのであります。

告発状の最後にある罪状は、われわれが「改革教会を攻撃している」というものであります。しかし、実際には改革教会のほうが、はるかにたちの悪い攻撃をわれわれにたいしてしかけたではありませんか。そなたが、あくまでもわれわれの「範例」に固執するなら、ワルドー派[215]の人びとやトゥールーズ市民[216]からラ・ロシェル[217]の飢饉にいたるまでの歴史の道すじをつぶさに見るがよい。そうすれば、われわれが暴君にたいして武装蜂起した全教会の最後に位置するものであることが必ずや明らかになるはず。しかし、われわれが暴君を死刑に処した最初の範例であることは認めよう。確かにその通り。と申すのも、われわれの場合、その最初の範例となるだけの力量が備えられていたからである。われわれの先駆けとなった人びとに、もし同じだけの力量があったなら、だぶん同じことをしたでありましょう——彼ら自身、そのことに気づいてはいなかったとは思いますが。

すなわち、わたくしの見解では、(理性を働かせて判断すればおのずと明らかでありますが、)われわれは交戦相手を敵と見なすのであります。ところで、交戦するのとまさに同じ理由・同じ根拠によって敵を殺すのはいつの時代にも当然とされてきたのであります。そして、暴君というものは、たんにわれわれの敵であるにとどまらず、文字どおり、全人類の敵なのでありますから、武力で攻撃することができるなら、まさにそれと同じ法にしたがって死刑に処することができるのであります。

じつは、これはわたくしだけの見解ではないし、新奇なものでもないのであります。思慮分別、もしくは常識(コモン・センス)の命ずるところにしたがって、わたくしと同じ確信をいだくにいたった人びとが過去にもいたのであります。それゆえ、キケロは『ラビリウス弁護[218]』において、「サトゥルヌス[219]を死刑に処したのが不当だったとすれば、サトゥルヌスと交戦したこと自体が正当性に欠けていたということになるはずである。諸君は、武力闘争が法に適(かな)っていたと認めるなら、彼が断罪されたのも、また法に適っていたのだと認めなければならない」と述べているのであります。この問題については先にも論じましたし、しばしば他のところでも論じておりますが、このこと自体、自明の理であると考えます。それゆえ、かりにフランス国民にも同様の機会が与えられたなら、彼らもまた、同様のことをしたであろうということは容易に推測できるのであります。

ひとつ、つけ加えておかねばならないことがある。それは、暴君にたいして武装蜂起した者はみな、暴君を断罪するために全力をつくしているわけで、その意味では全員に責任があるのであります。じじつ、彼らが自分自身や他人にたいしてどんなきれいごとを言ってとりつくろってみても、すでに暴君を処刑したも同然の行ないをしているのであります。だが、このような見解はわれわれというよりも、フランス国民に関係することでありました。そなたときたら、フランスだけはかくのごとき瀆神の行ないとは縁がないと言いたいらしいが、では、いったい『フランコ・ガリア[220]』や、ベーズ[221]により書かれたと一般にいわれている『暴政に反対する権利』はフランス以外のどこの国から出てきたものやら、おたずねしたきもの。トゥー[222]が言及している他の書物はいったいどこの国で書かれたものなのか。

しかしながら、（あたかもこの問題にかかわったのはわたくしひとりであるかのように）そなたは言う。「ミルトンはこの問題には大いに関心があるのだから、彼の冒瀆的狂気にとうぜん受けるべき報いを受けさせてやってもよかったのであるが」と。たわけたことを、この死刑台送りの悪党め！　そなたが牧師の職にあったがために、みじめにも面目を失ったミドルブルグ教会が、そなたの犯したおぞましい悪事のかずかずにたいして、それ相応の報いを与えていたなら、そなたなど、とっくの昔に地獄に落とされていたであろうに。もし、為政者たちがそれ相応の報いを与えていたなら、そなたは姦淫の罪で、とっくの昔に、絞首刑になっていたはずである。じつさい、首を洗って覚悟を固めておいたほうがいい。聞くところでは、ミドルブルグ教会もことの重大さに気づいて、名誉挽回の方策を考えたというではないか。〔ひつじの番を忘れて〕やぎの番をするなまぐさ坊主どの、いや、さかりのついたヤギそのもののそなたを破門し、地獄落ちと宣言したとのこと。アムステルダムの為政者たち[223]も、そなたの檜舞台たる説教壇からそなたを締め出したそうな。神聖なる教会で、公衆の面前に、そなたが厚顔無恥な顔をさらし、邪悪な声で神聖なる題目について語るのは、善良なる人びとすべてにたいする最大の侮辱だと考えて、それを禁止したのであります。いまや、そなたに残されたのはギリシア文字だけであるが、それもまもなくとりあげられる運命（さだめ）。ただひとつ残されたそなたにふさわしい文字とは、教授（プロフェッサー）にではなく、ぶら下がった弟子（ペンシリス）〔イスカリオテのユダ〕にこそふさわしい文字〔すなわち、絞首台の形を思わせるπ〕である。

　わたくしは怒りにまかせてこのようなことを言っているのではない。当然のことを言っているにすぎないのである。なぜなら、そなたのごときものの罵詈雑言に腹をたてることなど、全くない。じっさいのところ、罵詈雑言は大歓迎。いくら悪意に満ちた中傷をあびせても、結局はわれわれに恥辱どころか、名誉を与え、われわれを称賛する結果になってしまうのはいつものことでありますが、それも神のご加護があればこそと確信しているのであります。と申すのもこんな連中に称賛されたら、それこそ恥辱となりましょうぞ。だが、勇敢なる親ゆび小僧どの、なぜ攻撃の手をゆるめてしまうのか。「偉大なるサルマシウスさまこそ、この大敵〔ミルトン〕を打倒して勝利をおのが手におさめる栄誉に浴するお方でありましょうに、このわたくしがそのサルマシウスさまの領域を犯して平然とはしていられませんので」などと言いおる。かりに、そなたにはサルマシウスもわたくしも、同じくらい偉大に見えるとしても、じっさいにはたぶん、わたくしの職務のほうが難しいものとなろう。とくに、サルマシウスはすでにこの世にはないという理由で。しかし、〈真実〉こそが勝利するものならば、わたくしは勝利にはこだわらないのであります。

　さて、そなたは〈叫び〉を続行する。「彼らは国父殺しをひとつの教理に変質させようともくろむ。しかも、改革教会の同意を得てこれをやりたがっている。彼らは正面きって弁護しようとはあえてしないのである。そして、ミルトンによれば、これは宗教改革のまさに先駆をなしたこの上なく著名な神学者たちの見解でもあったということになる」。さよう、それはまさしく彼らの見解でありました。これについて、わたくしは英語で書いた『国王と為政者の在任権』第二版〔一六四九〕やその他の書物のなかで、より詳細に証明したのであります。なんども繰り返し述べたことを、また蒸しかえすのは退屈な作業であります。わたくしはルター、ツウィングリ、カルヴァン、ブーツァー、ピエトロ・マルティレ（・ベルミーリ）、パレウス、そして最後にノックス[224]を逐語的に引用したのでありますが、ノックスについては、わたくしが言及する「唯一のスコットランド人であり、この点にかんしてはあらゆる新教徒が――とくにフランス人が――非難した」と、そなたは言うのであります。

しかしながら、ノックスは引用中にあるとおり、カルヴァンや当時の著名な神学者たちと親交を結び、その教理を彼らから学びとったと自分で言っているのであります。『国王と為政者の在任権』では、同趣旨の問題について、メアリ女王やエリザベス女王[225]の統治下の、より健全な神学者たちからも引用して、より深い考察を加えているのがお分かりになるであろう。[226]そして、とうとうそなたは長たらしい、神への祈りのことば――お仕着せの唾棄すべき祈りのことば――をもって邪悪な結論に到達するのである。心かたくななそなたは、姦淫に汚れた顔をさしあげて天を仰ぐのである。だが、わたくしはじゃまだてはすまい。どうあがいてみたところで、そなたの不信心の度はこれ以上、増しようもないのであるから。

さて、わたくしは先にお約束した主題に戻るといたそう。この時点でクロムウェルが首謀者であるとして糾弾されている「犯罪」の内容を吟味するといたそう。ひとつひとつ切り離して見たときには、それがいかに些細なものであるか、明白であろう。全部まとめて一覧表にしてみたところで、まったく重みなどないのであるから。

「クロムウェルはきわめて多くの証人を前にして、すべての専制国家を打倒し、すべての専制君主を破滅させるつもりであると宣言した」とや。そなたの物語るところがどれほど信頼するに足るものであるかは、すでになんども見てきたところである。おおかた、国外逃亡者のだれかが、クロムウェルはこう言ったと、そなたに伝えたのであろう。そなたは「多くの証人」と言いおるが、その名前をひとつとしてあげてはいない。それゆえ、そなたの根拠もない中傷は、それ自体の欠陥ゆえに無効となるのである。クロムウェルが自分の行ないを得意げに吹聴するのを聞いたことがあるという者は、いまだかつてひとりもいないのであります。ましてや、まだ、してもいないこと——しかも、きわめて困難なこと——を高慢にも約束したり、警告したりするような習慣はまったくないのであります。じっさいのところ、そなたに情報を提供した者どもが（綿密な計画にそって、というよりも、むしろ）悪意をもって故意にウソをついたのでないなら、とにかくクロムウェルの性質とはまったく相いれないこんな話をでっち上げることはなかったでありましょうに。

そなたはしばしば国王たちに身の安全に留意せよと、ご注進におよぶのである。だが、国王たちはむしろ、そなたごとき者の愚にもつかぬ、ご注進は無視して、溜まり場でむだ話を聞きかじる[227]ようなまねはやめるがよろしい。それよりも、国王にふさわしい助言者を採用すれば、自分自身の利益と身の安全に留意することがずっと容易になるはずである。次なる罪状は、クロムウェルこそ「密かにワイト島に逃亡すべきである」と国王を説得した張本人であるというものであります。国王チャールズこそがさまざまな策を弄して、しかも三度も逃亡して——最初はロンドンからヨークに、二度目はイングランド本国に駐屯するスコットランドの傭兵隊の中へ、そして最後はワイト島に逃亡して——おのが身の破滅を招いた張本人であるという事実は、つとに知られているところであります。だが、最後の逃亡の原因がクロムウェルであったというのであるか。なるほど。しかしながら、まず、わたくしが驚きあきれてしまうのは、王党派の連中はあれほどしばしばチャールズ〔一世〕のたぐいまれなる賢明さを臆面もなく称賛しているのでありますが、当人は、味方の間にあっても敵に捕らわれていても、宮廷にいても戦場にいても、ともかく自分の意志で行動したことはほとんどなかった、ということであります。チャールズはいつも他人の言うがままでありました。いま、妻に支配されていた[228]かと思えば、今度は主教たちに、さらには宮廷人たちに、かと思えば兵士たちに、そして最後は敵の言うがままになったというわけであります。一般的にいえば、チャールズはいつも悪い忠告、それも最悪の忠告に従ってきたのであります。チャールズは説得され、つけこまれ、一杯くわされ、恐怖に打ちのめされ、はかない望みに惑わされつづけたのであります。敵と味方、双方の共通の餌食として、チャールズは駆り立てられ、引きまわされたのであります。この種の史実は削除するか、あるいはチャールズの「賢明ぶり」を宣言するなどは止めることであります。

つぎに、認めなければならないのは、他の人びとより知恵と判断力にすぐれているのは本来、望ましいことなのでありますが、それにもかかわらず、国家が派閥争いに悩まされているときには、この優越性には不都合があり、きわめて深い経験をつんだ人びとすべてを派閥双方の中傷の渦の中にいっそう深く引きずりこむことになるのであります。こうした状況が、しばしばクロムウェルを傷つけてきたのであります。こちらでは長老派が、あちらでは王党派が、自分たちにとって過酷と思われる方針があればそれがなんであれ、公共の戦略をではなく、クロムウェル個人を攻撃するのであります。じじつ、自分たちに先見の明がなかったために、なにか過ちを犯したとしても、彼らはぬけぬけと、それをクロムウェルの策謀のせいだというのであります。すべての非難が不当にもクロムウェルに集中するのであります。あらゆる過ちがクロムウェルのせいだというのであります。しかしながら、国王チャールズのワイト島逃亡は、クロムウェルにとってもまったく寝耳に水の出来事だったのであります。当時、クロムウェルは、他の議員だれもがそうであったと同様、何マイルも離れたロンドンで、議会に出席していたのであります。彼は、ことの顛末を手紙で知らされたのであって、それはあたかも、当時、きわめて予期せぬ出来事を知らされたかのごとくでありました。

その上、真相は以下のごとくでありました。なんども約束したにもかかわらず、国王に改悛した様子が見られなかったために、全軍隊が国王の処罰を要求し始めたところだったのでありますが、国王はそのごうごうたる叫びにすっかり狼狽して、おのが身を守ろうとたったふたりの腹心の部下とともに、夜陰に乗じて逃亡することを決断したのであります。しかしながら、供の者が経験不足であったためか、臆病だったためかはともかく、落ち着き先よりも、逃亡そのものに気を取られていたために、国王はみずからすすんでワイト島の総督であったハモンド伯のもとに身をよせたのであります。そこで、密かに船が用意され、フランスかベルギーまで、快適な船旅が確保されるのではないかという期待を抱いてのことでありました。わたくしは、ことの顛末を、事件の一部始終に熟知する絶好の機会を得た人びとから聞いたのであります。

　だが、いまひとつ、クロムウェルのせいで「イングランド国民はスコットランドとの戦争に勝利された」のだと、この男、非難するのであります。モアよ、そなた、文法間違いをしておいでだ。「勝利された」ではなく、「勝利した」としなくてはならない。[229] イングランド国民は自身の力で栄誉ある勝利を得たのであります。そなた、恐怖にたじろいで、プリスカヌスの机にぶつけて、恐怖でもうろうとなった学者頭で、かろうじてこのことについて語っているのだとしても、これがスコットランドにとっては多大な犠牲を強いられた戦争であったということぐらいは理解できるはず。

「この大混乱をよそに、クロムウェルは軍を率いて遠方にいたのである……」とや。とんでもない！　それどころか、クロムウェルは――ウェールズの反乱を鎮圧し同盟を回復するという務めと長い包囲活動とで疲労困憊していたのでありますが――すでにイングランドの中枢部に進軍し、いまや、議会にとって脅威となっていた敵軍に真向から立ち向かい、征服し、敗走せしめるというきわめて輝かしい戦果をおさめたというのに、長老派が、「(まさにそなたの言うとおり)クロムウェルに飽きてきた」のであります。クロムウェルが命をかけて公敵を撃退しているさなかに、長老派の連中は国内にあって、彼にぬれぎぬをきせて告発するのであります。クロムウェルは彼らのために戦線で勇敢に戦っているというのに、長老派はハンティントン[230]とかいう、さる大尉をつかって偽証させ、クロムウェルを死罪にあたる咎で告発するのであります。かくも卑劣で恩知らずな行ないを耳にして、異議を申したてぬ者がありましょうか。まさにこの連中にそそのかされて、傲慢不遜でおのれを知らぬ若者の群れが、職工見習いたちが大挙して議会を包囲し、かの連中にわめきちらし、脅かして、自分たちの望みどおりの法令を発布するようにと強制したのであります。これほど不名誉なことがありえましょうか。かりに、総司令官のフェアファクス[231]が、この無敵の副官がかくのごとく侮辱されるのは耐えがたいと考えなかったなら、かりに、全軍団が――すでにじゅうぶん恩知らずな扱いを受けていたのでありますが――かくのごとき言語道断の仕打ちがなされるのを禁じなかったなら、スコットランドに勝利して帰還したわれらの英雄〔クロムウェル〕が、かのカミルス[232]同様に追放されるか、きわめて屈辱的な処罰をうけるのをわれわれは目撃することになったはずであります。

かくてクロムウェルはロンドン市内に入ると、暴徒をやすやすと制圧し、われらが宿敵スコットランドと結託する者どもを議会から追放したのでありますが、これは理に適ったことでありました。いまや、徒弟たちの横柄な動きから解放された残部議会は（議会の意向にも、議会の公の命令にも背いて）ワイト島の国王と交わされた協定を破棄した罰もうけず、まったく制約もうけずにいたのでありますが、ついに良心の咎めを感じて、みずから進んでクロムウェルの許しを乞い、自分をそそのかした張本人がだれであったかを自白したのであります。これが、勇敢にも祖国を解放した英雄に、きせられたぬれぎぬの実体であります。それ以外のものについては、わたくしはすでにお答えしております。これで、事実がおわかりになったはず。

しかしながら、クロムウェルといえば、わが国全体をゆうに代表する偉大な人物であります。その人がなんの不正も犯していないと証明するだけでは、わたくしはまったく務めを果たしていないのも同然であります。と申すのも、クロムウェルがいかに並外れて優れた人物であるか、全人類の称賛を受けるに値いする人物であるかを、民族のわくと世代をこえて、わたくしの力のおよぶかぎり証せんとするのは、わが国のためばかりではなく、ほかならぬわたくし自身のためでもあるからであります。（わたくしもまた、クロムウェルとまったく同じ誹謗と中傷と非難にさらされてきたからであります。）

オリヴァー・クロムウェルは名望の誉れ高き家の出であります。クロムウェル家の名は前の時代にも王政下の政治的手腕により称賛されましたし、正統なる宗教が改革され、初めてイングランド国民の中に確立されるや、いっそう、名高いものとなったのであります。クロムウェルは自宅でひっそりと育ちました。そして、成人に達し、身を落ち着けても、清教徒としての献身的な信仰と正しい生活ぶりがつとに知られるばかりで、まったく私人としての市民の生活を送っておりました。この上なく重要な秋にそなえて、クロムウェルは沈思黙考の内に、神への信仰と強靱な精神をひたすら育んでいたのです。国王により最後の議会が召集されたとき、クロムウェルは出身地の選挙民に推挙されて、議席を勝ちとりました。議会では、すぐに彼は公正な判断と確固たる意見によりその名が知れわたりました。戦争が始まると、クロムウェルは兵役につくことを申し出て、騎兵大隊長に任命されたのでありますが、クロムウェルの旗のもとには、きわめて多くの精鋭が集まったのであります。部隊は一躍、増強され、ほどなくクロムウェルは、功績の規模の大きさにおいても、偉業をなし遂げたその迅速さにおいても、偉大な指令官たちに、まずは抜きん出てしまったのであります。しかし、これもなんら驚くにはあたらぬことでありました。なぜなら、クロムウェルはおのれ自身をよく知っている武人であり、内なる敵——野望、恐怖、欲望など、なんであれ——をすでに自分自身の内部で打ち倒していたか、ずっと以前に征服してしまっていたからであります。まず始めに自分自身の司令官にして勝利者であったクロムウェルは、すでに内なる戦いにおいて、きわめて効果的に勝利を収める方法を学んでいたのでありますから、外なる敵〔王党軍〕との戦闘に参加した初日でありながら、彼はすでに老練兵・古強者として参戦したのであります。

この弁論の限られた範囲の中で、題材に相応しい威厳をこめて多くの都市を占領した様を叙述し、多くの戦い——さよう、どれもじつに重大な戦いであり、クロムウェルはいちども敗北したり、敗走したりせずに、いつも勝利をおさめながら、イングランド全土を縦断したのであります——を目録にまとめることは、とうてい不可能であります。かくのごとき勲功には、真実の歴史——そこでこそ、勲功が叙述されうる、いわば、第二の戦場——の広大な視野と、勲功を物語るに相応しい長さとが要求されるのであります。クロムウェルの類いまれなる、神にも似た美徳を証明するには、次に述べる一例でじゅうぶん事足りるのであります。知性によるのか、天賦の才か、訓練の賜物なのかはともかくとして、クロムウェルの内にはきわめて偉大な力がもえさかっているのであります。（それは、たんに軍隊の規律にのっとっているばかりか、キリスト教徒としての徳の規範にものっとったものであります。）それゆえ、彼の陣営には、軍事的知識のみならず、宗教と信仰をも兼ね備えた兵士ばかりが、祖国の津々浦々から馳せ参じたのであります。彼らは、すでに善良で勇敢であるか、さもなければ、主にクロムウェルを範例として、善良で勇敢になった者ばかりなのであります。クロムウェルはこの兵士たちを統率し、休戦時をふくめて戦争の間じゅう、多くの意見の対立を克服し、難局を乗り切り、兵士たちに責務を果たさせてきたのであります。それはいまも、変わりません。軍隊にありがちな賄賂や特権乱発によるのではなく、自分の権威と給金だけで、それを続けているのであります。かつて、いにしえのキュロス(233)やエパミノンダス(234)、もしくは、他の卓越した司令官も、これほどの称賛を受けることはなかったのであります。そして、これほどの大軍団、これほどよく訓練された軍隊を、クロムウェルほど短時間に召集した人物はいまだかつてないのであります。この軍隊はあらゆる点においてクロムウェルの命令に忠実であり、同志たる市民からは歓迎され、愛される一方、戦場では敵にたいしてはじつに勇猛果敢に立ち向かって行くものの、いったん投降すれば、おどろくほど慈悲深くあります。敵の財産にかんしても、この軍隊はきわめて無欲で、略奪行為もまったくありません。そのため当の王党派が、自分たちの軍隊の犯罪、飲酒、無信仰、強欲ぶりにひき比べてみたときに、戦局の変化を喜んだのであります。彼らは、クロムウェルの軍隊が敵ではなく賓客としてやってきたのであり、善良なる人びとすべてを擁護する一方、邪悪な者どもを威嚇するために、すなわち、美徳と敬虔そのものを鼓舞するためにやって来たのだと確信したのであります。

さらに、フェアファクスよ、あなたを抜きにして話を進めることはできないのであります。あなたの内には、自然と神の恩寵とが、まさに至高の勇気、至高の慎み深さ、至高の清浄さと結びあっているのであります。いにしえのスピキオ・アフリカヌスがリテルヌムに引退した(235)ように、あなたは現在、隠遁生活に入られ、できるかぎり身をひそめておられますが、ご自身の正しさと功徳のゆえに、この場〔この弁護論〕に召喚され、称賛を分かちあうに相応しい方であります。あなたは敵のみならず、野心、そして他の卓越した人びとの大半を屈服させた〈名誉を渇望する心〉をも征服なさったのであります。いま、あなたはあらゆる労働と人間的活動の終着点であり、最高の活動とさえ呼べる、この上なく喜びに溢れ、名誉ある隠遁生活に入り、徳と気高き行ないの報酬を収穫しているのであります。いにしえの英雄たちが、(けっして、あなたほどに偉大なものではありませんでしたが)戦いに明け暮れ、勲功をなし遂げた後、やはりそのように休息を楽しんだとき、これを誉め称えようとした詩人は、主題を適切に叙述するために苦悩したすえ、ついに、英雄たちが天上に招かれ、神がみと食卓を共にしたという神話を創造するにいたったのであります。わたくしが考えておりますように健康上の理由からか、もしくは別の理由からかはともかくとして、あなたは公的な生活から退いてしまったのであります。しかし、もしあなたが、この上なく偉大な自由の守護者つまり、公益を護持する最強にして敬虔きわまる柱を後継者として残しておかなかったなら、なにものもあなたを国家の要請から切り離すことはできなかったと、わたくしは堅く信じております。

なぜなら、クロムウェルよ、あなたが健在だというのに、イングランド国家の安寧にたいして危惧をいだくような者は、神にたいして絶対の信頼を示しているとはいえないのであります。神がいかなる場にあってもいつもあなたにこの上なき恩寵を与え、助け手となっていることは、だれの目にも明らかだからであります。しかし、いまやあなたはたったひとりで新たな戦いに取り組まねばならなかったのであります。

けれど、多言は無用であります。わたくしはあなたの勲功の内、もっとも偉大なものについて、あなたがそれらをなし遂げた迅速さを手本として、できうるかぎり手短に語るつもりであります。イングランド側が唯一の都市〔ダブリン〕を残してアイルランド全土を失ったときあなたは軍隊を派遣し、いちどの戦闘で即刻アイルランド軍を撃破したのであります[236]。あなたが一日刻みで務めを完遂しているとき、とつぜんスコットランドとの戦争に召集されました。あなたは疲れも見せず転進し、国王と謀ってイングランド侵略の準備を進めていたスコットランドと戦い、約一年で完全にスコットランドを制圧し、八百年間、歴代の国王たちが支配できなかった領土をイングランドのものとしたのでありました。スコットランド側で、まだ戦力もあり、障害もなく速やかに進軍していた残党が捨てばちになって、当時、守備の手薄だったイングランドに侵攻し、予測外の攻撃をしかけながら、ウスターまで来たとき、あなたは軍を増強して敵を追いつめ、いちどの戦闘で粉砕し、敵軍の貴族のほとんどを捕虜にしたのであります[237]。これ以降、国内では平和が維持されました。

つぎに、これは初めて申しあげることではないのでありますが[238]、あなたが軍事能力同様、政治的手腕においても偉大な力を持っていることを知っておりました。議会では連日、敵と交わした条約が尊重されるように、また公益を増すための法案が速やかに可決されるようにと、骨身をおしまず働いたのであります。遅延が画策されたり、皆の関心が公益よりも私利私欲にむかっていたり、少数支配のもとで期待を裏切られ欺かれた人びとが抗議の声を上げると、あなたはこの少数支配の政権にけりをつけたのであります。というのも、たびたびの警告にもかかわらず、彼らの行状は改まらなかったからであります。

新たに議会が召集され、選挙権はそれを持つに相応しい人びとにのみ認められました。推挙された議員たちが集まりましたが、なにも実績はあげなかったのであります。議論と論争に明け暮れたすえに、かくも重要な任務を遂行するには自分たちは力不足であるという結論にほぼ全員が到達したのであります。そして自発的に議会を解散いたしました。

クロムウェルよ、われわれの頼れる人物はいなかったのであります！　ひとり、あなたが残りました。国事すべてがあなたの肩にかかってきたのであります。頼みの綱はあなただけ。われわれは全員、あなたの比類なき徳を認めております。これに異議を唱えるのは、自分たちのほうが劣っているにもかかわらず同等の栄誉が与えられることを要求する輩(やから)と、自分よりも優れた人物に栄誉が与えられるのを苦々しく思う輩、そして統治するのに最適の人物が統治者となることこそ人間社会においてもっとも神のみ心と理性に適っており、国家においてもっとも公正かつ適正であることを理解しない輩だけであります。クロムウェルよ、だれしもが認めるように、一番の適任者とはあなたのことであります！　この上なく偉大で高名な市民、国事を協議する指導者、この上なく勇敢な軍隊の司令官、そして国父。[239]　これらがあなたの勲功を示す呼称だったのであります。これらの呼称こそ、あなたを迎えるときに正しき人びとすべてが自発的に真心こめて発する呼称なのであります。あなたの行ないがそれに相応しい呼称を識別するのであって、これ以外の呼称は認知されないのであります。烏合の衆は尊大な肩書を非常に偉大だと錯覚しても、そんなものは当然のことながら否認されるのであります。というのも肩書とはなんなのでありましょうか？　威厳をある程度まで限定するに過ぎないではありませんか。あなたの勲功はいかなる称賛をも、またいかなる肩書をも越えているのであります。ピラミッドの頂上が雲間に隠れているのと同様、一般人の好む肩書という範疇を越えてそびえ立つのであります。しかしながら、ある種の人間的威厳——すなわち名誉によって拘束・規定されるのは、卓越した能力の持ち主にとって、たしかに相応しいとは言えないのでありますが、便宜上、やむをえない面もあるという理由から、あなたは「国父」にきわめて似かよったさる肩書を身につけたのであります。いっそうの高みへと引き上げられるよりもむしろ、〔公共の福利を優先して〕高みから何段も下りてきて、ある一定の地位に押し込まれる道をあなたは甘んじて選択したのであります。あなたは国王の肩書をはねつけた。それはあなたが「国王」などよりもはるかに威厳にみちた存在ゆえにでありました。そしてそれは理に適ったことでありました。

なぜかといえば、かくも偉大になったあなたが、あの〔国王という〕肩書——一市井人としてそれを軛（くびき）につなぎ、価値無きものとすることに成功したあの肩書——の、かりにも捕虜になるようなことがあったなら、それはまるで、真実の神に助けられて偶像崇拝者の狂信的一団を征服しておきながら、自分が征服した異教の神がみを崇拝するにいたるも同然だからであります。それゆえクロムウェルよ、平常の心の広さ（マグナニミタース）をもたれよ。雅量（マグナニミタース）こそあなたに相応しきもの。祖国の解放者、自由の生みの親でありその保護者たるあなたは、至高の務めに着手することができるのであります。これ以上、王者に相応しき[240]務めはないのであります。あなたの勲功はイングランドの国王たちの功績ばかりか、伝説の英雄たちをもはるかに凌いだのであります。

あなたが保持しているこの自由。あなたの国、かくも敬愛すべき母なる国から、あなたの庇護のもとに託され委ねられたこの自由。それがいかに貴重なものであるか、考慮に考慮を重ねていただきたい。かつて母なる国が全国土のきわめて卓越した人びとに求め求めた自由。いま母国はそれをあなたひとりに求め、あなたひとりが達成することを願っているのであります。あなたに委託されたこの絶大な信頼に、そしてあなただけに唯一の望みを託している祖国に栄誉を与えよ。あなたの指揮の下、自由のために、かくも精力的に戦った多くの勇敢な兵士たちの顔と傷、そしてまさにこの戦いにおいて命を失くした人びとの霊魂に、栄誉を与えよ。われわれイングランド国民について他国民がなにを考え、なにを語っているか、かくも勇敢に勝ち取ったわれらが自由と、かくも輝かしく誕生した共和国を範例として他国民が抱くにいたった高き志にも栄誉を与えよ。万が一、共和政がいわば失敗して急速に消失するとしたら、この国はこの上なき恥辱と不名誉にみまわれるにちがいないのでありますＲ(241)。

最後に、ご自分に栄誉を与えよ。自由を追求する過程であなたはきわめて多くの試練に耐え、きわめて多くの危険に遭遇したのでありますが、その自由を獲得したからには、みずからの手で侵害したり、いささかでも他の人びとが矮小化したりするのを許してはならないのであります。われわれが自由でないなら、あなた自身も自由でありえないのはたしかであります。なぜなら、他人の自由を侵害する者は自分がまず自由を失い、まっさきに奴隷におちることが、古来より自然の定めるところだからであります。これは当然の報いであります。なぜなら、この上なく公正にして神聖、優秀な人物はいないと目されている、いわば自由の保護者・守護神自身がこともあろうに、いままで守護してき自由を侵害するなら、かくのごとき暴挙は、自由それ自体だけでなく、徳と信仰の大義そのものにたいして、かならずや危険きわまりなき、ほぼ致命的な打撃となるにちがいないからであります。栄誉それ自体が、また、徳それ自体が溶解してしまったと見えるでありましょうし、宗教は制約され、名声もこれ以後は貧弱なものになりさがるでありましょう。最初の負傷の後、いっそうの深手を負わせる――これほど人類を苦しめるものはないのであります。これまであなたは、この上ない重荷を自分で背負ってきました。その重荷はあなたの内に秘めた能力を試し、あなたの全人格をくまなく探り、いかなる精神、いかなる力、そしていかなる権威があなたの内にあるのかを明らかにするでありましょう。神がみ力を働かせ、この気高き務めを遂行させるために他のすべての人をさしおいてあなたをお選びになったのだと、われわれを確信させるに足る信仰深さ、正義、穏健さが本当にあなたの内に宿っているのかどうかを明らかにするでありましょう。三つの強国を英知をもって統治すること、国民に卑しい慣習を破棄させ、道徳と規律のよりよい規範を採用させること、あなたの熱意に溢れた精神と思考を最果ての領域に向けること、つねに警戒を怠らず、先見の明を働かせ、労苦をいとわず、快楽の誘惑に屈することなく、富と力の誇示を避けること――これはきわめて骨の折れる務めでありましょう。これに比較すれば、戦争はたんなる遊戯にすぎないのであります。こうした試練はあなたを打ちのめし、ゆさぶりをかけるでありましょう。神の助けに支えられ、ほとんど神自身の霊感に教導される人物が必要とされているのであります。

こうした問題や、またその他の問題をあなたが、いくどとなく考察し検討しているものとわたくしは信じております。そして次の懸案事項――これらの重要な目的を達成するだけでなく、われらの自由を無傷の状態で、いや、いっそう高度な状態で回復するためにはいかなる方策が最善であるか――をも検討しているものと信じております。わたくしの意見を申し上げましょう。あなたが最初に同志と認め、辛苦を分かちあい、ともに危険にたち向かった人びとを、いま現在そうしているように、あなたの第一の顧問として登用なさることであります。この方がたは、ぬきんでて謙虚で廉直であり、勇気にあふれた人びとであります。彼らはきわめて多くの死と殺戮を目のあたりにしながらも、残虐性や心の頑なさを身に付けることはなく、正義、神を畏れる心、人の運命のはかなさを思いやる心を学んだのであります。この方がたは、自由を勝ち取るためにその身を危険にさらしたのでありますが、危険の度合いが高ければ高いほど、それに応じて、いっそう深い愛情をこめて日々、この自由を育まねばならないということを学んだのであります。この方がたは、国内もしくは国外の愚民のくずの出ではないのであります。寄せ集めの烏合の衆とはまったく異なり、そのほとんどは良質の市民であります。出自も高貴であるか、すくなくとも不名誉なものではなく、収入も充分か、適度であります。〔また収入が低くとも〕まさにその貧困のゆえに、ある方がたがより高い評価をうけるとしたらどうでありましょうか？

この方がたは戦利品をめあてに戦ったのではないのであります。まったくわれわれの戦局の見通しがつかず、前途がきわめて絶望的であったとき、すなわち危急存亡の秋(とき)に、この方がたは神の啓示をうけ、暴君を成敗することによって、わが国を解放したのであります。その上、この方がたは、たんに安全な場所、もしくは議会で、たがいに意見を表明し、議論を戦わせるだけでなく、戦場で敵と戦うために出陣するのもいとわなかったのであります。

それゆえ、われわれがいつまでも幻想にひたり、絵空事にうつつをぬかすつもりでないなら、最終的に信頼が宿ることができるのは、いま述べた方がたや、それに似た方がた以外にはないのであります。第一に忠誠心についていえば、この方がたはそれが定めならば死をもいとわない覚悟であったという点で、われわれにはこの上なくゆるぎなく明白な確証があるではありませんか。第二に信仰深さについていえば、この方がたは謙虚に神の加護を希求し、しばしば注目に値いする加護を得たのでありました。するとこの方がたは、企ての首尾よき成就を、いつも、すべて加護の元たる神の栄光に帰したのであります。第三に公正さについていえば、この方がたは国王さえも法廷で裁き、有罪と宣告されれば容赦しなかったのであります。第四に節度についていえば、いまわれわれ自身がすでに長い期間になりますが、それを享受してきたのであります。そしてもし、自分たちが維持してきた平和が自分たちの落ち度で破られるなら、引き続き起こる災害の被害をまっさきにかぶるのもこの方がたでありましょう。自分たちの身体に最初に傷を負うでしょうし、いま現在、方がたが輝かしく保全している富と名誉すべてを勝ち取るために、ふたたび戦わねばならないのであります。最後に勇気についていえば、自由を回復するのにこれほどの成功をおさめた人びと、もしくはこれほど勇敢だった人びとはいまだかつてなかったのであります。これほど注意深く自由を保持できる人びとは他にはいないということを、われわれは肝に銘じなくてはならないのであります。

わたくしはこの弁論の中で、この栄誉ある方がたの名を寿ぐのを待ちきれない思いでおります。筆頭はフリートウッド[242]よ、あなたです。あなたの人となり、穏健さ、寛大さは、入隊時より、いま副司令官として軍を統轄する地位にいたるも、いささかも変わりないことをわたくしは存じております。あなたは戦場では勇猛果敢、征服者としてはこの上なく柔和な人として敵に知られたのであります。二番手はランバート[243]、あなたは、若年ながらも少数の兵士を率い、全スコットランドの若き精華とうたわれた強力な精鋭部隊をひきつれたハミルトン公爵[244]を阻止し、これを捕虜としたのであります。デズバラ[245]よ、そしてウェイリー[246]よ、このたびの戦争で、激戦となった戦役について聞いたり読んだりするとき、敵の密集地にはいつも切りこんで行くおふたりの姿があるのに、わたくしは気づきました。それからオーヴァートン[247]、われわれは似かよった嗜好をもつがゆえに、また、あなたの性格の美しさゆえに、友愛いじょうの絆でひさしく結ばれてきたのであります。あの忘れがたきマーストン・ムーアの戦い[248]で、味方の左翼部隊が撃破され、指揮官たちが敗走しながらふりむくと、敵味方がいり乱れ死闘をくりひろげるその中に、指揮下の歩兵部隊とともにふみとどまり、敵を撃退しているあなたの姿があったのであります。さらに、かつてスコットランドの戦争においてクロムウェルの指揮のもと、あなたの努力によってファイフ沿岸が封鎖され、スターリング以北への進撃が開始されたとき、あなたが敵ながらもきわめて人間味に溢れていたということはスコットランド西部と北部の人びとの認めるところでありますし、最果てのオークニー諸島[249]ではあなたが慈愛に満ちた征服者であったと述懐されているのであります。わたくしはまた、あなたがともに協議するために召喚した方がたの名も挙げるとしましょう。その方がたは私人としての生活と平和の業において名をあげておられます。わたくしはこの方がたとは知己の間柄であるか、もしくは伝え聞いて存じあげているのでありります。ホワイトロック[250]、ピカリング[251]、ストリックランド[252]、シデナム[253]、そしてシドニー[254]（この栄誉ある名がいつもわれわれイングランド方に忠実であったことをわたくしは喜ぶものであります）、それからモンタギュー[255]とローレンス[256]、ふたりとも傑出した人物であり、人文学（リベラル・アーツ）〔自由人に相応しい学芸〕を身につけているのであります。その他、きわめて多くの卓越した功労者たる市民の方がたがいます。ある人はすでに議員として名高く、また、軍事的功労によって名高き方もおられます。これらの高名な方がたや名誉ある市民の手にわれらの自由を委ねることが理に適っているのは論をまたないでありましょう。じっさいのところ、どの方に自由を委ねれば、より安全であるのかを決断するのは、あなたにとって至難の業となりましょう。

　つぎに、〔クロムウェルよ、〕教会のことは教会に委ね、あなたと政府にのしかかる重荷の半分をさっさとおろすようにぜひともお願いしたい。（それと同時に、教会のことはあなたにとってなんの関わりもないことであります。）そして、まったく異質な政治と宗教という、このふたつの勢力がたがいの売春婦となり、癒着によりもうけた不法な富により増強したかと見るまに、じつはたがいの墓穴を掘り、共倒れになるのをだんじて許してはならないのであります。教会からあらゆる権力を引き上げるよう、ぜひともお願いしたい。（とはいえ、教会に毒を盛り、真実に心臓発作を起こさせる金銭——しかも、出ししぶる人びとから強制的にしぼりとったもの——が福音書の教えを伝える代金として存続するかぎり、権力は介入してくるでありましょう。）教会から両替人をぜひとも追放していただきたい〔ヨハネ二・一三—一六〕。彼らが売買するハトとは、かの聖なるハト、すなわち聖霊そのものなのであります。

　さらに、廃止される法よりも、新たに制定される法のほうが数が多いということのなきように。なぜなら、国家にはしばしば多くの法を発布したいという一種の欲望にとりつかれて、うずうずしている連中がいるものでありまして、それはあたかも三流詩人が多くの詩を書きちらしたくて、うずうずしているようなものであります。しかしながら、法の数が多くなれば、それだけ質は下がるものであり、それは予防策というよりも、むしろ落とし穴となるのであります。本質的な法のみを保持し、他の法を制定すべきであります。その法とは善良な市民を邪悪な者と同じ軛につなぐものであってはなりません。また、邪悪な者の策略を予防する一方で、善良な市民の自由な発想を妨げる法であってはならないのであります。犯罪にのみ適用されるべきであり、たんに誤用したからといってその罪ゆえに、正当な行為それ自体を禁じる法であってはならないのであります。なぜなら、そもそも法は邪悪を抑制するために設けられたにすぎないのであって、徳を鍛え造りだすために、自由ほど卓越して効力を発揮するものは他にはないのであります。

つぎにお願いしたいのは、若者の教育と道徳のために、これまで以上の配慮をしていただきたいということであります。教授可能な者と教授不可能な者、また、勤勉な者と怠惰な者に机を並べさせて、国家が費用を出して教育するのが理に適っていると考えないでいただきたいのであります。そして、あなたは学識ある者にたいする褒美を、すでに学問に習熟した者や褒美を受けるに相応しき者たちのために保留しておくべきであります。つぎに、自由な研究に従事したいと願う人びとが、狭量な役人の個別的な検閲をうけずに、危険を冒して研究成果を出版することを許可していただきたいのであります。なぜなら、真実というものはこのようにしてこそ花開くのでありますから。おしなべて知識というのものは生半可な教育を受けた者のご機嫌次第で、酷評や嫉妬、狭量さ、そして迷信などという升で計ってわれわれに分配され、下賜されることがあってはならないのであります。

最後に、あなた自身が真実と虚偽のどちらにも耳を傾けることをけっして恐れないでいただきたいのであります。そして、他人の自由を剥奪しなければ自分たちは自由ではないと信じる者どもや、同胞たちの身体ばかりか良心までも鎖につなぐことに異常な熱意を燃やすしか能がなく、国家と教会の上に、自分たち自身の下劣な慣習と臆断という、暴政の内でも最たるものを押しつける者どもの言うことには、だんじて耳を傾けてはならないのであります。自分たちの党派や派閥だけでなく、全市民が国家において自由を享受する同等の権利を保持すると考える人びとの側にいつもお立ちになられますよう。かりに為政者たちによって維持されうる、そのような自由には満足できない者がいるとすれば、その者は、正真の自由よりもむしろ野望と騒乱を、いやそれ以上のものを追い求めているのだとわたくしは判断いたします。なぜなら、国民はいままでいく多もの派閥に引き裂かれてきたのであり、あたかも津波の過ぎたばかりの大水の中にいるがごとき状態にあるというのに、まさにこの者は、かくも理想的で完全な状態を拒否するのでありますから。

そして、国民の皆さん、自由を獲得し保持するのは、あなたがたご自身のあり方ひとつに関わっているのであります。あなたがたの自由が、武力によっては獲得も剥奪もされぬものであり、信仰と正義と節制という真実の徳からわきいでて、あなたがたの精神のすみずみにまで深く根をおろしているものでないとしたらどうでしょうか。そのようなことであれば、あなたがたが武力により獲得したと自慢するその自由を、武器さえもたずにあなたがたの手からもぎ取る者がまもなく出現することになりましょう。戦時に偉大であるとされた多くの人びとが、平時には卑小な存在となるものであります。

かりに、あなたがたが戦争は終わったというのに平和の業を蔑ろにするなら、またかりに戦争こそがあなたがたの平和であり自由だというなら、戦争こそがあなたがたの唯一の徳であり、至高の栄誉だというなら、まさしく、平和それ自体があなたがたにとっては最強の敵であることが判明するでありましょう。平和自体がいままでになく厳しい戦いとなり、あなたがたが自由だと錯覚していたものは隷従であることが明らかになるでありましょう。神と人にたいする真実の心からの献身――うわべだけ・口先だけの献身ではなく、効力と実りのある献身――の力で、真実で真正の信仰に無知であるために生ずる迷信を、あなたがたの精神の中からぜひとも追放していただきたいのであります。さもなければ、荷物運搬のロバにでも乗るように、いつのまにかあなたがたの背中や肩に乗っている者〔暴君〕がいることでありましょう。彼らは、戦争の勝利者たるあなたがたを、まるで自分たちの戦利品のごとくに公の競り市で売買し、あなたがたの無知と迷信につけこんで莫大な収益をあげるでありましょう。

貪欲、野望、奢侈をあなたがたの精神からぜひとも駆逐し、それと同様、家族から浪費を駆逐していただきたい。さもなければ、国外や戦場にいると信じていた、かの暴君があなたがた自身の精神や家庭の内に、さらに図太く居すわっていたことに気づくことになるでありましょう。じっさいのところ多くの耐えがたき暴君が日々、あなたがた自身の内で孵化しつづけるでありましょう[257]。まずこれを克服なさるがよい。これは平時の戦いであります。勝利を得るのはじつに困難でありますが、無血の戦いであり、流血の戦いよりもはるかに崇高な戦いであります。あなたがたがこの戦いにおいても、また勝利するのでなければ、たったいま戦場で撃破したはずの敵である暴君は、じつは征服されていなかった、もしくは、征服されてもむだだったのであります。

なぜなら、国民にたいして腐敗のない善政を敷き、圧政に苦しむ人びと、不当に虐げられる人びとを救出し、すべての人びとに自由の権利を与えることよりも、むしろ国庫を満杯にするために巧妙きわまる方策を考案し、陸・海軍を増強し、各国の大使と抜け目なく交渉し、機敏に同盟や条約を締結するほうが、国家にとって偉大、有効、かつ賢明な務めであるなどと、あなたがたの内のだれかが考えているとしたらどうでありましょうか。とつぜん、それらの「重大事」があなたがたを裏切り、いま「卑小な些事」とあなたがたの目にうつっている事柄が反逆し、破滅の元をつくるとき、ようやくご自分の誤りの重大さに気づいても、時すでに遅しであります。さよう、ただ正義という権威の裏づけがなければ、あなたがたが信頼する軍隊や同盟者などあてにはならないのであります。ほとんどの人びとが追い求める富と名誉は、容易く主人を変えるものであります。徳と名誉は徳と勤勉、そして労苦の甘受に長けた人びとのもとへと逃げ去るのであります。怠惰な者を見捨てるのであります。

かくして、国民内部での揉み合いがあり、より健全なる部分が腐敗した部分をおし出すのであります。こうして、あなたがたは王党派を追放したのではなかったか。万が一、あなたがたが同じ悪徳の淵にはまりこみ王党派の轍を踏み、同じものを目標とし、同じ虚栄をつかむとしたらどうか。そうなればあなたがたのかつての敵、もしくはその他の人びとのなすがままにされ、じっさいあなたがた自身が王党派となるのである。彼らは、神への祈り、忍耐、正直、そして怜悧さ――これらは、もとは、あなたがたの力であったが――を頼りとして、いまやかくも堕落し、王党派の不節制と愚鈍に陥ったあなたがたを、正当にも征服するのであります。

そして、恐ろしいことであるが、あなたがたはあたかも神に完全に見限られたかのごとく、ただ煙となって消え果てるためにのみ、火の中を歩いたように見えるであありましょう。あなたがたはいま称賛されているのと同じ分だけ、万人から軽蔑されることになりましょう。そして、以下の有益な教訓だけが、ただあとに残るでありましょう。（それはあなたがたのためにはならなくとも、将来、他の人びとにとって助けとなるかもしれないのであります。）すなわち、（いとも巧妙に装った）みせかけだけの徳と信仰の影でさえ、あなたがたによって、かくも気高き企てを開始し、完成に向かってここまで進んでくることができたのであってみれば、ましてや真実の徳と信仰はどんなにか偉大な業となりえたでありましょうか。

なぜなら、あなたがたの経験不足と不誠実、不正直のために、かくも栄誉ある勲功が失敗に終わったとしても、そのあと、より善良な人びとが同じくらい栄誉ある勲功をなすことは可能でありますし、少なくともいまより以下を期待してはならないのであります。しかしながらだれであろうと、さようクロムウェルでさえも、いや、かの解放者ブルトゥス[258]がよみがえったとして、そのブルトゥスが束になったとしても、いったんあなたががいともたやすく腐敗したなら、二度まであなたがたを解放することは、したくともできないであろうし、また、できるとしてもしないことでありましょう。と申すのは、自分のお気に入りを選出して議会に送りこむようなあなたがたのために、権利や自由を要求するような〔愚か〕者がおりましょうか。そんなことをすれば、あなたがたは皆、都市にあっては党派から選ばれ、田舎にあっては人柄は良からずとも、宴会であなたがたに大盤振る舞いをし、農夫や百姓には飲みたいだけ大酒を飲ます連中を選出するのに手を貸すだけではないか。そのような状況のもとでは知恵や権威ではなく、党派根性と貪欲がわれわれ〔イングランド国民〕の名をかたって、町の居酒屋の店主や行商人、田舎からは耕作人や正真正銘の牧夫を選出するという事態になるやもしれないのである。自分自身の個人的な問題を委託する気にもなれないような連中に、だれが国家を委託するでありましょうか。破廉恥にも自分自身の資産を浪費するような連中に、だれが国庫と歳入を委託するでありましょうか。公共の収入をそのような連中に盗ませ、私物化させるために手渡すことなど、だれがするでしょうか。法のなんたるか、理性のなんたるか、公正・正義のなんたるか、真っ直ぐなことと曲がったこと、合法と非合法のなんたるかを自分たち自身がいまだに理解していないような連中が、いったいどうすれば、とつぜん国家全体の立法者になれるというのでありましょうか。

彼らは、力とはすべて暴力に帰されるものであり、偉大さとはすべて高慢と傲慢に帰されると考えているのであります。議会において、彼らは自分の味方を偏愛し、反対陣営には執念深く敵意を抱くことをなによりも優先するのであります。彼らは税金を徴収し財産を差し押さえるために、身内の者や友人を国家のあらゆる部署につかせるのであります。彼らのほとんどは卑しく腐敗した連中であり、自分自身の競売でせり値をつけることによって莫大な富を徴集し、徴集したものを横領し、国家にたいして詐欺をはたらき、領土を荒廃させ、私腹を肥やし、昨日のこじき暮らしとぼろの身なりから、とつぜん裕福で高慢な暮らしへと変身するのであります。かくのごとき小役人、つまり主人の代理人たる奴隷たちの盗みに、だれが耐えることができましょうか。かくのごとき泥棒の主人、泥棒の保護者が自由の守護者に相応しいと、だれが信じることができましょうか。そうなると、いかにして自由を享受すべきかを知っている人物、もしくは自由を保持する資格のある人物は、「自由の守護者」、「自由の番人」と呼ばれる人びとの中にはきわめて少ないことになりますから、かくのごとき国家の管理者によって(慣例として、すべての都市から五百名が選出されるのでありますが、)自分の自由がほんのわずかでも拡大されるなどと、考える者がありましょうか。

最後に(だんじて無視してはならないことでありますが)自由を享受するに値いしない輩は、ほとんどいつも、まさに自分たちに自由を与えてくれた人びとにたいしては忘恩の輩であることが判明するものであります。かくのごとき輩の自由を擁護するために、だれが戦ったり、いささかでも危険のともなうことがらに立ち向かおうとするでしょうか? このような者たちには自由は不似合いで、ふさわしからぬものなのであります。いかに声高に自由についてわめき、大言壮語してみても、しょせん彼らは国の内外を問わず奴隷にすぎないのであります。ただ、自分では気づいていないだけの話であります。とうとう、それに気づいて、くつわにいらだった野性の馬のように軛を振り落とそうとしてみても、それは真実の自由――善良なる人物だけが理性の働きによってこれを切望するのでありますが――にたいする愛ではなく、傲慢や卑しい欲望につき動かされてのことなのであります。ですから、なんど武装蜂起してみたところで、なにもなし遂げることはできないのであります。たぶん彼らは隷従のかたちを変えることはできるかもしれないが、隷従それ自体を破棄することはできないのであります。これと同じことが古代ローマ市民にさえもしばしば起こったのでありまして、かつて彼らは奢侈に溺れ腐敗したことがありました。この状態は近代のローマ市民が、長い休止期間のあとでクレスケンティウス・ノメンタヌス(259)の後援のもとで、また後には自称「護民官」のコラ・ディ・リエンツィ(260)の政権下で古代ローマの栄華を再現し、共和制を復元しようとしたときには、いっそうひんぱんに起こったのでありました。なぜならつぎのことを確信していただきたいのであります。(そうすれば、皆さんはいらだったり、ご自分以外のだれかを責めることはありますまい。)

すなわち、自由な状態とは、神を敬うこと、賢くあること、公正たること、節制すること、自分の所有物を慎重にあつかい、他人の所有物には思いを巡らさぬことをさすのであります。つまり、寛い心と勇気をもつことにほかならないのであります。ですから、ちょうどこの逆の状態にあるなら、それはまさに奴隷状態にあるということなのであります。そして、神のみ裁きと、いわば因果応報の理によって、自国を秩序だてて統治することができず、放縦に走り、おのが欲望の奴隷となりはてた国家には、ふたたび、意に反して、自分では選びもしなかった主人の手にわたされ、これに否も応もなく仕える奴隷におちるのであります。自分を治めることのできぬ者、あるいは知性の欠如や狂気のために自分にかかわることを適正に処理できぬ者は、自分自身の主人となるべきではなく、被後見人として他人の管轄下に身をおくべきである——これこそが、法と自然の命ずるところであります。まして、このような者を、他の人びとにかかわる事や、国事を処理する役目につけるなど言語道断であります。それゆえ、あなたがた、自由でありつづけようとする方がたは、最初から賢明たらんとなさるか、もしくは、即刻、正気を取りもどされますよう。奴隷であることは辛いことであり、お望みではない、というのなら、正しき理性に服従することを学び、ご自分の主人になられるがよい。そして、最後に、派閥争いや、憎しみ、迷信、不正、好色、強奪をお互いに避けられるがよい。かりに、全力を尽くしてわたくしの勧告どおりになさろうとしないなら、あなたがたは、もはや神からも、人からも、そして、つい先頃あなたがたを解放した人びとからも、国家の自由を保持し、国家を指導し、他の人びとを支配する権限——不遜にも、非常に貪欲に権限ありと主張しておられるが——を委託するに足る人物であるとして承認されることはないのであります。それなら、いっそのこと、監視下におかれている国民にふさわしく、だれか指導者——だれか勇敢で信仰深い保護者——をつけてもらったほうが、まだましでありましょう。(261)

わたくしにかんしていえば、問題がいかなるものであれ、任務は精一杯はたしてまいりました。けっして、いやいやながらやってきたわけではないし、また（願わくは）むだではなかったはずであります。国家にとってきわめて有益であると判断したばあいに、任務をはたしてきたのであります。わたくしは、自由を守るための戦いを、ただたんに自分の家の戸口で戦ったただけでなく、戦場のまっただなかにまで踏みこんで戦ってきたのであります。その結果、これらの類いまれな出来事の根拠と正当性が、国内外でじゅうぶんに説明され、弁護され、すべての善良な人びとの確固たる同意を得たのでありました。そして、それは、わが国の同胞の方がたの至高の栄誉となり、子孫にたいする範例となるほどに、輝かしく明白になったのであります。万が一、わが国の同胞者諸氏のごく最近の行ないが、当初の行ないに比べて芳しくないとすれば、ご自分たちみずから、衿(えり)を正していただくといたしましょう。

わたくしは、真実を証言してまいりました。わたくしは、名高く、栄光に満ちた、いかなる称賛のことばをもってしても言い尽くせない、偉大なる行為にたいして、けっして朽ち果てることのない記念碑をうち建てたといっても過言ではないのであります。そして、わたくしは、他のことはともかくとして、たしかに誓いを守ったのであります。

それればかりか、叙事詩人が規則を厳守するなら、彼は称賛すべき英雄の全生涯ではなく、生涯における一つの出来事（たとえばトロイア戦争におけるアキレウスの功績、オデュッセウスの帰還、アエネイウスのイタリア到着など）を作中で寿(ことほ)ぎ、残りは割愛するのが常道であります[262]。それゆえ、わたくしもまた、それにならって、わが国の同胞の方がたの、少なくとも一つの英雄的行為を称賛してきたことで、わが務め、もしくは弁明として、じゅうぶんであると考えるものであります。残りは省略いたします。国民全体の功績すべてを寿ぐことのできる者などいるはずもないからであります。

かくも勇敢なる行ないをなし遂げたあとで、もしもあなたがたが不名誉にも失敗するなら、なにかあなたがた自身にふさわしくないことをするなら、子孫たちが黙ってはいますまいぞ。かならずや、子孫たちが判決を下すでありましょうぞ。なるほど、建築の基礎(いしずえ)はしっかりと築かれ、始まり——じっさいは始まり以上のものでありますが——は素晴らしいものでありました。だが子孫たちが、この仕事を完遂するはずであった人びと、最後の切妻屋根をあるべき場所に据えつけるはずであった人びとを探しても探せないということが起こるやもしれません。かくも偉大な企て、かくも偉大な徳のわざが完成に至らなかった原因は、一にかかって忍耐の欠如ということにあったということが分かり、それが悲嘆の根源となるやもしれません。このようなことが起これば、この上なく偉大な行為をなし遂げる機会とともに、素晴らしい栄誉がすぐ手近で収穫を待っていたというのに、それをなすべき人材が欠けていたのだ〔マタイ九・三七〕と、子孫たちの目には映ることでありましょう。

しかしながら、公正に勧告し、勇気づけ、啓発することのできたひとりの人物がいたこと、崇高なる行ないとその行ないをなし遂げた人びとを共に寿(ことほ)ぐことのできたひとりの人物がいたことはまちがいないのであります。そして、その人物は行為と行為者を称賛して名高きものとしたのであり、それは永遠に不滅となるでありましょう。(263)

完

第二弁護論　注

(1)『王の血の叫び』は一六五二年ハーグで匿名で出版された。出版人はエイドリアン・ブラクであった。じっさいの著者はイングランド国教会牧師ピエール・ドゥ・ムラン（一六〇一―一六八四）であったが、ミルトンはその著者はミドルブルグ市の牧師アレグザンダー・モア（一六一六―七〇）であるとの前提で『第二弁護論』を執筆している。この問題の詳細については『散文全集』第四巻五四二ページを参照のこと。

(2)サルマシウス（一五八八―一六五三）はフランスの学者。チャールズ一世処刑後（一六四九年一月三〇日）一〇か月ほどで、ラテン語で『チャールズ一世弁護論』を出版し、王権神授説を展開してチャールズ一世を擁護し、国王を処刑したイングランド共和制を攻撃した。

(3)『第一弁護論』はイングランドにも諸外国にも良き効果をもたらしたとミルトンは確信をもっている。シリアック・スキナーにあてたソネットにおいて、彼は自分の「自由弁護という高貴なる努めはヨーロッパ全土の語り草となっている」とうたっている。

(4)出版人エイドリアン・ブラクとアレグザンダー・モアを指す。

(5)「愚劣で野蛮な風習」とは、王権神授説を盾にとり国王を神のごとくに崇め奉り、その暴政を許す風潮を指す。

(6)ミルトンは一六四九年三月一三日に国務会議の外国語秘書の職を提示された。彼に課せられた務めのひとつは文書による王党派からの共和政府への攻撃に文書で応酬することであったというが、『王の血の叫び』に応酬せよという命令が国務会議により下されたという公文書の記録は残っていない。イエール版注25を参照。

(7)「ヘラクレスの柱」とはジブラルタル海峡東端の両岸のふたつの岬を指す。伝説によれば元来結合していたものをヘラクレスが引き離したと伝えられる。ヘラクレスはギリシア神話最大の英雄。

(8)リベルはイタリアの古い生産と豊饒の神。早い時代からギリシアのディオニュソス神と同一視された。その名 *Liber* は「自由な」の意である。ここでミルトンは「自由の種籾を諸国にもたらす者」として自らを意識している。

(9)トリプトレモスはギリシア神話でエレシウスあるいはケレオスの子。大地の生産をつかさどる女神デメテルは竜に曳かれる車に彼を載せて、人間に農業を教えながら世界を巡らせたという。

(10) ケレスはローマ神話で豊饒および五穀の女神、後にギリシアのデメテルと同一視された。

(11) ここでミルトンはサルマシウスを「妻の支配下」の夫として提示し揶揄している。『第一弁護論』でもミルトンは一貫してサルマシウスを「妻に支配される夫」と揶揄していた。

(12) スウェーデン女王クリスティーナ（在位・一六三二―一六五四）。豊かな教養をもちグロティウスやデカルトと親交を結び、彼らを宮廷に招じた。

(13) サルマシウスは一六五〇年七月から翌年八月三一日までスウェーデンに滞在していた。

(14) サルマシウスは一六五三年九月三日に死去。

(15) 当時は失明は罪の報いであるという考え方があった。

(16)「光のなかで暗闇」という語句は、『闘技士サムソン』七五―七六行、八〇―八一行他を思わせる。

(17)「ある学派の誉れ高き哲学者たち」とはストア派を指す。ここでミルトンが言及しているのは「徳が宇宙の法」だとする彼らの思想である。キケロ『善と悪の究極について』が出典か。

(18) プルートスは冥界の王で、妻のペルセポネとともに死者の魂を支配。これをかぶった者は、その姿が見えなくなるという。

(19) ミレトスはアポロンの子。母に捨てられ雌狼に育てられ、羊飼いに拾われた。

(20) バイアエはナポリ近くのピューティオリ湾に臨む高級リゾート地。その放埓さはマルティアリス『警句』一一・八〇にも記される。

(21) アレグザンダー・モア（一六一六―一六七〇）はフランス生まれ。学者、聖職者。ギリシア語「モールス」は「愚か者」の意。ミルトンはそれを踏まえている。

(22) アルキノオスは海神ポセイドンの孫とされる。『オデュッセイア』では彼はオデュッセウスを厚くもてなし、その故郷に送り返した。彼とその市民は航海にたけた商人で、豊かな生活を送り幸福に暮らしていた。

(23) アドニスの庭　アドニスはアプロディーテに愛された美少年。本来は植物生長と豊饒の神であり、彼の死を悼む祭が行なわれた。アプロディーテが瀕死のアドニスを運び入れた場が庭になったという。オウィディウス作『変身物語』第一〇巻。

(24)「無花果に桑を接ぎ木する」　ミルトンはこの個所で、モアのラテン語形 ***Morus*** が「桑」の意味を持ち、***ficus*** が「無

(25) 花果」と「膣」の意味を合わせ持つことを踏まえて、駄洒落を言っている。

(26) フレデリック・スパンヘイム（一六〇〇―一六四九）ドイツの神学者。ジュネーブ大学、後ライデン大学神学教授。

(27) ポンティア　問題の召使いは実際には「ポンティア」と呼ばれていたが、ミルトンが『第二弁護論』で一貫して「ポンティア」と呼んでいるのはP音による駄洒落の効果を考慮してのことである。たとえば、*pontifex*「教皇」、*pontificius*「教皇の」などと頭韻を踏んで論敵を揶揄する。

(28) 実際にモアがミドルブルグ市から招聘されたのは、一六四九年春か夏のころであり、ミルトンの『第一弁護論』が出版されたのは一六五一年二月以降のことであるから、この個所は事実と合っていない。

(29) ピューラマス　オウィディウス作『変身物語』第四巻に登場する悲恋の主人公。恋人ティスベーが野獣に殺されたと思い、後を追って死ぬ。二人の血を浴びた、近くにあった桑の木の実は白から暗紅色に変じたという。

(30) バビロニアはアジア南西部、ユーフラテス川下流に沿う古代帝国（最盛期は前二八〇〇―前一七五〇）。華美で種々の悪徳の行なわれる都市。魔都の代名詞ともなる。ユダヤの「バビロニア捕囚」を暗示した表現。

(31) ティスベー　注28を参照のこと。

(32) ミルトンが論敵の「異常妊娠」について揶揄するのは『第一弁護論』でも見たとおり。たとえば第五章注7、第六章注1、第八章注31等を参照せよ。

(33) 大プリニウス（二三―七九）はローマの軍人、政治家、学者。著作では、ティトゥス帝に捧げられた『博物誌』（全三七巻）が現存。

(34) ハーグはオランダ西部の都市。

(35) オレンジ党はオランダの王党派グループ。

(36) モアとサルマシウス家の侍女との関係はミルトンの作り話ではなく、事実であったらしい。ここに掲げられた詩文も（一部の改竄をのぞいて）全体はミルトンの作ではない。当時の別人（氏名不詳）の作である。「ポンティアの叫び」は『楽園の喪失』第二巻の〈罪〉のさけびと、〈死〉との近親姦の結果生まれた地獄の犬たちのわめき吠える声に収斂していく。「ガリア」は「フランス」の意味だが、*gallus*「おんどり」をも思わせる語。

(37) サルマキスはガリアの泉に住む人ニンフで、ヘルメスとアプロディーテの息子、ヘルマプロディトスと合体した。

(38) エイドリアン・ブラク（一六〇〇ころ―六七）オランダ人印刷業者、書籍業者。

(39) 聖ジャック通りはソルボンヌ地域を抜ける通りで、書籍業の中心地。

(39)「友人数人」　ブラクはミルトンのごく親しい友人サミュエル・ハートリブ（一五九九ころ―一六六二）に『王の血の叫び』を送り、ミルトンの著書の出版人になろうとした。

(40) ミルトンは『王の血の叫び』の芝居がかった口上を揶揄して、「悲劇」という語を皮肉で使っている。そして実は彼らはサテュロス劇の登場人物こそ役柄にふさわしいと嘲笑する。注43も参照のこと。

(41)「そなたの物語」　ミルトンは『王の血の叫び』の著者の述べるところが、「論証」ではなく、「たあいない作り話」であるという意味で「物語」と言っている。論敵にたいする同様の揶揄は『第一弁護論』二六五―六ページを参照のこと。

(42)「宗教改革初期」　一〇世紀後半から半世紀にイングランドで行なわれた猛烈な改革派修道院の創始および再建をさす。詳細はイエール版、注114を参照のこと。

(43) サテュロス劇は古代ギリシアで悲劇の後で演じた一種の茶番狂言。

(44) テルトゥリアヌスの表現　テルトゥリアヌス（一六〇ころ―二二〇ころ）はカルタゴ出身のキリスト教弁護者。『護教論』、『マルキオン反駁論』、その他多数。

(45)「神殺しども」　国王断罪を攻撃する王党派は、国王家父長制理論をもとにイングランドの共和主義者たちを「父親殺し」として非難したが、ドゥ・ムランは「父親殺し」以上にインパクトのあることばとして「神殺し」の語を採用したと考えられる。ちなみに、テルトゥリアヌスには出典と思われる個所はない。イエール版注121を参照。

(46)「この破裂音の繰り返し」　ドゥ・ムランからの引用のラテン語原文は **P***ost hæc* **p***roœmia*, **t***ubam* **t***erri***b***ilem in*ﬂ*a***b***it* ὁ θαυμάσιος。ミルトンはボールド書体で示したように「P」、「T」、「B」の音を繰り返して論敵を揶揄している。

(47)「破裂音の繰り返し」という語句によって、ラッパの奏でる不協和音と同時に放屁の音を内包させている。*cheeks* の語によってほっぺたと尻の意の両方を内包させることによって、きわめて野卑なことば遊びを用いて論敵のイメージを失墜させている。

(48) ミルトンは論敵をクワー、クワーと鳴くカエルのイメージで揶揄する。

(49) テオンは一般に中傷者たちを指す語としてギリシア・ローマの文献で使用されている。たとえば、ホラティウス『書簡集』一・一八・八二。

(50) ピュタゴラス（前五八二ころ―前四九七）はギリシアの宗教家、数学者、哲学者。

(51) 四旬節は復活祭の準備のために行なわれる節食と改悛の期間で、灰の水曜日に始まり、復活節までの主日を除いた四〇日間。

(52) 当時、売れ残りの本を魚屋が包装に使ったりするのはごく普通の習慣だった。

(53) 未詳。

(54) 『教皇首位権反駁論』を指す。

(55) キケロ（前一〇六—前四三）ローマの雄弁家、政治家、哲学者。彼はローマの名門の出身ではなく、むしろ権力を利用して私服を肥やしたり、反共和的な行動に出る政治家をおさえるために元老院、騎士階級、庶民階級をうって一丸として、これに当たらせようと努力したが、彼自身も元老院議員として大胆な行為をなした。それが顕著にあらわれたのは執政官に選出された時（六三）、彼の行なった最も有名な『カティリナ弾劾』と呼ばれる四つの演説である。

(56) ミルトンはここでキケロのカティリナ（前一〇八—前六二）およびガイウス・アントニウス・ヒュブリダ（前八三？〜前三〇）への反駁論と、プルタルコスによるキケロの逸話——クラッスス等が夜半に就寝中のキケロを訪れ、彼にたいする陰謀の詳細が書かれた書簡を渡したという——を念頭においているように思われる。イェール版注144を参照）。

(57) 「カティリナの生まれ変わり」とはここではサルマシウスを指す。カティリナはローマ共和制末期のカティリナ事件の首謀者。統領になろうとして失敗、不満分子を結集して陰謀を企てたが、キケロ等の奮闘によって破れ、敗死。

(58) 一眼巨人はホメロスにおいては野蛮で乱暴な人喰いの、牧畜を行なう民族とされている。オデュッセウスとその一行を洞窟に閉じ込めた一眼巨人のポリュペモスはオデュッセウスにより目を潰される。

(59) テイレシアスはギリシア神話で有名な預言者。ヘラにより盲目とされたが、ゼウスがこれを憐れんで預言力と長生を与えたといわれる。

(60) ピネウスはギリシア神話でトラキアの王。人間に未来を預言したため神がみにより盲目にされたという。

(61) アポロニオスは前二九五年ころ生まれたギリシアの叙事詩人。『アルゴナウティカ』はアルゴ船の伝説を題材にとった。

(62) コリントのティモレオンは前四世紀末のコリントの将軍。カルタゴを破り、潜主を駆逐するなど、活躍。晩年に盲目となり隠退。

(63) クラウディウスは前四世紀のローマの政治家。「十二表法」を作成した。

(64) ピュロス　ギリシアのエピルスの王（前三一八？―前二七二）。ローマを手に入れたいと画策したが、クラウディウスは元老院でそれを拒否する演説をした。ミルトン「ソネット一七番」を見よ。

(65) メテルス（前二二一年殺害される）はローマの将軍、統領（前二五一、四七）、大神官（二四三―二二一）。ベスタ神殿の出火（二四一）にさいして、アテネ女神像を救おうとして盲目となる。

(66) ヴェニス共和制総督エンリコ・ダンドロ（一一二〇ころ―一二〇五）は弱視であったが失明していなかったという。

(67) 擁護者ジシュカ（一三七〇ころ―一四二四）はボヘミアのフス派の指導者。

(68) ザンキ（一五一六―一五九〇）はイタリアのプロテスタント神学者。カルヴァン、メランヒトン、ブーツァーの感化を受けた。

(69) イサク　イスラエル民族の族長。アブラハムと妻サラの子。創世記一七・二二―二七。

(70) ヤコブ　イサクの第二子。創世記二五―三五。

(71) ヨハネ福音書九・一―四一。

(72) エピダウロスはギリシア南部、アルゴリスにあった古代の町。現在も使用されている屋外劇場がある。

(73) アスクレピオス　ギリシアの医神。アポロンの息子。彼の崇拝の中心はエピダウロスである。

(74) アキレウスはホメロス作『イリアス』の主人公。プティアの王ペレウスと海の女神テティスとの子。

(75) テティス　前項を参照のこと。

(76) 第二コリント書一二・一〇、ヘブル書一一・三四。

(77) 詩編一八・二八、詩編一三九・一一―一二。

(78) ピュラデスはオレステスの従兄弟で、彼の困難辛苦や流浪時代の忠実な伴侶となり、その名は忠実な友の代名詞に用いられるにいたった。

(79) オレステスはギリシア神話でアガメムノンとクリュタイムネストラとの息子で、エレクトラとイピゲネイアの弟。父を殺害した母と情夫アイギストスを殺害して父の仇を討った。

(80) テセウスはギリシア神話でアテナイ王アイゲウスまたはポセイドンと、アイトラ（トロイゼン王ピッテウスの娘）の息子。

(81) アテネの貴賓館では、特別の訪問者や国家に功労があった市民は国賓としてもてなされた。

(82) アンタイオスはポセイドンの子。ヘラクレスは彼と闘ったさい、彼が投げられて母なる大地と接触するごとに、前

(83) にもまして力を回復することを知って、彼を持ち上げて絞殺した。一六五二年五月一九日に始まった第一次オランダ戦争は、五四年オランダが破れ、四月五日に対オランダ平和条約が締結される。

(84) スフィンクス　エジプト神話で人頭獅子身、ときには翼を持つ怪物。ギリシアでは、オイディプスがその謎を解き、スフィンクスは海に投身自殺したと伝えられる。

(85) ホラティウス『詩の技巧』の最初の三行を意訳している。ホラティウス（前六五―前八）はローマの詩人。ウェルギリウスと交友を結ぶ。諸作品中に散見される見事な警句は人口に膾炙した。『諷刺詩』、『書簡集』等が有名。

(86) 「最初の詩人からブカナン」「最初の詩人」とは「詩篇」作者と目されたダビデのことか？　ジョージ・ブカナン（一五〇六―一五八二）はスコットランドの人文学者。

(87) ホラティウス『詩の技巧』三六。

(88) ものものしく武装して「凱旋車」に乗って登場する偽の英雄像は『楽園の喪失』第五巻、第六巻の天上の闘いのサタンの造形、および『闘技士サムソン』のハラファの造形に繋がる。

(89) シュロスもしくはダーマの息子とは奴隷の子でありながら、自由なる市民の生命を脅かそうとする者（ホラティウス『風刺詩』一・六・三八―三九）。

(90) カドモスはギリシア神話でテュロスの王アゲノルの子。テーバイの民がカドモスと妻ハルモニアを排斥したので、二人はイリュリアに逃れ、蛇身に化したと伝えられる。

(91) プラウトゥス（前二五四―前一八四）はローマの喜劇作家。ときに諧謔が過ぎて筋の運びに難を生じ、そのために作品全体の統一が欠けるという。

(92) オスク語はイタリア語の祖語で、後のラテン語の優雅さを欠いていた。

(93) ここでミルトンはモアをアリストパネス作『カエル』の中で、黄泉の国の沼で鳴き声をあげているカエルの合唱隊に喩えている。『第二弁護論』においてミルトンは一貫して論敵をカエルのイメージで揶揄する。

(94) オルビリオス・プピルス（前一一二ころ）は文法教師であり、厳格な指導で知られている。ホラティウスの師。ホラティウス『書簡集』二・一・七〇―七一他。

(95) 文法違反の罰に笞で打たれる論敵のイメージは『第一弁護論』にも登場。本訳書一〇ページを参照のこと。

(96) オリバー・クロムウェル（一五九九―一六五八）は独立派の首領として新たに組織された新型軍を組織し、イングランド革命を推進させた。

(97) アイアスはホメロス作『イリアス』中、アキレウスにつぐ勇士。彼の強力と8字型の大盾は有名。単純愚直で、アキレウスの死後、その武具をどちらが手に入れるかでオデュッセウスと争い敗れ、自刃。

(98) オデュッセウスはホメロス作『オデュッセイア』の主人公。トロイア戦争のギリシア軍の大将のひとりとして、その勇気と智謀がよく知られる。

(99) ネストルはトロイア戦争のときのギリシア軍の大将の一人。大将たちの最年長で、相談役として、味方のあいだの争いを調停した。

(100) 「スミュルナもしくはカラブリアの詩人」とはクイントゥスのこと。四世紀のギリシアの叙事詩人。叙事詩『ホメロス後譚』はホメロスの『イリアス』の終結部、すなわちヘクトルの死から物語を開始し、トロイア陥落、ギリシア軍の凱旋を歌う。

(101) ミルトンは、天空を支えている巨人神アトラスに自分をなぞらえているのか。

(102) ユグノーはフランスのカルヴァン派プロテスタントの異名。

(103) ピラトはユダヤ総督。イエスの無罪を認めたが、民衆の脅迫に屈しついに死刑を宣告。マルコ福音書一五・一五その他。また、ミルトンはここでポンティオにモアの愛人ポンティアを引っ掛けて駄洒落を言っている。

(104) 前文に続き、ミルトンは「生身の身体を片づけること(*conficienda carne*)」、「ポンティアに片をつけること(*conficiendo Pontiam*)」、「大司祭/ローマ教皇(*Pontifex*)」で洒落を言っている。

(105) 実際にドゥ・ムランが情報源としたのは、ジョージ・ベイト著『イングランドにおける最近の暴動――王権と議会の抗争小史』(一六四九)。

(106) ミルトンはこの二行をユウェナリウス(六七ころ―一三〇ころ)『風刺詩集』一・二・二〇―二一からもじっている。

(107) 「うじ虫やゴキブリどもが群がり集う公開の広場」は、後の『楽園の喪失』第一巻、第二巻の万魔殿の造形に繋がると考えられる。

(108) 「黄金……百回」 ミルトンは『第一弁護論』で、サルマシウスが金貨百枚に目が眩んで『チャールズ一世弁護論』を執筆したとして揶揄してきたが、その余韻がここにも響いている。

(109) オレンジ公ウィリアム二世(チャールズ一世の娘婿)のこと。彼は一六五〇年一一月六日、二四歳で死去。

(110) チャールズ二世(在位・一六六〇―八五)は、内乱時、父チャールズ一世に従って従軍、王軍敗北後フランスの母

(111) ヘンリエッタ・マライアのもとに送られた（一六四六）。父の刑死後、スコットランドで王として宣言された（一六四九）が、ダンバーの戦（一六五〇）、およびウスターの戦い（一六五一）に敗れ、再度フランスに逃亡。ドイツ、オランダを流浪した後、王政復古により帰国して戴冠式をあげる。

(112) イソップ物語で牛と競って身体をふくらまし過ぎて自爆したカエルへの連想が下地にあると考えられる。ミルトンが論敵をカエルのイメージで揶揄することについては、注48および93ですでに指摘した。

(113) ミルトンはクリスティーナ女王（在位・一六三二—五四）を理想的君主すなわち君主の範例として称賛する。彼女は、ミルトンの言う「女々しさ」——人間としての弱点——を克服した「成人」として描かれる（新井明『ミルトン』清水書院、一九九七年、一七〇—七一ページ）。これとは逆に、国王チャールズおよび論敵のサルマシウスやモアは自己の「女々しさ」に支配される未成熟な人物として一貫して非難される。

(114) アリストテレスは『政治学』七・七で、寒冷地の住人は芸術や政治への理解が欠如していると論じている。ミルトンはこのことを念頭においてクリスティーナを称賛する。

(115) アドルフとはスウェーデン王グスターブ二世（在位・一六一一—一六三二）のこと。文武の才を兼備し、幼少からプロテスタントの教育を受けた。経済的にスウェーデンに繁栄をもたらしたばかりでなく、戦術にも長け、その軍隊は士気厳正にして精鋭無比であったという。

(116) ミルトンはクリスティーナをシバの女王に喩えている。シバの女王のソロモン王訪問は、第一列王記一〇・一—一三、第二歴代誌九・一—一二で語られている。また、マタイ福音書一二・四二その他で「南国の女王」と呼ばれている。

(117) 「飢えた小男の文法教師」　ミルトンにたいする論敵の蔑称。ミルトン自身も『第一弁護論』において論敵サルマシウスを一貫して「文法教師」として揶揄していたことに注意。

(118) プリアポスはギリシア神話で生殖の神。ヘレンポトスのランプサコスで礼拝され、その象徴は男根であった。

(119) ホメロスはギリシア最古にして最大の叙事詩『イリアス』と『オデュッセイア』の作者に与えられた名。彼の年代についても諸説あるが、少なくとも前八〇〇年以前とされる。

デモステネス（前三八四—前三二二）はギリシアの雄弁家。生来の話べたを克服し、国事にかんする法廷演説の制作にも加わる。当時、ギリシアを脅かし始めた北方マケドニアの王ピリッポスにたいし、ポリス世界は毅然たる態度を取るべき旨を力説した。

(120) マルティアリス『警句』一〇・九。
(121) ダビデ王は前一〇世紀のイスラエル第二代の王。問題となっている個所は、詩編二二・七。(「わたしは虫けら、とても人とはいえない。」)
(122) サトゥルヌスはローマの古い農耕の神。彼の治世はイタリアの黄金時代で、彼は民に農耕と葡萄の木の剪定を教え、法を発布し、民は太平を楽しんだという。
(123) ラティウムは、現在のローマ南東にあった古代イタリアの都市国家。
(124) ブーツァー『キリストの王国』(一五七七)。『散文全集』第二巻四一六—四七九を参照のこと。
(125) パウルス・ファギウス(一五〇四—一五四九)はブーツァーとともにイングランドを訪れ、ケンブリッジ大学のヘブライ語教授に任命された。
(126) エラスムス(一四六五—一五三六)はオランダの人文学者。ケンブリッジ大学で哲学とギリシア語を教えた。彼の出版したギリシア語新約聖書(一五一七)はその最初の印刷校訂本として知られる。
(127) ミルトンはここで「私有物」と「公共物」という概念で遊んでいる。
(128) デンタトゥス(前二七〇年殺害される)はローマの将軍。四度の統領、ついで戸口統領を歴任。寡欲な清廉の士として称えられた。
(129) 「挑戦者としてわたくしの前に現われたそなた」という論敵のイメージは、『闘技士サムソン』においてサムソンの前に挑戦者として現われたハラファの造形に繋がる。
(130) 『偶像破壊者』はミルトンが、イングランド議会の命を受けて、母国語英語で国王処刑の正当性を述べたイングランド議会弁護の書。一六四九年国王処刑(一月三〇日)の翌月に、国王みずからが執筆したという触れ込みで『王の像』が出版され、国民の哀れみを大いにかき立てた。『偶像破壊者』はこれを論駁するために執筆され、同年一〇月ころ出版された。全体は二九章から成り、『王の像』に一章ずつ対応して反駁する形式が採用されている。
(131) 『闘技士サムソン』七五—一〇一あたりに反響。
(132) *artibus tradi* を(イェール版にならい)「人文学」と訳す。
(133) ヘンリ・ワットン卿(一五六八—一六三九)はイートン校の校長。
(134) スライゴー子爵トマス・スカダモア(一六〇一—一六七一)。フランス大使(一六三六—一六三九)。ミルトンのグロティウスとの面会を斡旋した。

(135) グロティウス（一五八三―一六四五）はオランダの法学者、政治家。主著『戦争と平和の法』（一六二五）。近世国際法学の樹立者、および近世自然法の祖とされる。
(136) ニースはフランス南東岸の港市。
(137) ジェノアはイタリア北西部ジェノア湾に臨む州および都市。
(138) リボルノはイタリア北西部の港市。
(139) ピサはイタリア北西部トスカーナ地方のアルノー河畔の都市。かつてはヴェネツィアと並ぶ海洋国家として地中海を制覇していた。
(140) フィレンツェ　イタリア中部トスカーナ平野のほぼ中央にある町。交易を通じて力を得た市民たちは市の実権を握り、共和制が確立され（一二八四―一五三二）、メディチ家の繁栄とともにルネッサンス芸術が開花した。
(141) ミルトンはフィレンツェで「フィレンツェ学会」のほかに三つの文学サークル――"Svogliati"（「嫌われサークル」）、"Apatisti"（「無関心サークル」）、"Della Crusca"（もみがらサークル）――を知った。彼のイタリアでの友人はすべて、この四つのサークルのいずれかに属していたようである。（イエール版注二七七。）
(142) ジャコポ・ガッディ（一六六八没）は当時、「嫌われサークル」のパトロン的存在であった。主著『ギリシア語・ラテン語・イタリア語による教会外文書』。
(143) ダッティ（一六一九―一六六七）はミルトンがイタリアで最も深い友好を結んだ人物。主著『古代画家伝』（一六六七）。ミルトンは「ダモンの墓碑名」（一六三九？）で彼に言及している。交換書簡がイェール版『散文全集』第二巻に所収。
(144) フレスコバルディ（一六三八没）　フィレンツェの旧家の出自で、次項コルテリッニの友人。
(145) コルテリッニ（一六一三―一六九三）は法律家。文学サークル――「無関心サークル」――を設立し、発展させた。
(146) ベネデット・ブオンマッテイ（一五八一―一六四七）聖職を経て、教師となる。主著『トスカーナの言語』（一六四三）。ミルトンから彼に宛てたラテン語の手紙は『散文全集』第一巻三二八―三三二ページに所収。
(147) ヴァレリオ・チメンテッリ（一六二〇―一六六八）　ピサ大学のギリシア語教授（一六四八）。出版された著書は『ピサの大理石』のみ。
(148) アントニオ・フランチーニ　彼がミルトンに宛てた頌詩は『散文全集』第一巻一五七―六五ページに所収。「ダモンの墓碑名」でも言及されている。

(149) シエナ　トスカーナ丘陵地帯の中心にあり、中世イタリアの都市国家の面影を色濃く残す町。
(150) ルーカス・ホルステ（一五九六―一六六一）　ドイツ人学者でバチカン図書館員。『散文全集』第一巻三三二―三三六ページにミルトンから彼に宛てた手紙が所収。
(151) マンソー（一五六〇―一六四〇）　ヴィッラ侯爵、タッソー（次項参照）の庇護者。ミルトンはイタリア滞在中、マンソーの歓待を受け、ラテン語の詩「マンソーへ」を捧げている。
(152) タッソー（一五四四―九五）　イタリアの叙事詩人。主著『エルサレムの解放』。
(153) シシリー島はメッシナ海峡を隔ててイタリア半島に相対する地中海最大の島。
(154) ルッカ　トスカーナ地方、セルキオ川左岸の肥沃な平野の真ん中に位置する町。
(155) アペニン山脈はイタリア半島の背骨をなす山脈。最高峰はモンテ・カルノ（二九二〇メートル）。
(156) ボローニャには世界最古の大学（設立一〇五〇ころ）がある。
(157) フェララはイタリア北部、ポー川の河口に近い都市。中世紀に創始された古い大学・大聖堂がある。
(158) ヴェネツィア　アドリア海に面した都市。ルネサンス時代に東西の文化が融合し、独特の芸術が形成された。
(159) ヴェローナはイタリア北部の都市。
(160) ミラノはローマに次ぐイタリア第二の都市。イタリアの経済、商業の中心地であると同時にヨーロッパ経済市場の拠点としても重要。
(161) ペニン・アルプスはスイス・イタリア国境にある山脈で、その最高峰はモンテ・ローサ（四六四〇メートル）、次にマッターホルン（四四七八メートル）がある。
(162) レマン湖はスイス南西部とフランスの間にある湖。
(163) ジュネーブはスイス南西部レマン湖に臨む都市、有名な大学がある。
(164) ジョバンニ・ディオダティ（一五七六―一六四九）ルッカ出身の神学者、聖書のイタリア語訳で知られる。ミルトンの親友チャールズ・ディオダティの叔父。
(165) 主教戦争〔第二次〕（一六四〇年七月―九月）　チャールズ一世はストラフォード伯を司令官にしてスコットランドと開戦しようとしていた矢先、スコットランド軍がイングランドに入り、八月末にニューカッスルを占領。国王は貴族会議を召集して事態を打開しようと努めたが、貴族議会が機能せず、一〇月にチャールズ一世は停戦条約に調印した。

(166) スコットランド軍撤退の条件として五万ポンドの賠償金支払いを約束した国王は、財源確保のため議会を召集せざるを得なかった。新議会は一一月三日に開会されたが、一六五三年四月、クロムウェルによって解散されるまで一二年継続したことから「長期議会」と呼ばれる。

(167) 『イングランド宗教改革論』(一六四一年五月)(『散文全集』第一巻五一四以下)。原田、新井、田中共訳、未来社、一九七六年。

(168) アーマ大主教ジェイムズ・アッシャー(一五八一―一六五六)およびノリッジ主教ジョセフ・ホール(一五七四―一六五六)。二人にかんするミルトンの他の言及については『散文全集』第一巻四八―五六ページ他。

(169) 『離婚の教理と規律』(一六四三年八月)。新井、佐野、田中共訳、未来社、一九九八年。

(170) ジョン・セルデン(一五八四―一六五四)はイングランドの法学者、歴史家、政治家。『十分の一税の歴史』(一六一七)を著し、高等法院から弾圧された。議会に入り、「権利の請願」起草に参加。

(171) 『マーティン・ブーツァー氏の判断』(一六四四年八月)、新井、松並、田中共訳、未来社、一九九二年。『四弦琴』(一六四五年三月)、辻・渡辺共訳、リーベル出版、一九九五年。

(172) 『教育論』(一六四四年六月)。黒田、私市共訳、未来社、一九八六年。

(173) 『国王と為政者の在任権』(一六四九年二月)。

(174) 『ブリトンの歴史』の執筆。

(175) 一六四九年三月一三日の国務会議で、ミルトンは共和政府の外国語担当秘書官に任ぜられる。

(176) 前注25に既出。

(177) 前注117に既出。豊穣と性欲の神。

(178) 再洗礼派(アナバプティスト)は自覚的な信仰告白をともなう洗礼こそ真の洗礼であると主張し、伝統的な幼児洗礼に反対した。だからこの派を伝統的な主教制と(とくに、このように意図的に)同一視する見解にたいしては、「個」の信仰を重視するミルトンは批判的であった。

(179) 原語 *galli* には「フランスの」の意と「おんどり」の意があることは、すでに指摘したとおりである。前注35、他。

(180) エーゲ海西部のギリシア最大の島エウボイア島とアテネ北西部のボイオティア間の海峡。潮流が速い海峡の代名詞のようになっている。

(181) 一六四八年五月一六日におきたエセックス州の懇願をさす。

(182) イスカリオテのユダはキリストの弟子であったが、金貨に目が眩んでキリストを裏切って売った。その罪を悔いて、首をつって死ぬ（マタイ福音書二七・五）。

(183) ジョン・ブラッドショー（一六〇二―五九）はチャールズ一世審判のための特設法廷の裁判長に選ばれ（一六四九）、国務会議議長（一六四九―五二）。クロムウェルの独裁権把握に反対して一時政界を引退。のち再度国務会議員となる（一六五九）。

(184) 「はりぼての雷電」雷電はそもそも主神ゼウスの武器。『楽園の喪失』第六巻八五三―八五五行では御子は雷電でサタン軍を天上から追放する。

(185) サルモネウスはアイオロスの子。高慢でみずからゼウスと称し、青銅の道を造り、その上を戦車で走って雷鳴のような音をたて、空に火のついた炬火を投げて電光を発していると言った。ゼウスはこれを雷電で打ち、タルタロスに落とした。ここら辺からあとはミルトンの長老派批判となっている。

(186) ミルトンは国王の身柄引渡しにかんする抗争については正確に記している。ガーディナー『イングランド大革命』二・五二六、五二八を参照。

(187) チャールズの王位剥奪についてはガーディナーの前掲書一・三八五、四八〇―四八一を参照のこと。

(188) パースはスコットランド中央部の旧州。現在のテイサイド北西部。

(189) ジェイムズ・グレイアム（一六一二―五〇）がモントローズ侯爵。「厳粛なる同盟と契約」（イングランドにおける長老主義の支持を約した）の盟約者であったが、のちチャールズ親派となった。

(190) キケロ『プランキウス弁護』九三―九四。キケロは自分がテサロニケ追放中に友好を結んだプランキウスが選挙の際に不正を働いた咎で告発されたとき、これを弁護した（前五四）。

(191) ウィリアム・ジャクソン博士（一五八二―一六六三）のこと。

(192) 『王の像』第二七章。

(193) アイザック・ドリスラスは一六四九年四月一八日、国務会議によりオランダ大使に任命されたが、同年五月三日、ハーグに到着したところを覆面の一団に襲われ刺殺された（イェール版、注414参照）。

(194) アンソニー・アスカムは一六五〇年二月四日にスペイン大使に任命されたが、同年五月二七日、マドリードで王党派に刺殺された（イェール版、注415参照）。

(195) ミルトンはキケロのカティリナおよびガイウス・アントニウス・ヒュブリダへの反駁論を念頭においている。前注

56および57を参照されたい。

(196) カトゥルス『詩集』三六・一。ここでは最悪の詩人ヴォルシウスの書物が使用済のトイレット・ペーパーとして扱われている。

(197) ヒュドラは、ギリシア神話でアルゴスの近くのレルナに棲み、家畜や土地を荒した。巨大な身体で九頭を持つ水蛇。ヘラクレスにより退治された。

(198) ミルトンが聖職祿に群がる聖職者たちを狼と呼ぶのは常のこと。たとえば「リシダス」一一三―二九行、「ソネット一六」一四行、他。

(199) 独立派には十分の一税に反対の者もいたが、監督制にとって代わってイングランドの宗教界を牛耳ろうとする長老派は十分の一税を歓迎した。この個所で明らかにミルトンは、長老派が下院を動かして十分の一税の強制取立てを執行させようとしたが失敗に終わった件（一六四九年八月六日）について言及している（イェール版、注429参照）。ミルトンは長老派が新手の監督主義者に過ぎぬと、「長期議会のもとでの新たな良心抑圧者たち」と題するソネット（一六四三年六月一日）で指摘していた。

(200) コンスタンティヌス大帝（一世）は三二四―三三七年のローマ皇帝。

(201) イェール版注四三三に「ローマ書」四・一四とあるのはミス・プリント。

(202) ウェルギリウス『アイネイス』六・六二〇を意訳したもの。

(203) ダンバーの戦い　スコットランドではチャールズ一世の遺児チャールズを擁してイングランド政府にたいして挑戦的態度に出る者があらわれた。フェアファクスに代わって議会軍総司令官に就任したクロムウェルは、一六五〇年九月三日にダンバーでスコットランド軍を相手に決定的な勝利をおさめた。

(204) ミルトンの『第一弁護論』はパリで一六五一年六月二六日に焚書処分に付された。フランス南部のトゥールーズでの焚書は、それ以前の同年六月七日のことであった。

(205) ヘラクレスの火葬壇　ギリシア神話で、欺かれて毒を塗った下着を着たヘラクレスの皮膚は腐食し始め、オイテー山に運ばれた。そこに火葬壇を作らせた彼はみずからその上に登り、火をつけさせたが、火葬壇が燃えている間に雲が降りてきて雷鳴とともに彼を天まで運び上げたという。

(206) イェール版の *prejudices* とあるのは *perjuries* のミスプリント。

(207) マルティン・ルターその他。

(208) アテネはギリシア神話の女神で首都アテネの守護神。アッティカはアテネ周辺の地方。
(209) レオナルド・ピララス（一六〇〇ころ—七三）はパーマ公爵任命のフランス大使。
(210) アドリアン・パウはオランダの特命大使。一六五二年六月八日イングランドとオランダ議会の紛争調停のため渡英するも失敗。七月七日帰国。
(211) ソクラテス（前四七〇／四六九—前三九九）はギリシアの哲学者。
(212) アポロンはギリシア神話でゼウスとレトーの子。音楽や光明の神として、ときに太陽と同一視される。
(213) 『イリアス』二四・二五—三〇。ヘラ、アテネ、アプロディーテの三人の女神は美を競い、その裁定をトロイアの王子パリスに委ねた。これが発端となってトロイ戦争が始まったとされる。また、アプレイウス作『黄金のロバ』第一〇巻では、三人の女神は音楽の技量を競い、その裁定をパリスに委ねる。
(214) 「女神その人」とはクリスティーナ女王を指す。
(215) ワルドー派は一二世紀におきた民衆宗教運動団体。異端としてローマ・カトリック教会から激しい迫害を受けた。のちイタリアのピエモンテのワルドー派も大迫害にあって（一六五五、八五）、ドイツに逃れた。ミルトンはこれを悼むソネットを創作している（五五）。
(216) 一二世紀のトゥールーズ市民は封建的な租税を廃止し、一三世紀には地方自治において主権を獲得した。
(217) ラ・ロシェルはフランス西部の港市。ユグノーの本拠地として包囲を受けた（一六二七—二八）。本訳書二七六ページ、および第一二章注16を参照されたい。
(218) キケロ『ラビリウス弁護』一九。この演説は前六三年に行なわれた。
(219) サトゥルヌス　政敵を殺し、その結果、元老院から糾弾され、大衆の手で石打ちとなる（前一〇〇年ころ）。
(220) 『フランコ・ガリア』はオトマンが聖バルトロマイ聖日の虐殺の翌年、一五七三年、著した書物。これによって中世的立憲主義にもとづく王権の制限と代議政体とを主張し、アンリ四世にたいするイエズス会の闘争を助けた。
(221) ベーズ（一五一九—一六〇五）フランスのプロテスタント神学者、宗教改革者、文学者。
(222) ジャック・オーガスタ・ドゥ・トゥー（一五五三—一六一七）はフランスの政治家。その『同時代史一六〇四—一六〇八』（ジュネーブ、一六二〇、一六二六）はミルトンが好んで出典とした。
(223) モアはミドルブルグ教会（オランダ）の職を辞した後、アムステルダムの為政者たちから招きを受けて、一六五二年九月、教会史の教授の職についた。

(224) ルター（一四八三―一五四六）はドイツの宗教改革者、ツウィングリ（一四八四―一五三一）はスイスの宗教改革者、カルヴァン（一五〇九―六四）はフランスの宗教改革者、ブーツァー（一四九一―一五五一）はドイツの宗教改革者、ピエトロ・マルティレ（ベルミーリ）（一五〇〇―六二）はイタリア出身の宗教改革者、パレウス（一五四八―一六二二）はドイツの改革派神学者。ジョン・ノックス（一五〇五ころ―七二）はスコットランドの宗教改革者。

(225) メアリ女王（在位・一五五三―五八）はヘンリ八世と最初の妻カサリンとの子。彼女はローマ教を復活し、プロテスタントを迫害した。エリザベス女王（在位・一五五八―一六〇三）は、ローマ教とカルヴァニズム両者の中道を歩まんと努力し、じょじょにイングランド国教会の立場を確立していった。

(226) トマス・カートライト（一五三五―一六〇三）、ダドリー・フェナー（一五五八？―一五八七）、クリストファー・グッドマン（一五二〇―一六〇三）などからの引用を指す。『散文全集』第三巻二四八―二五一ページを参照のこと。

(227) キケロ『ムレーナ弁護』六・一三。

(228) ここでミルトンはチャールズ一世を「妻に支配される夫」として提示している。『偶像破壊者』でも一貫して彼をこのイメージで揶揄する。たとえば、第八章。『第一弁護論』ではサルマシウスを「妻に支配される夫」とした。

(229) プリスカヌス・カエサリエンシスはモーリタニア生まれで、アナスタシウス皇帝（治世・四九一―五一八）統治下のコンスタンティノポリスで文法教師をしていた。

(230) ロバート・ハンティントンはクロムウェル自身の連隊の下士官としてクロムウェルのために多くの機密事項の使命を受けて働いたが、一六四八年八月二日の上院議会に出廷し、クロムウェルを反逆罪で告発した。

(231) トマス・フェアファクス（一六一二―七一）はイングランド革命の議会軍司令官。議会軍総司令官（一六四五）に任ぜられ、新型軍を率いて国王軍を撃破。国王を審判する裁判官になったが、王の処刑に反対（一六四九）、のち引退した。その後マンク将軍を助けて王政復古（一六五九―一六六〇）に尽力。ミルトンは彼にあててソネット（一六四八）を書いている。

(232) マルクス・フリウス・カミルス（前二世紀前初期）は一時追放されたが呼び戻されて、ゴール人をローマから駆逐し、ローマの内戦を鎮圧した。

(233) キュロス二世（大王。前六〇〇ころ―前五二九年）はペルシアのアカメネス王朝の王。ギリシアからフェニキアにかけて諸部族を服従させ、バビロニア捕囚中のユダヤ人を解放（五三六）。

(234) エパミノンダス（前四二〇―前三六二）はテーバイの将軍、政治家。独特の斜陣法戦術を案出、ペロピダスとともにテーバイの覇権を打ち建てた。兵法家として有名だが、人格高潔、雄弁でも優れていた。

(235) (大)スピキオ・アフリカヌス（前二三六―前一八四）は、ハンニバルに大勝（前二〇二）、カルタゴを屈服させてアフリカヌスの称号を得る。戸口総監、元老院首席、統領を経験。政争に巻き込まれカンパニアの諸領リテルヌムに引退。同時代人から、ユピテルの寵児として神秘的なまでの尊敬を受けた。

(236) クロムウェルを司令官兼アイルランド総督とする遠征軍は、一六四九年八月ダブリンに上陸、同年末にはイングランドに面した海岸線をほぼ掌握し、内陸部に攻勢を仕掛けて、勝利をおさめた。

(237) フェアファクスに代わって議会軍総司令官になったクロムウェルはトゥイード川を渡って北上。一六五〇年九月三日、ダンバーの戦いで勝利をおさめた。さらに一年後の五一年九月三日にはチャールズ〔二世〕をウスターに敗り、チャールズ〔二世〕はフランスへ逃亡した。

(238) ミルトンは「ソネット一六」（一六五二）において、クロムウェルの軍事的能力と政治的手腕を称賛する。

(239) 王党派がフィルマーの国王家父長論に則って国王を「国父」と呼ぶのにたいして、ミルトンはクロムウェルを「国父」として称えている。クロムウェルは一六五三年一二月護国卿（Lord Protector）に推される。

(240) ミルトンは王家に生まれた者が自動的に国王となることに疑問を呈し、雅量（*magnanimity*）を持ち、自由を保持する人物こそが真の「王者」だと主張する。

(241) ミルトンは〈称賛と攻撃〉の反復という、キケロ以来ルネッサンス期にまで継承される弁論のコンヴェンションを基軸としてこの弁護論を展開してきたが、ここではクロムウェルにたいする弁論を〈称賛から勧告へ〉というかたちで収束させる。『第一弁護論』の終結部の「イングランド国民」への勧告についても同様のことが言える。

(242) チャールズ・フリートウッド（一六一八ころ―九二）はこのときのアイルランドの最高司令官。ヘンリ・アイアトンの後継として一六五二年七月に任命された。

(243) ジョン・ランバート（一六一九―八四）は議会軍に身を投じ各地で戦闘に従う。アイアトンの後を受けてアイルランドを支配（一六五二）、間もなく議会と対立し辞職。クロムウェルに王号を与える議会の企てに反対し（一六五七）、彼と疎隔した。

(244) ジェイムズ・ハミルトン（一六〇九―四九）は第一代ハミルトン公爵。プレストンの戦いで議会軍に敗れ、のち処刑される。

(245) ジョン・デズバラ（一六〇八—八〇）は当時、国務会議のメンバーで、財務長官。

(246) エドワード・ウェイリー（一六一五ころ—七五ころ）はクロムウェルの騎馬連隊少佐として、マーストン・ムーアで戦い、ネーズビーとブリストル襲撃では騎馬連隊長。ハンプトン・コートでは国王チャールズの監督。クロムウェルとは従兄弟どうし。

(247) ロバート・オーヴァートン（一六〇九—六八）はハル総督（一六五三—五四）。リルバーンと並ぶ、レヴェラーズの指導者のひとりであった。

(248) マーストン・ムーアはイングランド北東部、ヨーク西方にあった荒野。一六四四年七月二日から内乱の行方に多大な影響を与えることになった決戦の行なわれた地。クロムウェルの指揮する東部連合軍騎兵部隊の活躍により議会軍は勝利をおさめて北部を制圧した。

(249) オークニー諸島はスコットランド北東端沖にある群島でスコットランドの一州をなす。

(250) バルストロード・ホワイトロック（一六〇五—七五）はスウェーデン大使（一六五三—五四）。国務会議のメンバーで国璽尚書委員。

(251) サー・ギルバート・ピカリング（一六一三—六八）は短期議会（一六四〇）および長期議会（一六四〇—五三）のノーサンプトンシャー代議員。イングランド共和制の国務会議のメンバーでもあり、陸軍最高会議（一六五三）および指名議会（一六五三）議員。

(252) ウォルター・ストリックランド（一五九八ころ—一六六〇）はオランダ議会のイングランド代理人（一六四二—五〇）。第三、第四国務会議および陸軍最高会議のメンバー。指名議会（一六五三）議員の後、護国卿政権の第一国務会議のメンバー。

(253) ウィリアム・シデナム（一六二二—八三）はウェイマウスとメルカム・レイジス選出の代議員（一六四四）。一六四九年八月フリートウッドとともにワイト島の共同総督。指名議会解散に尽力。

(254) アルジャノン・シドニー（一六二二—八三）は父親であるレスター伯の騎馬隊長として軍務に服す。グラモーガンシャー州カーディフ選出の代議員。護国卿政権に反対。

(255) エドワード・モンタギュー（一六二五—七二）は長期議会の間、クロムウェルの生地、ハンティングドン選出の代議員であったが、追放される。国務会議メンバー（一六五三）。

(256) ヘンリ・ローレンス（一六〇〇—六四）はドイツ、オランダに滞在（一六三八—四六）。ウェストモーランド選出の代議員となるが、追放される。指名議会のメンバーとなり、クロムウェルの最高会議のメンバーに任命される（一六五三）。一六五四年一月、クロムウェルの要請により議長となり、第一次護国卿政権の間中その職にある。ミルトンは彼の長子にあててソネットを作った。

(257) ミルトンは貪欲、野望、奢侈など〈人間の内なる暴君〉をヒュドラや蛇などのイメージで提示している。

(258) マルクス・ユリウス・ブルトゥス（前八五—前四二）はカエサル暗殺計画の首謀者。

(259) ノメンタヌスはローマの貴族。ドイツ王（治世・九六一—八三）にして神聖ローマ帝国皇帝（治世・九六七—八三）オットー二世の死後政権を奪取。ローマ教皇グレゴリオス五世（九九六—九九）を廃位させ、ヨハネス一六世（九九七—九八）を対立教皇として選出させるが、オットー三世により撃退、処刑される。『散文全集』第一巻四七〇ページを参照。

(260) コラ・ディ・リエンツィ（一三一三ころ—五四）はイタリアの貴族。教皇座がアヴィニョンに移り（一三〇九）、ローマが貴族の闘争の場となった時、彼はローマで革命を起こし（一三四三）、貴族政治を打倒して共和政体を創設し、護民官の称号を得た（一三四七）。次第に専政的になり、ローマを追われ（一三四八）暴動により殺害される。

(261) ミルトンはイングランド国民への〈勧告〉をもって本弁護論の終結部とする。注241を参照のこと。

(262) アエネイウスはトロイア王家の主流の出。トロイア陥落に際し、父と一子とともに遁れ、流浪の後、ローマの祖となったとされる。また、この個所にはミルトンの将来の叙事詩人としての意識が窺える。

(263) ミルトンはホラティウス『頌詩』四・九・二五—二八をもとにして詩人が歌えばこそ、英雄とその事績が後世に伝えられることを強調している。すなわち、ミルトンが寿げばこそ、イングランド国民の勲（いさおし）が後世に伝えられていくというのである。叙事詩人としての自覚がのぞいている。

解説

野呂有子

はじめに

『イングランド国民のための第一弁護論』（一六五一）、『イングランド国民のための第二弁護論』（一六五四）は世界的文豪ジョン・ミルトン（一六〇九―一六七四）が民主主義的精神の原点を全ヨーロッパと後代の諸国民に明示した作品である。

本訳書出版の意義は第一に戦後五〇年余りを経たわが国の民主主義精神の一層の促進、および国民の政治参加意識を高めることにある。第二に、本書は歴史的大転換の最中に執筆されたがゆえに第一級資料としての価値があり、その翻訳出版はわが国のイギリス政治思想史研究に大いに寄与すると考えられる。第三に、本書は単なる論理ではなく、修辞的説得を駆使して執筆されているため、三五〇年を経てもなおその価値を喪失しない。それゆえ、これを翻訳出版することは優れた政治論文に内在する普遍性と芸術性を明らかにする意義がある。

ミルトンは当時の国際的公用語であるラテン語を用いて、全ヨーロッパの知識階級に対し、民主主義的社会の形成とそれを支えるプロテスタント精神の重要性を訴えた。彼が援用する文書はマグナ・カルタから旧・新約聖書、ギリシア・アテネの古典的作品群にまで及び、それはルネッサンス的教養の宝庫となっている。さらに、文学的手法の粋を凝らした論述は現代に至る文学作品に様々な影響を与えている。

(1)『イングランド国民のための第一弁護論』と『イングランド国民のための第二弁護論』出版の背景と敵対者たち

一六四九年一月三〇日、かつてのイングランド国王チャールズ一世は、イングランド国家への反逆者として処刑された。ここにイングランド共和制は産声を上げることとなった。

その後の国内外の王党派の動きは活発であった。チャールズ処刑の衝撃がイングランドの津々浦々を走り、また一方で全ヨーロッパの国王・王族を震撼させる中、二月九日にイングランド国内でチャールズの礼拝堂付き牧師ジョン・ゴードン(一六〇五―一六六二)により、英語で『王の像』が出版された。著者がゴードンであることは隠されており、亡き国王チャールズ自身が『王の像』を執筆したという体裁が取られていた。前日八日にはチャールズ一世の埋葬がなされていることから、『王の像』出版はあたかも亡き国王がキリストのごとく蘇ったかのような印象をイングランドの民衆たちに与えたにちがいない。王党派はそのような効果を計算に入れて出版日を定めたと推察される。序言を含めて全部で二九章からなるこの論文は、各章の終結部にチャールズ一世による神への祈りが配され、殉教のキリストに模せられたその姿は多くのイングランド人の心を感傷で揺さぶり、その涙を誘った。

この書は何度も版を重ね、共和政府は政府存続のためにもこの書の流布を防ごうと手だてを尽くしたが、すべては徒労に終わった。

共和政府にとって最初の試練ともいえる『王の像』出版とほぼ並行して、ジョン・ミルトンは『国王と為政者の在任権』を出版した。ミルトンはこの書を国王処刑以前から執筆し、準備していたといわれるが、その出版は共和政府にとってまことに時宜を得たものとなった。

そして、これが共和政府の認めるところとなり、ミルトンは三月一三日に国務会議に招かれ、一五日にラテン語担当秘書官に任ぜられた。五月一六日に出版された『和平条項に関する所見』執筆は、ミルトンが共和政府からの要請で公務として執筆した最初のまとまった政治論文となった。

チャールズを断罪したものの、共和政府による新政権の土台はまだまだ安定しているとはいえなかった。おりから、チャールズ一世の皇太子チャールズがオランダのハーグで即位宣言を行ない、スコットランドとアイルランドでも彼を国王として認めるという宣言が出され、反革命の気運が高まりを見せた。その間にも、『王の像』はひそかに売れゆきをのばしていた。

このような情勢に、ランプ議会は反革命の拠点をたたくという名目で、アイルランド遠征を決定した。クロムウェルを司令官兼アイルランド総督とする遠征軍は八月、ダブリンに上陸した。年末にはイングランド側の海岸線をほぼ掌握し、内陸部へと攻めいって勝利を治めた。遠征の最中の一〇月六日、共和政府はミルトンによる、『王の像』反駁の書、『偶像破壊者』を出版した。『王の像』出版から八か月、共和政府に反駁論執筆を命じられてから五か月後のことであった。

それも束の間、翌一一月には、今度は海の向こうのオランダ、ライデンからイングランドの新政権を全ヨーロッパに向かって公然と糾弾する文書が出版された。当時オランダに亡命中の皇太子チャールズに依頼されて、国際的に学識の誉れ高い、フランスの大学者サルマシウス（一五八八―一六五三）がラテン語で執筆した『チャールズ一世弁護論』であった(1)。

サルマシウスはイングランドの新政権を「四〇名の暴君による軍事独裁政権」と決めつけ、その政治指導者たちを「神をも畏れぬ瀆神の輩」、「国父殺害者」、「無教養な野蛮人」として糾弾する。これら「イングランドのくずども」は「神の法」、「自然の法」および「人の法」を蹂躙する残酷な殺人・暴力集団だというわけである。

サルマシウスはいわゆる「国王家父長制(パトリアーキー)」論に基づいて、チャールズ一世を弁護する。「臣民が国王に従うのは、子が父親に従うのと同様である。国王は臣民の国父なのである」と彼は主張する。また、「王権神授説」に基づいて「国王はそもそも神の承認を受けて統治の主権を保持する。それゆえ臣民はこれに服従する義務がある」という議論を展開する。この議論は大枠において、ロバート・フィルマーの『国王家父長論(パトリアーカ)』(一六三一年以前に執筆され、王党派間で回覧されていたという)に重なるものである。

イングランドの共和政府にとっては『チャールズ一世弁護論』をこのまま放置しておくことは外交政策上きわめて危険であった。放置すれば、それはとりもなおさずサルマシウス、ひいてはチャールズとその一派の主張を認めることになる。すなわち「共和政府」と銘打ってはいるものの、その実体は「まともなラテン語」で共和政府を弁護できるような教養を備えた人物などひとりもいない、未開の蛮族の集団だと自ら認めることに他ならない。武力(軍事力)はあっても知力(教養)はない、ヨーロッパの国際社会ではまともに相手にされない連中だという王党派側の主張を裏付けることになる。まさに外患内憂の共和政府であった。

一六五〇年一月八日、国務会議の命令で白羽の矢が立ったのがラテン語担当秘書官ジョン・ミルトンであった。樹立後間もないイングランド共和制を軍事的に支えたのがクロムウェルであるなら、言論で支えたのは自分だとする自負が『イングランド国民のための第二弁護論』(一六五四)中に示されるが、あながちミルトンの誇張とは言い切れない。

ちなみに、『チャールズ一世弁護論』出版に脅威を感じたのはイングランド共和制だけではなかった。一六四八年のウェストファリア条約でようやく国際的に独立が正式承認された新教国、オランダ連邦共和国では、翌年一月一日をもって『チャールズ一世弁護論』出版不許可の勅令が発布された。

『チャールズ一世弁護論』論駁は、ミルトンにとってはやりがいのある、しかし、骨の折れる仕事だったに違いない。それは、序言を含めて一三章にわたるラテン語で書かれた長大な論文であった。サルマシウスは旧約聖書・新約聖書、ユダヤの古文書、ギリシア・ローマの哲学者、弁論家、政治家、諸国王、ローマ法、初代教父たちの文書、諸外国の歴史書、および当時の多様な政治論文等を総動員させて、国王家父長制および王権神授説の理論的根拠として引用し、理論武装に怠りなかった。これを論駁するためにはミルトン自身が、引用されたすべての文書に目を通し、そのコンテクストを確定し直し、サルマシウスの議論の弱点を突いて、自分の理論を構築していかなくてはならない。単に『チャールズ一世弁護論』を読んで、そのあら捜しをするだけではことは済まないのである。資料収集と検索、読了に要した時間だけでも膨大なものであったことが推察される。

こうして、一六五一年二月二四日にラテン語による『イングランド国民のための弁護論』(以後、『第一弁護論』と省略）が出版される。サルマシウス著『チャールズ一世弁護論』出版からほぼ一年が過ぎていた。母国語英語で『王の像』反駁の書、『偶像破壊者』を執筆するのに五か月ほどかかったが、ラテン語による『第一弁護論』執筆にはその二倍強の歳月が必要だったわけである。

『第一弁護論』は速やかに再版を重ねた。イングランドおよび大陸の出版社により（一七世紀中だけでも）一七ほどの異なる版が出回ったということは、『第一弁護論』がどれほどイングランドおよびヨーロッパの知識人たちの間に流布したかを物語っている。(『偶像破壊者』は英国内で二版を重ねたにとどまった。）また、ミルトン自身が一六五八年に『第一弁護論』の改訂版を出版した。一六五一年五月にはオランダ語の翻訳が出現した。

一六五二年にはフランスのパリとトゥールーズにおいて、死刑執行人の手で公衆の面前で焚書にされ、販売禁止の命令が出された。『第一弁護論』が後世に与えた影響の内で、見逃せないものの一つは、ジョン・ロック（一六三二―一七〇四）の蔵書目録に一六六七年以来、同書が登場することである。（ロックはまた、『国王と為政者の在任権』の一六八九年版を所蔵していた。）ロックとミルトンの大きな共通点は、暴政を振るう為政者に対する国民の抵抗権（個人的抵抗権をも含む）とそれを支える「正しき理性」の概念である。[2]

『第一弁護論』を読んだ論敵サルマシウスの怒りは激しいものであったという。サルマシウスが『第一弁護論』反駁の書を出版するという噂は早くからミルトンに届いていた。しかし、サルマシウスの存命中に反駁論が出版されることはなかった。彼は一六五三年九月三日、保養先のベルギー東部スパで亡くなった。

ミルトンがサルマシウスからの反駁論を待ちうけていた一六五二年九月中旬、オランダのハーグからミルトン砲撃が開始された。『王の血の叫び』と題されたこの『第一弁護論』反駁書の著者は英国国教会の牧師ピーター・ドゥ・ムラン（一六〇一―一六八四）であったが、彼は匿名で問題の書を出版した。（その兄ルイスは世評では『王の像』をラテン語に翻訳した人物だという。）『王の血の叫び』は、サルマシウスを偉大な学者として褒めそやし、「王権とイングランド国民とに反逆して」、共和政府の犯した「国父殺し」の罪を糾弾し、そのスポークスマンたるミルトン個人の人となりをあげつらって糾弾するという内容であった。共和政府は再度反駁論執筆をミルトンに命じた、と彼自身は『イングランド国民のための第二弁護論』（以後、『第二弁護論』とする）の中で述べている。（しかし共和政府の正式文書中にその記録は残っていない。）

かくして一六五四年五月三〇日、『第二弁護論』は出版された。『第二弁護論』の中でミルトンは論敵をアレグザンダー・モア（一六一六―一六七〇）であるとして議論を進め、この人物がいかに素行不良で信用のおけない、女たらしの似非（えせ）聖職者であるかを徹底的に証明しようとする。それは、論敵が『王の血の叫び』の中でミルトンの個人攻撃を行なうことによって、そのような人物を弁護者として任命したイングランド共和制を攻撃するという戦術を取ったからである。ミルトンはこれを逆手にとって論敵攻撃の戦術としたのである。また、ミルトンは自叙伝的個所で自分が高潔な人物であることを詳細に証明しようとするが、それは論敵の攻撃が事実無根であることを証明し、ひいてはイングランド共和制の名誉を擁護するためであった。

ミルトンが『王の血の叫び』の著者をミドルブルグ市の牧師アレグザンダー・モアであると誤認したのは、当時の状況を考慮すると無理からぬことであったと言わざるをえない。というのも、ドゥ・ムランは『王の血の叫び』の原稿をサルマシウスに送り、サルマシウスはこれをモアに渡して出版を依頼した。モアはこれに献辞を書き、その献辞に書名したのがアムステルダムの出版人アドリアン・ブラク（一六〇〇―一六六七）であったというきさつがある。当時の半官的な議会報『メルキュリウス・ポリティクス』さえもが、一六五二年九月二〇―三〇日版の紙面で『王の血の叫び』の著者はアレグザンダー・モアであると報じた。

『王の血の叫び』反駁論執筆は急を要する仕事であったが、『第二弁護論』出版までには二年近い歳月が過ぎている。この間ミルトンを次々と襲ったのは失明、妻メアリ・パウェルの産褥死、そして生後一年になる一人息子の死という家庭的悲劇であった。

こうした逆境を乗り越えて『第二弁護論』を出版したミルトンに、さらに厳しい試練が与えられた。『第二弁護論』中で論敵をアレグザンダー・モアと規定し、これを手厳しく糾弾したため、今度はモア本人がミルトンの敵対者として名乗りを挙げたのである。一六五四年一〇月、モアは自分が『王の血の叫び』の著者ではないことを明言し、ミルトンがいかに大きな間違いを犯したか、またミルトンがいかに信用できない人物であるかを徹底的に論じるラテン語論文『公共の信託』を出版した。これに対してミルトンはさらに『自己弁護論』（一六五五年八月八日）を執筆してモアに応酬していくことになる。

(2)『第一弁護論』と『第二弁護論』に見るミルトンの英雄観

『第一弁護論』および『第二弁護論』の読者は、ミルトンが論敵を攻撃・糾弾するさいのことばの凄まじさに恐れをなし、ミルトンの人間性に疑いを抱くかもしれない。また、ミルトンが自分自身を称賛する、そのことばが節度を逸しているとして、ミルトンを誇大妄想、自己陶酔型の人間の典型とみるむきもあるかもしれない。たとえば、J・H・ハンフォードは次ぎのように述べる。

……のちに［『第二弁護論』で］ミルトンは［『第一弁護論』執筆という］自分の「気高き務め」について誇らし気に語った。だが、『第一弁護論』はこんにちでは気高き作品とは言いがたい。それは終始［論敵］サルマシウスの私的部分に立ち入り、その学識、報酬目当ての執筆、サルマシウス個人の資質に罵詈雑言を浴びせかけ、攻撃する。……またミルトンは国王処刑という行為がイングランドの法によっても、古代および近代の博識賢明なる権威ある人びとによっても……公共性の観点からも正当であると繰り返し主張する。(3)

ハンフォードが「こんにち」というとき、それは「神の実在という概念の希薄なこんにち」ということを意味しているのではないか。なぜなら、ハンフォードは他の観点には触れても、「神と自然の法」という観点からミルトンが「イングランド国民」の行為の正当性を主張したことには触れていないからである。しかしミルトンはまず、「神と自然の法」という観点から「イングランド国民」を正当化しようとするのである。

かりに『第一弁護論』および『第二弁護論』を自己称賛と論敵に対する個人攻撃にのみ終始する作品であると考えるとしたら、それは大きな誤りである。ミルトンはキケロ以来の弁論の型にのっとって論述を進めているのであり、敵を攻撃し、弁護されるべき人物を称賛するというのもまた、キケロ以来の伝統の流れの中に位置づけられるものである。また、ミルトン自身の生きた時代の論争の型としても、「称賛と攻撃」という型はごく普通のものであり、(4)さらにミルトン自身の一連の政治論文を見ても、これは顕著に見出せるものである。(5)

われわれは『第一弁護論』および『第二弁護論』の中にミルトンに特有の英雄観があることに気づく。論敵を攻撃する一方で「イングランド国民」を弁護し称賛するという作業を重ねながら、ミルトンは自分自身の英雄の型を鍛え直し、再構築するという作業を繰り返していたのである。

「キリスト教的英雄の型」を生涯にわたって追及し続けたミルトンにとって、究極の英雄は神の御子キリストにおいて具現化された。それゆえ、『第一弁護論』においてキリストは「イングランド国民」の範例として提示される。「神にこの上なく似た」キリストは、「暴君たちの支配下に、人として生まれ、奴隷となり、受難に耐えるという代価を支払って」人類に「真実の自由を買い与えた」のであり、人類が「真実の心をもって自由を得ようと努めることを禁じてはおいでにならず、むしろ……大いに励まして」(6)いるとミルトンは主張する。『第一弁護論』に登場するキリストは「むしろ、行動的で不屈の精神に満ちあふれた解放者／自由の擁護者」の像であり、「敵を大胆に批判し告訴し非難し警告を与える」のである。(7)

ジョン・M・ステドマンはミルトンの英雄叙事詩人としての特質を「神のごとき人物」というアリストテレス以来の英雄の定義を「始原において人に与えられ、罪によって曇らされ、最後には神の恩寵によって回復された神の似姿」に関連づけた点にあるとした。(8)『第一弁護論』および『第二弁護論』においてもミルトンは「イングランド国民」を「神のイマゴ」たる「正しき理性」を用いて神の摂理をこの地上に実現する英雄的な人々として提示する。そして、この神の摂理とはミルトンにとっては「暴君のもとで奴隷状態にあった」人類を「真実の意味の自由、すなわち神のもとへと復帰させる」ことに他ならないのである。

『第一弁護論』の序言においてミルトンは「神は人類に賜物として理性を与えた」のであり、人類はこれを拠り所として「自分たちを守り、解放し、平等のものとする」ことができると述べた。神の賜与としての「理性」を用いて、「統治形態と為政者を選びとり」、「国王という名の為政者」が暴政に走った場合にはこれを廃位し、裁き、罰するということがミルトンの言う自由の内容である。

そして、この自由を享受するために人類は「知恵と雅量」を絶えず働かせる努力をしなくてはならない。「知恵と雅量」を用いて神から与えられた自由を守り、保持し、回復させるという努力を続けることこそ、まさしく「神との正しき関係に立つ」ことであり、こうした行為を営む人物こそ「自由な人」であり、「英雄」なのである。

だが、『第一弁護論』も『第二弁護論』も「イングランド国民への礼賛」に終始する作品ではない。終結部近くでミルトンは「イングランド国民」や共和政府の主だった人びとに直接語りかけて勧告する。彼らが戦場で敵を撃破したように、今度は平和の中にあって勇気、正義、節制、節度をもって自由を保持しなければならない、とミルトンは主張する。そしてもし彼らがミルトンの勧告に従うことなく、堕落の道を辿るなら、彼らはサルマシウスの言うとおり、「犯罪者」に過ぎず、かならず神の怒りをその身に招くことになるだろうと言うのである。

すなわちミルトンは「イングランド国民」のうちに多くの英雄的資質を認めてはいても、彼らを完成された英雄とは考えていない、ということである。ミルトンにとって完成された英雄とは「善性と知性において他のものにはるかにたちまさり、神にさえ似た(9)」ただひとりの人である神の御子キリストに他ならないのであるから。「神に似た」姿を保持するために「イングランド国民」は神に与えられた「英雄に特有の徳たる雅量」を働かせようと、つねに努力しなければならないのである。

このミルトンの英雄観がきわめて近代的であることは特筆にあたいする。自覚と努力によって「英雄」になる道が一人一人の人間に開かれているからである。また、この概念はすぐれて契約的でもある。すでに「神に似た」地位に到達した人物であっても、雅量と理性を働かせる努力を怠れば、その時点で必然的に下劣な存在へと落下せざるをえないからである。

ところでわれわれがミルトンの英雄観を問題にするさいに、「雅量」と「勤勉」と並んで忘れてならないのが「忍耐」である。後期の三大作品、『楽園の喪失』(一六六七)、『楽園の回復』(一六七一)、『闘技士サムソン』(一六七一)におけるミルトンのヒーロー(英雄/主人公)たち、とくにアダムとサムソンは「忍耐の人」として完成されたとき、真の英雄となるのである。

ミルトンが英雄的資質としての忍耐を内在化するさいに、(1)で述べた、失明と家庭的悲劇、そしてこれを乗り越えての『第二弁護論』執筆という問題を避けて通ることはできない。

『第二弁護論』における盲目の著者ミルトンの姿は、他の英雄的人物群像——ケレス、アキレウス、オデュッセウス、オレステス、キケロ、クロムウェル、その他共和政府の要人たち——を差し置いて、燦然たる光を放っている。『第一弁護論』執筆によってミルトンは全ヨーロッパに向けて「イングランド国民」を正当化するという務めを果たしたが、その最中に彼は視力を喪失した。『王の血の叫び』の著者(ドゥ・ムラン)は当然のことながら、このミルトンの弱点を突いてくる。ミルトンが失明したのは、「国王処刑」という「神殺し」の犯罪を弁護したその罰である、というわけだ。

しかしミルトンは自分の失明も神の摂理なのだと主張する。不幸のもとは盲目そのものではなく、盲目という事実を忍耐できないところにあるという。そして自分は雄々しくこの苦難を忍耐してみせると宣言するのである。ミルトンは「第二コリント書」四章六節を念頭におきながら、以下のように敵対者に言い放つ。

なぜならそのときこそわたくしは、いと弱き者であると同時にいと強き者となり、盲目にして最高の視力の持ちぬしとなるのであります。盲目という不完全さを通してこそ、完全にして完成された存在となるのであります。つまり、暗闇(やみ)のうちにあったればこそ、光に包まれるのであります。

ミルトンは、パウロがキリストに倣って苦難を耐えた、そのようにパウロに倣って苦難に耐えようと決意している。

すでに見たようにミルトンにとって究極の英雄とはキリストであった。しかし、『第一弁護論』に現れた範例としてのキリストは忍耐の英雄ではなく、「行動的な自由の擁護者」であった。『第二弁護論』に至ってようやく「忍耐するキリスト」とそれを範例として忍耐するミルトンの自画像が登場するのである。しかし、それは失明、妻と最愛の一人息子の死という過酷な試練を経て到達した世界であった。[10]

『第一弁護論』および『第二弁護論』において、ミルトンはヨーロッパの知識人たちを観客とするスペクタクルの場を設定する。彼は自分自身を「イングランド国民」および〈自由〉の弁護者として、陪審員たる読者の前に提示する。弁護側の証人としてアリストテレスやキケロ、その他古今東西の「博識賢明の士」を喚問し、証拠を固めていく。そして論敵を告訴し非難し、最後には死刑を宣告する。またあるときは論戦の場で、様々な議論・論証を武器として論敵たちに一騎討ちの戦いを挑む戦士の姿で自己を提示する。

このようにさまざまなイメージを駆使して、論述の力によって「人のうちに潜む迷信」という「内なる敵」を成敗し、武力では回復しえない「内的自由」を読者とともに回復するという作業を進めていく。このミルトンの姿はさきの「行動的で不屈の精神に満ちあふれた解放者」の姿、すなわちキリストの姿に重なるものである。『第一弁護論』の終結部、一六五八年の加筆部分に目を向けるとき、われわれはミルトンが叙事詩風の文体で筆をおこうとしていることに気づく。

わたくしはいま、彼ら〔全キリスト教徒〕のために——わたくしにそれだけの力があり、そして神のご加護があればの話でありますが——よりいっそう偉大なることを計画し、その準備をすすめているのであります。

彼はこのように述べて、いっそうの「雅量」が神から与えられることを願いつつ、新たなる企てに取りかかろうとする「勤勉さ」に満ちた英雄的自画像を読者の前に提示して退場する。一六五八年にはミルトンはすでに『楽園の喪失』(一六六七)の口述筆記を開始していたという。論争の世界を去り、叙事詩の世界へ踏み出そうとする自分の姿をミルトンは一六五八年の加筆部分に描き出したのである。

(3) 共同体の成立と自由の概念

ミルトンにとって〈自由〉とは神から授けられた生得的権利であった。人びとはこの〈自由〉を保持するために共同体を形成したのである。それは各人がばらばらのままでは、外からの脅威によって自由の保持が困難となるからである。さらに人びとは共同体の中から為政者を選出して他の者を統治させたが、為政者たちが信任を裏切り、職権を濫用して私利私欲に走ったり、共同体の福利を損なった場合には共同体は彼らを罷免して罰したのであり、これは「自然の法」にも「神の法」にも「正しき理性」にもかなうことであったとミルトンは考える。

自由を守るために人びとが知恵と力を結集して共同体を形成したというミルトンの記述にはヴォランタリーな集合体としての共同体認識が見える。ミルトンは自主的・自立的な営みとしての人びとの結集を、共同体成立の根源に見ている。そして、その中で「勇気と知恵」において他の者に優る者がいた場合、これに権限を委託して、全体を統率させる。それがたまたまひとりであった場合が国王の起源となる。ここには「公共の奉仕者（パブリック・サーバント）」としての為政者の概念が明確に存在する。すなわち、王といえども「公共の奉仕者」にすぎないのであり、その義務を怠った場合、「暴君」として廃位・処刑されてしかるべきだというのである。

さらにここには、法（契約）を介在させた権限委託の概念が見える。共同体の利益に奉仕させるために選任された者が、公共の利益に反する場合には罷免されるのが「自然の法」にかなう、とするミルトンの契約思想はきわめて近代的である。この点については、トマス・ホッブズ（一五八八―一六七九）の契約思想とミルトンの契約思想は異なっている。『リヴァイアサン』（一六五一）においては、「国家設立の信約は各人と各人との信約であって」けっして為政者と共同体の契約ではないからである。為政者は「各人と各人との信約による一方的な授権のうえに成立するのであり、それゆえ各臣民は最初の信約によって」為政者に「服従すべく義務づけられているが」為政者は「臣民にたいしていかなる契約上の義務も負うものではない」のである。(11)

すなわち、ミルトンは国家成立以前にヴォランタリーな共同体の成立を想定し、それを各個人と国家との中間的存在としているが、ホッブズの場合には各個人と国家とのあいだに介在する共同体的存在は想定されていない。(12) ミルトンの契約思想からは、共同体による為政者への権力委託と、契約違反のさいの権力剥奪が「自然」なこととして想定されるが、ホッブズの場合、権力は為政者に完全に委譲され、各個人は国家に支配されるがままの無力な存在となる。ミルトンの契約概念からは当然の帰結として「抵抗権」が認められるが、ホッブズの場合はそうではない。ホッブズの場合、国家および行政機構が解体すれば、無政府状態（アナーキー）となるが、ミルトンの場合は、国家および行政機構が解体しても共同体は残る。そして委託されていた権限は共同体に戻されるのである[13]。自由なる共同体が幾つも集まって、より大きな単位を構成し、最終的にそれが国家の単位になったのが「自由なる共和国」であるとミルトンは考える。彼はこの構想を『自由共和国樹立の要諦』（一六六〇）でさらに精密化して、各州のおもな都市に個別の「通常会議」を設け、それが週単位の「州会議」の選出母体となり、さらに州会議から代表者が選ばれて「中央評議会」を構成する仕組みとしている。

ミルトンの共同体成立の概念から見ても、神が人類に最初に与えた統治形態を共和制と彼が規定するのは自然であろう。王政については、神はイスラエルの民が王政を望んだその罰として怒りをこめて王政を与えたと主張する。すなわち、共同体生成という人間の営みこそは「神のみ心」にかない、「神の法」にかなうというのである。しかしながら、怒りながらも民の望みをかなえる神とは、「選び取る自由」を与える神でもある。この神の姿は、『楽園の喪失』の神に収斂していく。

ミルトンにとって「神の法」、「自然の法」とは共同体の法であり、神のみ心にかなうとは公共の福利に寄与することであった。このようにミルトンは共同体の理念を導入することによって既存の国家を相対化した。そしてそれと同時に、共同体が独善的な狂信集団に堕する歯止めともしたのである。さらに「個人の自由」の名のもとに、人間個々人がそれぞれ「小さな暴君」となる歯止めともした。

ミルトンは共同体の最小単位は夫婦であると考えた。聖書にもあるとおり、「人がひとりでいるのはよくない」（創世記二章一八節）のである。「自由」を振りかざして共同体から脱落した個人が「小さな暴君」となることの危険性は、自由意志と個人の尊厳を根拠にアダムを論破したエバが、ひとりでいるときにサタンに誘惑され堕落したことにも象徴される。

　また一方でミルトンは「自由なる共同体」を目ざす集団が独善に走る危険性を孕んでいることにも警鐘を鳴らす。サルマシウスがクロムウェル率いる共和制を「軍事独裁政権」と非難するのにたいし、ミルトンはこれを「国民の代表」、「より健全な部分」として弁護した。しかしミルトンが「イングランド国民」を手放しで称賛しなかったことはすでに見たとおりである。いかに高き理想を掲げて成立した国家・政権であっても、為政者の側とそれを支える国民の側に「常に自制する意識」がなければ、時の経過とともに腐敗する。そのことをミルトンは知っていた。それは歴史の教えるところでもあった。

　すでに指摘したように、『第一弁護論』と『第二弁護論』の終わり近くには、「イングランド国民」にたいするミルトンの勧告が置かれている。この勧告は「共同体の独善的集団への堕落」にたいするミルトンの危機意識という文脈に位置づけてこそ、その意図が明らかになる。「勧告」の彼方にミルトンが察知し危惧していたのは、本来自由な共同体を目指して形成されたはずの集団が独善的狂信集団へと堕落することに他ならない。それを防ぐためには「自由なる共同体」はいつも「開かれた共同体」でなければならない。自浄作用を備え、自己批判、自己修正が自律的に行なわれなければならないのである。

　しかも、旧約の出エジプト的共同体とは異なり、新約における共同体では、キリストの贖いをとおして神のイマゴたる「正しき理性」が――条件つきとはいえ――構成要員すべてに応分に与えられている。モーセのような仲介者を必要とせず、各自が各自の「正しき理性」を仲介として、神の摂理を理解する道が備えられているのである。人びとは「正しき理性」を働かせて、常に自由を守り育てていかねばならない。

　『楽園の喪失』に描かれる、サタンを独裁者とする堕落天使たちは「自由なる共同体」を目指すという理想を掲げながら、私利私欲を追及した結果、狂信集団に堕してしまった。それを象徴的に示しているのが、第一〇巻において、意気揚々と凱旋し、勝利宣言をしていたはずのサタンと、拍手喝采していたはずの堕天使の一団が神の命令により蛇に変身してしまうシーンである。自分の自由意志でエバを誘惑するために自ら蛇に変身したはずのサタンであったが、この場面では英雄的気風の絶頂にあると思い込んでいるときに自分の意志とはかかわりなく、蛇に変身させられてしまうのである。創造時の人の姿が神のイマゴをよく反映しているのにたいし、サタンとその一党は神の似姿とは程遠い蛇の姿になっているのであるから、英雄を気どる狂信集団の愚かしさが象徴されているのは明らかである。

サタンはエバを誘惑し人類全体を堕落させた。人類も含めた公共の福利ではなく、私利私欲を追及した結果、自分たちのみならず普遍的荒廃を引き起こしてしまったのである。理想の共同体を求めたはずの集団が狂信集団に堕す恐怖は、われわれ日本人にとっては戦中、および戦後五〇年以上が過ぎたいまでもなお生々しい体験として厳然と存在する。いまこそわれわれは、ミルトンの「野にあっても国民は国民である」ということばに込められた共同体意識と人間の尊厳、そして希望を噛みしめるべきではないか。

おわりに

ミルトンは共和制末期の一六五八年、クロムウェル亡き後、瓦解寸前の共和政府の要人たちを再度鼓舞し、革命直後のあの理想に燃えていた精神を回復させたいと願って『第一弁護論』を再版した。さらに、チャールズ二世の帰還を目前に控えた一六六〇年二月もしくは三月、『自由共和国樹立の要諦』を執筆して理想的な共和制のあり方をイングランド国民に訴えた。さらに、どうしても王政が避けられないなら、スチュアート家から国王を迎えるのではなく、新たに国王を選出することを『先頃のある説教にかんする短い注記』で提案した。

王政復古の後、クロムウェルの遺体が斬首刑にされて曝しものになったり、共和政府の要人が亡命したり、残酷に処刑されたことを考慮すると、ミルトンはこの時、命をかけて〈自由〉を守ろうとしたと言える。事実、王政復古後、彼は逮捕され、一時は処刑も考えられたという。ミルトンは成立間もないイングランド共和制を弁護する作業に視力を捧げ、瓦解直前の共和制にあって共同体の理念を護持するために命を賭けようとした。

王政復古阻止は叶わなかったものの、ミルトンが守ろうとした〈自由〉および共同体理念のともしびはけっして消えることはなかった。「法のもとの万人の平等。人は生れながらに神により〈自由〉を与えられていること。政府および為政者はこうした国民の権利を保持するための公的機関であり、公共の奉仕者なのであること」という理念は、ジョン・ロックに継承され、名誉革命、アメリカ独立宣言、フランス革命、南北戦争中のリンカーンの演説、ケネディ大統領の就任演説、日本国憲法、そしてアウン・サン・スーチー女史の演説の中に脈々と流れ、今日のわれわれに受け継がれているのである。われわれが「正しき理性」を働かせて「自由なる共同体」樹立のために、なにを為すべきかが、いま真剣に問われている。

注

(1)『チャールズ一世弁護論』の出版年月は、ケンブリッジ版『イングランド国民のための第一弁護論』に付された年表、および、William B. Hunter, gen. Ed., *A Milton Encyclopedia* (Associated University Presses: 1978-80) の "Pro Populo Anglicano Defensio" の項目の記述に従った。

(2) ロックが「正しき理性」という語を積極的な意味で使用する例は数少ない。しかし、『パウロ書簡注解』「ローマ書」七章一八節に関する注記の中で「パウロは肉と精神と彼が呼ぶ二つの部分からなるものとして自分自身……を考えている。ここでいう精神とは、法もしくは正しき理性により導かれる彼の精神の判断と意図とを意味するのである」と述べているのは積極的な意味での「正しき理性」の使用例である。ジョン・ロック著「ローマ人への手紙注解」（中）『パウロ書簡注解』（野呂他訳、『聖学院大学総合研究所紀要』二三号、一三五頁、二〇〇一年）。

（3）*A Milton Handbook* (1961; rpt. Prentice-Hall, Inc., 1970), p.89.

（4）*Complete Prose Works of John Milton*, IV, ed. Don M. Wolfe (New Haven, 1966), 540 に載せられた Donald A. Roberts の説。

（5）David Loewenstein, *Milton and the Drama of History* (Cambridge University Press, 1990), p.170. n.5.

（6）本訳書七三ページ。

（7）Loewenstein, "Milton and the Poetics of Defense," David Loewenstein & James Turner, eds., *Politics, Poetics, and Hermeneutics in Milton's Prose* (Cambridge University Press:1990), p.183.

（8）*Milton and the Renaissance Hero* (Oxford: The Clarendon Press, 1967), p.139.

（9）本訳書一四六ページ。

（10）失明がミルトンの英雄観の深化に与えた影響とパウロの「第二コリント書」との関係について論じたものとしては例えば以下の論文を参照。Yuko Kanakubo Noro, "Milton's Metamorphosis from a Ciceronian Orator to the Pauline Prophet in *Pro Populo Anglicano Defensio Secunda*," *Bulletin of Seigakuin University General Research Institute* 7, Saitama : Seigakuin University General Research Institute, (1995) : 4-17.

（11）藤原保信・佐藤正志『ホッブズ　リヴァイアサン』（有斐閣、一九七八年）、九三ページ。

（12）個人と国家との間の中間的存在としての共同体という概念は元聖学院大学総合研究所教授永岡薫氏の常日頃の持論であるが、特に本「解説」作成にあたっては、聖学院大学総合研究所主催の国際シンポジウム「自由の伝統の再検討」（一九九五年九月二二日、ホテル・メトロポリタンにおいて）におけるオクスフォード大学マンスフィールド・カレッジ教授C・ブロック氏の講演「自由の出エジプト的伝統」にたいする永岡氏のコメントに触発されるところが大きかったことを記しておく。永岡薫「ブロック教授へのコメント」『聖学院大学総合研究所紀要』第八号、一九九六年、一〇四―一〇七頁。

（13）以下の議論は、野呂有子「『イングランド国民のための第一弁護論』における〈自由〉・〈法〉・〈議会〉再考」『聖学院大学総合研究所紀要』第八号（一九九六年）一一―四八ページと重複部分があることをおことわりしておく。

年　表

一六四九年	一月三〇日	チャールズ一世処刑
	二月　五日	皇太子チャールズ、スコットランドで即位宣言
	九日	ジョン・ゴードン『王の像』出版
	一三日	ミルトン『国王と為政者の在任権』出版
	三月一三日	ミルトンは国務会議に招かれラテン語担当秘書官に任ぜられる
	五月一六日	ミルトン『和平条項に関する所見』出版
	八月一五日	クロムウェル、アイルランド上陸
	一〇月六日	ミルトン『偶像破壊者』出版で『王の像』に反駁
	一一月	サルマシウス『チャールズ一世弁護論』出版
一六五〇年	一月　八日	ミルトン、国務会議より『チャールズ一世弁護論』に対する反駁論執筆の命令を受ける
	五月二六日	クロムウェル、アイルランドを去る
	六月二六日	トマス・フェアファクス、議会軍総司令官を辞任
	八月	クロムウェル、スコットランドに侵入
	九月　三日	ダンバーの戦いで、クロムウェル軍、チャールズ（二世）を打破
	一一月六日	オランダのオレンジ公ウィリアム二世（チャールズ一世娘婿）二四歳で死去
一六五一年	一月　一日	チャールズ（二世）、スコットランドで戴冠

	二月二四日	ミルトン『イングランド国民のための第一弁護論』出版で『チャールズ一世弁護論』に反駁
	六月　七日	フランス南部トゥールーズで『第一弁護論』焚書
	八月　一日	チャールズ（二世）、イングランドに侵入
	九月　三日	ウスターの戦い、クロムウェル軍、チャールズ（二世）を打破
	一〇月九日	航海法、オランダの貿易に打撃
	一六日	チャールズ（二世）、フランスへ逃亡、ドイツ、オランダを流浪
一六五二年	五月一九日	第一次オランダ戦争始まる
	九月一七―二七日	ドゥ・ムラン『王の血の叫び』出版
一六五三年	九月　三日	サルマシウス死去
一六五四年	四月　五日	イングランド、オランダを撃破、対オランダ平和条約締結さる
	五月三〇日	ミルトン『イングランド国民のための第二弁護論』出版で『王の血の叫び』に反駁。ミルトンは『王の血の叫び』の著者をアレグザンダー・モアと誤認
	一〇月	モア『公共の信託』出版によって、『第二弁護論』に反駁
一六五五年	八月　八日	ミルトン『自己弁護論』出版
一六五八年	九月　三日	クロムウェル死去。政情不安の中、ミルトンは『第一弁護論』を加筆・再版
一六五九―六〇年		フェアファクス、マンク将軍を助けて王政復古に尽力
一六六〇年		王政復古
一六八八年		名誉革命

あとがき

『イングランド国民のための第一弁護論』（一六五一）、『第二弁護論』（一六五四）は一七世紀英文学を代表する叙事詩風の文学的散文である。作者ジョン・ミルトンはシェイクスピアとも並び称されるイギリスの第一級詩人であり、『楽園の喪失』（一六六七）で名を知られている。

ミルトンは当時の国際的公用語であるラテン語を用いて、全ヨーロッパの知識階級にたいし、民主主義的社会の形成とそれを支える民主主義的精神の重要性を訴えた。彼が援用する文書はマグナ・カルタから旧・新約聖書、ギリシア・アテネの古典的作品群にまで及び、それはルネッサンス的教養の宝庫となっている。さらに、文学的手法の粋を凝らした論述は現代に至る文学作品に様々な影響を与えている。

次に、この翻訳の成立事情についてふれておく。訳者たちが『イングランド国民のための第一弁護論』、『第二弁護論』の邦訳をこころざしたのは、一九八八年一二月のことであった。東京のミルトン読書会（『毬藻の会』）――新井明、斎藤康代、佐野弘子、鈴木繁夫、鈴木（宮崎）順子、田中洋子、兵頭晴子、松並綾子、村山（現、大濱）えり、野呂有子――なる研究グループによってすすめられた。（後に山田恵摩が加わった）。あらかじめ野呂が用意した原稿をもとに、批判と研鑽をつんだ。一九九四年の三月には、一応の作業を完了した。その読書会での討議をふまえて、訳を練り直し、注をつけるのは野呂の仕事であった。下訳を開始してから、一五年の歳月が過ぎていた。その後、本読書会が訳を行なったミルトンの散文訳すべての最終訳作成を担当してきた新井が最終的に目を通して遺漏なきをこころがけ、訳業はここに完成を見た。

もともと、このミルトン読書会の発足するきっかけとなったのは、一九七七年秋、京都の同志社女子大学で開催された日本ミルトン・センター第三回大会での故澤井加津子と野呂有子の出会いに始まる。当時、大学院を卒業してそれぞれこれから先の研究の指針を模索していた二人は、これからもミルトンを一生のテーマとして研究を続けることを誓い合った。そして、野呂の大学・大学院時代の担任であり、当時大妻女子大学の教授であった新井に研究会結成を報告し、その指導を依頼し、諒解を得た。

この種の訳書の出版はいつの世でも難しい。そんな難事を引受けて下さった聖学院大学出版会に、とくに同大学出版会会長の大木英夫先生のご好意に、深く御礼を申しあげる。また、背後にあって実務を担当して下さった出版部長の山本俊明氏のご努力に感謝する。

最後になってしまったが、滋賀大学名誉教授の永岡薫先生に衷心からの謝意を捧げたい。先生はこの約二〇年の間、ご健康を害されたときでさえ、われわれの仕事に目を注いでくださり、絶えず励ましのお言葉をかけてくださった。先生なくしてこの訳業はありえなかった。

新井　明
野呂　有子

二〇〇一年梅雨のころ

ヤ行

マ行

ナ行

ハ行

タ行

サ行

イングランド国民のための第一弁護論
イングランド国民のための第二弁護論

人　名　索　引

＊ミルトンのみ作品名付き

ア行

〔訳 者 紹 介〕

新井　明（あらい・あきら）

1932年生まれ。アマースト大学（B.A.），ミシガン大学（M.A.），東京教育大学（修士）。文学博士。日本女子大学名誉教授。

主要著書：『イギリス文学史序説』（共著，中教出版，1978年），『ミルトン論考』（中教出版，1979年），『ミルトンの世界』（研究社出版，1980年），『英詩鑑賞入門』（研究社出版，1986年），『信仰と理性――ケンブリッジ・プラトン学派研究序説』（共著，御茶の水書房，1988年），『ギリシア神話と英米文化』（共編，大修館書店，1991年），『ミルトンとその光芒』（編著，金星堂，1992年），『ミルトンとその周辺』（彩流社，1995年），『ユリノキの蔭で』（日本女子大学英文学科，開成出版，2000年），『湘南雑記――一英学徒の随想』（リーベル出版，2001年），『新しいイヴたちの視線――英文学を読む』（編著，彩流社，2002年）ほか。

主要訳書：フランク・カーモード『ダン』（研究社出版，1971年），ミルトン『楽園の喪失』（大修館書店，1978年），『楽園の回復・闘技士サムソン』（大修館書店，1982年），成瀬仁蔵『澤山保羅』（日本女子大学，2001年）ほか。

野呂有子（のろ・ゆうこ）

1951年生まれ。東京教育大学（修士）。東京成徳大学教授を経て，現在，日本大学文理学部教授。

主要著書：『C・S・ルイス〈ナルニア国年代記〉読本』（共著，国研出版，1988年），『イギリス革命におけるミルトンとバニヤン』（共著，御茶の水書房，1991年），『ミルトンとその光芒』（共著，金星堂，1992年），『十七世紀と英国文化』（共著，金星堂，1995年），『神，男，そして女――ミルトンの「失楽園」を読む』（共著，英宝社，1997年），『西洋の日本発見―― OEDに見られる日本語――』第一集～七集（共著，東京成徳英語研究会，1995～1998年）ほか。

主要訳書：ウォルター・フーパー『C・S・ルイス文学案内事典』（共訳，彩流社，1998年），ニール・フォーサイス『古代悪魔学――サタンと闘争神話』（監訳，法政大学出版局，2001年），ジョン・ロック『パウロ書簡注解』（共訳，『聖学院大学総合研究所紀要』，1998年～）ほか。

イングランド国民のための第一弁護論
および第二弁護論

2003年3月20日初版第1刷発行

訳者　新井　明
　　　野呂有子

発行者　大木英夫

発行所　聖学院大学出版会
〒362-8585 埼玉県上尾市戸崎1-1
電話(048)725-9801 FAX(048)725-0324
E-mail : press@seigakuin-univ.ac.jp

組版・有限会社エスタリオル　印刷・望月印刷株式会社
ISBN 4-915832-55-4　C3031

クロムウェルとイギリス革命

田村秀夫編著

ピューリタン革命の立役者、オリヴァ・クロムウェルを、本書では、序章「クロムウェル研究史」第1部「クロムウェルの宗教」第2部「クロムウェルと政治」第3部「クロムウェルと国際関係」という多角的な視点から論ずる。

A5判上製本体五六〇〇円

オリヴァー・クロムウェル
神の道具として生きる

澁谷浩著

ピューリタン革命の中心にいたクロムウェルの信仰に裏付けられた議会での発言や画期的な軍政改革、めまぐるしく変化する政治情勢の中での行動と思考を追う書き下ろし評伝。

四六判並製本体一九四二円

イギリス革命とアルミニウス主義

山田園子著

イギリス革命期の急進的聖職者ジョン・グッドウィンは「しょく罪されたしょく罪」によって、カルヴァンの運命論的な二重予定説を批判したが、その思想の中核にあった十六世紀オランダのアルミニウスの教説を詳説し、それがイギリス革命に及ぼした影響を明らかにする。

A5判上製本体五八〇〇円

デモクラシーにおける討論の生誕
ピューリタン革命におけるパトニー討論

大澤麦
澁谷浩　編訳

ピューリタン革命の最中、国王を逮捕した革命軍が今後の方針を討議するためにパトニーで総評議会を開催した。議長はオリヴァ・クロムウェルがつとめ、新しい政治体制を主張するレヴェラーズと激しい議論を進めた。この討論にこそ「討論」を通してお互いの違いを理解しあい、共通の目的を発見することを目指す、近代デモクラシー思想の源泉があった。本書は、『パトニー討論』の翻訳と訳者注記と解説を付し、この討論の政治思想史における意義を解明する。

A5判上製本体五八〇〇円